코어 트랜스포메이션

Core Transformation
Wound is a must. Healing is a choice.

힐링과 자기 변혁의 10단계

코어 트랜스포메이션

코니래 안드레아스 · 타마라 안드레아스 지음 | 존윤 옮김

코칭타운
COACHING TOWN

CORE TRANSFORMATION:
REACHING THE WELLSPRING WITHIN
by Connirae Andreas, Ph.D. with Tamara Andreas, M.M.
Copyright © 1994 by Connirae Andreas, Ph.D.

Korean translation copyright © 2014 by John Yoon
Korean translation rights arranged with RealPeople Press

이 책의 한국어판 저작권은 저자와 독점계약한 코칭타운에 있습니다.
저작권법에 의하여 한국 내에서 보호를 받는 저작물이므로 무단전제와 복제를 금합니다.

CONTENTS

옮긴이의 말 _ 마음의 힐링과 성장 9

한국의 독자 여러분들께 19

들어가며 _ 내 안의 원천에 도달하는 길 찾기 25

1부 • 전체 지도 그리기
_ 코어 트랜스포메이션에서 중요한 것들

1. 여행의 시작 35
'여기'에서 '거기'로 가는 방법

2. 무의식과 친구 되기 48
왜 머리로 이해하는 것만으로는 변하지 않는가

3. 긍정적인 목적 찾기 60
내면의 친구들과 소통하는 법을 배우기

4. 다섯 가지 코어 스테이트 67
내면의 원천의 본질

2장 • 코어 스테이트 훈련
_ 코어 트렌스포메이션의 핵심

5. 캐시의 사례 85
자기 방식으로 하기

6. 코어 스테이트 훈련 98
　　구조를 이해하기

7. 질문표 107
　　바람직하지 않은 행동, 감정, 반응 찾기

8. 실행하기: 코어 스테이트 훈련 114
　　내면의 원천에 도달하기

9. 혼자 하기 124
　　코어 스테이트 훈련을 자기 자신과 하기

10. 코어 트랜스포메이션 실행하기 133
　　코어 스테이트는 바람직하지 않은 행동, 감정, 반응을 어떻게 변화시키는가

3부 • 하나의 부분을 성장시키고 내 몸에 완전히 통합시키기
　　_ 코어 스테이트에 좀 더 쉽게 접근할 수 있게 하기

11. 들어가며: 부분을 성장시키기 143
　　여유와 지혜를 손에 넣기

12. 리사의 사례 148
　　부분을 성장시키는 것의 중요성

13. 부분을 성장시키기 169
　　구조를 이해하기

14. 실행하기: 부분을 성장시키는 훈련 175
　　버려져 있던 내면의 아이가 어른이 되도록 하기

4부 • 모든 부분과 함께 프로세스를 완결하기
　　_ 한 문제의 모든 면을 다루기

15. 들어가며: 모든 부분과 함께 프로세스를 완결하기 183
　　　코어 스테이트를 더욱 깊은 차원에서 통합하기

16. 그레그의 사례 185
　　　내면의 평화를 존재의 방식으로

17. 모든 부분과 함께 프로세스를 완결하기 216
　　　구조를 이해하기

18. 통합할 필요가 있는 부분을 알아보기 219
　　　가이드라인과 실례

5부 • 코어 트랜스포메이션 훈련 완결하기
_ 처음부터 끝까지 하기

19. 실행하기: 코어 트랜스포메이션 훈련 완결하기 245
　　　모든 단계의 정리

6부 • 부모 타임라인 재학습하기
_ 코어 스테이트를 과거, 현재, 미래로 보내기

20. 들어가며: 부모 타임라인 재학습 261
　　　코어 스테이트를 과거, 현재, 미래로 보내기

21. 데이브의 사례 270
　　　자신에게 행복한 어린시절을 선사하기

22. 부모 타임라인 재학습 293
　　　구조를 이해하기

23. 실행하기: 부모 타임라인 재학습 훈련 300
　　　코어 스테이트라는 선물을 자신과 자기 내면의 가족에게 보내기

24. 빅토리아의 이야기 310
코어스테이트와 함께하는 시간 여행에서 얻는 선물

7부 • 결과를 강화하기_ 좋은 것을 더 좋은 것으로

25. 들어가며: 결과를 강화하기 319
좋은 것을 더 좋은 것으로

26. 변화시킬 더 많은 부분을 발견하기 321
위대한 내면의 은총 받기

27. 부분은 어떻게 만들어지는가 343
우리가 어떻게 자기 자신의 다양한 면을 잘라 내고 소외시키는가

28. 삶의 운전석에 앉아 있는 것은 누구인가 356
자신에게 도움이 되지 않는 기본적인 성격 패턴을 바꾸기

29. 병을 탈바꿈시키기 377
어려움을 적극 활용하기

30. 코어 트랜스포메이션 프로세스를 보편화하기 396
전체는 부분의 합보다 크다

31. 코어 트랜스포메이션 프로세스의 실제 사례 404
다른 사람들의 체험에서 배우기

32. 코어 트렌스포메이션과 영성 439
내면에서 신을 찾아내기

33. 코어 트랜스포메이션을 우리 삶에 통합하기 451
코어 스테이트는 늘 우리와 함께한다

옮긴이의 말

마음의 힐링과 성장

다섯 살 난 아들이 발코니에서 핏덩어리 아기 참새를 발견했습니다. 아마 지붕 위의 둥지에서 떨어진 모양입니다. 한낮의 태양빛에 그냥 두면 금세 죽을 것 같아 우선 집으로 들였습니다. 인터넷 검색에서 시키는 대로 종이 박스에 수건과 찢은 휴지로 쉴 곳을 만들어 주고 주사위로 미숫가루를 입에 흘려 넣어 주었습니다. 짹짹이라는 이름도 지어 주었습니다. 30분에 한 번은 밥을 줘야 한다는 글을 읽고 외출할 때마다 차에 태워 같이 다니며 보살펴 주었습니다.

 하지만 짹짹이는 이틀을 못 넘기고 죽었습니다.

 상자 안에서 딱딱히 굳은 짹짹이를 어떻게 해야 하나 고민하며 2층 계단을 오르는데 또 다른 아기 참새가 버둥거리며 우리를 반깁니다.

방금 한 생명을 죽인 터라 그 녀석의 등장이 원망스럽습니다. 거둘 용기가 없었지만 차마 외면하지 못하고 짹짹이가 방금 숨을 거둔 그 박스에 자리를 마련해 주었습니다.

다음 날 눈에 띄게 쇠약해진 녀석이 곧 죽어 버릴 것 같아 절박한 마음에 아래층 할아버지에게 어떻게 하면 좋겠냐고 물었습니다.

"그냥 원래 자리에 두게나. 그럼 그 녀석 어미가 데려갈 걸세."

처음 발견한 곳에 데려다 놓고 30분도 안 되어 짹짹이 2호는 어미 품으로 돌아갔습니다.

자연의 이치를 알고 따르는 것은 단순하면서 효과적입니다.

힐링 열풍이 시든 이유

영원할 것처럼 한국 사회를 휩쓴 힐링 열풍이 금세 사그라졌습니다. 이유는 무엇일까요? 힐링도 다른 유행과 같은 운명을 따른 것일 뿐일까요?

저는 그것이 마음의 이치를 잘 몰랐기 때문이라 생각합니다.

잠시 생각해 볼까요.

힐링은 힐링을 해야 할 무엇이 존재한다는 전제가 있습니다. 아마 '부족한 나', '상처받은 마음', '상처받은 나' 정도가 되겠지요. 결핍과 상처는 극복하거나 제거되어야 할 부정적인 것이라 여겼습니다.

그 결핍, 그 상처는 무엇 때문에 생겼나요?

아마 대부분이 상처를 준 '무엇', '누군가'를 떠올릴 수 있을 겁니다.

그렇다면 상처입은 '피해자'인 나는 왜 힐링을 '받아야' 할까요?

마음의 상처는 스스로 치유가 되지 않기 때문에 밖으로부터 도움이 필요하다는 이유일 겁니다.

만약에,

만약에,

그런 결핍이나 상처가 제거해야 할 부정적인 것이 아니라 행복이나 내면의 평화같이 우리가 그렇게 찾던 것들로 인도해 주는 고마운 존재라면,

'진짜 나'는 어떠한 시련으로부터도 상처를 받지 않고 그 자체로 충분한 '온전한 존재'라면,

우리가 상처를 받는 피해자가 아니라 '우리 스스로' 상처를 받을지 결정할 수 있는 존재라면,

그리고, 마음의 상처는 스스로 치유될 수 있는 것이라면,

힐링을 위한 지금까지의 노력은 잘못된 진단에서 비롯된 처방입니다. 자연의 이치에 어긋나는 그런 처방은 짹짹이를 살리려던 저의 노력처럼 수고스럽지만 실망스러운 결과로 이어집니다.

누구도, 심지어 당신 자신도, 당신이 행복해지는 것을 막을 수 없다

저는 초등학교 때 우연히 자위를 시작한 후 쾌락과 죄책감, 무언가 잘못되었다는 막연한 공포 속에서 마음의 병을 앓았습니다. 아

이들은 아무렇지도 않은 일로 세상이 무너지는 상처를 입는다는 것은 저를 두고 한 말이었습니다.

도움을 요청할 용기도, 방법도 모른 채 저는 어른이 되었고, 겉으로 보이는 쾌활한 모습과 달리 슬픔과 우울함이 저의 내면을 지배했습니다.

하지만 행복하고 싶은 제 소망을 포기할 수는 없었습니다. 유학을 가서 마음의 이치와 힐링하는 법을 알려 주는 책과 워크숍을 접하면서 저는 어두운 마음의 심연에서 기어 나오려 발버둥 쳤습니다. 그렇지만 제 마음은 아무리 두들겨 펴도 원래대로 돌아갈 수 없는 찌그러진 양철 캔처럼 느껴졌습니다.

변호사 자격시험을 보던 날, 점심 도시락을 먹고 시간이 남아 잔디밭에 누워 낮잠을 잤습니다.

꿈인지 현실인지 모를 몽롱한 시간 속에서 테두리가 없는 눈부시게 밝은 원 같은 것을 보았습니다. 그때 저는 깨달았습니다. 그것이 제 마음이라는 것을. 그리고 그 마음은 어떤 시련과 상처도 찌그러뜨릴 수 없는 빛과 같은 것이라는 사실을.

눈물이 하염없이 흘렀습니다. 아마도 23년간 가졌던 힐링에 대한 열망이, 행복을 얻기 위한 몸부림이 헛되지 않았다는 감격 때문이었을 겁니다. 내가 찾아 헤매던 힐링이 이렇게 가까이, 바로 나의 마음 안에 있었다는 것을, 이런 단순한 이치를 왜 모른 채 이제껏 수십 년을 고통스럽게 살았을까.

그날 이후 저의 마음에 드리웠던 어두운 커튼이 걷히기 시작했습니다. 차츰차츰 내 마음속의 빛을 회복했습니다.

그 경험에서 저는 행복에 대한 희망을 버리지 않는 한 우리는 거기에 다가갈 수 있다는 것을 알게 되었습니다.
누구도, 심지어 우리 자신도, 우리가 행복해지는 것을 막을 수 없습니다. 행복해지는 것은 우리의 권리이자 의무입니다.

코어 트랜스포메이션과의 만남
도쿄에서 코어 트랜스포메이션을 처음 경험했을 때 저는 그 내면의 빛을 다시금 강렬히 체험했습니다. 오랜 시간 동안 좌충우돌한 끝에 우연히 만났던 경험을 그렇게 짧은 기간 안에 단순하고 효과적으로 만날 수 있다는 사실이 놀라웠습니다.
코어 트랜스포메이션 기법은 아름다웠습니다.

개발자인 코니래 안드레아스 박사를 만나러 미국으로 날아갔습니다. 그녀가 살고 있는 콜로라도 주의 볼더(Boulder)의 외곽에는 붉은 바위산들이 병풍처럼 늘어서 있었습니다.
그 바위산의 밑자락 소박한 단독주택에서 주름이 아름다워 보이는 미소를 띠며 안드레아스 박사가 반갑게 맞아 주었습니다.
해가 뉘엿뉘엿 지는 저녁 어스름에 붉은 바위산들의 호위를 받으며 우리는 마음과 힐링에 대해 얘기를 나누었습니다. 나는 이렇게 훌륭한 방법을 발견하여 많은 사람들에게 전파해 주셔서 감사하다는 말을 전했습니다. 그리고 우리는 마음의 힐링과 성장에 목말라 하는 한국 독자들을 위해 이 책을 한국어로 펴내기로 했습니다.

그때가 2009년이었습니다. 몇 년이 지난 이제야 책을 출간하게 되어 한국의 독자와 안드레아스 박사께 진심으로 미안합니다. 이 아름다운 책과 한국 독자 사이를 막고 있는 것은 나의 게으름뿐이라고 생각하니 항상 마음이 무거웠습니다.
"지금이 아마 이 책이 나오기에 가장 좋은 타이밍일지 몰라요, 존."
웃으며 이해해 주신 그녀에게 감사의 마음을 전합니다.

코어 트랜스포메이션은 만병통치약은 아닙니다. 하지만 마음의 이치에 맞게 개발된 마음의 힐링과 성장을 위한 가장 효과적인 방법 중의 하나라고 저는 믿습니다. 이 방법은 우리의 코어, 즉 본바탕에 우리가 그렇게 찾아 헤매던 바로 그것이 있다는 것을 확인시켜 줍니다. 그 코어로 들어가는 문이 단점, 콤플렉스와 같이 우리가 미워하고 없애고 싶어 하는 바로 그것들이라는 사실이 놀랍습니다. 쉽고 구체적인 방법을 한 단계씩 밟아 가면 누구라도 그 코어를 경험할 수 있다는 사실이 경이롭습니다.

더 큰 나로 성장하기 위해
프레젠테이션 워크숍 중에 인도에서 오신 참가자의 발표 차례가 되었습니다. 그는 무언가 말을 하려 노력했지만 말이 나올 듯 말 듯하며 천식 환자처럼 숨이 넘어갔습니다. '내 안에 있는 말을 꺼내주세요.'라는 애절한 눈빛으로 그분은 저를 바라봤습니다.

어떤 학생은 강남의 유명 고등학교에서 전교 1, 2등을 다투었습니다. 하지만 그는 대학 입학을 결정짓는 중요한 시험 때마다 긴장하는 바람에 4수를 해서 간신히 1지망이 아닌 학과에 입학했습니다.

어떤 분은 인간관계 때문에 고민합니다. 노력을 하는데 왠지 어색하고 불편해서 다른 사람들이 자신에게 마음을 열고 다가오지 않는다고 느낍니다.

세일즈를 하는 어떤 분은 거절당하는 순간이 싫어서 고객이 거절할 것 같으면 미리 허둥지둥 대화를 마무리했습니다.

어떤 분은 새로운 책을 써야 하는데 도무지 진전이 없어 괴로워하고 있습니다.

5년 동안 직장을 열 번 이상 옮긴 어떤 분은 진득하게 한 가지 일을 하고 싶은데 뜻대로 되지 않습니다.

지금보다 더 능력을 키우고 더 많은 성과를 내고 싶은데 마음처럼 안 된다는 분들이 많습니다. 그런 분들의 성장을 가로막는 것은 많은 경우 그들의 무의식에 숨겨 있는 자신에 대한 불신, 두려움, 성장을 제약하는 믿음, 부정적인 감정인 경우가 많습니다. 이런 것들은 의식적인 노력으로 극복하는 것이 쉽지 않습니다.

코어 트랜스포메이션은 나의 무의식에 나도 모르게 갖고 있었던 부정적인 믿음과 감정이 긍정적인 의도에서 비롯되었다는 것을 일깨워 줍니다. 그 의도를 따라 가다 보면 결국 내 안에 있는 참 아름다운 나와 만나게 됩니다. 그 순간 우리를 옥죄고 있던 것들로부터 우리는 자유로워지고 자연스레 더 큰 나로 성장하는 여정을 떠날 수 있습니다.

지구라는 별에 사는 그대에게

한국에 돌아와 코칭과 경영자 공동체 구축 사업을 함께 하며 수천 명의 사람들을 만났습니다. 대부분의 사람들이 마음의 상처를 안고 있었습니다. 사람한테 받은 상처 때문에 어떤 이들은 사업을 접고 사람 만나는 것을 포기하기도 했습니다.

하지만 이상했습니다. 자신이 피해자라며 분노하고 울먹이는 사람들은 많은데 상처를 주었다고 고백하는 가해자는 찾을 수 없었습니다.

그런 모습을 보며 우리의 힐링은 어디에서 시작해야 될까 생각해 보았습니다. 짹짹이 2호를 살리기 위해 지혜로운 1층 할아버지에게 물었던 것처럼 우리 나름의 방법으로 씨름하기보다는 코니래와 타마라 안드레아스라는 지혜로운 힐러(healer)의 목소리에 귀를 기울이면 어떨까 합니다.

지구라는 별은 참으로 살기 어려운 곳인 것 같습니다. 아침에 일찍 일어나는 것, 건강한 음식을 먹는 것, 즐거운 기분을 유지하는 것, 이런 어찌 보면 사소한 것들도 내 의지대로 잘 되지 않습니다.

돈, 권력, 섹스와 같은 것들을 눈먼 사람처럼 좇으며 스스럼없이 다른 이에게 상처를 주는 사람이라는 괴물이 살고 있습니다.

하지만 제 몸 아끼지 않고 다친 이를 보듬고 사랑해 주고 기쁨을 주는 것도 또한 사람이라는 영물이라 마냥 외면할 수 없는 것이 고민입니다.

우리는 왜 살고 있는 걸까요? 만약 우리 삶의 목적이 더 나은 사람이 되는 것, 우리 안의 신성하고 완벽한 가능성에 가까워지는 것, 각자가 믿는 신의 모습을 닮아 가는 것, 그래서 더욱 행복해지는 것이라면 나의 의지를 거역하는 나 자신, 나에게 상처를 주는 괴물들은 코어 트랜스포메이션이 일깨워 주듯 어쩌면 우리 삶의 목적을 달성하기 위해 필요한 도구쯤으로 생각해 볼 수도 있지 않을까 합니다. 힐링과 자기 혁신의 방법을 알고 있다면 좌절하고 상처를 받는 것이 더 크고 성숙한 나로 거듭 태어나는 계기가 될 수도 있지 않을까 바라 봅니다.

사랑하는 이를 잃었다든가, 절망의 바닥에 내동댕이쳐진 분들에게 당장 힐링과 마음의 성장을 강요하는 것은 폭력입니다.

다만, 조금이라도 마음에 공간이 열렸을 때, 나를 진심으로 사랑하는 이가 있다면, 그 사람은 내가 어떤 삶을 살기를 원할까 생각해 보는 것도 좋지 않을까 합니다.

혹시 저처럼 마음의 감옥에서 빠져나오고 싶은데 방법을 몰라 고통스러워하는 분이 있다면 코어 트랜스포메이션이 전환점을 마련해 주기를 기대합니다.

세상을 살며 상처 입는 것을 피할 수는 없습니다. 상처는 필연이고 힐링은 선택입니다. 그래서 우리가 우리 자신과 우리 아이들에게 바라야 하는 것은 상처받지 않는 요행이 아니라 상처를 치유할 수 있는 능력입니다.

우리 모두는 마음의 성장, 인격의 성숙을 원합니다. 왜냐하면 그 결과로 인생에 대한 만족과 행복감을 느끼게 되니까요. 상처와 결핍은 그런 성장을 위한 훌륭한 재료가 됩니다.

기왕에 지구별에 살게 된 이상 우리 모두가 이미 받은 상처로, 또는 앞으로 받을지 모를 상처에 대한 두려움으로 움츠리지 말았으면 합니다. 현재에 멈춰 서지 말고 더 크고, 더 아름다운 나를 발견하는 여정을 떠났으면 합니다.

코어 트랜스포메이션과 함께, 되도록 많은 사람이 마음껏 이 세상을 경험하고, 그래서 더욱 행복해지기를 간절히 바랍니다.

두손 모아,

존윤

한국의 독자 여러분들께

저자인 제가 직접 한국의 독자 여러분을 코어 트랜스포메이션 프로세스와 전 세계에서 이 방법을 쓰고 있는 '가족'과 같은 커뮤니티로 환영할 수 있게 되어 정말 기쁩니다. 점점 더 많은 사람들이 깊은 곳에서부터 자신을 변화시키기 위해 이 방법을 쓰고 있습니다.

의심의 여지 없이 우리는 힘든 시대에 살고 있습니다. 삶에서 여러분이 어떤 어려움을 겪고 있든 이 책과 여기서 소개된 간단한 프로세스 속에서 그 어려움을 헤쳐 나가는 데 필요한 실제적인 도움을 얻으시길 바랍니다.

우리 대부분은 외부 세계에서 많은 것을 이루기 위해서 애쓰면서 인생을 보냅니다. 우리는 아마도 성공, 다른 사람들로부터의 인정, 사랑, 허락, 또는 그 외의 많은 것들을 원할는지 모릅니다. 그런 것들이 우리에게 행복과 평안을 가져다줄 것이라고 믿으면서요.

하지만 이런 방법이 실제로 도움이 되던가요? 그런 것들을 얻기 위한 몸부림은 몸부림이라는 말 그대로 어려움의 연속입니다. 보통은 그 과정 자체가 즐겁지 않습니다. 그런 과정을 거쳐 만일 성공한다면 어떻게 되나요? 성공과 부와 같은 것들을 '이미 갖고 있는' 사람들도 그다지 행복하지 않다는 것은 누구나 알고 있지요.

이것은 방법 자체가 잘못되었기 때문입니다. 우리는 노력해서 행복을 얻을 수 없습니다. 그렇다면 과연 우리가 '할 수 있는' 일은 무엇입니까?

이 책은 여러분들에게 어떻게 하면 행복으로 곧바로 갈 수 있는지를 보여 줍니다. 이제부터 여러분께 안내해 드릴 열 단계로 이루어진 간단한 프로세스는 여러분이 자신의 중심에 이미 존재하고 있는 깊은 행복감을 발견할 수 있게 해 줍니다.

그뿐만이 아니라 여러분은 어떻게 이런 '코어(Core)', 즉 마음의 근본에 있는 것이 우리 속의 '어두운' 부분들을 자연스럽게 치유하는지 배울 것입니다. 자신이 가치가 없다는 느낌, 감당하기 어려운 감정들, 우리가 좋아하지 않는 습관들, 우리와 가까운 사람들이 건드려도 폭발하는 우리 마음속의 스위치, 약점들과 같은 부분들 말이지요.

이 프로세스를 통해서 여러분은 이런 '어두운' 부분들이 사실은 놀랍게도 아름다운 내면의 축복을 품고 있다는 것을 발견하게 됩니다. 그것들이 '어두운' 것은 우리의 오해 때문입니다. 여러분은 이 프로세스를 통해서 문제점으로 생각되는 감정, 생각, 행동이 극적으로 변화하는 것을 경험할 것입니다.

이 내면의 코어를 사람들은 여러 가지 이름으로 부릅니다. 여러분에게 그것은 아마 깊은 '평화', 아니면 주거나 받거나 하는 사랑을 뛰어넘는 '사랑'일지도 모르겠습니다. '존재', '그저 있음', 아니면 '기쁨'과 같은 느낌으로 이것을 경험할지도 모릅니다. 이 책에 나온 단계를 밟는다는 것은 이 내면의 행복감이, 얻고 싶지만 도달할 수 없는 이상이 아니라 여러분이 삶을 사는 데 계속해서 실질적인 토대가 된다는 것입니다.

제가 처음으로 이 프로세스를 사용한 후 벌써 22년이라는 세월이 흘렀습니다. 하지만 지금도 이 프로세스에 사람들을 안내하면 그때 목격했던 것과 똑같은 결과를 봅니다. 제가 보는 앞에서 한 사람 한 사람의 마음속에 숨겨 있던 내면의 확신, 행복감, 그리고 지혜가 샘솟아 나오는 것을 목격하는 것은 감동적입니다. 그것은 또한 저 자신의 마음 깊은 곳을 열게 해 주는 특권이기도 하지요.

최근에 저는 '일상생활조차 어렵게 하는' 불안한 감정 때문에 고생하고 있는 남자 분과 작업한 일이 있습니다. 코어 트랜스포메이션 후에 그분은 불안감이 사라졌을 뿐 아니라 내면의 평화가 있다는 것을 계속 느낄 수 있는 것이 큰 힘을 준다고 얘기하더군요. 그 결과로 그분은 예전에는 시작할 엄두도 못 냈던 아주 많은 양의 일을 쉽게 이룰 수 있었습니다.

어렸을 때 많은 학대를 겪었던 한 여자 분은 이제 '더 이상 내면의 전쟁'이 없음을 느낀다고 말했습니다. 자신의 일에서 다람쥐 쳇바퀴 돌듯 '같은 자리를 맴도는 것처럼' 느꼈던 남자 분으로부터는 프로세스 후에 몇 번의 승진 기회를 얻었다는 연락을 받았습니다. 이 프로세스로 인해 그 남자 분 자신에게 커다란 변화가 일어났기 때문에 생긴 결과였습니다.

여러분이 앞으로 이 책에서 배우시겠지만 때로는 프로세스를 처음 했을 때 이런 결과들이 나타납니다. 어떤 사람들은 프로세스를 여러 번 반복함으로써 좋은 결과가 점차적으로 나타나기도 합니다. 누구나 이 프로세스를 많이 쓰면 쓸수록 점점 더 강하게 마음속의 코어를 느끼고 그것으로 인해 우리 삶에 더 많은 긍정적인 결과들이 일어나는 경향이 있습니다.

예전에 이 책에서 묘사하는 종류의 경험들은 선택받은 '성인'이나 '깨달은 존재들'에게만 일어날 수 있다고 여겨졌습니다. 이제 코어 트랜스포메이션이 제공하는 단순하고 친절하고 부드러운 방법을 통해 우리 모두가 이런 경험을 할 수 있게 되었습니다.

이 프로세스는 어떤 종교적 믿음과도 잘 어울립니다. 하지만 이 프로세스를 쓰기 위해 종교적인 믿음이나 그 믿음이 주는 효과를 체험하려는 굳은 의지가 필요하지는 않습니다.

물론 코어 트랜스포메이션이 모든 것을 가능하게 하지는 않지요. 아무것도 없는 곳에서 마법처럼 음식이나 쉴 공간을 만들어 낼 수는 없습니다. 하지만 코어 트랜스포메이션이 '할 수 있고' 또 '실제로' 해 주는 것은 심오하면서도 동시에 평범한 내면의 평안으로 가는 통로를 제공해 주는 것입니다. 이런 평안이 우리의 '원초적인 성품'이기 때문에 이것은 어떤 의미에서는 평범하다고 할 수 있습니다. 이것은 우리가 사물의 본질을 볼 수 있는 능력을 갖추면 저절로 보이게 되는 '사물의 있는 그대로의 모습'입니다. 하지만 우리 중 극소수만이 우리 존재의 이런 환상적인 코어를 실제로 경험한 적이 있다는 의미에서 심오하다고 할 수 있습니다.

그리고 말로는 온전히 설명할 수 없는 방식으로 '코어에 직접 연결되는 경험은 모든 것을 예전과 다르게 만듭니다.' 우리의 바깥 환경이 '실제로'는 어려운 그대로이더라도 우리는 여전히 좀 더 깊은 차원에서 평화를 얻을 수 있다는 것을 발견할지 모릅니다. 우리의 깊은 내면에는 절대로 흔들리지 않는 무언가가 있기 때문입니다.

또 다른 효과는 우리가 이 코어를 바탕으로 살아가면 지혜가 자연스럽게 흘러나오는 것을 느끼게 된다는 것입니다. 이 지혜로 우리는 더욱 손쉽게 효과적인 행동을 찾을 수 있고 현실에서 원하는 결과를 얻을 수 있습니다. 이 코어로부터 우리는 더욱 근본적으로 만족스러운 해결책을 더욱 손쉽게 볼 수 있게 됩니다. 우리 자신뿐만 아니라 우리가 사랑하는 사람들을 위해서 말이지요.

이런 깊은 지혜는 자연스레 우리의 사적인 문제들, 문제가 되는 감정, 그리고 개인적인 스트레스의 많은 부분을 치유해 줍니다. 게다가 이 깊은 지혜를 접하는 사람이 늘수록 우리가 함께 이 세상의 많은 문젯거리들에 대한 해결책을 찾을 가능성이 커집니다.

이 책의 주인공은 바로 '여러분'입니다. 왜냐하면 이 책은 여러분의 개인적인 고통과 문제들에 대처하고 변화시키는 자연스럽고 평안한 방법을 소개하기 때문이지요. 하지만 더 나은 삶을 위한 내면의 작업을 함으로써 (이것이 여러분에게 지속적인 행복과 평안을 주겠죠) 여러분은 지구라는 행성에 아름다운 선물을 주게 됩니다. 더 많은 사람들이 이런 수련을 하게 되면 우리의 행복에 도움이 될 뿐만 아니라, 더 많은 조직과 기관들이 우리 모두를 포용하고 섬기는 지혜로운 자세로 행동하게 될 것입니다.

그러니 이 프로세스가 여러분의 삶에 주는 모든 혜택을 즐기세요. 여러분 자신이 더욱 행복해지면 그것이 다른 사람들에게도 선물이 된답니다.

저는 코어 트랜스포메이션의 한국판의 번역과 출판을 책임진 존 윤 씨에게 깊은 감사의 말씀을 전합니다. 존이 자신의 삶과 마음 깊숙이 이 작업을 받아들였기에 이제는 코어 트랜스포메이션을 한국어로도 만날 수 있게 되었으니까요.

저의 코어에서 여러분의 코어로,
사랑, 평화, 그리고 존재 그 자체를 전하며,
코니래 안드레아스

들어가며

내 안의 원천에 도달하는 길 찾기

> 바람이 호수 위로 불어 수면 위를 휘젓는다.
> 보이지 않는 것이 보이는 결과를 일으켜 스스로를 드러낸다.
> – 내면의 진실, 《주역》

이 책은 여러분이 스스로 가장 부정하고 싶어 하는 자신의 행동, 감정, 반응과 마주하게 합니다. 그리고 그것을 통해 놀랄 만한 치유와 행복을 주는 내면을 향한 여행을 떠나, 결국은 자기 존재의 깊은 곳에 도달하게 합니다. 이 여정을 '코어 트랜스포메이션 프로세스(Core Transformation Process)[1]'라고 부릅니다.

저는 사람이 어떻게 세상을 경험하는가를 이해하기 위해 그 사람의 언어, 동작, 표정 등을 연구해 왔습니다. '코어 트랜스포메이션

---

1 코어(core)는 핵심, 근본을 뜻하고 트랜스포메이션(transformation)은 애벌레가 나비가 되는 것처럼 질적으로 전혀 다른 것으로의 탈바꿈을 뜻한다. 따라서 코어 트랜스포메이션 프로세스는 (마음의) 핵심을 근본적으로 변화시키는 과정을 말한다.

프로세스'는 그런 탐구 과정에서 자연스럽게 만들어졌습니다. 지난 20여 년 동안 개인적인 변화와 성장이라는 주제에 매달려 온 저는, 바람직하지 않은 행동을 고치고, 마음의 상처를 치유하고, 인생의 목적을 실현하는 데 필요한 다양한 테크닉을 사용하고 개발해 왔으며, 이런 기법에 대해서는 이미 많은 책을 통해 소개해 왔습니다. 하지만 그런 책의 독자는 주로 심리 치료사나 카운슬러, 교육 관계자, 아니면 사람을 도와 주는 일을 하는 사람들과 같은 전문가들이었습니다.

그러나 이 책은 다릅니다. 인생의 코어, 즉 핵심, 존재의 근원, 마음의 본연에서 근본적인 변화를 바라는 사람이라면 전문가든 일반인이든 **누구나** 이 책의 내용을 쉽게 이해할 수 있습니다.

이 책에 소개하는 내용은 제게 개인적으로, 그리고 직업적으로 새로운 지평을 열어 주었습니다. 마찬가지로 인간적인 성장, 심리 치료, 심리학의 분야에서도 같은 역할을 했다고 믿습니다. 고객과 저 자신을 대상으로 코어 트랜스포메이션 프로세스를 실험하고 발전시켜 가면서, 저는 제가 목격하고 있는 것에 경외감을 느끼게 되었습니다. 제가 '코어 스테이트(Core State)'라고 부르는, 강력하고 근본적인 의식의 상태가 자연스럽게 모습을 드러냈기 때문입니다.

이 의식 상태는 사람들이 영적(靈的)인 탐구에서 도달하려 해 왔던 초월 체험 또는 영적 경험으로 불리는 의식의 상태와 비슷해 보였습니다. 코어 트랜스포메이션 프로세스를 통해 이 의식 상태는 일시적인 흥분 상태 이상의 것이 되었습니다. 새로운 '중심'에서 비롯된 삶을 사는 토대가 되었습니다.

이런 체험의 예기치 않은 출현에 저도 적잖이 놀랐습니다. 영적인 의미가 있는 프로세스를 개발하려고 했던 것이 아니었기 때문입니다. 저는 기본적으로 영적 체험은 제가 이해할 수 있는 것이 아니라고 생각해서 그다지 흥미를 느끼지 못했습니다. 저는 단지 우리 체험의 근원(Core)까지 도달함으로써 사소해 보이는 것부터 인생의 중대한 문제까지 다룰 수 있는 프로세스를 개발하고 싶었습니다. 예전에 제가 알던 수준보다 더 깊은 곳까지 도달하는 방법이 있으면 하고 바랐습니다. 저 자신을 위해, 그리고 고객을 위해서 말이지요.

이 길을 찾기 위해, 저는 일부러 특정한 부류의 사람들과 함께 일하기로 했습니다. 그 사람들은 중요한 문제를 안고 있고 과거에 그 문제를 해결해 보려고 노력했지만 실패한 경험이 있는 사람들이었습니다. 자신의 태도를 바꾸려고 몇 년이나 악전고투했지만 어떤 결과도 얻지 못했던 사람들이죠.

그들이 안고 있는 문제는 만성 통증, 학대부터 과식증(過食症), 분노, 성(性)기능 장애, 상호의존증(Codependency)까지 다양했습니다. 예를 들어 항상 자신을 억눌러서 자신의 가능성을 발휘하지 못하게 하는 사람처럼 간단히 어느 한 부류에 넣기 어려운 문제도 있었습니다. 이런 사람들은 보통의 기준으로는 이미 성공적인 삶을 살고 있는데도 마음 한구석에서 자신이 바보스럽게 느껴지고 자신이 원하는 대로 앞으로 나아갈 자신감이 없었습니다.

이 책을 읽으며 여러분도 익숙해질 어떤 방향을 저는 직감적으로 따라갔습니다. 출발 지점은 그 사람이 안고 있는 제약이었습니다. 거기에서 정말 단순하면서 설명하기 어려울 만치 편안한 프로세스를 따라서 그 문제를 깊게 파 내려가니, 자연스레 어떤 차원의 체험이 저절로 나타났습니다. 그 체험은 그때까지 경험한 모든 차원을 넘어서는 것이었습니다.

그렇게 저는 인생의 중요한 문제들에서 돌파구를 마련해 줄 어떤 것을 찾다가 우연히 원래 가졌던 목표를 훨씬 뛰어넘는 프로세스와 마주쳤습니다. 저와 함께 이 프로세스를 경험했던 사람들 대부분은 자신이 원했던 완전한 변화, 또는 지향했던 방향으로 진전을 이루었습니다. 그것만이 아닙니다. 그분들은 저에게 "기적이에요", "모든 것이 바뀌었어요"라고 쓴 카드와 편지를 보내 주었습니다. 원했던 것을 얻지 못한 어떤 분은, "더 좋은 것을 손에 넣었습니다. 말로는 표현하기 어렵지만 굉장한 일이 일어나고 있습니다"라고 했습니다.

우리가 지니고 있는 모든 면의 근원에 존재하는 믿을 수 없이 강력한 코어 스테이트를 발견함으로써 모든 사람에게 영성이 있다는 것을 이해하게 되었습니다. 여기서 제가 말하려는 영성은 어떤 신념 체계가 아닙니다. 그것은 체험입니다. 사람에 따라서 이 체험을 다른 식으로 표현할 수 있을 것입니다. 코어 트랜스포메이션 프로세스에는 특정한 신앙이 필요 없습니다. 개인적인 의뢰나 워크숍에서 이 프로세스를 진행할 때 우리는 종종 어떤 체험이 예상되는지 미리 설명하지 않습니다. 그러나 체험을 영적인 것으로 받아들이는 사람에게도, 다른 말로 표현하는 사람에게도, 이 프로세스는 정말 강력한 효과를 발휘합니다.

코어 트랜스포메이션 프로세스를 연구하고 지도하는 데 동생인 타마라 안드레아스(Tamara Andreas)가 중요한 역할을 했습니다. 타마라 자신뿐 아니라 타마라의 고객, 그리고 그녀가 진행한 세미나에서의 경험이 이 프로세스에 관한 지식과 이해를 높이는 데 큰 도움을 주었습니다.

저를 인간적인 성장, 즉 자기 계발 분야로 인도해 준 것은 NLP(Neuro-Linguistic Programming : 신경언어 프로그래밍)입니다. NLP는 커뮤니케이션, 인간적 성장, 그리고 인간으로서의 가능성을 성취하게 해 주는 데 매우 효과적인 모델입니다. NLP는 1970년대 초기에 언어학 교수인 존 그린더(John Grinder)와 컴퓨터 프로그래머인 리처드 밴들러(Richard Bandler) 두 사람이 개발했습니다. 코어 트랜스포메이션 프로세스는 이들을 포함한 많은 사람들이 만든 다양한 NLP 테크닉을 바탕으로 하고 있습니다. 이런 좋은 선도자들, 그리고 의식의 깊은 곳을 탐구할 수 있게 해 준 NLP의 존재가 코어 트랜스포메이션 프로세스의 개발을 가능하게 했습니다.

NLP는 지금까지 너무 '지적' 또는 '조작적'이라는 비판을 받았습니다. 확실히 그런 의도로 쓰려고 한다면 NLP는 그렇게 쓰일 수 있습니다. 하지만 코어 트랜스포메이션 프로세스는 생각의 영역을 넘어서, 그리고 일체의 조작을 넘어서, 만물과 하나 됨, 평화 같은, 모든 사람들이 추구하는 의식의 상태에까지 우리를 데려가 줍니다.

이 책에서는 코어 트랜스포메이션 프로세스를 체험한 사람들의 이야기를 여럿 소개하고 있습니다. 타마라나 제가 세미나 참가자와 고객들을 대상으로 했던 이 프로세스의 실연(實演) 기록, 그리고 인터뷰도 있습니다. 거기에는 개인적으로 겪은 변화에 대한 설명이 체험자가 말한 그대로 기록되어 있습니다. 물론 사생활 보호를 위해서 이름과 사실의 세부 내용을 바꾸거나 생략한 경우도 있지만 당사자의 의도를 정확하게 전달하기 위해 세심한 주의를 기울였습니다. 또, 변화를 체험했던 사람들은 너무 흥분한 나머지 장황하게 설명할 때가 많기 때문에 전부 다 담지 못한 경우도 있습니다. 실연은 독자가 이해하고 따라 하기 쉽도록 편집했지만 실연 전체를 담은 오디오 테이프와 비디오 테이프도 있으니 관심이 있는 분은 구해 보시기 바랍니다.

실연 부분을 읽다 보면 독특한 언어 유형과 특유한 언어 사용법이 있음을 알게 될 것입니다. 실연에서 '……'와 같은 것은 짧은 휴지(休止)를 의미합니다. 이것은 우리가 고객에게 정보를 처리하고 변화를 '무의식'적으로 통합할 시간을 주고 있음을 보여 줍니다. 짧은 휴지는 대략 몇 초 정도입니다만 몇 분이 되는 경우도 있습니다. 휴지를 얼마나 길게 할 것인가는 상대방의 표정, 얼굴색, 호흡, 몸동작을 관찰하거나 고객의 상태를 함께 체험함으로써 얻은 정보를 바탕으로 판단합니다.

언어적/비언어적인 미묘한 변화를 아는 것은 고객들을 프로세스로 인도하는 기술의 일부입니다. 하지만 코어 트랜스포메이션 프로세스를 통해 큰 효과를 얻기 위해서 꼭 그런 기술이 필요한 것은 **아닙니다**. 실제로 많은 분들이 비디오나 오디오를 사용해서 혼자서 이 프로세스를 실행하고 본인들이 원하던 결과를 얻었다고 연락을 해 오곤 합니다. 혼자서 프로세스를 실행할 때 가장 좋은 결과를 얻기 위해서는 이 책에서 제안하는 특유의 언어를 사용하고, 안내 사항을 준수할 필요가 있습니다. 그렇게 해서 몇 번이고 코어 트랜스포메이션 프로세스를 반복하는 과정에서 자연적으로 자신에게 맞는 속도와 방법을 알게 됩니다.

　마지막으로 이 프로세스를 실행하면서 자기 자신에게 너그럽고 참을성 있는 태도를 갖기를 부탁드립니다. 자신이 싫어하는 행동, 감정, 반응은 그 나름대로 이유가 있어서 긴 시간 동안 길러져 온 것입니다. 그러니 그런 것들에게 감사하고 존경하는 마음을 가져 주세요. 자기 안에 있는 바꾸고 싶은 부분을 기분 좋게 환영하세요. 그들이 결국은 당신에게 가장 의지가 되는 '내 편'이 되어 줄 테니까요.

코니래 안드레아스

전체 지도 그리기

| 코어 트랜스포메이션에서 중요한 것들

여행의 시작
'여기'에서 '거기'로 가는 방법

> 그런 변화가 일어날 리 없다고 말하지 말라.
> 당신의 내면에는 광대한 자유가 존재할 수 있다.
> 식탁 위의 보자기에 싸인 빵은 단순히 물질에 지나지 않지만
> 인간의 몸 안에 들어와서는 살아 있는 환희로 바뀌지 않는가!
> – 루미

어딘가에 가려고 할 때 좋은 지도가 있는가의 여부가 목적지에 잘 도착할지, 아니면 완전히 길을 잃게 될지를 가름할 수 있습니다. 예를 들어 여러분이 친구에게서 아주 맛있고 서비스도 최고인 데다 가격까지 좋은 레스토랑이 있다는 얘기를 듣고 그곳에 가기로 했다고 합시다. 여러분은 우선 레스토랑이 어디 있는지를 친구에게 물어볼 것입니다.

친구가 이렇게 대답한다고 생각해 보세요. "그 레스토랑을 선명하게 마음속에 상상하기만 하면 돼. 냉장고 문에 이렇게 적은 종이를 붙여 놓아도 좋지. '나는 어떤 레스토랑이라도 쉽고도 즐겁게 찾을 수 있다! 그렇게만 하면 돼."

여러분은 아마 터무니없는 소리라고 생각할 것입니다. 하지만 만일 목적이 '자기 자신을 있는 그대로 받아들이는 것'이라면 어떨까요? 지금까지 체험했던 적이 없는 내적인 완전함이라고 하는 것을 느끼고 싶다고 한다면?

지금 소개했던 레스토랑 얘기처럼, 굉장한 소문은 듣고 있지만 거기에 가 본 적도 없고 어떻게 가야 할지도 모른다면? 우리는 지금까지 이런 얘기를 들어 왔습니다. "그냥 해 봐. 그냥 자신을 받아들이라고." 그러나 이것은 구체적인 방향도 제시하지 않고 "그냥 레스토랑에 가"라고 하는 것과 비슷하지 않나요?

그러면 레스토랑의 위치를 물었을 때, 친구가 이렇게 말했다면 어떨까요? "레스토랑을 찾기 위해서는 그 전에 얼마나 네 요리가 형편없었는지, 몇 개월 아니 몇 년 동안 생각해 보는 게 필요해. 그렇지 않으면 레스토랑을 찾는 것은 불가능하지. 왜 네가 네 요리에 불만인 건지, 왜 레스토랑에 가고 싶은지, 그 이유를 찾지 않으면 안 돼. 그리고 어떻게 네 요리가 그렇게 형편없게 됐는지 이해하는 것도 필요하지." 이런 말을 들으면 싫은 기분이 드는 것을 넘어서 정말 어처구니없다는 생각이 들 것입니다. 여러분에게 필요한 것은 그저 레스토랑에 가는 방법일 뿐이니까요.

비슷한 맥락에서 지금까지 많은 자기 계발 기법은 자신이 짊어지고 있는 문제를 몇 년에 걸쳐서 상세하게 이해하라고 요구해 왔습니다. 문제를 이해하기만 하면 그것이 자연히 없어질 것이라고 믿는 것입니다. 하지만 대부분의 경우, 문제를 이해하더라도 문제는 달라지지 않은 채 여전히 남습니다.

코어 트랜스포메이션의 목표는 문제를 이해하는 것이 아니라, 문제가 저절로 변화하는 내면의 장소에 도달하는 것입니다. 이 책은, '어떻게 하면' 그곳으로 갈 수 있는가를 알기 쉽게 적은 지침서입니다.

코어 트랜스포메이션은 어퍼메이션(affirmation)[2]이나 긍정적 사고에 대한 것이 아닙니다. 우리는 지금까지 자신의 의지력으로 문제를 뛰어넘으려고 노력해 왔습니다. 다시 말해, 다르게 느끼거나 행동하기 위해서 **노력하거나**, 미래에는 **다르게 될 것**이라고 자기 자신에게 몇 번이고 다짐하는 식이었지요. 이런 것들은 전부 외면적인 것에서부터 내면으로 접근하는 방법으로, 문제의 본질에는 눈을 돌리지 않은 채, 표면만을 바꾸려는 것입니다. 이것은 골절을 치료하려고 아스피린을 먹는 것과 같습니다. 일시적으로 편안할지는 모르지만 뼈가 낫지 않으면 그 편안한 기분은 머지않아 없어집니다.

반면에 코어 트랜스포메이션 프로세스는 내면에서 출발하는 방법입니다. 이 방법은 간단하게 몇 가지 단계를 밟는 것만으로 자신의 원하지 않는 행동, 감정, 또는 반응을 아주 쉽고 급속하게 바꾸게 해 줍니다. 동시에 코어 트랜스포메이션, 즉 내면의 근원 부분이 근본적으로 변화하는 것을 체험하면서 자연스레 생기는 몸과 마음의 평안(well-being)을 지속적으로 갖게 해 줍니다.

---

2 스스로 믿기 위해 반복해서 말하는 긍정적인 메시지

∷ 원천 발견하기

그때그때 일이 순조롭게 풀리는가 아닌가와 관계없이 우리의 삶에서 언제나 온전함과 평안이 그 바탕에 있다면 얼마나 좋을까요? 대부분의 사람들은 인생이 평탄할 때는 좋은 기분을 느낍니다. 하지만 일이 잘 안 풀릴 때도 '아냐, 괜찮아'라고 여유롭게 느끼는 것이 가능할까요? 물론이죠. 우리 자신이 그런 경험을 해 왔고, 지금까지 몇백 명의 고객들과 워크숍의 참가자들도 같은 체험을 하고 있습니다. 이 책에서는 편안할 때뿐만 아니라 어려움에 직면했을 때에도 우리를 떠받쳐 주는 내면의 자신(inner sense of self), 행복, 온전함, 그리고 개인을 넘어선 커다란 존재와의 교감을 어떻게 계발하고 유지하는지 소개합니다. 이런 내적인 충실감과 통일감, 진실성, 그리고 강인하고 지혜로운 내면은 누구라도 지닐 수 있습니다. 이것들은 우리 내면의 원천이기 때문입니다.

누구나 슬픔, 좌절감, 분노, 짜증을 경험합니다. 그것은 인간인 이상 피할 수 없는 일부입니다. 그러나 이런 때에도 여전히 우리는 자신에 대해 건강함과 행복을 느낄 수 있습니다. 인생의 풍파를 헤쳐 나가기 위해 필요한 자원이 우리에게 있다는 것을 마음속 깊이 아는 것이 가능합니다. 그리고 어떠한 어려움도 무사히, 그리고 이전보다 더욱 현명하고 강해진 모습으로 극복해 나갈 수 있다는 낙천적인 마음을 가질 수 있습니다.

우리 모두는 극복하려고 무진 애를 써 온 개인적인 약점이 있습니다. 그중에는 어떻게 해도 없어질 것 같지 않은 것도 있겠지요.

대부분의 사람은 이런 자신의 싫은 모습에 등을 돌리고 회피합니다. 싫은 감정을 한쪽 구석으로 치워 두려고 합니다. 이를테면 '긍정적으로 생각하려고' 노력해서 부정적인 생각을 밀쳐 내려고 합니다. 그러나 이런 방법으로는 대개 자연스럽고 오래 지속될 수 있는 변화를 만들어 내지 못합니다. 우리의 내면에 있는 원천에 도달하기 위해서는 자신의 약점을 통해야 합니다.

코어 트랜스포메이션 프로세스는 삶의 큰 문제였던 자기 파괴적인 행동이나 감정, 반응을 변화시키는 데 효과가 있습니다. 이 책에서는 몇 년이나 씨름해 온 문제를 변화시키는 데 성공한 사람들의 이야기가 많이 소개되어 있습니다. 이 프로세스는 우리가 자신의 약점을 내면의 진정한 자신의 모습을 드러내 주는 길로 쓰도록 도와줍니다. 우리는 그런 우리의 제약들을 없애는 동시에 강력하게 확장하고 변화하는 새로운 자신을 체험합니다.

또 한 가지 좋은 점은 이 프로세스 자체가 거의 누구에게나 매우 기분이 좋은 경험이라는 것이죠. 프로세스는 지속적인 변화를 빠르게 달성하게 해 줍니다만, 가장 큰 효과를 보는 사람들은 이 방법을 지속적으로 쓰면서 이해를 깊게 하는 사람들입니다.

이 책에서 소개된 방법을 따라 할 때 일어나는 변화는 주로 내면에서부터 온화하게 피어나는 것과 같습니다. 그것은 '깨달음을 얻은' 사람은 어떤 식으로 행동해야 한다는 '당위성'을 강요하지 않습니다. 또 자신에 **관해** 긍정적으로 생각하는 것을 배우는 것도 아닙니다. 대신 여러분은 진정한 자신, 즉 자신이 지닌 본래의 모습으로 사는 시간이 많아지게 됩니다. 그리고 이미 존재하고 있던 지혜와 진실을 발견하게 됩니다. 프로세스를 몇 번이고 반복한 후에는 자신의 마음 가장 밑바닥에는 언제나, 보통 긍정적이라고 생각하는 것을 훨씬 초월하는 본성이 있다는 것을 믿게 됩니다.

  태극권의 저명한 스승인 알 후앙(Al Huang)은 이러한 본성을 발견하는 것이 태극권의 목표라고 다음과 같이 말합니다.

  태극권을 연습하다 보면 도교의 수많은 기본 개념이 나타난다. 그 한 가지가 '푸(朴)'라는 말인데, 원 재료를 일컫는 것으로, 깎거나 고치고 갈고 닦기 전의 것을 의미한다. 우리는 이 단어를 '깎이지 않은 통'이라고 번역하곤 한다. 그것은 예술적인 형태로 깎이기 전, 있는 그대로의 재료로, 변화를 부여받기 전의 본질이다.

  깎기 시작하기 전에 먼저 나뭇결에 대해 배우라. '푸'는 색을 덧씌우기 전의 진짜 당신의 기본적인 원 재료(basic substance)이다. 자신의 기본적인 본질(basic essence)을 잡스러운 것으로 막지 말고 그대로 드러내라. 외면적인 것에 눈이 멀어 자기 안에 있는 깎이지 않은 통을 잃어버려서는 안 된다.

  언제나 (태극권을) 시작할 때는 항상 깎이지 않은 원래의 통나무인 인간의 신체에 대한 그런 기본적인 감각, 모든 것을 하나로 묶는 그런 감각을 찾아야 한다. 우리는 보통 '푸'가 자연스레 밖으로 나오도록 내버려 두기보다는 우리 자신에게 우리가 어떤 사람인지 계속해서 강요하는 경우가 많다.

∷ 근원적 자기란 무엇인가

이 책에서 우리는 근원적 자기(Core Self)라고 하는 것을 더 온전하게 느끼기 위한 방법을 소개합니다. 근원적 자기는 동서고금을 막론하고 보편적으로 알려진 개념인데 내면의 본질, 최고의 가능성, 자기실현, 진아(眞我: 진짜 자신), 숭고한 자신, 내면의 신, 영혼 등등 다양한 이름으로 불립니다.

다음과 같은 때, 우리들은 근원적 자기에서 나온 행동을 하고 있다고 말할 수 있습니다.

- 전체적 통일감, 내적 평화, 평안, 사랑, 생명의 약동을 느낄 때.
- 현실에 온전히 발을 디디고 심신이 통일되어 중심이 안정되어 있을 때.
- 자신의 몸과 감정을 완전히 지각하고 있을 때.
- 세계를 명철하게 인지하고 있을 때.
- 자신이 무엇을 원하는지 알 때.
- 자신의 가치관에 맞게 행동할 때.
- 다른 사람의 이익을 존중하면서 편안하게 자기 자신의 이익을 위해 행동할 때.
- 자신에 대해 긍정적인 감각을 지니고 있을 때.
- 자신의 행동, 감정, 소유물뿐만이 아니라, 자신은 누구인가에 대해서도 자각하고 있을 때.
- 여유롭게 느낄 때. 자신이 어떻게 느끼고 행동할지를 선택할

수 있다고 느낄 때.

근원적 자기에 대한 위와 같은 설명은 대부분의 사람에게 해당됩니다만 자신의 체험을 설명할 때 쓰는 말은 사람마다 다를 수 있습니다. 그러므로 이 설명을 읽고 "다 좋은 얘기지만, 이 말들이 무엇을 의미하는지 잘 모르겠다"라고 말하는 분이 있다면 그것도 괜찮습니다. 이 책은 당신이 코어 트랜스포메이션을 체험하도록 하고, 당신 스스로 근원적 자기에 닿을 수 있도록 도와줍니다.

이 책의 개요

이 책은 여러분의 내면의 원천에 도달하는, 세심한 안내가 있는 여정입니다. 제1부에서는 이 여행에서 최고의 성과를 얻기 위해서 기초를 만드는 작업을 합니다. 즐겁고 충실한 여행이 되기 위해서 필요한 기본적인 이해와 경험을 갖추도록 합니다. 이런 것을 갖추어 두면 나중에 내면의 목적지에 도달하기 위한 지도를 따라가는 것이 훨씬 수월해집니다.

제2부에서는 코어 트랜스포메이션 프로세스의 핵심인 코어 스테이트를 실제로 체험합니다. 여러분은 자신의 내면에 숨겨진 선물이 있음을 발견합니다. 이 선물은 자신이 가장 나쁜 결점이라고 생각하는 것을 통해서 드러납니다.

또 제2부에서 제5부까지는 코어 트랜스포메이션 프로세스를 어떻게 하는지 처음부터 끝까지 설명합니다. 독자가 이해하기 쉽도록 몇 개의 덩어리로 묶어서 내용을 설명했습니다. 각각의 부에는 여러분이 할 수 있는 훈련이 소개되어 있는데 이 훈련은 같은 순서로 되어 있어서 여러분은 이것들을 편안하고 자연스럽게 학습할 수 있을 것입니다. 각 부의 각 장은 다음의 순서로 되어 있습니다.

- 코니랜와 타마라 둘 중 한 사람에 의한 프로세스의 실연 기록.
- '구조의 이해' 장으로, 방금 읽은 실연에 나온 새로운 단계의 목표에 대해 배움.
- '실행하기' 장 또는 프로세스를 혼자 할 수 있도록 도와주는 쉬운 단계별 설명.

각각의 부마다 적어도 한 가지의 실례를 소개해서, 다른 사람이 어떻게 이 프로세스를 이용해서 인생을 변화시켰는지 보여 줍니다. 이 사례들을 통해서 여러분이 영감을 받아서 자신에게 맞는 프로세스의 사용 방법을 찾게 되리라 생각합니다.

제6부의 '부모 타임라인 재학습하기'는 특별히 중요합니다. 왜냐하면 이것은 부모를 포함해 과거의 사람들을 용서하고 더 좋은 미래로 나아갈 수 있게 해 주기 때문입니다. 이 프로세스는 근원적 자기의 체험을 심화하고 강화해서, 우리의 가족 관계에 코어 트랜스포메이션 프로세스의 효과를 불어넣습니다. 일단 이 프로세스를 실행하면 우리가 성장할 때 체험했던 일들이 코어 트랜스포메이션 체험을 도와주게 됩니다. 비록 그것이 아무리 평범하거나 이상하더라도, 비극적이거나 멋진 것이라도 말입니다. 부모 타임라인을 재학습한 후에 사람들은 과거의 문제가 청산된 느낌을 받습니다.

제7부에서는 프로세스를 확장하고 우리의 일상에 적용합니다. 여기에 포함된 몇 개의 장은 건강 문제의 해결, 자신을 제약하는 성격 유형의 해결, 프로세스를 훌륭히 실행한 사람들의 인터뷰, 그리고 이 프로세스가 어떻게 영적 체험을 끌어내는가에 대해서도 다룹니다.

반드시 다른 사람의 실례와 각 장의 훈련 내용을 꼭 읽고 나서 코어 트랜스포메이션 훈련으로 들어가기를 권합니다. 그렇게 함으로써 여러분은 자신에게 내면의 변화 과정에 필요한 훌륭한 내적 지도를 미리 만들 수 있을 것입니다.

코어 트랜스포메이션 프로세스가 가져오는 결과

대부분의 사람들은 코어 트랜스포메이션 프로세스를 할 때마다 다음과 같은 결과의 한 가지, 또는 그 이상을 얻습니다. 리스트를 읽으면서 당신이 인생에서 가장 바라는 결과를 찾아내 보십시오. 이 프로세스는 당신의 근원적 자기를 해방시켜 주기 때문에 인생 전반에 좋은 영향을 끼칩니다. 근원적인 내면의 지혜를 발견하게 되면, 여러분은 동시에 많은 면에서 새로운 선택의 가능성이 있음을 알게 됩니다.

:: 감정
- 모든 감정을 완전히 느낄 수 있다.
- 자주 어떤 감정에 빠져서 헤어나지 못하는 대신 감정이 좀 더 자연스럽게 흐르는 것을 경험한다.
- 압도되는 것과 같은, 또는 자신의 인생을 방해하는 것처럼 느껴지는 특수한 감정이 없어진다.
- 과거에 해결되지 않은 문제에서 비롯된 감정이 아니라 현재의 상황 속에서 적절한 감정이라는 감각이 있다.
- 자기 자신에게 도움이 되고 자기가 하는 일을 뒷받침해 주는 감정을 갖는다.
- 근본적으로 행복하고 평화롭다는 감각이 있다.

:: 습관과 행동
- 중독적이고 습관적이었던 행동에 대해 선택권을 갖게 된다.
- 행동을 바꾸는 것이 훨씬 쉬워진다.
- 자신의 가치관에 맞는 행동을 할 수 있다.

: : **인간관계**
- 경쟁할 필요 없이 자신도 타인도 긍정할 수 있다.
- 자신의 욕구나 희망을 자유롭게 표현하고 추구할 수 있다. 동시에 다른 사람의 욕구도 고려할 수 있게 된다.
- 사람들과 함께 있는 것이 즐겁다.
- 인간관계를 소중히 하면서도 상대방에게 의존하지 않으면 행복해질 수 없을 것 같은 느낌은 들지 않는다
- 다른 사람을 있는 그대로 받아들인다.
- 다른 사람의 약점을 알면서도 적절히 신뢰할 수 있다.
- 자신에게 선택권이 있는 것들에 대해 책임을 지고 선택할 수 있다. 또한 자신의 힘으로 어쩔 수 없는 것들에 대해 걱정하지 않는다.
- 다른 사람이 주목을 끌거나, 또는 자신이 주목을 끌거나, 어느 쪽이든 괜찮다.
- '옳지 않으면 안 된다'가 아니라 진실을 추구할 수 있게 된다.
- 자신이나 타인의 잘못과 약점을 용서하고 그로부터 배울 수 있다.
- 다른 사람이 자신을 어떻게 생각하든 개의치 않는다.
- 자신과 다른 사람에게 좀 더 정직해진다.
- 다른 사람에 대해 좀 더 친절해지고 배려심을 갖는다.

: : **자기 이미지와 자기 발전**
- 자신에 대해 좀 더 친절해지고 연민을 느낀다.
- 자신이 되고 싶은 사람의 모습에 가까워진다.
- 자신의 좋은 점을 안다.
- 다른 사람의 의견이나 반응을 받아들일 만큼 충분히 자존감을 갖는다.
- 다른 사람과 평등하다고 느낀다.
- 자기 평가 수준이 높다.
- 자기정체성이 있다.

- 진실성이 있다.
- 좀 더 온전함과 균형감을 느낀다.

:: 그 밖의 범주

많은 사람들이 코어 트랜스포메이션 프로세스로 다음과 같은 많은 문제를 개선했습니다.

- 학대나 정신적 충격(트라우마)
- 거식증과 과식증
- 알코올중독
- 약물 의존
- 상호의존증
- 우울증
- 공포와 불안
- 정신적 충격 후의 스트레스 증후군
- ADHD(주의력 결핍 과잉 행동 장애)와 학습 장애
- 다중 인격 장애
- 정신분열증
- 건강상의 문제
- 특수한 문제나 갈등의 해결

무의식과 친구 되기
왜 머리로 이해하는 것만으로는 변하지 않는가

> 인생에서 크나큰 결정은 대개 의식적인 의지나 그럴싸한 이유보다는 직감이나 우리가 모르는 무의식적인 요소에 의해 정해진다.
> — 융

무의식은 꿈을 통해 우리에게 말을 겁니다. 동화는 사람의 무의식을 자극합니다. 생각지도 않은 말실수 등 소위 '프로이트적인 착오'는 무의식의 영역에 원인이 있습니다. 도대체 무의식이란 무엇일까요? 이 책에서는 우선 우리가 의식하지 못하는 모든 것을 '무의식'이라고 하겠습니다.

∷ 무의식적인 결정

자신이 안고 있는 문제를 명확하고 이지적으로 이해하고, 상세하게 얘기할 수 있는데도 여전히 그 문제를 해결하지 못하는 사람들이 주변에 많이 있을 것입니다. 여러분도 지금까지 자신의 행동과 감정, 반응을 고치겠다고 결심했지만 결국은 똑같은 일을 되풀이했던 경험이 없는지요? 대개의 경우, 의식적으로 마음먹는 것만으로는 기계적이고 무의식적인 행동, 감정, 반응을 고치는 것이 거의 불가능합니다. 만일 우리가 그런 것들을 의식적으로 선택했다면 변화를 주어 고치는 것도 쉬울 것입니다. 다시 선택하면 되니까요. 하지만 대체로 우리는 자동적으로 이런 결정을 합니다. 마치 우리의 무의식 속에 이런 결정을 담당하는 부분이 있는 것처럼 말이지요. 우리의 의식이 이런 행동을 관장하지 않기 때문에 바람직하지 않은 행동, 감정, 반응을 고치고 싶다면, 우선 실제로 그런 것들을 조절하는 부분에 접근해서, 어떻게 하면 그 부분과 사이 좋게 되는가를 배워야 합니다.

무의식이 하는 일

의식적인 마음은 한 번에 몇 가지 일에 집중하는 것을 잘합니다. 연구에 의하면 우리는 한 번에 다섯 가지에서 아홉 가지의 정보를 의식할 수 있다고 합니다. 하지만 그 이상이 되면 의식적인 마음에는 부담을 줍니다.

그런데 의식하지는 않지만 우리는 오감(五感)을 통해 항상 많은 정보를 받아들이고 있습니다. 예를 들어 이 문장을 여기까지 읽어 오는 동안, 여러분은 여러분이 앉아 있는 것, 의자의 위에 놓인 자신의 체중을 의식하지 않았을 것입니다. 호흡도 의식하지 않았을 테고, 눈에 들어오는 많은 것들을 눈치채지 못했을 것입니다. 주위의 소리조차 의식하지 못했을지도 모릅니다. 하지만 무의식은 당신이 무언가에 초점을 맞추고 의식하고 있는 동안에도 이렇게 엄청나게 많은 정보를 눈치채고 처리하고 있습니다.

무의식은 여러분이 의식하고 있지 않은 동안에도 기억을 유지하고 장래를 계획합니다. 예를 들어 누구라도 그렇게 하려고 생각하면 과거에 했던 일이나 과거에 함께 있었던 사람의 일을 떠올릴 수 있습니다. 또는 내일 또는 다음 주에 할 일을 미리 생각할 수 있습니다. 이런 것들은 생각하지 않는 동안에는 무의식 속에 저장되어 있습니다.

또 무의식은 자동적이라고 생각되는 신체의 움직임도 관장하고 있습니다. 예를 들어 우리는 의식적으로 호흡을 빨리 할 수 있습니다. 하지만 호흡하는 것을 잊어버리고 있어도 무의식적으로 호흡을 계속합니다. 소화, 심장 박동, 세포 분열 등과 같은 많은 일들이 무의식적으로 일어납니다. 이런 신체 기능을 직접적이고 의식적으로 조절하는 것은 불가능합니다.

더욱이 무의식은 당사자가 의식하지 못하는 정보를 처리하고 결정을 내립니다. 우리는 자고 있는 동안에 꿈을 꿉니다. 그러나 어떤 꿈을 꾸는가, 꿈이 어떻게 전개되는가를 자신이 의식적으로 결정하지는 않습니다. 이런 것은 무의식 수준에서 결정됩니다.

이런 것들 외에도 무의식이 하는 일은 많습니다. 행동, 감정, 반응 등은 최초에는 의식적으로 학습되지만 일단 깊게 학습되어 버리면 기계적으로 무의식적으로 일어나게 되어 있습니다. 말을 막 배우기 시작한 어린이는 어떤 말을 쓸까 열심히 생각해야 합니다. 부모에게 자신이 원하는 것을 달라는 말을 전달하는 데 성공했을 때 아이는 커다란 기쁨을 느낍니다. 하지만 일단 말을 배운 후에는 무엇을 말하고 싶은지 생각하는 것만으로도 적절한 말이 입에서 나옵니다. 어떤 말을 쓰면 좋을지 의식해서 생각하거나, 어떤 순서로 말할 것인가를 생각하거나 하지 않습니다. 이미 잘 배워 두었으므로 이런 것들은 자동적으로 일어납니다.

자동차를 운전하는 것도 마찬가지입니다. 운전 중에 무언가를 생각하다가도 문득 정신이 들고 보면 제대로 목적지로 향하고 있던 경험이 있을 것입니다. 누구라도 처음 운전을 할 때는 운전에만 의식을 집중합니다. 또 익숙하지 않은 장소에 갈 때도 온 신경을 운전에 쏟습니다. 그러나 예를 들어 제 경우를 보면, 아이를 학교에 데려다 줄 때는 어떤 길에서 방향을 틀까 하는 것에는 신경도 쓰지 않습니다. 10분 정도만 지나면 벌써 학교 주차장에 도착해 있습니다. 이처럼 최초로 무언가를 배울 때는 의식을 집중하지만 일단 배우고 나면 더 이상 생각하지 않게 됩니다. 이 단계가 되면 행동은 무의식적으로 일어납니다.

무의식적으로 하게 되는 행동의 대부분은 적절하고 우리에게 도움이 됩니다. 무의식은 의식적으로 하면 아주 어렵고 불가능해 보이는 것들을 합니다. 예를 들어 걷는 것을 생각해 보죠. 어떤 근육을 써서 어디를 이완시키고 어디를 긴장시켜야 하는가, 그런 것을 의식적으로 생각해서 하면 얼마나 복잡할까요?

그런데 무의식적인 행동 중에는 자신에게 해를 주고 쓸모없는 것들도 있습니다. 여러분도 엉겁결에 엘리베이터에서 내려 보니까 다른 층이었다든지 하는 등의 실수를 한 경험이 있을 겁니다. 또 다이어트를 하기로 해 놓고 자신도 모르게 냉장고를 열게 된 경험은요? 그 밖에 손톱을 물어 뜯는다든지, 관절을 꺾는다든지, 그만두고 싶지만 그만두지 못하는 버릇은 없습니까?

우리는 지금부터 자신이 싫어하는 이런 행동들을 어떻게 달라지게 할 것인가를 배울 것입니다. 하지만 그 전에 자신이 싫다고 생각하는 행동, 감정, 반응도 처음 그것을 배웠을 때는 어떤 의미로든 자신에게 도움이 되는 것이었다는 점을 기억하세요. 그 행동에 유익한 목적이 있었기 때문에 당신은 그 행동을 선택했던 겁니다. 그 당시는 그것이 최선의 선택이었던 거예요.

예를 들어, 샘은 어릴 적에 부모님이 큰 소리로 싸우는 가정에서 자랐습니다. 부모님의 부부 싸움을 아주 무서워했던 샘은 무의식적으로 감정이란 위험한 것이라고 결론을 내리고 자신에게서 떼어내 버리기로 했습니다. 현재 그는 자신이 그런 결단을 내렸다는 것조차 모릅니다. 즉, 무의식의 일부가 된 것이지요. 이 결단은 무의식에 저장되어 있으므로 그는 지금도 이 결단의 결과를 체험하고 있습니다. 그는 좀처럼 자신의 감정을 느낄 수 없게 되어 버렸습니다. 자신의 감정을 충분히 느끼고 싶다고 의식적으로 결정하는 것만으로는 이 문제가 해결되지 않았습니다. 그가 예전에 했던, 그리고 지금은 무의식의 일부가 되어 버린 결정을 바꾸는 것을 도와 주는 프로세스가 샘에게는 필요했습니다.

∷ 무의식적인 부분에 민감해지기

우리는 곧잘 자신의 (마음의) 일부가 자신의 행동을 일으킨다고 말합니다.

"나도 모르게 초콜릿을 먹게 만드는 면이 나에게 있다."

"마음 한편으로는 상사에게 화가 났다."

"다음 날에 피곤할 걸 알면서도, 마음 한편으로는 늦게까지 놀고 싶었다."

"사실은 다이어트를 계속하고 싶었지만 디저트를 보면 못 참는 면이 있어요."

이런 말을 하는 사람들은 자신의 행동을 의식적으로 조절할 수 없었다는 것을 고백합니다. 마치 무의식의 일부가 최선의 행동은 초콜릿을 먹는 것이라고 결정하고, 본인이 의식적으로 무엇을 원하는가와 상관없이 결국은 먹게 한다고 말하는 것처럼 말입니다. 우리는 하고 싶지 않은 행동을 하거나, 느끼고 싶지 않은 감정을 느끼고, 생각하고 싶지 않은 것을 생각할 때 이런 식으로 설명합니다. 화를 내거나 질투, 좌절, 죄의식 등 부정적인 것을 생각하거나 경험할 때, 우리는 거기에 대해 선택의 여지가 없는 것처럼 느낍니다. 마치 우리 자신 어딘가에 있는 한 부분이 그렇게 시킨다는 식으로 말이지요.

복잡한 감정을 느낄 때, 우리는 한편으로 이렇게 느끼는데 다른 한편으로는 그와는 다르게 느낍니다. 예를 들어, 집에서 숙제를 해야지 생각하면서도 한편으로는 영화를 보러 가고 싶다고 생각하는 경우처럼 말입니다. 또 아이에게 화를 내려고 하면서도 인내심 있고 상냥한 부모가 되고 싶다고 생각하는 것도 마찬가지입니다. 마음의 어딘가에서는 무섭다고 생각하면서 다른 한편으로는 여유와 자신감을 갖고 싶다고 생각하는 때도 있습니다. '내 안의 무언가가' 두려워하게 한다고 말할 때는 우리의 사고나 행동의 어떤 부분은 겁을 내는 감정과 관련이 있지만, 나머지 부분은 무언가 다른 것과 관련이 있다는 것을 보여 줍니다. 아마도 그 나머지는 필사적으로 차분하고 여유로우려고 노력하고 있겠지요.

그러나 의식적으로 통제할 수 없는 행동, 감정, 반응이 우리의 무의식의 어떤 부분에 의해 일어나지만, 실제로 우리 내면에 따로따로 떨어진 무의식의 부분들이 돌아다니는 것은 아닙니다. 단지 이런 식으로 우리 자신의 생각에 여러 부분이 있는 것으로 생각하면 매우 유용합니다. 이렇게 생각하면 코어 트랜스포메이션 프로세스가 어떻게 새로운 선택, 온전함, 문제의 해결을 가져오는가를 이해하기 쉬워집니다. 이 책에서는 이제부터 무의식의 한 면인 이런 부분을 '부분(part)'이라고 부르겠습니다. '부분'이라는 말을 쓰고 싶지 않은 사람은 다른 말을 써도 상관없습니다. 예를 들어 '어떤 면'이라는 말도 좋겠죠.

이런 자신의 부분에 대해 이해하고 대처하는 것은 우리를 온전한 존재가 되도록 도와줍니다. 만일 우리가 이런 경험들을 한쪽으로 치워 두려 하거나 '긍정적으로 생각하려고' 한다든가, 아니면 자신의 의지로 원치 않는 행동을 극복하려면 우리는 우리 자신과 싸우는 것이 됩니다. 자신과 싸우면 우리 안의 어떤 부분은 반드시 지게 됩니다.

  이 책에 나오는 훈련에서는 의식과 무의식의 사이에 자연스런 흐름을 만듭니다. 이렇게 하면 당신이 가고 싶은 방향으로 당신이 나아가는 것을 무의식의 부분이 방해할 때, 그것을 눈치챌 수 있는 힘을 기르게 됩니다. 그렇게 함으로써 코어 트랜스포메이션 프로세스를 이용해, 당신의 인생을 방해해 왔던 부분을 진정한 의미로 당신 편으로 근본적으로 변화시킬 수 있게 됩니다.

긍정적인 목적

코어 트랜스포메이션 프로세스에 담겨 있는 중요한 전제 중 하나는 인간의 어떤 행동, 감정, 반응에도 긍정적인 목적이 있다는 것입니다. 우리가 가장 혐오하는 부분이라도 거기에는 어떤 긍정적인 목적이 있다고 생각하는 것입니다. 예를 들어 보겠습니다.

  팀은 결혼 생활이 평탄치 않았습니다. 사업에서는 꽤 성공을 거두었지만, 가정은 그야말로 엉망진창이었습니다. 그는 매일같이 부인을 비난했고 부인은 완전히 넌덜머리가 나서 이혼을 생각하고 있었습니다. 그런데 알고 보니 팀은 부인에게 하는 것 이상으로 자신을 끊임없이 질책했습니다. 우리는 손에 닿는 무엇이든 누구든 가차 없이 비난하는 목소리가 팀의 내면에 있다는 것을 발견했습니다. 하지만 그 내면의 목소리가 사실은 그의 삶이 나아지기를 바라고 있다는 것을 알게 되었습니다. 팀이 더 행복해지고, 더 만족스런 삶을 살기를 바랐던 것입니다. 그러나 이 부분은 그것을 실현하는 방법으로 비난하는 것밖에는 몰랐습니다. 다시 말해 비난하는 것이 최선의 방법이라고 생각했던 겁니다. 팀은 이 비판적인 부분이 실은 그에게 좋은 것을 바라고 있다는 것을 알고 굉장히 기뻐했습니다. 그리고 이 부분이 없애 버려야 할 것이 아니라 자기편이라는 것을 깨닫게 되자 이 부분에 대한 그의 태도는 크게 바뀌었습니다.

완다는 담배를 끊고 싶어 하는 젊은 여성이었습니다. 담배를 피우고 싶어 하는 그녀의 부분은 친구 그룹에 들어갈 수 있는 방편으로 담배를 이용하고 있었습니다. 그녀가 담배를 처음 피우기 시작한 것은 10대 무렵으로, '주변의 모두가' 담배를 피우고 있었고, 담배 피우는 것이 '멋지다고' 생각되던 시절이었습니다. 지금은 담배를 끊고 싶다고 생각하게는 되었지만 친구들을 잃어버리고 싶지는 않아 합니다. 친구들과 멀어지는 것이 싫기 때문입니다. 운 좋게도 완다의 흡연을 부추겼던 부분은 담배 자체에는 흥미가 없었습니다. 이 부분이 중요하게 생각했던 것은 친구가 되는 수단을 갖는 것뿐이었습니다.

벤은 화가 치밀면 주체할 수 없는 것 때문에 고민하고 있었습니다. 친구들과 놀 때도 누군가 그의 생각과 다른 주장을 하면 금세 화가 치밀어 올라서 참기가 힘들었습니다. 벤은 그렇게 화를 내는 부분이 실은 벤 자신의 자아를 지키고 싶어 할 뿐이라는 것을 알게 되었습니다. 화내는 것만이 이 부분이 알고 있는 방어 수단이었습니다. 완전히 만족스러운 해결책을 찾는다는 것은 다시 말해 이 부분이 다른 더 바람직한 방법으로 그의 자아를 보호하도록 도와주는 것이었습니다.

조녀선은 3년 전에 해고된 것에 대해 지금도 침울해하고 있습니다. 그는 25년간 같은 회사에서 일했는데 해고당하는 바람에 인생 설계를 대폭 수정해야 했습니다. 그러나 계속해서 그를 침울하게 했던 부분은 그를 위한 긍정적인 목적을 갖고 있었습니다. 그가 해고되었던 원인이 사실은 어떤 것에 대해 거짓말을 한 것에 있기 때문이었습니다. 그의 이 부분은 진실을 얘기하는 것이 얼마나 중요한 것인가를 그가 기억하기를 바랐던 것입니다. 조녀선에게 그것을 떠올리게 하는 방법으로 그 부분이 유일하게 알고 있는 것은 침울해지는 것이었습니다. 그 자신의 모든 면을 존중하는 해결책이 되기 위해서는 나쁜 감정을 외면하고 살아가는 것 이상을 해야 했습니다. 그는 진실을 말하는 것이 얼마나 중요한가를 알려 주는 새로운 방법이 필요했습니다.

부분이 많은 경우

어떤 결단을 내릴 때 많은 부분이 관련되어 있는 것처럼 말하는 사람이 간혹 있습니다. 확실히 사람들에게는 많은 목표와 목적이 있습니다. 예를 들어 저(타마라)는 배우는 것, 의미 있는 인간관계, 일의 성공, 편안한 생활, 흥미로운 일 하기와 같은 목표가 있습니다. 마치 제 안에 이런 여러 가지 목적 하나하나에 관련된 다수의 부분이 있는 것 같습니다. 만일 제가 일의 성공이라는 목표를 중요하게 생각해서 의미 있는 인간관계를 갖는다는 목표를 무시한다면 인간관계를 중요하게 생각하는 부분은 불만을 갖게 되겠죠. 그것은 자신의 일부를 무시하는 것과 같습니다. 너무 지나치게 긴 시간 동안 계속 무시하면 그 결과로 저는 우울증에 걸리거나, 성공은 고사하고 자신도 모르게 그것에 해로운 일을 하게 될 수도 있습니다.

또 제가 편안하게 사는 것만을 중시해서 흥미로운 일을 한다는 목표를 무시한다면, 결국은 흥미로운 일을 하는 것과 관련된 저의 부분이 불만을 갖게 됩니다. 이처럼 제가 특정한 목표들에만 신경을 쓴다면 불만을 느끼는 부분들이 방해 활동을 시작합니다.

⁝ 적이 아닌 동지로 만들기

각각의 부분이 지닌 긍정적인 목적을 찾아내는 것은 우리가 보통 하고 있는 것과는 **정반대**의 일입니다. 일반적으로 우리는 자기 안의 바람직하지 않은 습관이나 경향과 싸우려고 합니다. 자기 계발법에 관련된 많은 방법들이 자기 제어나 의지력으로 자신의 결점을 극복하라고 부추기면서 이런 방법을 쓰게 만듭니다. 제가 최근에 참가한 모임에서 어떤 사람이 이런 말을 하더군요. "우리 모두는 내면에 적이 있으며, 이 적을 쳐부수지 않으면 안 됩니다."

저는 이런 방법을 써서 성공한 적이 없습니다. 왜냐하면 이것은 나 자신과 싸우는 것이기 때문입니다. 자신과 싸우면 결국 지는 것은 누구입니까? 당연히 자기 자신입니다. 만약 제가 이른바 '내면의 적'에게 승리를 거두었다고 해도 그 결과 제게 남는 것은 '내면의 패배자'인 것입니다! 그러나 코어 트랜스포메이션 프로세스에서는 **자신의 모든 부분**이 승자가 됩니다. 자신의 부분이 지닌 긍정적인 목적을 찾아내서, 문제를 일으키는 부분을 내면의 자기편으로 바꾸어 가게 됩니다.

긍정적인 목적 찾기
내면의 친구들과 소통하는 법을 배우기

당신의 살아 있는 조각조각들이 하나의 하모니를 이룰 것이다.
– 루미

코어 트랜스포메이션 프로세스를 밟아 가는 것은 단순히 바람직하지 않은 행동, 감정, 반응을 달라지게 하는 것 이상의 효과를 가져옵니다. 우리는 더 훌륭한 내면의 온전함에 도달할 수 있게 되고 그 안에서 사고, 감정, 행동이 서로 조화를 이루고 그것들이 자연스레 서로 도와주도록 만들게 됩니다.

우리는 많은 경우 바람직하지 않은 행동과 감정, 반응을 유발하는 자기 속의 무의식적인 부분을 '문제점'으로 판단해 버립니다. 그러나 자기 자신에게 비판적이면 바람직하지 않은 행동과 관련된 부분과 사이가 나빠지고, 결과적으로 내면의 부조화를 만듭니다. 예를 들어 저의 일부가 제가 밤에 잠을 못 자게 하면 저는 그 부분에 화가 나곤 합니다. 그 부분과 싸움을 할 수도 있습니다.

자기 안의 여러 가지 부분과 소통하기 위한 첫걸음은 그 부분들이 우리를 위해서 긍정적인 결과를 원했다는 것에 대해 감사해야 한다는 것을 배우는 것입니다. 저를 잠 못 들게 했던 저의 부분이 실은 저를 위해 무언가 긍정적인 것을 원했다는 것을 깨닫는 순간, 저는 저 자신에 대해 더 감사하고 평화로운 마음이 됩니다. 이것이 잠을 못 자게 한 저의 부분과 친구가 되는 첫걸음입니다. 이 부분은 아마도 제가 그날 낮에 미처 해결하지 못한 것을 해결하길 원했을 수도 있고, 어쩌면 제 아이가 걱정이 되어 제가 도울 수 있는 방법을 찾기를 원했는지도 모릅니다.

다음의 훈련은 여러분이 자신의 행동, 감정, 반응에서 긍정적인 의도를 발견할 기회를 제공합니다.

긍정적인 목적 찾기

1. **다루고 싶은 부분을 정한다** : 당신이 좋아하지 않는 자신의 행동, 감정, 반응 한 가지를 떠올립니다. 예를 들어 자신이 생각하기에 너무 극단적이라든가, 어쩐지 '균형이 안 잡힌' 자신의 감정을 선택합니다. 당신에게 비판적인 내면의 목소리가 있으면 그것을 선택해도 좋겠죠. 이 훈련에서는 정도가 가볍거나 중간 정도인 문제를 고르세요. 정도가 좀 더 심한 문제들은 코어 트랜스포메이션 프로세스를 전부 배운 후에 다룰 기회가 있습니다.

문제를 선택하는 방법 중 하나로, 다음의 세 가지 문장 중에서 자신의 문제에 가장 적절하다고 생각하는 것 하나를 택해 그 여백을 채워 보십시오.

1) '내 안의 어떤 부분이 나에게 _____ 을 (하게) 한다. 나는 그것을 그만두고 싶다.'
2) '내 안의 어떤 부분이 나에게 _____ 을 (느끼게) 한다. 나는 그것을 그만두고 싶다.'
3) '내 안의 어떤 부분이 나에게 _____ 을 (생각하게) 한다. 나는 그것을 그만두고 싶다.'

2. 어디서, 언제, 누가 : 당신의 그 부분이 나타나는 것은 언제, 어디서, 누구와 있을 때인지 적어 보세요. 예를 들어, '내 안의 어떤 부분이 나 자신을 너무 의식하게 만듭니다. 이런 일은 많은 사람들 앞에서 얘기할 때 나타납니다'와 같이 말이죠.

3. 구체적인 예를 생각한다 : 실제 그것이 일어났던 때의 일을 생각해 봅니다. 예를 들어, '지난 주 수요일에 클럽에서 얘기할 때 그 일이 일어났다'처럼. 그리고 원치 않는 행동, 감정, 반응을 할 때의 자신을 마음속에 영화 장면처럼 떠올려 봅니다. 어떤 사람들은 실제 일어났던 때의 상황을 간단한 그림으로 그리기도 합니다.

(이어지는 다음 단계부터는 다른 사람이 안내문을 소리 내어 읽

어 주는 것이 더 수월합니다. 그럴 경우, 어느 정도의 속도로 읽어야 하는가, 읽은 것에 대해 마음속으로 반응할 시간을 주기 위해 읽기를 멈추는 시간은 어느 정도가 좋은지에 대해 자신의 의견을 전달해서 자신에게 가장 알맞은 방식으로 읽을 수 있도록 합니다. 일반적으로 읽는 사람이 안내문을 부드러운 목소리로 천천히 읽어 주는 것이 당신이 내면 깊숙이 들어가는 데 도움이 됩니다. 만약 이 훈련을 혼자서 하는 경우에는, 먼저 끝까지 한 번 읽고, 그다음에 처음으로 되돌아가 안내문과 실제의 프로세스 사이를 왔다 갔다 하면서 진행하기를 권합니다. 다른 방법으로는, 안내문을 녹음해 두고 들어도 좋겠지요.)

4. **몸과 마음의 긴장을 풀고 내면으로 의식을 돌린다** : 눈을 감고 편안한 기분으로 내면을 향합니다.
5. **그때의 상황을 다시 체험한다** : 문제가 되는 행동, 감정, 반응이 일어났던 실제의 장면을 마음속으로 그린 후 그 장면 안에 있는 내 몸속으로 들어가서 그때의 상황을 다시 체험합니다. 당신 자신의 눈으로 보고, 귀로 듣고, 몸으로 감정을 느낍니다.
6. **반응이 시작되는 것을 깨닫는다** : 문제의 행동, 감정, 반응이 일어나기 시작하면 당신의 내면에서 어떤 일이 일어나는지 주의 깊게 지켜봅니다. 바람직하지 않은 행동, 감정, 반응과 함께 내면에서 어떤 이미지, 소리, 감정이 바람직하지 않은 행동, 감정, 반응과 함께 일어나는지 관찰합니다.
7. **부분을 알아내고 환영한다** : 이런 행동, 감정, 반응은 당신이

의식해서 선택했을 리가 없기 때문에 당신 안의 어떤 부분이 제멋대로 그렇게 한 것과 같습니다. 당신은 그 부분이 어디에 '살고 있는지' 느낄 수 있게 됩니다. 몸 안에 특히 강하게 그 감정을 느끼는 부분이 있습니까? 내면의 목소리가 들린다면 그것은 **어디에** 있습니까? 만일 이미지가 떠오른다면 당신이 있는 공간의 **어디에서** 보입니까? 그 부분을 환영하며 의식 속으로 천천히 불러옵니다. 그 부분이 당신의 몸에 있다면, 가장 강하게 느끼는 부분에 자신의 손을 얹어도 좋습니다. 이것은 당신이 그 부분을 인정하고 환영하는 것을 도와줍니다.

8. **부분에 감사한다** : 당신은 이 부분이 당신을 위해 어떤 것을 원하는지 의식적으로는 아직 모르지만, 이 부분이 어떤 긍정적인 목적을 갖고 있다고 생각할 수 있습니다. 이 부분이 거기 있어 준 것에 대해, 그리고 당신을 위해 무언가를 이루기 위해 최선을 다하고 있는 것에 대해 고마운 마음을 지닐 수 있습니다. 이 부분에게 고마운 마음을 듬뿍 보내 주십시오.

9. **목적을 묻는다** : "〔   〕를 함으로써 당신이 나를 위해서 바란 것은 무엇인가요?"라고 부분에게 묻습니다(빈칸에는 조금 전에 적어 둔 바람직하지 않은 행동, 감정, 반응을 넣습니다). 이렇게 마음속으로 물어본 후 단순히 어떤 대답이 돌아오는지 기다립니다. 얼마 안 있어 어떤 사진이나 목소리, 감정, 아니면 이런 것들이 여러 개 짝지어서 나타나는 것을 깨달을 수 있을 것입니다. 때로 부분은 자신이 무엇을 바랐는지 알아내는 데 다소 시간이 걸릴 수도 있습니다만 그래도 괜찮습니다. 이것은 부분

에게는 새로운 경험이기 때문에 필요한 만큼 시간을 주어야 합니다.

10. **대답에 감사한다** : 대답이 돌아오면 대답해 준 것에 감사합니다. 만일 그 부분이 당신에게 대답해 준 목적이 이미 긍정적인 것이라고 생각되면 부분이 그 목적이나 의도를 지닌 것에 대해 감사를 표합니다.

11. **긍정적인 목적을 발견할 때까지 계속한다** : 부분의 목적이 긍정적이라고 생각되지 않을 경우에는 다음과 같이 묻습니다. "당신에게 그런 목적이 있다면(9단계에서 받은 대답), 그 목적이 나를 위해 해 주는, 당신이 더욱 원하는 것은 무엇인가요?" 부분이 대답을 줄 때마다 감사의 마음을 전합니다. **당신이 긍정적이라고 생각하는 목적에 도달할 때까지 이 질문을 계속합니다.**

이것으로 당신은 어떤 행동, 감정, 반응을 싫어하더라도 거기에서 자신도 동의하는 긍정적인 목적을 발견했습니다. 대부분의 경우, 이것만으로도 자신 안에 있는 부분과의 관계가 변하기 시작합니다. 당신도 그 부분의 긍정적인 목적을 발견하자 그 부분에 대해 예전보다 따뜻한 마음이 들고 좀 더 통하는 느낌을 갖게 된 것을 깨달았나요? 다른 사람과의 관계와 마찬가지로 자기 안의 부분과도 공통의 것을 발견하면 친구 또는 자기편으로 인정하는 것이 쉬워집니다.

방금 했던 탐구는 대부분의 사람이 스스로 싫다고 생각하는 행동, 감정, 반응의 긍정적인 목적을 발견하는 손쉬운 방법입니다. 이 방법을 쓰는 데 어려움을 겪은 분은 자신의 부분과 좋은 관계를 만들기 위해 좀 더 노력해야 할지도 모릅니다. 이런 좋은 관계를 만드는 한 가지 방법은 그 부분의 긍정적인 의도가 무엇인가를 알기 전부터 우선 많이 고마워하는 것입니다. 대체로 우리는 우리의 이런 부분을 구석에 처박아 두거나 없애려고 해 왔습니다. 사람과 마찬가지로 내면의 부분도 무시를 당하면 심기가 불편해집니다. 그러나 우리의 이런 부분은 우리 자신에게 인정받고 환영받기를 진심으로 원하고 있습니다. 우리가 내면을 향해서 진심으로 환영하면 부분들은 이런 우리의 부름에 열렬히 부응합니다.

　이 훈련은 코어 트랜스포메이션 프로세스의 첫 단계입니다. 이어지는 장들에서는 프로세스 전체를 통해 당신의 좀 더 깊은 차원을 탐구해 나갑니다. 당신은 자신의 모든 부분이 아주 깊은 행복의 원천이 될 수 있다는 것을 알게 될 것입니다.

다섯 가지 코어 스테이트

내면의 원천의 본질

> 나는 사람들이 자신의 아름다움과 힘을 발견하는 것을 도와주는 것으로 ……
> 모두가 서로 영적으로 연결되어 있다는 것을 체험하도록 도우려고 노력합니다.
> 거기에 도달하게 위해서는 …… 우리가 진화하기 위해 태어났다는 것을
> 이해하지 않으면 안 됩니다 …… 그것은 성장한다는 것 — 거기에 두려움은 없습니다.
> 물론 이전에 우리는 그런 메세지를 들어 왔지요. 예수님이 그것을 말씀하셨고
> 부처님, 그리고 다른 분들도. 그러나 예전에 우리 대부분은 …… 말했습니다.
> "그분들은 우리와 달라. 그들은 성인이고 …… 우리는 그저 인간이야, 그래서 그와 같은 영적인
> 연결을 이뤄 낼 수는 없어." 그러나 지금, 우리들은 깨닫기 시작했습니다.
> 우리 자신에게도 그것이 가능하다는 것을.
> – 버지니아 사티어

앞 장에서 말했듯이, 우리의 모든 부분은 우리에게 도움이 되는 것을 얻으려고 노력하고 있습니다. 코어 트랜스포메이션 프로세스를 개발할 때, 저는(코니래) 직감적으로 저의 부분들에게 좀 더 내면으로 깊게 들어가도록 부탁했습니다. 부분이 긍정적인 목적을 말해 주어도 거기에서 멈추지 않고 **좀 더 깊은 목적**을 찾도록 질문했습니다. 저는 부분에게, "그래서, 이 긍정적인 목적을 갖는 것으로 무엇을 원하나요?"라고 계속해서 물으면 내면의 부분은 새로운 차원의 깊이, 더욱 기본적이고 더욱 중요한 곳에 도달한다는 것을 깨달았습니다.

프로세스에 대해 배우면서 저는 대개의 경우 부분이 처음에는 외

부로부터 무언가를 받기를 원한다는 것을 알게 되었습니다. 보호, 안전, 존경, 사랑, 다른 사람에게 인정받는 것, 성공과 같은 것들이지요. 하지만 계속해서 물으면 이내 어떤 점을 지나게 되고 그러면 모든 부분들이 밖에서 무언가를 원하는 데서 나아가 좀 더 깊은 것, 내면적인 것, 근원적인 감정 상태를 원하는 곳으로 옮겨 가는 것이 명백해졌습니다. 사람들은 이런 상태를 여러 이름으로 부릅니다. '(우주와) 하나 됨', '(그저) 있음', '평화', '있는 그대로', '사랑' 등. 저는 이 강렬한 상태를 '코어 스테이트'라고 부르기로 했습니다. 코어 스테이트(Core State : 근원 상태)는 우리의 부분이 우리를 위해 바라고 있는 가장 깊은 단계입니다. 역설적인 것은 우리의 부분들이 우리가 싫어하는 행동, 감정, 반응을 **통해서** 이 가장 깊은 코어 스테이트에 도달하려고 하는 것입니다.

우리의 약점을 통해서 코어 스테이트를 추구하고자 하는 결정이 의식적으로 이루어지는 것은 아닙니다. '마음의 평화를 얻기 위해서 이제부터 과식할 생각이야!'라든가 '신과 하나 됨을 얻기 위해 나 자신이 성공을 못 하도록 방해할 거야'라는 식으로 의식적으로 결정하는 사람은 없습니다. 원치 않는 행동을 통해서 코어 스테이트에 도달하려는 결단은 무의식적으로 일어납니다. 대개의 경우 그런 무의식적인 결단은 우리가 어릴 때 한 것들입니다.

그런데 몇백 명이나 되는 사람들의 무의식적인 부분과 작업을 한 결과, 모든 부분에는 독특한 코어 스테이트가 있지만 그 모든 코어 스테이트가 대략 다섯 개의 보편적인 존재 상태 그룹으로 묶이는 것을 발견했습니다. 그러나 이런 코어 스테이트는 어떤 의미로 보편적인 체험입니다만 다른 의미로는 그 사람과, 그 부분에 따른 독특한 것이기도 합니다. 그러므로 여러분이 자신의 코어 스테이트에 도달하면 그 상태에 대해 각각 다른 이름을 붙일지도 모릅니다. 여러분 내면의 두 부분이 같은 이름의 코어 스테이트를 갖고 있어도 감각적으로는 각각 조금씩이나마 다르게 느껴질 수도 있습니다. 그러므로 자신의 코어 스테이트를 이 책에 나오는 다섯 개의 이름에 끼워 맞추려 하기보다는 자신의 체험과 자기 내면의 부분에게 받은 이름을 사용하기를 권합니다.

말은 그저 체험에 붙이는 꼬리표에 지나지 않습니다. 체험이 없다면 말은 공허한 것이 됩니다. 사람들이 코어 스테이트에 도달해서 자신이 체험하고 있는 것을 충분히 표현해 주는 말을 찾지 못해 머뭇거리거나 어려움을 겪는 것을 종종 봅니다. 미국의 사상가 메릴린 퍼거슨(Marilyn Ferguson)은 저서 《뉴 에이지 혁명(The Aquarian Conspiracy)》에서 이렇게 말했습니다. "우리가 대체로 동의하는 것은 초월한 순간이라는 것은 절대로 제대로 설명할 수 없고, 단지 체험하는 수밖에는 없다는 것이다. …… 커뮤니케이션은 공통의 기반 위에 성립하는 것이다. 붉은색과 푸른색을 알고 있는 사람에게 보라색을 설명하는 것은 가능할는지 모르지만 붉은색을 본 적도 없는 사람에게 붉은색을 설명하는 것은 불가능하다. 붉은색은 원색이므로 그것보다 단순화해서 설명할 수 없다."

체험을 말로 설명할 수 없다는 이런 한계를 인정하는 한편, 코어 스테이트에 도달했을 때 어떤 느낌을 기대할 수 있는가를 미리 알아 두는 것은 여전히 가치가 있다고 생각합니다. 이제 우리는 코어 스테이트의 종류 다섯 가지를 설명할 것입니다. 이것으로 여러분은 코어 트랜스포메이션 프로세스를 통해 보통 어떤 일이 일어나는가를 더 잘 알게 될 것입니다. 그러면 프로세스에서 코어 스테이트에 도달했을 때 여러분이 그것을 **깨닫는** 데 도움이 되겠지요. 제2부와 제3부의 훈련을 몇 번 하고 나면 코어 스테이트에 대한 설명이 더 쉽게 와 닿을 것입니다.

다섯 가지 코어 스테이트

1. 그저 있는 것(Being)
2. 내면의 평화(Inner Peace)
3. 사랑(Love)
4. 있는 그대로 괜찮다는 감각(OKness)
5. 우주와 하나 됨(Oneness)

1. 그저 있는 것

별은 불타고, 풀은 커 가고, 사람은 숨 쉰다.
누군가가 보물을 발견한 후에 "아!"라고 경탄하지만
실은 그 보물이야말로 본바탕인 것을. 그 사람이 보물이 거기에 있다고 말하기 전에도,
그리고 보물을 거두었노라고 떠들고 난 후에도 다함이 없는 보물이여.
- 로빈슨 제퍼스

그저 있음이라는 상태에 있을 때 저는 제 안에서부터 자신의 존재를 그저 의식합니다. 그것은 자신을 보고 있다든가, 자신에 **관해** 생각하고 있다는 것이 아니라, 그저 자신으로 있는 것입니다. 바로 여기에 전적으로 있다는 것을 온전히 체험합니다. 이 상태는 '존재감(presence)', '완전한 것(fullness)', '온전한 것(wholeness)'이라는 말로도 표현할 수 있을 것입니다.

이 코어 스테이트는 우리가 흔히 자신에 대한 생각이라고 하는, 즉 자아 개념보다 훨씬 깊은 것입니다. 자아 개념은 자신이 자신을 어떻게 생각하고 있는가 하는 것입니다. 예를 들어 '나는 정이 많다', '나는 지적이다', '나는 항상 배우고 성장한다' 같은 것들이죠. 잘 만들어진 자아 개념을 갖는 것은 중요하고 유익합니다만, '그저 있음'이라는 감각은 '나의 존재'를 직접적으로 **체험하는 것**입니다. '나는 누구인가'에 대한 생각 또는 믿음이 아닙니다. 이 상태는 다른 사람이 자신을 보듯이 자신을 의식하는 것이 아니라 단순히 있는 상태인 것입니다.

제(타마라)가 열여섯 살 때 언니 부부와 그 친구들과 함께 유타 주의 계곡에서 몇 주 동안 여름 휴가를 보낸 적이 있습니다. 우리는

인적이 거의 없는, 아름다운 붉은 바위로 둘러싸인 계곡에서 주로 등산을 했습니다.

어느 저녁, 다음 날의 라인 계곡 등산 계획을 짤 때 저는 혼자서 등산하기로 했습니다. 다음 날 아침, 운전하는 사람이 다른 사람들을 계곡의 정상에 내려 주고 한 시간 뒤에 저를 내려 주었습니다. 이전에도 등산을 많이 했지만 그때는 무언가 좀 특별했습니다. 그 전까지 저는 언제나 다른 사람들을 의식하곤 했었습니다. 그들이 움직이는 속도에 맞추었고 제가 너무 뒤떨어진다는 생각이 들면 저 때문에 다른 사람들이 속도를 못 내는 것이 신경 쓰여 조바심을 냈고, 선두에 있을 때에도 뒤따라오는 사람들이 저를 어떻게 생각할까 의식했습니다. 언제 간식을 먹을지, 언제 물을 마실지 같은 것도 다른 사람들에게 물어보고 확인할 정도였습니다.

하지만 그날의 6킬로미터에 걸친 등산은 지금까지와는 전혀 다른 경험이었습니다. 걸어가면서 저 자신의 존재를 점점 더 강하게 느낄 수 있었습니다. 아름다운 경치에 감격하고 어떤 길로 갈까 결정할 때 저는 자신이라는 감각이 매우 커지는 것을 알았습니다. 그때의 저는 다른 사람의 기대, 다른 사람이 나를 어떻게 생각할까, 자신에 대한 자신의 평가 등을 전혀 고려할 필요가 없었습니다. 저는 단순히 거기에 존재할 뿐이었습니다. 이 경험은 저에게는 너무나 강렬했습니다. 현실에 발을 붙이고 있으면서 천국에 있는 것과 같은 황홀경을 느낀다고 할까요. 여러분 중에도 보통 때와 달리 존재한다는 느낌을 강하게 받았던 경험이 있을 것입니다. 어떤 사람들은 이런 상태를 스포츠를 할 때 체험합니다. 그때 그들은 자신이 하고 있는 것에 완전히 몰두합니다.

2. 내면의 평화

> 만일 우리가 웃을 수 없다면, 그러면 세상에서 평화가 사라질 것입니다.
> 평화를 가져오는 것은 핵미사일 반대 시위에 참가하는 것이 아닙니다.
> 웃고, 숨 쉬고, 평화 그 자체가 될 수 있는 우리의 능력을 통해서
> 우리는 평화를 이룰 수 있습니다.
> - 틱낫한

제(타마라)가 학생 때의 일입니다. 어느 날 버스에 타고 있는데 네 명의 가족이 올라탔습니다. 아버지, 어머니, 남자아이, 여자아이로 이루어진 가족으로, 부부는 하얀 지팡이를 붙잡고 있었습니다. 부부가 버스의 앞쪽 왼쪽 좌석에 앉고 아이들은 반대편에 조용히 앉았습니다. 아이들이 차분하게 앉아 부모를 보고 있는 것이 눈에 띄었습니다.

저는 생각했습니다. '내가 눈이 보이지 않는다면 애를 키우는 건 힘들어서 도저히 안 될 거야. 보지 못하니 아이들이 안전한지 어떻게 알아? 아이들이 위험에 처하면 어떡해?' 저는 계속해서 그들을 관찰했습니다. 그때, 아버지가 아이들에게 말했습니다. "낸시, 데니, 지금 뭐 하는 거야? 버스가 움직이고 있으니까 조용히 앉아 있어야지." 그는 당황하며 불안해하고 있었습니다.

그러자 아이들의 어머니가 그의 허벅지에 손을 얹고, 침착하지만 단호한 목소리로 이렇게 얘기했습니다. "아이들은 괜찮아요." 그녀가 내뿜는 편안한 분위기에 그만 저도 웃고 말았습니다. 이 어머

니에게 저는 감동했습니다. 내면이 평안했기에 이 어머니는 눈으로 볼 수 없어도 아이들을 신뢰할 수 있었습니다. 그녀와 함께 있는 것만으로 저 자신도 그녀와 같은 기분이 되었습니다. 평화가 제 안에 번졌습니다.

여러분도 이런 평화로움을 발산하는 사람을 만난 적이 있나요? 어쩌면 만족스러운 표정을 하고 있는 갓난아기를 안았을 때 여러분은 내면에서 우러나오지만 다른 사람과의 경계를 뛰어넘는 평화로움을 경험을 했을지 모릅니다. **내면의 평화**라는 코어 스테이트를 갖는 것은 어떤 상황에서도 마음을 차분하고 평정하게 유지하는 것입니다. 우리는 종종 이런 상태를 고요한 가운데 중심이 잡힌(calm centeredness) 상태라고도 합니다. 인디라 간디는 이렇게 말했습니다. "행동하는 한가운데에 있어도 내면은 고요하고, 정적 속에서도 생동감 넘치게 있는 것을 배우지 않으면 안 됩니다." 제럴드 잼폴스키(Gerald Jampolsky)는 그의 저서 《사랑만 가르쳐라(Teach Only Love)》에서 내면의 평화를 유지하는 것의 중요성을 설명합니다. "평화적인 방법이라는 것은 사물을 비판하고 자신이 원하는 대로 다른 사람이나 상황을 바꾸려고 하는 것이 아니다. 그것은 실제로 조용하고 단순하게 진행된다. 인생에서 예기치 않은 일이 일어나면 우선 자신의 마음속에 있는 고요한 공간과 얘기를 나누라. 거기에서 잠시 멈춰 서서 신의 사랑 안에서 휴식을 취하라. 그러고 난 후에 만일 내면의 평화를 회복하기 위한 행동이 필요하다면 평정심으로부터 드러나는 길을 걸으면 된다."

3. 사랑

제자여, 모든 중생에 대해 차별하지 않는 자비심을 키우십시오.
위, 아래, 주변, 그렇게 온 세상을 향해 아낌 없는 자비의 마음을 키우십시오. …… 왜냐하면 이런 마음가짐이야말로 이 세상 최고의 것이기 때문입니다.
- 부처

사랑하는 것, 사랑받는 것, 그것은 얼마나 아름다운 경험입니까! 몇천 년에 걸쳐 이야기꾼과 시인, 음악을 만드는 사람들은 사랑의 가치, 사랑에 대한 바람을 찬미해 왔습니다. 그리고 그 대부분이 다른 사람을 사랑하든가 아니면 다른 사람에게 사랑받는다는 이야기입니다. 그러나 코어 스테이트로서 체험하는 사랑은 보통 '사랑'이라고 불리는 감정보다 훨씬 완벽하고 모든 것을 감싸 안는 성질의 것입니다. 그것은 연애 감정보다도, 그리고 사랑하고 사랑받는 감정보다도 깊은 것입니다. 또 자신을 사랑하는 것보다도 깊습니다. 자기를 사랑함은 곧 자신의 한 부분이 자신의 다른 부분을 사랑하는 것입니다. 코어 스테이트의 **사랑**이라는 것은 모든 사람, 모든 것들을 사랑하는 사랑입니다. 그것은 많은 예언자나 신비가가 말해 왔던 것으로, 자기 안에 있는 경계를 넘어선 것, 또한 사람과 사람의 경계선을 넘어선 것입니다. 그 사랑은 무조건적이고 중립적입니다. 그것은 단지 있는 것입니다. 사랑에 관해 자기 계발서를 수없이 썼던 존로저(John-Roger)는 그 상태를 이렇게 설명합니다. "의식의 높은 곳에 올라가면, 거기에서는 누구나 같은 이름을 갖고 있다. 그 이름은 바로 사랑이다."

4. 있는 그대로 괜찮다는 감각

나도 OK, 당신도 OK
- 어느 책 제목

교류 분석(미국의 심리치료사 에릭 번이 개발한 심리치료 체계-옮긴이)의 개발자들은 '나는 괜찮다'라는 기본적인 감각이 있으면 인생을 더욱 충실히 즐길 수 있다는 것을 발견했습니다. 그런데 우리가 얘기하는 코어 스테이트로서 '괜찮은' 상태는 일반적으로 말하는 그런 것이 아닙니다. 보통 괜찮다고 느낀다는 것은, 자신이 하고 있는 무언가가 자신을 괜찮게 만든다든가, 다른 사람이 자신을 괜찮다고 판단한다는 것을 의미합니다. 예를 들어 시험에서 좋은 성적을 올렸다든가, 다른 사람이 자신의 머리 모양을 칭찬해 주었다든가 해서 그 상황에서 자신이 가치 있다고 느낄 수 있습니다.

괜찮다는 것은 보통 내적·외적인 평가를 **만족시키는 것**을 의미합니다. 하지만 코어 스테이트에 나타나는 '괜찮은' 상태는 평가를 뛰어넘는 것입니다. 그것은 아주 깊은 수준에서 '나는 있는 그대로 그냥 괜찮다'라는 감각입니다. 어떤 것을 하고 있기 때문도, 어떤 것을 지니고 있기 때문도 아닌, 자신이 있다는 것 그 자체가 만들어 내는 가치입니다. 그것은 깊은 수준에서 느끼는 본질적 가치입니다.

5. 우주와 하나 됨

집파리가 날개를 퍼덕이면 그 바람은 세계를 돌지.

> 먼지 한 줌이 땅에 떨어지면
> 이 행성 전체가 조금이나마 무겁게 돼.
> 당신이 발을 쿵쿵 구르면
> 지구는 살짝이나마 궤도를 벗어나 버려.
> 당신이 웃을 때마다
> 기쁨은 호수의 파문처럼 퍼져 나가지.
> 당신이 슬플 때마다
> 세상 누구도 정말로 행복할 수 없어.
> – 노턴 저스터, 《환상의 통행 요금소》

제 세미나에 참가했던 많은 사람들이 자기 자신 안에 있는 코어 스테이트를 발견하고 그것을 이런저런 이름으로 부릅니다. '모든 것이 하나의 존재라는 감각', '영적인 연결', '빛으로 가득 참', '은혜', '신과 하나 됨', '열반' 등등. 여기서는 편의상 이 코어 스테이트를 **하나 됨**이라고 부르겠습니다.

하나 됨을 체험하는 것은 우리가 모두 하나의 존재라는 것을 **믿는 것**이 아닙니다. 이 체험은 개인의 경계가 소멸하는 것과 같습니다. 나라는 존재는 전부이고, 동시에 아무것도 아닙니다. 보통 우리는 무언가 보고 듣고 느낄 때 자신과 다른 존재를 별개의 것으로 느낍니다. 사물의 다른 점을 보든가, 다른 것을 느끼든가 하는 것은 어려운 일이 아닙니다. 곧, 나는 나, 당신은 당신인 것입니다. 그러나 동서고금의 주요한 영적 가르침에서는 우리가 하나의 존재라는 것을 알게 되는 깊은 차원의 현실이 있다고 말합니다. 영적 체험을 한 사람은 대개 모든 것과 자신이 같은 것이라는 하나 됨을 체험합니다. 그들은 이렇게 말합니다. "내가 전부이고, 전부가 나입니다. 나와 다른 것과는 차이가 없습니다"라거나 "신은 내 안에 있고, 또 모든 것의 안에 있습니다"라고 말하는 경우도 있습니다.

평화를 추구하는 순례를 계속하는 피스 필그림(Peace Pilgrim)이라는 미국 여성은 이 하나 됨을 다음과 같이 설명합니다. "어떤 신을 믿는다고 해도 결국은 같습니다. 당신의 의식은 커다랗고 높은 곳까지 상승하지 않으면 안 됩니다. 그리고 거기에서 이 우주를 당신의 신과 같은 본성을 통해 보는 것입니다. 이런 체험을 하면 우주 전체와 완전히 하나라고 느낍니다. 모든 생명과 완전히 하나라는 희열에 빠집니다. 그것은 인류, 지구상의 모든 생물, 나무, 식물, 공기, 물, 그리고 지구와 하나라는 체험입니다. 이 신과 같은 본성은 언제나 당신의 인생을 축복으로 인도하기를 바라고 있습니다. 이것을 허락하는가는 당신의 자유입니다. 선택권은 항상 당신의 손에 있습니다!"

또 《평화로운 전사의 길(The Way of the Peaceful Warrior)》의 저자 댄 밀먼(Dan Millman)은 자신의 하나 됨의 체험을 이렇게 말합니다. "눈을 떠. 그리고 바라봐. 너는 네가 생각하는 것보다 훨씬 더 큰 존재야. 너는 세계 그 자체, 우주 그 자체, 너 자신이면서 동시에 다른 모든 사람이야! 이 세상은 신이 만든 굉장한 연극. 깨어나. 그리고 웃을 수 있는 여유를 되찾아 …… 너는 이미 자유야!"

하나 됨이라는 체험에는 보통 종교적인 느낌이 들어 있지만, 우리의 경험으로는 여러분의 종교, 영적인 믿음과 충돌하는 일은 없습니다. 또 종교나 영적인 믿음이 없는 사람에게도 체험은 유익합니다.

제(코니래)가 런던에서 세미나를 할 때 마고라는 여자 분과 코어 트랜스포메이션 프로세스를 실행한 적이 있습니다. 코어 스테이트에 도달하자 마고는 얼굴이 새빨갛게 붉어져서는 이렇게 말하는 것이었습니다. "도달했어요. 오, 맙소사! 이 얘기는 도저히 못 하겠어요." 저는 말할지 말지는 그녀의 자유이며, 말하기 싫다면 하지 않아도 된다고 얘기해 주었습니다. 프로세스를 진행하기 위해서 그녀의 코어 스테이트를 제가 알 필요는 없으니까요. 그런데 마고가 마음을 바꿨어요. "그게 …… 제 부분은 **신과 하나 되는 것**이라고 말했어요. 그런데 저는 무신론자란 말이에요!" 저는 그녀에게 무신론자여도 괜찮으며, 코어 트랜스포메이션 프로세스를 실행하기 위해서 믿음을 바꿀 필요는 없다는 것을 다시 확인해 주었습니다. 중요한 것은 우리 내면의 부분에게 받는 코어 스테이트를, 그것이 무엇이든 받아들이는 것입니다. 자신의 믿음이나 '대체 무슨 일이 벌어지고 있는지'에 대해 걱정할 필요는 없습니다.

∴ 직접 근원을 향해 가기

앞서 설명한 다섯 가지 코어 스테이트에 대해서는 오래전부터 많은 글들이 있어 왔습니다. 아마도 분량으로 치면 다른 어떤 주제보다도 많을 것입니다. 그러나 대부분의 사람에게 이것을 직접 체험하는 것은 꿈속의 꿈처럼 요원한 것이었습니다. 물론 많은 사람들이 어떤 식으로든 코어 스테이트를 경험하고 있습니다. 자연의 아름다움에 푹 빠져 있을 때, 아기의 탄생이라는 기적에 접했을 때, 또는 연애를 시작할 때 두근거림에서 코어 스테이트를 잠시나마 체험했을지 모릅니다. 그러나 그런 코어 스테이트를 가져올 것 같은 인생의 순간을 마냥 기다리는 것이 아니라 자신이 원할 때 체험하는 것이 가능하다면 굉장한 일이라고 생각하지 않으십니까?

약물 사용은 북미 문화의 주된 특징 중 하나입니다. 약물에는 니코틴, 카페인, 알코올, 수면제, 의사가 처방한 마약, 항우울제, 정신안정제 등 말고도 사회가 인정하지 않는 불법 약물도 있습니다. 그리고 많은 사람들이 여기에서 말했던 코어 스테이트―그저 있음, 평화, 사랑, 있는 그대로의 감각, 하나 됨―를 손에 넣으려고 약물을 이용합니다. 하지만 유감스럽게도 이런 목적으로 약물을 사용하면 문제만 생길 뿐입니다. 부작용과 중독, 정신적 능력의 감퇴, 경제적 부담뿐 아니라, 종류에 따라서는 법을 어겼다고 의심받게 됩니다. 그러나 이런 문제에도 불구하고 많은 사람들이 약물에 의존하고 있는 현실을 보면 거꾸로 이 내면의 행복에 대한 욕구가 얼마나 큰지 알 수 있습니다.

코어 트랜스포메이션 프로세스는 많은 사람들에게 일찍이 체험한 적이 없는 하나 됨과 코어 스테이트를 직접 **체험하게 합니다.** 얼마 전에 했던 세미나에서 휴식 시간에 어느 남자 분이 제게 말을 걸어 왔습니다. 그의 눈은 기쁨으로 빛나고 몸에서는 즐거움이 솟아나오고 있었습니다. "이 프로세스가 이곳에 있는 우리에게 무엇을 해 주었는지 아세요? 다른 사람들이 산에 들어가서 몇 년 동안 고행하며 얻으려고 하는 상태에 우리는 **불과 몇 분 만에** 도달하고 있어요!"

∴ 내면의 추함을 받아들이기

인간적 성장과 영적 수행의 길 대부분은 '자기 안에 있는 추함'을 통제하거나 없애 버려야 한다고 가르칩니다. 나쁜 것을 생각한다든지, 나쁜 행동을 하는 것을 그만두라는 것이지요. 그러나 이런 방법은 내면의 갈등을 더 키울 뿐, 하나 됨과 온전함을 느끼지 못하게 합니다.

우리가 가장 싫어하고 비난하는 우리 자신의 행동과 반응이 실은 코어 스테이트로 승화되는 축복입니다. 다시 말해 코어 스테이트에 이르는 길은 우리가 약점이나 문제라고 부르는 '내면의 추함', 가장 원치 않는 성질, 행동, 감정을 **통해** 우리를 이끕니다. 또 중요한 것은 코어 트랜스포메이션 프로세스를 통해 코어 스테이트가 단지 일시적인 흥분 상태 이상의 것이 된다는 것입니다. 여러분도 자신의 코어 스테이트를 자각하는 것으로 매일의 생활이 실제로 크게 변화하는 것을 발견하게 됩니다.

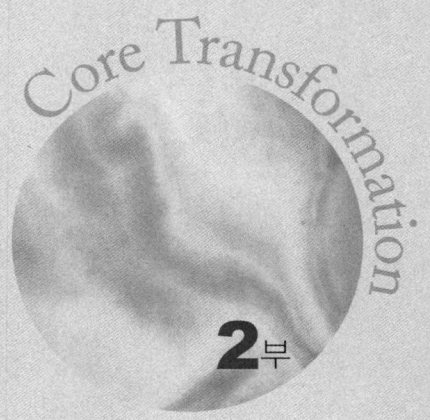

2부

코어 스테이트 훈련

| 코어 트랜스포메이션 프로세스의 핵심

캐시의 사례
자기 방식으로 하기

> 나는 나 자신이 될 수 있고,
> 나를 내려놓고 귀의할 자유가 있고,
> 다른 사람의 축복받은 차이를 허용할 수 있는 자유가 있어요.
> – 캐시

이 장에서는 타마라가 캐시라는 여성을 코어 스테이트에 인도하는 훈련을 합니다. 여기에서는 전부 10단계의 코어 트랜스포메이션 프로세스 중에서 최초의 다섯 단계에 관해 배웁니다. 캐시는 직장에서 감정적으로 대응하는 자신의 모습을 바꾸고 싶었습니다. 그녀는 결과에 대해 너무 신경을 쓰고, 많은 책임을 떠안아서 결국 '신경질적이고 경직된' 사람이 되었습니다. 특히 휴가를 마치고 직장으로 돌아가면 더더욱 심하게 느꼈습니다.

　코어 스테이트 훈련을 할 때, 대개의 사람들은 되도록 이야기를 하지 않아야 자신의 내면에서 일어나는 일을 의식하기 쉽다고 말합니다. 하지만 여기서는 독자 여러분들이 코어 스테이트 훈련을 잘 이해할 수 있도록 캐시에게 자신이 체험하고 있는 상태를 상세하게 말해 달라고 부탁했습니다.

■ ■ ■

타마라 어떤 감정, 행동, 반응을 달라지게 하고 싶은가요?
캐시 몇 번이고 반복해서 일어나고 있는 문제예요. 저는 새롭게 컨설턴트 일을 시작했어요. 그래서 한 달에 한 번씩 주말을 포함해 나흘 동안 하는 교육에 참가하고 있습니다. 교육 기간 동안은 모든 것이 준비되어 있지요. 어디로 가야 하는지도 알고, 외식을 하니까 식사를 준비할 필요도 없지요. 모든 것이 사전에 계획되어 있으니까 안심이 되죠. 하지만 집에 돌아가서 사나흘 정도 있으면 불안해지기 시작해요. '잘할 수 있을까? 사업은 성공할까? 모든 고객들에게 도움이 될 수 있을까?' 그리고 사흘 정도 일을 하면 차차 원래처럼 긴장을 풀 수 있게 됩니다. 저는 일하는 동안 긴장하고 싶지 않아요. 일을 다시 할 수 있도록 긴장을 푸는 휴일을 손꼽아 기다리는 건 정말 싫어요.
타마라 예, 알겠어요. 자 이제 마음속에서 걱정하고 긴장하고 있는 때의 상태로 들어가 보세요. 주말 교육을 끝내고 집에 가서, 앞으로 있을 약속들을 떠올리는 것을 상상해 보세요. (캐시는 눈을 감고 눈썹을 찌푸렸다.) 걱정하기 시작하면 내면에서 어떤 일이 일어나나요? 그 안절부절못하는 기분을 느낄 때 어떤 풍경, 소리, 감정이 함께 나타나나요?
캐시 몸에 두 가지 현상이 나타나요. 우선 호흡이 얕아지고, 숨을 뱉는 것을 잊어버려요. 숨이 짧아지고요. 다른 하나는 왼쪽 어깨의 근육이 긴장해서 아파 와요. 만져 보면 딱딱해진 것을 알 수 있죠.

타마라 네, 좋아요. 그러면 그때 당신은 의식적으로 걱정을 하려고 하지는 않지요. 그렇죠?

캐시 네, 절대 그런 일은 없죠.

타마라 그렇다면, 당신의 무의식 부분이 이 반응을 당신을 위해 만들고 있다고 생각할 수 있겠네요. 아시다시피 우리가 싫은 것을 느낀다든지 생각한다든지 할 때는 언제나 그 체험을 만들고 있는 부분은 긍정적인 목적을 갖고 있어요. 그 부분은 우리를 위해서 무언가 멋진 것을 바라고 있죠. 그럼 내면으로 돌아가 주세요. 걱정이나 얕은 호흡, 긴장을 느끼는 때로 돌아가 주세요. (캐시는 눈을 감고 전보다 얕게 호흡하기 시작한다. 타마라는 천천히 부드럽게 얘기한다.) 그러면 몸의 어디에서 그런 감정을 느끼나요? 부분이 거기에 있는 것에 감사하고, 그것이 당신을 위해 긍정적인 목적을 갖고 있는 것에 감사하세요. 당신의 부분은 걱정이라는 반응을 통해서 긍정적인 것을 달성하려고 최선을 다하고 있습니다. 아직 목적이 무엇인지 모르지만 긍정적인 목적이 있다는 것에 대해 아낌없이 찬사를 보내 줍니다.

찬사하는 기분으로 이 부분에게 물어보세요. "긴장하고 걱정하는 것을 통해서 무엇을 원하나요?" 그러고는 내면의 부분이 대답해 주길 기다립니다. 대답으로 어떤 풍경, 소리, 감정을 받게 되는지 주의해서 관찰하세요.

캐시 그 부분이 일을 잘하고 싶다고 말했어요

타마라 좋아요. 그러면 당신의 부분이 거기에 있고 당신을 위해 그것을 바라고 있는 것에 감사하세요. (캐시가 고개를 끄덕인다.) 그러면 그 부분에게 이렇게 물어보세요. "당신이 충분히, 완전히 일을 잘하고 있다고 느낀다면, 일을 잘하는 것을 통해서 바라는 더욱 중요한 것은 무엇인가요?"

캐시 그 부분은 '나는 긴장을 풀어야 해요'라고 말하네요. (캐시가 심호흡을 한다.)

타마라 좋아요. 그 부분이 당신을 위해서 그렇게 바라고 있다는 것, 그리고 당신에게 휴식을 주기 위해서 최선을 다하고 있다는 것에 감사해 주세요. (캐시는 생긋 웃으며 고개를 끄덕인다.) 이제 그 부분에게 이렇게 물어봐 주세요. "당신이 완전히 긴장을 풀고 있을 때, 그 체험을 통해서 바라는 더 중요한 것은 무엇인가요?"

캐시 좀 더 창조적이어야 한다고 말하고 있어요. 긴장을 풀면 풀수록 좀 더 새로운 아이디어가 나오니까요.

타마라 좋아요. 좀 더 창조적이게 되는 것이란 말이죠. 그럼 당신의 부분에게 이렇게 물어 주세요. "만일 당신이 충분히, 완전히 창조적이게 된다면 그 체험을 통해서 바라는 더 중요한 것은 무엇인가요?"라고요.

캐시 (좀 더 천천히, 부드럽게) 정말로 일을 잘하게 되는 것이에요. 새로운 아이디어가 일에 큰 영향을 미치는 모습을 그리고 있습니다.

타마라 멋진데요. 그럼 부분에게 고맙다는 말을 전합시다. 그리고 이렇게 물어보세요. "당신이 정말로 일을 잘하게 된다면 그것을 통해 무엇을 원하나요? 그보다 더 중요한 것이 있을까요?"

캐시 …… 이번에는 어떤 말도 받지 못했어요. 하지만 자유롭다는 느낌을 갖기 시작했어요. 거기에는 이전보다 큰 가능성이 있습니다. 왠지 터널을 빠져 나와서 넓게 펼쳐진 자연을 내다볼 수 있게 된 것 같은 느낌이에요. 몸을 어느 방향으로든 자유롭게 움직일 수 있어요. 정말 좋은 기분이에요.

타마라 좋아요. 그럼 이 대답에 대해, 당신의 부분에 감사하세요. 이 부분에게 말을 받을 필요는 없어요. 중요한 것은 당신의 이 부분이 질문에 대한 대답을 체험하는 것입니다. (캐시가 고개를 끄덕인다.) 그럼 이 부분에게 이렇게 물어봐 주세요. "당신이 충분히, 완전히 자유로운 느낌을 느낄 때, 체험하고 싶은 더욱 중요한 것은 무엇인가요?"

캐시 (부드럽게) 음 …… 사회의 이런저런 사람들과 다양한 면에서 연결되는 느낌을 갖기 시작했어요. 어쩐지 다른 사람들과 가까워진 것 같이 느껴집니다. 다른 사람들이 예전보다 확실히 보이고 들려요.

타마라 당신은 사회의 이런저런 사람들과 통하게 되었군요. 그럼 당신의 그 부분에게 고마움을 표하세요. 그리고 이렇게 물어보세요. "당신이 충분히, 완전히 사회의 이런저런 사람들과 다양한 면에서 통하게 되면, 이 관계를 통해서 체험하고 싶은 좀 더 중요한 것은 무엇인가요?"

캐시 (캐시의 호흡이 이전보다 더 깊어진다. 몸도 더욱 긴장을 푼 상태가 된다.) 사랑이 넘치는 하나 됨의 체험. …… 모든 걱정과 불안이 머리와 어깨에서부터 배꼽 바로 아래 저의 중심으로 흘러내리고 있어요. 훨씬 더 안정된 느낌이에요. …… 그건 이제 걱정이나 불안이 아니에요. 걱정, 불안의 감각이 제 중심에 흘러들어 가더니 사랑이 넘치는 하나 됨으로 바뀌어 버렸어요!

타마라 사랑이 넘치는 하나 됨이라는 말이군요. 멋지네요! 그럼 이 부분에게 물어보세요. "만일 당신이 충분히, 완전히 사랑이 넘치는 하나 됨을 품는다면, 그리고 사랑이 넘치는 하나 됨에 충만하다면 그 사랑이 넘치는 하나 됨을 통해서 체험하고 싶은 다른 것이 있어요? 좀 더 중요하고 좀 더 깊은 것이?"

캐시 (내면을 향해, 잠시 침묵) 아니요. 이 사랑이 가득한 하나 됨을 품는 것으로 생기는 좋은 결과는 많이 있지만, 이 상태보다 깊고 중요한 것은 없습니다.

타마라 좋아요. 그 부분에 고마움을 표하세요. 이제 당신의 이 부분에게 이런 생각을 하게 권해 보세요. 당신의 그 부분은 사랑이 넘치는 하나 됨이라는 코어 스테이트에 도달하기 위해서는 지금까지 밟았던 전 단계를 거치지 않으면 안 된다고 생각하고 있는 것 같아 보입니다. 유감스럽게도 이 방법으로는 잘 되지 않습니다. 대개 부분은 자신들의 코어 스테이트에 이런 방식으로는 도달할 수 없습니다. 사랑이 넘치는 하나 됨을 체험하기 위해서 더욱 효과적인 방법은 단순히 그것을 출발 지점으로 하는 것입니다. 사랑이 넘치는 하나 됨을 항상 이 세계에서 자신의 존재 방식으로 하는 것입니다. 당신의 그 부분에게 다음과 같이 질문해 주세요. "당신은 이 사랑이 넘치는 하나 됨을 언제나 출발점으로 하고 싶어요?"라고요.

캐시 (웃으며) 부분이 말하네요. "네, 네, 몇천 번이라도 '네'예요."

타마라 (캐시와 함께 웃으면서) 그럼 당신의 이 부분에게 고마움을 표하세요. 이 얼마나 훌륭한 부분입니까? 그럼 그 부분에게 물어보세요. "존재의 방법으로 이미 사랑이 넘치는 하나 됨을 품고 있는 것은 사물을 어떻게 변화시키나요?"

캐시 (이 질문에 대답하기 위해 내면을 향한다. 부드러운 미소가 얼굴에 퍼진다.) …… 그런 방법들이 제 의식 속에 물밀 듯이 떠올라요. 사랑이 넘치는 하나 됨이 이런저런 상황에 대한 저의 느낌과 행동을 변화시키고 있어요! 실제로 다양한 상황이 머리에 떠오르네요. 그중에는 무척 어려운 상황도 있지만, 사랑이 넘치는 하나 됨이 그 이미지를 탈바꿈시켜 버립니다.

타마라 그러면 그 부분에게 이렇게 물어봐 주세요. "사랑이 넘치는 하나 됨을 당신의 존재 방식으로 이미 지니고 있으면 다양한 사람들과 다양한 유대 관계를 맺을 때 그것은 어떤 영향을 주나요?"

캐시 …… 그런 관계들을 아주 편안하고 의미 있는 것으로 만들어 줍니다.

타마라 훌륭하네요. 그러면 당신의 그 부분에게 고마운 마음을 표해 주세요. 그리고 다음과 같이 물어봐 주세요. "당신이 항상 사랑이 넘치는 하나 됨을 품고 있는 것이 잘 통하지 않는 사람과 함께 있을 때도 그 경험을 탈바꿈시키나요?"

캐시 (대답을 구하러 내면을 향한다.) …… 그것이 사랑이 넘치는 하나 됨을 품는 진정한 의미예요. 그것은 우리 모두가 각각 다른 인생의 여정이 있다는 것, 우리의 관계는 각각의 개성보다 훨씬 더 깊은 곳에서 이어져 있다는 것을 기억하게 도와줍니다. 지금 저는 사이가 안 좋아 으르렁거리는 사람과 함께 있는 장면을 상상하고 있는데요, 그 사람과 저 사이에 굉장히 깊은 유대 관계가 있는 것을 알게 됐어요. 그리고 이 깊은 유대감은 그의 공격적인 태도가 제게 영향을 주지 않도록 도와 줍니다.

타마라 훌륭해요. 그럼 그 부분에게 감사하고, 이렇게 물어봐 주세요. "당신이 이미 사랑이 넘치는 하나 됨을 품고 있는 것이 어떻게 당신의 자유로운 느낌을 키우고 풍부하게 해 주나요?"

캐시 믿을 수 없을 정도로요. 나는 나 자신이 될 자유가 있고, 나를 내려놓고 귀의할 자유가 있고, 다른 사람의 축복받은 차이를 허용할 수 있는 자유가 있어요. …… 이 사랑이 넘치는 하나 됨 덕분에 온통 머리로만 생각하던 상태에서 저 자신의 중심으로 이동해서, 기분이 안정되고 서두르지 않게 되었어요. 다른 사람의 말을 시간을 두고 흡수하는 것, 그리고 제 안에서 대답이 자연스레 떠오르도록 하는 것에서 자유가 나옵니다. 제 반응은 이전보다도 깊어졌어요. 그건 제가 편안한 상태에서 느긋하게 있기 때문이지요.

타마라 훌륭해요. 그러면 그 부분에게 감사하고, 이렇게 물어봐 주세요. "사랑이 넘치는 하나 됨에서 시작하면 그것이 어떻게 창조적이게 하는 것을 더 쉽게 해 줄까요?"

캐시 …… 와, 창조성에 이르는 이런저런 길이 더 넓게 열렸어요. 전보다 느긋하게 시간을 두고 있기 때문입니다.

타마라 알겠어요. 그럼 다시 한 번 당신의 부분에게 감사해 주세요. 그리고 이렇게 물어 주십시오. "이미 당신이 품고 있는 사랑으로 넘치는 하나 됨은 긴장을 푼 편안한 느낌을 어떻게 증대시켜 주나요?"

캐시 어머! (웃으면서) 어느 쪽도 한가지, 같은 것이네요. 저 자신을 사랑하는 것과, 이 우주의 모든 것을 사랑하는 것은 같은 것이에요. 저와 우주는 연결되어 있고 하나의 흐름입니다. …… 저는 **자신**을 소중하게 여기고 편안하게 제 시간을 갖는 것과 동시에 **다른 사람**도 긴장을 풀고 편안하게 있을 수 있도록 마음을 씁니다.

타마라 좋네요. 그러면 그 부분에 감사하고 이렇게 물어 주세요. "사랑이 넘치는 하나 됨에서 시작하는 것은 일을 잘하고 싶다고 의도한 목적을 어떻게 탈바꿈시키나요?"

캐시 …… 네, 저는 이미 일을 잘하고 있어요. 그리고 그 안에서 느긋하게 즐기고 있습니다. 일이 저의 깊은 곳에서 솟아 나오고 있는 것을 느낍니다. 그건 저의 중심에서 저 자신으로부터 오고 있습니다. 책임이라는 짐이 어깨에서 사라져 버린 것을 알게 되었습니다. 왜냐하면 제가 할 수 있는 최선을 다하고 있는 것을 알기 때문입니다. 다음에는 어떻게 다르게 할까라든가, 무엇을 바꿀까 하는 것도 더 쉽게 보입니다. 지금 제가 체험하고 있는 것은 전과는 완전히 다릅니다. 저는 이전과 같이 '잘될까?'라고 장래에 대해 걱정하는 대신 눈앞의 고객에게 100퍼센트 집중합니다. 저는 그때그때 최선을 다하는 것과 동시에 그 최선이 항상 변화하며 발전하고 있다는 것을 이해하고 있어요. 모든 것이 있는 그대로, 그것으로 좋다는 것을 알게 되었습니다.

타마라 훌륭하네요. 그럼 당신의 그 부분에게 이렇게 물어 주세요. "자신의 존재 방식으로 이 사랑이 넘치는 하나 됨을 품는 것은 일이 안 풀린다든가, 조그만 실수를 할 경우, 그 체험을 어떤 식으로 바꾸나요?"

캐시 …… 이 하나 됨이 있으므로 긴장을 풀고, 한발 뒤로 물러서서 제가 하고 있는 것을 다시 만들어 본다든지, 사과하든지, 내가 하는 것을 바꾸든지 할 수 있어요. 그리고 이런 것들이 전부 저에게 아주 편안한 정도의 속도로 일어나게 해 주어요. …… 제가 과거에 저질렀던 실수들을 지금 떠올리고 있는데, 이 사랑이 넘치는 하나 됨이 있으면 어떻게 다르게 반응하는가를 보고 있습니다.

타마라 좋아요. 그럼 이 부분에게 물어 보세요. "사랑이 넘치는 하나 됨에서 시작하는 것으로 인해 원래의 상황은 어떤 식으로 변했나요? 4일간 교육을 마치고 집으로 돌아갈 때의 체험을 어떻게 바꿀까?"

캐시 와! 지금 하는 일뿐만 아니라 **저 자신**을 떠올리게 해 줍니다. 두 가지가 섞여 있어요. 저도 중요하고, 제가 하고 있는 일도 중요합니다. 그것은 저와 세계가 이어져 있다는 것입니다. 우리는 함께이고 같이 무언가를 창조하고 있어요.

타마라 정말 훌륭해요. 그럼 당신의 그 부분에게 감사해 주세요. 사랑이 넘치는 하나 됨이라는 상태를 당신에게 가져와 주었으니까요. 그럼 미래에 이 사랑이 넘치는 하나 됨이 만들 변화를 생각하면 어떤 느낌입니까?

캐시 미래를 향해 가는 제 모습이 보입니다. 내일의 두 가지 약속, 사교 모임, 그리고 아직 아무것도 계획하지 않은 일요일의 일, 그리고 더욱 중요한 것은 월요일, '일'을 시작하는 월요일을 향해서 말이지요.

타마라 다음 주 주말의 교육 기간 동안, 그리고 그 이후에 어떤 일이 일어나는지 보세요.

캐시 주말 동안 모든 일이 준비되어 있으니까 아주 느긋하게 있는 저 자신의 모습이 보입니다. 그리고 집에 돌아와 화요일은 쉬기로 합니다. 그럼으로써 저 자신을 돌보는 것이지요. 수요일부터 사랑이 넘치는 하나 됨을 품고 행동하기 시작합니다. 고객들과 있는 제가 보입니다. 저는 제 일에 최선을 다하는 것이 저의 책임이라는 것을 알고 있고, 고객들도 그들의 책임을 다할 것이라 신뢰하며, 그 두 가지 책임의 차이를 알 수 있어요. 저는 이 과정을 계속해 나갈 생각입니다. 이 작업이 저의 에너지를 없애는 것이 아니고 저를 뒷받침해 준다는 것을 잘 알게 되었기 때문이지요.

■ ■ ■

이상은 코어 스테이트 훈련의 실제 사례로서 코어 트랜스포메이션 프로세스의 핵심에 해당하는 내용입니다. 캐시는 코어 트랜스포메이션 프로세스를 전부 마친 후에 아흔 살이 넘어서도 전업으로 컨설팅 일을 하는 것이 자신의 목표라고 말했습니다. 그녀는 일이 잘되고 있는지 '걱정하고 긴장하며' 고객에게만 신경을 빼앗긴 나머지 자신을 돌보지 않아서 앞으로의 계획에 지장이 생길지도 모른다고 걱정했었습니다. 그러나 지금은 적절하게 자신과 고객을 모두 돌볼 수 있는 자유가 있다고 느낍니다.

몇 주 후에 우리는 캐시에게 그녀가 자신의 일에 대해 어떻게 느끼고 있는지를 물었습니다. 다음은 캐시의 대답입니다.

제 일을 더 기분 좋게 느껴요. 다른 느낌이 들고, 이것이 일에서 좋은 결과를 내는 것으로 이어지고 있습니다. 저 자신과 다른 사람을 동시에 존중하고 있습니다. 제가 변했는지 판단하는 기준은 고객과 만난 후에 어떻게 느끼는가 입니다. 예전 같으면 뿌듯한 성취감이 있긴 했지만 기진맥진하곤 했거든요. 근육이 뻣뻣해지고, 신경을 곤두세우고 있는 것조차 눈치채지 못했습니다. 고객이 대답하는 동안 종종 숨을 꾹 참고 있기도 했어요. 미팅이 끝나면 완전히 녹초가 되었지요. 그러나 최근에는 일 때문에 피곤한 일이 많이 줄었어요. 어떤 때는 고객과 만난 후에 기운이 날 때도 있습니다.

거기다 이제는 초점을 자유롭게 바꿀 수도 있게 되었어요. 최근에 제 사업을 시작했기 때문에 저는 컨설턴트 일 외에도 다양한 역할을 소화해야 해요. 광고, 카피라이터, 인맥 만들기, 무료 컨설팅, 학습과 창의성, 사무, 고객을 위해 쾌적한 환경 만들기, 그 위에 개인적인 생활. 이전에는 고객과 만나고 있을 때도 이 모든 역할에 신경이 쓰여서 정작 고객과의 일에 완전히 집중할 수가 없었어요. 초점을 빨리 바꿀 수 없었던 거예요. 하지만 지금은 달라요. 고객과 미팅이 시작되면 곧바로 다른 것들은 잊어버리고 상대와의 대화에 집중하게 돼요. '그건 그거고 이건 이거'라고 마음속의 기어를 바꾸는 거죠. 제가 그 자리에서 무엇을 해야 하는지 정확히 인식합니다.

예전에는 사무를 처리하기 위해서 일부러 고객과 만나지 않는 하루를, 아니 만나지 못하는 날을 만들었습니다. 지금은 사무를 보는 날을 정하긴 하지만 고객이 전화를 해서 만나자고 하면 시간을 냅니다. 예전보다 훨씬 융통성이 생겼지요. 필요에 따라 마음 상태를 조절하면서 한 고객에 집중할 수 있습니다. 고객이 갑자기 예약을 취소하면 손쉽게 생각을 바꾸어서 사무를 봅니다.

그 밖에 변한 것이라면 실수를 했을 때의 대응이에요. 예전에는 어떤 실수를 하면 도미노 효과가 일어났어요. 한 가지 실수를 하면, 다음 일에 영향을 미치고, 그리고 그것이 또 다음 일에 좋지 않은 영향을 미치게 되어 점점 상황이 나빠졌습니다. 그러나 지금은 무슨 잘못을 해도 침착할 수 있습니다. 제 안의 목소리가 어떤 비판도 없이 모든 것을 받아들이는 마음으로 말합니다. '괜찮아. 이제부터 무얼 해야 하지?'라고요. 실수는 완전히 과거에 묻어 버리고 미래로 나아갈 수 있어요. 다음에 어떤 일을 할 수 있을지를 생각하는 것이 이제는 쉽게 됩니다.

캐시의 예는 여러분이 코어 트랜스포메이션 프로세스를 하기 위한 기초를 놓아 주었습니다. 코어 트랜스포메이션 프로세스에서는 사람마다 독특한 체험을 합니다. 이것은 자기 자신을 상대로 하는 창조적인 작업입니다. 중요한 것은 이 프로세스를 사용해서 **자신의** '달성 목표', 그리고 **자신의** 코어 스테이트를 발견하는 것입니다. 그러면 여러분은 코어 스테이트가 어떻게 의도했던 목표를 탈바꿈시키는지 발견하게 될 것입니다.

 # 코어 스테이트 훈련

구조를 이해하기

> 사물을 정확하게 볼 수 있는 것은 마음으로 볼 때뿐이야.
> 가장 중요한 것은 눈에는 보이지 않거든.
> – 생텍쥐페리, 《어린 왕자》

여기서는 캐시의 예를 참고하면서 코어 스테이트 훈련의 기본 구조를 설명합니다. 캐시는 최초의 네 단계를 거쳐서 코어 스테이트에 도달했습니다.

1단계_ 다룰 부분을 정하기

캐시는 자신이 싫어하는 반응을 알아내는 것부터 시작했습니다. 그것은 일에 대한 불안감이었습니다.

(1) **부분을 체험하기**: 그녀는 우선 자신이 일로 인해 불안하게 되

는 상황을 상상했습니다. 그리고 그때 나타나는 감정, 이미지, 소리에 주목했습니다. 이 프로세스에서 중요한 것은 어떤 감정이나 내면의 목소리, 내면의 이미지와 같이 우리가 겪는 경험을 먼저 사용하는 것입니다. 이것은 자동적으로 나타나는 우리의 무의식의 부분으로서 우리는 이것들을 다루어서 탈바꿈시킵니다.

(2) 부분을 받아들이고 환영하기 : 캐시는 그 부분이 존재하고, 또 자신을 위해서 긍정적인 목적을 갖고 있다는 것에 감사를 표했습니다. 많은 경우 우리는 싫은 행동이나 감정, 반응이 실제로는 우리가 자신을 위해서 최선을 다한 결과 생겨난 것이라고는 꿈에도 생각하지 못합니다. 지금까지 싸워 왔던 내면의 부분을 환영하고 받아들임으로써 우리는 그 부분과의 관계를 달라지게 만들기 시작합니다. 여러분은 이 단계를 밟는 것만으로도 자신의 감정에 작은 변화가 일어나는 것을 느낄 수 있을 것입니다.

2단계_ 목적, 최초의 달성 목표 발견하기

캐시는 자신의 부분에게 이렇게 물었습니다. "긴장하고 걱정하는 것으로 인해 무엇을 바라게 되었나요?" 그러자 캐시의 부분은 '일을 잘하는 것'이라고 대답했습니다. 우리는 이 최초의 대답을 그 부분의 첫 번째 **달성 목표**라고 부릅니다. 대답은 이런 경우처럼 언어로 받는 경우도 있고, 감정이나 이미지, 소리 등으로 받는 경우도 있습니다. 캐시의 예에서 여러분은 이런 다양한 반응의 예를 찾을 수 있을 것입니다.

∷ 3단계 _ 달성 목표 사슬 발견하기

캐시는 또 부분에게 물었습니다. "일을 충분하고도 완전하게 잘했을 때 그렇게 일을 잘하는 것을 통해서 원하는 더 중요한 것은 무엇인가요?" 이 질문에 대한 대답이 두 번째로 의도한 목표입니다. 그리고 각각 의도한 대답을 받을 때마다 "'달성 목표'를 통해서 원하는 더 중요한 것은 무엇인가요?"라고 묻기를 반복합니다. 이렇게 캐시는 우리가 부분의 목표 사슬이라 부르는 것을 발견했습니다.

캐시의 달성 목표 사슬
다룬 부분: 불안감
달성 목표 1 : 일을 잘하는 것
달성 목표 2 : 긴장을 푸는 것
달성 목표 3 : 창조성을 발휘하는 것
달성 목표 4 : 자유의 느낌
달성 목표 5 : 다른 사람들과의 연결

캐시의 달성 목표는 어떤 것이든 긍정적이고 유용한 것이었습니다. 그러나 때때로 부분이 바라는 것이 **우리가** 싫어하는 것, 예를 들어 다른 사람에 대해 권력을 휘두르는 것, 실패하는 것, 누군가 다른 사람을 망신 주는 것, 누군가를 협박하는 것, 또는 다른 사람을 엉망진창으로 만드는 것 등 부정적인 것으로 시작되는 경우도 있습니다. 이런 목표도 배제하지 않는 것이 중요합니다. "그것을 통해 무엇을 원하나요?"라고 반복해서 물어보면 **항상** 어떤 시점부터 긍정적인 대답이 나오기 시작합니다.

4단계 코어 스테이트 : 내면의 원천에 도달하기

캐시의 부분이 그녀를 위해 의도했던 최후의 목적은 그녀의 코어 스테이트입니다. 그것은 사랑이 넘치는 하나 됨이었습니다.

내면의 부분들에게 "그것을 통해 무엇을 원하나요?"라고 반복해서 물어봄으로써 우리는 자신이 가장 싫어하는 행동 안에 숨겨져 있는 중요하고 굉장한 목적을 발견하게 됩니다. 우리의 한계와 단점이라는 것은 코어 스테이트라는 심오한 존재 방식에 도달하기 위한, 부분의 최선의 노력임을 우리는 알 수 있습니다. 캐시의 부분이 찾았던 것은 '사랑이 넘치는 하나 됨'이었습니다.

5단계_ 코어 스테이트와 함께 달성 목표 사슬을 되밟아 가기

저는 지금까지 몇백 명의 고객을 상대로 몇천 개의 내면의 부분을 다뤄 온 결과, 같은 패턴이 반복된다는 것을 알게 되었습니다. 우리 내면의 부분은 훌륭한 코어 스테이트에 도달하는 가장 좋은 방법이 바람직하지 않은 행동, 감정, 반응에서 출발해서, 달성 목표의 사슬을 밟아 가는 것이라고 생각하고 있습니다. 그러나 이런 방법으로는 대개의 경우 코어 스테이트에 도달하지 못합니다. 캐시의 불안은 사랑이 넘치는 하나 됨을 충분히 경험하게 해 주지 못했습니다.

일단 내면의 부분이 원하고 있는 코어 스테이트를 찾아내면 우리는 내면 세계의 기본을 탈바꿈시킬 수 있는 위치에 있게 됩니다. 이제 프로세스는 우리가 낡은 패턴을 말 그대로 뒤엎도록 우리를 안내합니다. 우리는 그때까지 무진 애를 써야만 손에 넣을 수 있을 것이라고 여겼던 것들을 가짐으로써 그것을 **시작**할 수 있습니다. 코어 스테이트, 즉 내면의 원천을 **출발점**으로 할 수 있습니다. 우선 다루고 있는 부분을 코어 스테이트 안으로 불러들여서, 그 코어 스테이트를 갖도록 합니다. 다음에, 이 부분에게 **코어 스테이트를 세상에서의 존재 방식으로 이미 갖고 있는 것이** 어떻게 각각의 달성 목표를 탈바꿈시키는가 깨닫게 합니다. 마지막으로, 코어 스테이트를 이미 갖고 있는 것이 우리가 싫어했던 행동을 어떻게 자연스레 탈바꿈시키는지를 봅니다. 그때 각 부분이 지녔던 목적은 코어 스테이트에 의해 탈바꿈됩니다. 캐시의 경우 낡은 패턴을 뒤엎는 프로세스는 다음과 같았습니다.

(1) **달성 목표 하나하나**에게 캐시가 물었습니다. "사랑이 넘치는 하나 됨을 이미 자신의 존재 방식으로 갖는 것이 '달성 목표'를 어떻게 탈바꿈시키고 풍부하게 하나요?"라고 말을 걸었습니다. 코어 스테이트를 이미 지니고 있을 때 우리는 이미 완전하고 충만합니다. 우리는 가장 깊은 수준에서 원하는 것을 이미 갖고 있습니다. 그러면 우리의 동기는 지금까지와는 완전히 다른 것이 됩니다. 필요나 결핍에 의해 행동하기보다는 충만한 상태에서 행동하게 됩니다. 우리가 코어 스테이트로 하여금 달성 목표를 하나하나 변화시

키도록 함으로써 이런 충만함과 완전함이 부분과 관련된 우리 생활의 모든 면에 나타나게 됩니다. 긍정적인 달성 목표는 코어 스테이트에 의해 강화되고 부정적으로 보이는 달성 목표는 긍정적인 것으로 탈바꿈합니다. 우리는 이런 분야들을 억지로 우리가 더 좋아하는 것으로 바꾸려 하지 않습니다. 우리는 단지 우리의 부분에게 코어 스테이트가 이미 있는 경우 무엇이 **자연스레 일어나는지를** 깨닫게 할 뿐입니다.

   (2) **원래 상태를 바꾸기** : 캐시는 이런 질문을 받았습니다. "사랑이 넘치는 하나 됨에서 출발하는 것은 원래의 상태를 어떻게 변화시킵니까? 그것은 4일간의 교육 일정을 마치고 귀가했을 때의 체험을 어떻게 변화시킵니까?" 이 단계에서 캐시가 원했던 변화가 일어났습니다.

   프로세스를 진행할 때는 절대 무리하게 강요하지 마십시오. 부분이 "어떤 모습으로 있어야 하는가"라든가, 이 코어 스테이트가 이전의 결과를 어떻게 변화시킬 것인가 하는 것을 미리 정해서는 안 됩니다. 변화는 내면에서 오는 것입니다. 캐시처럼 원래의 감정이 완전히 바뀌어 버리는 일이 항상 일어나지는 않습니다. 저의 경우, 화가 난 상태로 프로세스를 시작했는데 프로세스가 끝나도 여전히 화가 풀리지 않는 경우가 있습니다. 그렇지만 프로세스를 끝내면 화의 성질이 변한 것을 알 수 있습니다. 저 자신의 화에 대해 더 명확해지고 더 순수해져서, 다른 사람을 비난하고 싶은 생각이 없어집니다. 화가 나 있지만, 마음 깊은 곳에서는 다른 사람들이 잘못된 것은 아니라고 이해합니다. 그것은 단순히 **내가** 무언가를 좋아하지 않는 것일 뿐입니다.

∷ 코어 스테이트를 분별하는 기준

코어 스테이트에 도달해서 그것을 느낄 수 있게 되면 코어 트랜스포메이션 프로세스는 아주 단기간에 극적인 결과를 가져옵니다. 일단 정말 코어 스테이트에 도달하면 남은 프로세스는 어려움 없이 진행됩니다. 따라서 여러분이 코어 스테이트에 도달했다는 것을 알 수 있도록 다음과 같이 기준을 밝혀 두고자 합니다.

1. 우선 가장 중요한 기준은 코어 스테이트는 존재적 속성을 띤 내면적 상태라는 것입니다. 그것은 그저 있는 것, 있는 그대로 괜찮다는 것, 사랑이 넘치는 것, 평화로 충만한 것, 하나라는 것 등과 같이 **존재의 상태**입니다. 그것은 하는 것, 얻는 것, 주는 것, 아는 것 등의 외면적인 사정에 전혀 의존하지 않습니다. 성공, 승인, 칭찬 등은 모두 다른 사람에게서 **얻는** 것입니다. 또 공헌이나 달성 등은 우리가 **이루는** 것입니다. 이런 것들은 중요한 것이기는 하지만 코어 스테이트는 아닙니다. 더욱이, 이해하거나 인식하는 것도 어떤 **대상과 관련된** 것이므로 코어 스테이트는 아닙니다. 자유도 일반적으로는 **무엇에서의** 자유, 또는 **무언가에 대한** 자유를 의미하므로 코어 스테이트라고 할 수 없습니다. 코어 스테이트는 그저 존재합니다. 존재 자체이

고 다른 무엇과의 관계로 존재하는 것이 아닙니다.

2. 코어 스테이트는 항상, 계속해서 체험할 수 있는 것입니다. 예를 들어 행복은 코어 스테이트가 아닙니다. 왜냐하면 항상 행복하다고는 할 수 없기 때문입니다. 자신이 행복하다고 하는 경우, 보통은 무언가에 관해서 행복하다는 것으로 이유가 붙어 있습니다. 선물을 받아서 행복하다, 친구에게 저녁 초대를 받아서 행복하다, 아이들과 즐겁게 시간을 보낼 수 있어서 행복하다는 것처럼. 코어 스테이트는 좀 더 깊은 수준에서 일어나는 것입니다. 예를 들어 내면의 평화, 있는 그대로 있는 것, 있는 그대로 괜찮다는 것 등등, 외적 환경과 관계 없이 **매 순간** 계속 존재할 수 있는 것입니다. 우리의 생활에서 무엇이 일어나도 그것과는 관계없이 코어 스테이트는 항상 있을 수 있습니다. 자신이 슬프거나 화낼 때도 말이죠! 코어 스테이트가 있으면 자신이 느끼는 화는 더욱 순수해집니다. 자제심을 잃어버리거나 다른 사람을 원망하는 일 없이, 화의 주인으로 있을 수 있기 때문입니다.

3. 코어 스테이트를 체험하고 있을 때, 대부분의 사람들은 무언가 깊은 것, 중요한 것에 닿았다고 느낍니다. 달성 목표보다도 훨씬 더 깊은 수준으로 내려가서 코어 스테이트에 닿았을 때 사람들은 눈에 띌 정도로 가슴이 뭉클하게 느끼고, 감동한 나머지 눈물을 흘리기도 합니다. 종종 코어 스테이트가 우리의 내면의 깊은 부분에서 떠올라 우리 전 존재를 통해, 또는 그것을 넘어서 빛난다는 느낌이 있습니다. 최초에 코어 스테이트

를 발견했을 때 금세 그것을 체험하는 사람과 그렇지 않은 사람이 있습니다. 여러분이 만일 그때 코어 스테이트를 충분히 체험하지 못했다면 코어 스테이트를 발견한 후의 단계를 밟아 나가면서 완전하게 코어 스테이트를 체험하는 것이 더 쉬워집니다. 다른 사람이 코어 스테이트를 체험하고 있는 것을 목격할 때, 여러분은 경외감과 함께 그 체험을 나눌 수 있는 것에 감사하는 마음이 들지도 모릅니다. 제 세미나가 끝나고 어떤 여자 분이 제게 이렇게 말했습니다. "누군가가 코어 스테이트에 들어가면, 등골이 오싹해지고 소름이 돋아요."

4. 일단 코어 스테이트에 도달하면, 그 부분에게 다음과 같이 질문합니다. "코어 스테이트를 갖는 것을 통해 무엇을 원하나요?" 여기에 대한 부분의 반응의 예를 밝혀 두겠습니다.

(1) 이 이상 앞으로 진행할 수 없는 경우, 당신의 내면 부분은 "이 이상은 없어요"라고 대답할지 모르겠습니다. 또는 부분이 손에 넣은 최후의 달성 목표에 머물기도 합니다. 또는

(2) 코어 스테이트를 갖게 되어 어떤 **결과**가 생기는지를 설명할 수도 있습니다. "이것으로 나는 내 인생에서 하고 싶은 것을 할 수 있어요"처럼.

다음 장에서는 질문 형식을 써서, 여러분이 다루고 싶어 하는 부분을 찾아내는 한편, 코어 트랜스포메이션 프로세스에서는 어떤 문제를 다룰 수 있는지를 살펴볼 것입니다.

질문표
바람직하지 않은 행동, 감정, 반응 찾기

모든 대답을 알고 있는 것보다,
몇 가지 질문을 알고 있는 편이 낫다.
– 제임스 터버(미국의 해학 작가, 풍자만화가)

코어 트랜스포메이션 프로세스는 여러분의 단점이나 문제의 종류나 크기와는 상관 없이 우리에게 커다란 변화를 가져다줍니다. 여러분은 생활에서 불만을 느끼고 있는 부분, 해결하고 싶은 문제를 이미 알고 있을지 모릅니다. 자신이 가장 해결하고 싶은 문제가 무엇인지 알고 있는 사람은 이 질문 부분을 넘어가거나 대략 훑어보아도 괜찮습니다. 필요할 때, 나중에 돌아와서 읽어도 좋겠지요.

여기에서 소개하는 질문은 여러분의 인생에서 코어 트랜스포메이션 프로세스를 통해 변화를 가져올 수 있는 부분이 어디인가 알 수 있게 도와줍니다. 가장 먼저 해결하고 싶은 문제를 찾아내기 위해서 이 장의 질문표를 이용하세요.

∷ 여러분이 무엇을 바꿔야 할지 정하는 것은 누구입니까?

그것은 바로 여러분 자신입니다. 만일 질문 리스트 안에 자신에게 해당한다고 생각하는 것이 있는 경우라도, 자신의 문제가 아니고 결점이라고 생각하지 않으면 그것을 변화시킬 필요는 없습니다. 무엇이 중요하고 변화시키고 싶은가, 그것을 정하는 것은 여러분이니까요.

∷ 여러분은 코끼리 한 마리를 어떻게 먹겠습니까?

한 번에 한 입씩 먹죠. 질문을 읽어 가다 보면, 해결하고 싶은 부분이 많다고 느낄지 모릅니다. 어떤 순서로 착수해야 할 것인지 알고 싶을 때는 자신의 문제라고 생각하는 것에 표시를 해 두고 질문을 모두 읽고 난 후에 다시 앞으로 돌아가서 1부터 10까지 척도를 써서 각 문제의 심각성을 측정해 보세요. 처음으로 다루는 문제는 그 정도가 5 이하의 것이 좋습니다. 코어 트랜스포메이션 프로세스를 몇 번 실행한 후에, 정도가 4나 5인 문제가 쉽게 진행되면 그다음에 자신이 판단하기에 그보다 더 어려운 문제를 다루십시오.

∷ 질문

감정
- 당신은, 우울증, 화, 분노, 비탄, 질투, 마음의 상처, 공포, 불안,

고독, 공허, 위협과 같이 즐겁지 않은 감정이나 기분에서 헤어나오지 못할 때가 있습니까?
- 자신의 감정을 느끼기가 어렵습니까?

중독 / 습관
- 과식, 거식 등 먹는 것과 관련해 무언가 문제를 안고 있습니까? 무엇을 먹을까, 어느 정도 먹을까에 관해 '자기 자신과 싸울' 때가 있습니까?
- 흡연, 알코올, 섹스, 사람, 금전, 물건 등에 과도하게 집착합니까?
- 손가락이나 손톱을 물어뜯거나, 책상을 두드리거나, 억지 웃음과 같이 긴장할 때 나오는 버릇이 있습니까?

인간관계
- 다른 사람이 어떤 분야에서 당신보다 뛰어나다는 것을 알게 되면 싫은 감정이 듭니까? 다른 사람에게서 최고라고 여겨지고 싶다거나, 가장 좋은 것을 갖고 싶다, 누구보다도 많이 갖고 싶다, 누구보다 인기가 있었으면 좋겠다는 생각이 강합니까?
- 자신이 원하는 것을 요구하기가 어렵습니까? 자신의 뜻에 반하더라도 다른 사람이 하는 것에 맞추는 때가 많습니까? 본심은 반대인데도 다른 사람의 의견에 찬성할 때가 있습니까?
- 항상 다른 사람을 기쁘게 하려고 행동합니까? 다른 사람을 위

해 자신을 희생하며 행동합니까? 다른 사람에게서 애정이나 칭찬을 얻기 위해서는 무엇이든 하는 편입니까?
- 다른 사람과 함께 있는 것을 피할 때가 자주 있습니까? 자신에게 적대심을 갖지 않는 사람이라도 함께 있으면 불편합니까?
- 다른 사람과 있을 때, 망설이거나 싫어하지 않고 '자연스럽게 있는' 것이 가능합니까? 친밀한 관계가 되어도 너무 친밀해지지 않도록 상대방과 거리를 두는 자신을 느끼는 적이 있습니까? 다른 사람과 함께 있을 때 자신의 마음을 100퍼센트 그곳에 두는 것이 어렵다고 느낍니까?
- 버려지는 것이 아닐까 하고 두려워지곤 합니까?
- 누군가가 곁에 있어 주지 않으면 살아갈 수 없을 것이라고 느낍니까? 특정한 사람이 없으면 자신의 인생이 산산조각 나고 말 것이라는 느낌이 듭니까? 결정을 내릴 때 다른 사람에게 의지합니까?
- 다른 사람을 신뢰하기가 어렵습니까? 다른 사람이 사악한 동기를 갖고 있다고 생각하는 적이 자주 있습니까? '선한 사람'은 별로 없다고 생각합니까? "남자는 다 나빠"라든가 "여자는 다 교활한 존재야"와 같은 종류의 말을 종종 씁니까?
- 다른 사람을 무조건 신뢰하는 편입니까? 자신이 상처받더라도 타인의 단점을 못 본 체합니까? 어떤 사람이 실제 모습보다 훨씬 더 성숙하고 어른스럽다고 당신 스스로를 설득하려 합니까?
- 자기 마음대로 하고 싶어 하는 편입니까? 다른 사람의 행동을

통제할 수 없을 때 화가 납니까?
- 다른 사람이 권력을 과시하면 화가 납니까?
- 약속을 지키거나 관계를 지속하는 것이 어렵습니까? "좋아요"라고 말한 후에 후회하는 적이 종종 있습니까? "좋아요"라고 말한 후에 발을 빼는 적이 있습니까?
- 주목을 받으려고 노력합니까? 다른 사람이 주목을 받고 있으면 싫습니까? 다른 사람의 공을 가로채고 싶어집니까?
- "누가 옳은가"와 같은 것을 따집니까? 상대방이 옳은 것이 명백해도 당신 자신의 입장에 집착합니까? 자신이 틀렸다는 것을 인정할 수 있습니까?
- 문제를 생각할 때 그것이 누구 탓인가를 주로 따집니까? 누구의 잘못인가를 밝히려 언쟁을 합니까? 상대방이 모든 비난을 받고 실수를 인정해야 한다고 생각합니까? 과오나 약점을 들어 다른 사람을 비판적으로 보는 경향이 있습니까? 타인을 용서하는 것이 어렵습니까?
- 다른 사람의 과실과 감정을 당신 탓이라고 생각해서 자신을 책망하는 적이 있습니까? 실수를 한 자신을 책망하는 적이 있습니까? 자신을 용서하는 것이 어렵습니까?
- 당신이 싫어하는 것을 하는 사람에게 복수를 하려고 합니까? 다른 사람의 감정을 자극하고 싶다고 생각한 적이 있습니까? 곧잘 비아냥거립니까? 종종 당신이 하는 말과 행동에 다른 사람들이 기분 나빠하지만 정작 자신은 왜 그 사람들이 그렇게 화를 내는지 모릅니까?

- 다른 사람에게 당신이 좋게 여겨지는 것을 아주 중요하게 여깁니까? 자신의 좋은 이미지를 유지하기 위해서 사실을 과장하거나 거짓말을 하거나 합니까?
- 자신이 갖고 싶은 것을 얻기 위해서 거짓말을 해도 좋다고 생각한 적이 있습니까?

자기 이미지
- '완전'하지 않은 자신을 받아들이기가 어렵습니까?
- 자신이 작은 실수를 했을 때 스스로 필요 이상으로 비판적이 됩니까?
- 자신이 다른 사람보다도 뛰어나다고 생각하고 있고 다른 사람을 깔봅니까?
- 자신이 다른 사람보다 열등하다고 생각해서 다른 사람을 우러러봅니까?
- 자신이나 자신의 행동을 부끄럽다고 느끼고 있습니까?
- 자존감을 더 느끼고 싶습니까?
- 자신이 어떤 사람인지 잘 모릅니까?

그 외
- 밖으로 나타내지 않는 감정이나 스트레스가 원인이라고 생각되는 신체적인 증상이 있습니까?
- 자신이 다른 사람과 건강하지 못한 방식으로 서로 의존하고 있다고 생각합니까?

- 다른 사람을 학대하는 경향이 있습니까?
- 육체적·성적·정신적·심리적 학대를 받고 있거나 받았던 적이 있습니까?
- 자신 자신에게 해가 되는 행동을 하고 있다고 깨달을 때가 있습니까?
- 욕심이 너무 많거나, 반대로 성취 의욕이 적거나 합니까?
- 돈에 관해 과도하게 집착합니까?
- 마음의 갈등을 많이 겪습니까?
- 무언가에 관해 강박적인 생각을 합니까?

실행하기
코어 스테이트 훈련
내면의 원천에 도달하기

실천은 이론으로는 풀 수 없는 의문을 없애 준다.
— 테이 시에

처음 코어 트랜스포메이션 프로세스를 실행할 때 두 명이 짝을 이루어 하는 것이 쉽습니다. 한 명은 '탐구자', 다른 한 명은 '안내자'가 됩니다. 탐구자는 자신이 다룰 문제를 고르고, 안내자는 훈련 대본을 읽습니다. 함께할 사람을 못 찾은 경우나 혼자 하고 싶은 경우에는 역할을 교체하면서 안내자가 되어 지시문을 읽기도 하고 내면의 탐구자가 되기도 하는 식으로 1인 2역을 해도 괜찮습니다. 안내자가 있든 1인 2역을 하든 먼저 이 장을 한 번 다 읽은 후에 다시 처음으로 돌아와서 시작하세요. 혼자 하는 경우에 관해서는 다음 장에서 자세히 설명하겠습니다.

탐구자는 우선 몸을 편하게 하고 의식은 자신의 내면으로 향합니다. 보통은 눈을 감고 하는 것이 좋습니다. 마음속에서 질문을 하고 잠시 간격을 두고 어떤 반응이 나타나는가 주의하세요. 이미지, 소리, 목소리, 감정 등이 나타날 것입니다. 코어 스테이트에 가까워질수록 반응은 강한 감정을 동반하게 됩니다. 반응이 확실하지 않다고 생각하면 부분에게 "이것이 당신의 반응인가요? 아니면 다른 어떤 것인가요?"라고 질문합니다.

안내를 맡은 사람은 보통보다 조금 천천히 부드럽게 말하면 프로세스를 진행하는 데 도움이 됩니다. 지시문을 소리 내어 읽은 후에 잠시 멈추고 탐구자가 내면에서 반응할 시간을 줍니다. 안내자는 탐구자가 나중에 달성 목표를 되밟을 수 있도록 중요한 말들을 메모해 둡니다. 탐구자는 안내자에게 자신에게 적합하도록 진행 속도를 빨리 하거나 느리게 해 달라고 부탁할 수 있습니다.

1인 2역을 하는 경우에는 받아 적기 위한 종이와 필기 도구를 준비하고 달성 목표를 스스로 되밟아 볼 수 있도록 합니다. 안내자는 지시문에서 ( )로 묶인 부분은 소리 내어 읽을 필요가 없습니다.

∷ 1단계_ 다룰 부분을 정하기

(1) 다루고 싶은 부분을 정합니다. 싫다고 생각하는 감정, 사고, 행동 중에서 정합니다. 처음에는 정도가 중간이나 가벼운 것으로 정하는 것이 좋습니다. (이것을 간단히 적어 두십시오. 지시문 안에서 이것을 '다루고 싶은 행동, 감정이나 반응 X'라고 하겠습니다.)

(2) 언제 어디서 누구와 함께 있을 때 'X'를 체험합니까? (대답을

간단히 적어 둡니다.)

부분을 체험하기

(3) 눈을 감고, 의식을 내면으로 향합니다. 'X'를 체험했을 때의 구체적인 상황을 마음속에 그리고 그 안으로 들어갑니다. 그 경험으로 들어가서 그것을 다시 체험하고, 내면에서 일어나는 체험을 눈여겨봅니다. 체험과 함께 이미지, 소리, 감정 등이 나타날지도 모릅니다.

(4) 당신은 'X'를 의식적으로 선택하지 않았으므로 당신 안의 어떤 부분이 그 체험을 선택한 것과 같습니다. 당신은 그 부분이 어디에 '살고 있는지' 느낄 수 있게 됩니다. 그 감정을 몸의 어디에서 특히 강하게 느낍니까? 내면의 소리가 들린다면, 그 소리는 **어디서** 들립니까? 어떤 이미지가 보인다면, 당신의 내면 공간 **어디서** 그것이 보입니까? 여유 있게, 그 부분이 당신의 의식 속에 나타나도록 부릅니다. 그 부분이 몸 안에 있다면 그 부분을 강하게 느끼는 곳에 손을 대어도 괜찮습니다. 이렇게 하면 그 부분을 환영하고 인정하기가 더 쉽습니다.

부분을 받아들이고 환영하기

(5) 그 부분을 받아들이고 환영해 주십시오. 그 부분에게 어떤 목적이 있는지는 몰라도 당신은 그것이 거기에 있는 것에 감사할 수 있습니다. 왜냐하면 당신은 그것이 깊은 차원에서 긍정적인 목적을 지니고 있는 것을 알기 때문입니다.

∵ 2단계_ 목적, 최초의 달성 목표 발견하기

(1) 당신의 'X' 부분에게 물어보십시오. "무엇을 원하나요?" 그런 다음, 거기에 반응해서 일어나는 이미지, 목소리나 소리, 감정에 주목해 주십시오. 금방 대답을 얻을 수도 있고, 부분이 목적을 발견하기까지 시간이 좀 걸리는 경우도 있습니다만, 그건 그것대로 괜찮습니다. 부분에게는 새로운 체험이기 때문에 필요한 만큼 시간을 주십시오.

　(2) (부분이 준 대답을 적어 둡니다.) 이것이 당신의 최초 달성 목표입니다. 부분이 대답해 준 것에 감사해 주십시오. 만일 이 달성 목표가 **마음에 든다면** 그 달성 목표를 갖고 있는 것에 대해 부분에게 감사를 표합니다. 최초에 나타나는 달성 목표가 긍정적인 것이 아닌 경우도 있습니다. 그러나 그 부분에게 무엇을 원하는가를 계속해서 물으면, 어느 시점에서 긍정적인 달성 목표가 반드시 나타납니다. 그러므로 긍정적이지 않은 목표를 배제하지 않도록 합니다. 이 프로세스가 끝나기 전에 우리가 싫다고 생각한 결과가 탈바꿈하게 될 것입니다.

∵ 3단계_ 달성 목표 사슬 발견하기

(1) 그 부분에게 물어보십시오. "만일 '(전 단계의 달성 목표를 넣습니다)'를 충분히, 그리고 완전히 **갖는다면**, 그걸 통해서 원하는 더욱 중요한 것은 무엇인가요?" (대답이 돌아올 때까지 조금 기다립

니다.) 이 부분이 당신을 위해 그 달성 목표를 가져 준 것에 감사합니다. (이 달성 목표를 적어 둡니다.)

(2) 위의 3단계 (1)을 코어 스테이트에 도달할 때까지 반복합니다. 질문을 할 때마다 계속해서 새로운 달성 목표가 나타나므로, 그것을 적어 둡니다. 또한 질문을 할 때마다 그 **새로운** 달성 목표를 써서 질문해 주십시오.〕

4단계_ 코어 스테이트 : 내면의 원천에 도달하기

(1) 코어 스테이트에 도달했으면, 여유를 가지면서 시간을 두고 그것을 충분히 체험합니다. 그다음에 5단계로 나아갑니다.

5단계_ 코어 스테이트와 함께 달성 목표 사슬을 되밟아 가기

(1) 어떤 이유에선지 우리 내면의 부분은 코어 스테이트를 체험하기 위해서는 우선 달성 목표를 처음부터 끝까지 전부 밟아 가야 한다는 생각을 하고 있습니다. 유감스럽게도 이런 방법은 그다지 효과적이지 않습니다. 그런 방법으로 코어 스테이트를 체험하기는 어렵습니다. 왜냐하면 존재의 코어 스테이트는 행동을 통해서 **성취하거나 얻을 수 있는** 것이 아니기 때문입니다. 코어 스테이트를 체험하기 위해서는 그저 그 안으로 들어가서 체험하는 방법밖에 없습니다.

(2) 전반적인 탈바꿈 : 부분을 '코어 스테이트' *로 불러들여 부분

코어 스테이트를 알아보기 위한 기준

코어 스테이트가 어떤 것인지 명확한 기준을 설정하는 것은 아주 중요합니다. 이것이 없으면 사람들은 달성 목표 사슬 끌어내기를 너무 빠르거나 늦게 중지하곤 합니다. 그러면 프로세스는 잘 작동하지 않습니다. 다음은 코어 스테이트에 도달했다는 것을 알려주는 특징입니다.

1. 그것은 항상 존재하는 상태입니다. 하는 것, 갖는 것, 아는 것, 관계를 맺는 것과 관련된 상태가 아닙니다. 이 상태를 나타내는 말은 여러 가지입니다. 일반적으로는 존재감, 평화, 사랑, 있는 그대로, 하나 됨과 같은 말이 쓰입니다.
2. 예를 들어 '칭찬받는 것'이라든가 '사랑받는 것'과 같이 다른 사람에 의존하는 것이 아닙니다.
3. '자신을 사랑하는 것'과 같이 자신과 관련된 것이 아닙니다.
4. 자신감, 희망, 만족감, 용기, 자부심 같은 특정한 감정이 아닙니다.
5. 3-(1)단계에서 코어 스테이트에 들어가면, 다음의 현상이 나타납니다. (1) 부분이 더 이상 나아갈 수 없거나 (2) 부분이 코어 스테이트를 얻은 결과에 대해 말하기 시작합니다. 예를 들어, "내 인생 전체가 전혀 다른 것이 될 거예요"라고 하는 것입니다.
6. 신체적인 변화가 일어납니다. 예를 들자면, 긴장이 풀리고, 피부색이 좋아진다든가, 호흡과 맥박이 변하는 것 등입니다. 혼자서 하고 있을 경우에는 느낌이 매우 다르게 변했다는 것을 깨달을 수 있을 것입니다. (사람에 따라 코어 스테이트를 좋아하는데도 원하는 만큼 충분히 느끼지 못하는 경우도 있습니다. 이것은 대개 프로세스 중에 아직 밟아야 할 단계가 남아 있다는 것을 알려 주는 것입니다. 제3부와 제4부에서 그런 단계를 설명할 것입니다.)

에게 이렇게 묻습니다. "이 세상에 존재하는 방식으로서 처음부터 '코어 스테이트'를 **가지고** 있다면 그것으로 인해 사물이 어떻게 바뀔까요?" (탐구자에게 이 체험을 즐길 시간을 주기 위해서 얼마간 간격을 둡니다.)

(3) 특정 달성 목표의 탈바꿈 : (코어 스테이트가 달성 목표를 하나씩 변화시키도록 합니다. 처음에 바꾸는 것은 코어 스테이트의 바로 전 단계에서 나왔던 달성 목표부터 시작해서 거슬러 올라갑니다.) 부분에게 "이 세상에 존재하는 방식으로 '코어 스테이트'를 이미 갖고 있는 것은 '달성 목표'를 어떻게 변화시키고 풍부하게 하나요?"라고 물어봅니다. (물어볼 때마다 얼마간 간격을 두고 탐구자가 그 경험을 즐기고 통합하도록 시간을 줍니다.)

원래 상태를 바꾸기

(4) (각각의 달성 목표에 대해서 차례차례 질문을 해 나가면 당신은 코어 스테이트가 처음에 당신이 다루기 시작했던 문제를 어떻게 탈바꿈시키는지 발견하게 됩니다.) 부분에게 이렇게 물어봅니다. "이 세상에 존재하는 방식으로서 '코어 스테이트'를 **갖는 것**은 〔당신이 X였던 **상황에서**〕 당신의 체험을 어떻게 바꾸나요?" (탐구자에게 그 차이를 음미할 시간을 줍니다. 만일 처음의 바람직하지 않은 행동, 감정, 반응이 충분히 변화하지 않은 경우에는 제3부, 제4부에서 설명하는 단계를 실행할 필요가 있습니다.)

∎∎∎∎

＊발견한 코어 스테이트를 넣습니다. 예를 들어 코어 스테이트가 '사랑'이라면 부분을 '사랑'으로 불러들입니다.

부분의 달성 목표를 탈바꿈시키기

•

5-(1)단계의 질문은 달성 목표를 탈바꿈시키는 '일반적인' 방법이었습니다. 그러나 때에 따라 질문을 다음과 같이 바꿀 필요가 있습니다.

1. **타인 의존적인 달성 목표** : '다른 사람에게서 가치를 인정받는 것'이나 '사랑받는 것' 등 달성 목표가 의존적인 것인 경우에는 그 부분에게 다음 두 질문을 합니다.
   (1) "이미 '코어 스테이트'를 갖고 있다는 것은 '타인 의존적인 달성 목표'를 갖고 있을 때의 체험을 어떻게 탈바꿈시키나요?"
   (2) "이미 '코어 스테이트'를 갖고 있다는 것은 '타인 의존적인 달성 목표'를 갖지 **못했을** 때의 체험을 어떻게 탈바꿈시키나요?"

   예) 달성 목표가 '다른 사람에게서 가치를 인정받는 것'인 경우
   "하나 됨을 존재 방식으로 이미 갖고 있는 것은 다른 사람에게서 가치를 인정받는 체험을 어떤 식으로 탈바꿈시키고 풍요롭게 하나요?
   "하나 됨을 존재 방식으로 이미 갖고 있는 것은 다른 사람이 당신의 가치를 인정해 줄 수 없는 상황을 어떻게 탈바꿈시키나요?"

   예) 달성 목표가 '사랑받는 것'인 경우
   "평화를 당신의 존재 방식으로 이미 갖고 있는 것은 다른 사람에게 사랑받는 체험에 어떻게 퍼져 나가나요?"
   "평화를 당신의 존재 방식으로 이미 갖고 있는 것은 다른 사람이 당신에게 사랑을 줄 수 없을 때, 그 상황을 어떻게 바꾸나요?"

2. **부정적인 달성 목표** : '복수', '지배', '완벽해지기'와 같이 달성 목표가 당신에게 별로 도움이 되지 않는 경우, 부분에게 이렇게 물어 봅니다.
   "이미 '코어 스테이트'를 갖고 있다면 그것이 **이전에** '부정적인 달성 목표'였던 부분을 어떤 식으로 바꾸나요?"

예) 달성 목표가 '복수'나 '지배'인 경우

"존재감을 이미 갖고 있는 것은 예전에 '복수'하려던 부분에 어떻게 퍼져 나가고 그것을 어떻게 탈바꿈시키나요?"

"하나 됨을 이미 갖고 있는 것은 예전에 '지배'하려던 부분을 어떻게 탈바꿈시키나요?"

∷ 지금까지의 프로세스에 관해

이것으로 여러분은 코어 스테이트 훈련을 한 번 마쳤습니다. 여기까지의 단계는 코어 트랜스포메이션 프로세스의 10단계 중 처음 다섯 단계입니다. 이 처음 훈련에서 여러분이 느꼈던 변화가 크든 작든, 아니면 아예 없었든 상관 없이, 이 책에서 최대한의 효과를 얻어 내는 방법을 배우길 권합니다. 이 다음 장에서 소개하는 단계는 여러분의 코어 스테이트 체험을 더욱 풍요롭게 해 줄 것입니다.

많은 사람들이 프로세스를 몇 번이고 반복하는 동안 반응이 더욱 풍부해지고 완전해졌다고 말합니다. 그것은 횟수를 반복함에 따라 우리의 무의식이 프로세스를 이해하게 되어 마음속에서 코어 스테이트로 가는 길이 더욱 명확하고 자동적으로 되기 때문입니다. 이것은 물이 같은 곳을 몇 번이고 흐르면 시간이 지날수록 물길이 깊어지는 것과 같은 원리입니다.

혼자 하기
코어 스테이트 훈련을 자기 자신과 하기

> 자신 안에 있는 현실 이외에 현실은 없다.
> 대부분의 사람이 가짜 인생을 살고 있는 것은 그 때문이다.
> 그들은 자신 밖에 있는 이미지를 현실이라고 생각해서
> 절대로 자기 내부 세계가 모습을 드러내려는 것을 허락하지 않는다.
> – 헤르만 헤세, 《데미안》

이번 장에서는 지금까지 이 책에서 코어 스테이트를 체험했던 독자 여러분에게, 실제로 혼자서 이것을 실행했던 줄리앤의 예를 간단히 소개하겠습니다. 이것을 읽으면서 여러분은 무의식적으로 그녀의 체험을 자신에게 맞게 적용할 수 있을 것입니다. 그녀가 어떤 부분을 선택했는지, 어떻게 달성 목표 사슬과 코어 스테이트를 발견했는지 주목하시기 바랍니다.

제가 처음 다룬 것은 남편에 대한 노여움과 신경질이었습니다. 남편은 다른 사람들 앞에서 **저의** 생각을 마치 자기 것인 양 가로채는 경향이 있었습니다. 얼마 전에 집을 증축하고 기념 파티를 했던 때도 그랬습니

다. 우리는 손님들에게 집 안을 안내하고 있었어요. 친구가 언덕이 내다보이는 창의 위치가 아주 좋다고 칭찬하자, 남편은 마치 자기가 한 일인 양 고맙다고 인사했습니다. 사실은 제가 며칠을 끙끙거려서 결정한 것인데 말이지요! 저는 낮 동안 햇살이 비치는 상태를 관찰하고, 1년 동안 햇빛이 어디로 들지 알아보는 것은 물론이고 봄에 달이 떠오르는 경치를 보려면 어디에 창을 내야 할지도 고민했다고요! 남편은 제가 여기에 얼마나 정성을 기울였는지 다 알고 있었고, 그런 제가 바로 옆에 서 있는데도 그랬어요! 저는 화가 머리끝까지 치밀었습니다!

손님들이 돌아간 후에 저는 제 기분을 남편에게 말했습니다. 남편이 사과를 해도 저는 분이 풀리지 않았습니다. 그래서 이 기회에 이 노여워하는 부분을 코어 트랜스포메이션 프로세스에서 실행해 보기로 했습니다. 처음에 이 부분을 감지하고 환영했습니다. 제가 이 부분을 진심으로 받아들여 보니 이 부분이 매우 분개하고 있는 것이 느껴졌습니다. 저는 그 부분이 정말로 노여움을 한껏 느끼도록 놓아두면서 이렇게 물었습니다. "만약 원하는 만큼 마음껏 노여워할 수 있다면, 그 노여움을 통해서 원하는 더욱 중요한 것은 무엇인가요?"

대답은 곧바로 돌아오지 않았습니다. 저는 그 부분이 끓어오르는 노여움을 느끼도록 내버려 두었습니다. 그러는 동안 대답이 떠올랐습니다. "나 자신을 완전히 표현하는 것"이라고 말입니다. 그 부분은 제가 감정을 남김 없이 표현하는 것을 원하고 있었습니다. 의외였어요. 저는 그 부분이 인정과 존경을 원하고 있다고 생각했으니까요.

저는 부분에게 물었습니다. "존경받거나 인정받고 싶지는 않아요?" 하지만 그 부분은 거기에는 전혀 흥미를 보이지 않았습니다. 정말로

'자신을 완전히 표현하는 것'을 원하고 있었던 것입니다.

저는 부분이 그것을 체험하게 하고 물었습니다. "만약 당신이 하고 싶어 하는 식으로 완전히 자신을 표현하는 것을 체험한다면 그 체험을 통해서 원하는 더욱 중요한 것은 무엇인가요?" 그러자 부분은 잠시 자신을 완전하게 표현하는 체험을 계속한 후에 이렇게 대답했습니다. "나는 완전하고 강력한 에너지를 체험할 거예요."

저는 그 부분에게 그것을 충분히 체험하게 한 후에 이렇게 물었습니다. "당신이 원하는 대로 완전하고 강력한 에너지를 체험한다면 그 체험을 통해서 원하는 더욱 중요한 것은 무엇인가요?"

그때 저의 그 부분에 따뜻한 금색의 눈부신 빛이 충만해 오는 것을 느꼈습니다. 저는 부분에게 그것을 충분히 체험하게 하고 이렇게 물었습니다. "이 체험을 한 후에, 이것을 통해서 원하는 더욱 중요한 것이 있나요?" 처음에는 아무 반응이 없었습니다. 그래서 잠시 금빛의 체험을 계속하고 있자, 그 사이에 뭐라고 설명하기 어려운 체험을 했습니다. 굳이 말로 하자면, 그것은 **액체 상태 빛**의 체험이라고 할까요. 이 액체 상태의 빛은 움직이고 있는 듯했습니다. 꿀과 같은 감촉이었습니다만 훨씬 더 순수하고 부드러웠습니다. 부분에게 이것을 체험하게 한 후에 저는 어떤 진동하는 움직임을 발견하고 놀랐습니다. 저를 구성하고 있는 원자가 더 이상 예전처럼 짜여 있지 않은 것처럼 느껴졌습니다. 따로 떨어진 개인으로서의 제 주변에 모여 있는 느낌이 아니라 어떤 파도처럼 움직이고 있었습니다. 그때 체험했던 다른 차원의 현실을 이렇게밖에 표현할 수가 없습니다. 말로는 제대로 설명할 수 없습니다. 어찌 되었든 이것이 저의 코어 스테이트였습니다.

줄리앤의 달성 목표 사슬

다룬 부분 : 노여움
달성 목표 1 : 자기를 완전히 표현하기
달성 목표 2 : 완전하고 강력한 에너지
달성 목표 3 : 금색의 휘황찬란함
코어 스테이트 : 액체 상태의 빛

코어 스테이트 훈련의 이 시점에서 줄리앤은 그녀의 부분이 정말 원하고 있던 것을 발견했습니다. 그것은 줄리앤에게 그녀가 액체의 빛이라 부르는 상태를 체험하게 하는 것이었습니다. 이 부분은 노여워하는 것이 달성 목표 사슬을 통해 최종적으로는 그녀를 이 귀중한 체험으로 인도할 것이라 생각했던 것입니다.

그다음에 줄리앤이 했던 것은 달성 목표 사슬의 처음으로 되돌아가는 것이었습니다. 부분이 원하고 있던 코어 스테이트를 이미 손에 넣은 것을 **출발점으로** 하는 것입니다. 이미 코어 스테이트를 자신의 것으로 함으로써 각각의 달성 목표가 어떻게 변하고 풍요롭게 되는가를 체험해 보는 것입니다. 그래서 이 체험에 의해 줄리앤은 지금부터 인생에서 '액체 상태 빛'의 체험을 자유롭게 자연스럽게 쓸 수 있게 됩니다. 그럼 줄리앤의 체험으로 돌아가 볼까요?

프로세스를 계속하면서 저는 이 부분에게 '액체 상태 빛'의 체험이 이미 자신의 존재 방식이 된 경우, 사물은 어떻게 달라지는가를 체험하게 했습니다.

다음에 이 체험의 효과를 달성 목표 사슬을 통해서 되밟아 갔습니다. 액체 상태 빛의 체험이 그 전 단계였던 금빛 눈부심의 체험에 퍼져 나가게 했습니다. 그런 다음 이렇게 물었습니다. "액체 상태 빛의 체험을 이미 자신의 존재 방식으로 갖추고 있다면 이것은 강력한 에너지의 체험을 어떻게 탈바꿈시키고, 어떻게 질을 높이며 그 속에 퍼져 나가나요?"

그다음에 이렇게 물었습니다. "액체 상태 빛의 체험이 이미 자신의 존재 양식이 되었을 때, 그것은 자기 자신을 완전히 표현하는 체험을 어떻게 변화시키나요? 어떻게 풍요롭게 하나요?"

저는 이런 프로세스를 의식적이 아니라 무의식적으로 통합했습니다. 이것으로 무엇이 변했는지 잘 알 수는 없지만, 체험은 이전보다 완전하게 되고 강하면서도 부드럽게 되었습니다.

그다음에 마지막 단계를 진행했습니다. 저는 이 부분에게 화내고 있던 처음 상태가 이미 '액체 상태 빛'을 갖고 있는 것으로 인해 어떻게 변화했는지 깨닫도록 했습니다. 저의 생각으로는 전보다 순수하게 느껴지는 화난 느낌이 되었습니다. 그러나 놀라운 것은 이 '액체 상태 빛'이 최초의 상태까지 침투한 결과, 내면에서 웃음이 흘러나왔다는 것입니다. 그것은 완전하고 조용한 웃음이라고 할까요? 마치 웃음이 소리도 안 내고 모든 것에 침투한 것 같았어요.

이것이 앞으로 무엇을 의미하게 될지 정확히 알지는 못합니다. 또 제 행동이 어떻게 바뀔지도 지금으로서는 알 수 없습니다. 하지만 이전보다 제 생각에 집착하지 않는 것은 명백합니다. 또 남편에 대해 열린 마음을 갖게 되었는데 이것은 지금까지 없던 일입니다.

혼자 하는 코어 스테이트 훈련

●

이 코어 스테이트 훈련을 할 때 파트너가 있는 사람도 있고 혼자서 하는 사람도 있을 것입니다. '안내자'로서 프로세스를 선도해 주는 사람이 있으면 옆길로 새는 일 없이 쉽게 끝까지 진행할 수 있겠지요. 혼자서 코어 트랜스포메이션 프로세스를 실행할 경우에는 좀 더 집중력이 필요합니다. 말이 필요 없는 이 심오한 코어 스테이트의 경지를 경험하다 보면 자기도 모르게 '꿈나라로 갈 수' 있으니까요! 어떤 쪽으로 하든 최대한 효과를 얻기 위해서는 프로세스의 처음부터 끝까지 해 주시길 바랍니다. 또 부분 또는 달성 목표 사슬을 적어 두기 위해서 필기 도구를 옆에 준비해 주십시오. 여기에 혼자서 프로세스를 진행했던 티나가 적어 둔 메모를 소개하겠습니다. 그녀의 체험을 참고로 하시기 바랍니다.

::1단계 - 다룰 부분을 정하기

(1) 직장 동료가 의견을 강경하게 주장할 경우 위협받는 듯한 느낌이 드는 부분을 다루고 싶다.

부분을 체험하고 받아들이고 환영하기

(2) 위협을 느낄 때 아랫배 부근에서 무언가 느껴지는 것을 알아챘다. 아랫배가 딱딱하게 되고 부글거리는 느낌이다. 이러한 나의 '부분'을 환영하고 받아들인다. 이렇게 하는 동안 이 부분이 감싸여 보호받고 있는 듯하게 되어 아랫배가 조금씩 따뜻하게 되는 느낌이다.

::2단계 - 최초의 달성 목표 발견하기

(1) 이 부분에게 "당신은 나를 위해 무엇을 원하나요?"라고 묻는다. 부분이 대답한다. "안전하길 원해요." 나는 부분이 안전한 지역에서 보호받고 있는 듯한 느낌을 받았다.

::3단계 - 달성 목표 사슬 발견하기

(1) 부분에게 묻는다. "당신이 안전하다면, 원하는 대로 완벽하게 안전하다면, 안전한 것을 통해서 원하는 더욱 중요한 것은 무엇인가요?" 부분은 이렇게 대답했다. "그러면 나는 온전히 내가 있는 곳에 있을 수 있어요." 나는 부분이 이 순간에 여기에 존재하는 것을 느꼈다. 이 순간에 완전히 여기에 있는 것이다. 따뜻한 기운과 명확한 느낌이 들었다.

(2) 나는 부분에게 물었다. "당신이 원하는 대로 이 순간에 충분히, 그리고 완전히 여기에 있을 수 있다면 그 체험을 통해서 원하는 더욱 중요한 것은 무엇인가요?" 부분이 대답한다. "인생을 한껏 사는 것." 나는 부분이 어떤 방해도 없이 자유롭게 움직이는 것을 느끼고 무척 기뻤다.

(3) 나는 부분에게 물었다. "인생을 한껏 사는 체험을 한다면 그것을 통해서 원하는 더욱 중요한 것은 무엇인가요?" 부분이 "온전하게 되는 것"이라고 대답한다. 나는 따뜻한 것에 감싸여 그것이 내 안으로 침투해 들어오는 것처럼 느꼈다.

::4단계 - 코어 스테이트 : 내면의 원천에 도달하기

(1) 나는 부분에게 물었다. "만일 당신이 '온전하게 되는' 체험을 충분하고도 완벽히 한다면 온전하게 되는 것을 통해서 원하는 더욱 중요한 것은 무엇인가요?" 그러자 부분은 경계가 없이 점점 확대하는 무한의 상태로 들어갔다. 내 무게가 없어지면서 우주의 원자 하나하나

안에 내가 존재하는 것처럼 느꼈다. 그것이 나의 코어 스테이트다.

:: 5단계 – 코어 스테이트와 함께 달성 목표 사슬을 되밟아 가기

(1) 달성 목표 사슬로 되돌아가기 시작한다. 우선 부분에게 이렇게 물었다. "확대되는 무한함이 이미 자신의 존재 방식이 된 것은 사물을 어떻게 다르게 바꾸나요?" 확대되는 무한함이 나의 부분에 들어가자 무언가가 떨어져 나간 것처럼 되어, 부분이 어느 면에서 자유롭게 되었다.

(2) 부분에게 물었다. "확대되는 무한함이 이미 자신의 존재 방식이 된 것은 온전하게 되는 체험으로 어떻게 퍼져 나가나요?" 나는 온전함이 더욱 커지는 것을 체험했다.

(3) 부분에게 물었다. "확대하는 무한함이 이미 자신의 존재 방식이 된 것은 '인생을 한껏 사는 것'을 어떻게 바꾸고 풍요롭게 하나요?" 그것은 더욱 차분해지고 풍요롭게 되었다.

(4) 부분에게 물었다. "확대하는 무한함이 이미 자신의 존재 방식이 된 것은 현재의 이 순간에 존재하는 것을 어떻게 탈바꿈시키나요?" 나는 따뜻함과 명료함이 더욱 커지는 느낌을 받았다.

(5) 부분에게 물었다. "확대하는 무한함이 이미 자신의 존재 방식이 된 것은 안전이라는 체험 전체를 어떤 식으로 바꾸나요?" 벽이 완전히 무너져 내리고 한층 더 많은 빛과 함께, 지금까지와는 다른 안전함을 느꼈다. 경계는 무의미하다. 안전은 그저 있는 것이다.

원래 상태를 바꾸기

(6) 나는 부분에게 물었다. "확대되는 무한함이 이미 자신의 존재 방식이 된 것은 직장의 동료와의 상황을 어떻게 변화시키나요?" 나의 부분은 좋아서 펄쩍 뛰면서 지금 다른 사람과 함께 있을 준비가 되어 있다는 느낌이 들었다. 완전히 달라졌다. 무엇이 다른지 모르겠지만

이전과 전혀 다르다. 다른 사람을 더 이상 예전처럼 보지 않는다. 지금은 그 사람들도 나와 같은 한 사람의 인간이구나 하고 느낀다.

10 코어 트랜스포메이션 실행하기

코어 스테이트는 바람직하지 않은 행동, 감정, 반응을 어떻게 변화시키는가

> 다루는 문제의 심각성에 비해 프로세스는 놀랄 정도로 간단했습니다.
> 믿을 수 없을 정도로 강력했지만 부드러웠습니다.
> – 러셀

코어 스테이트에서 비롯된 삶을 살면 우리가 처음에 다루었던 문제는 물론 다른 많은 결점도 사라져 버리곤 합니다. 그런 것들은 더 이상 필요 없게 됩니다. 이 프로세스를 거친 많은 사람들이 자신이 다루었던 문제 외에 다른 습관이나 감정도 저절로 변한 것에 놀라곤 합니다. 책 전반을 통해 코어 트랜스포메이션 프로세스를 체험했던 사람들과 진행한 인터뷰를 소개하고 있습니다. 여러분은 이것을 통해 코어 트랜스포메이션 프로세스를 실행하면 어떤 일이 일어나는가를 어느 정도 짐작할 수 있을 것입니다.

⋮⋮ 러셀의 사례

비지니스맨인 러셀은 자신이 느끼는 화가 적절하지 않다고 생각해서 코어 트랜스포메이션 프로세스를 쓰기로 했습니다. 러셀은 프로세스를 실행하고 1년이 지나서 자신의 삶이 어떻게 변했는지를 다음과 같이 설명합니다.

코어 트랜스포메이션 프로세스는 강력한 프로세스입니다. 원래 저는 성질이 불같은 사람이었습니다. 화낼 상황이 아닌데도 참지 못할 정도로 화가 치밀어 오르기 일쑤였습니다. 말도 안 되는 때에 화를 내서 바보같이 일을 저지르곤 했지요. 나중에 후회하는 것은 물론이고 당연히 저한테 도움이 될 리가 없었죠. 그런 일 때문에 상황은 더 나빠졌어요. 차를 운전하거나 줄을 서고 있을 때 제 앞에서 꾸물거리는 사람들에게 화가 치밀곤 했으니까요.

끼리끼리 모인다는 얘기처럼 제 주변에는 쉽게 화내는 사람들이 모였습니다. 하지만 저는 항상 화내는 사람들과 함께 있고 싶지 않았어요. 제가 일으키는 것과 같은 문제를 그 사람들도 일으키게 마련이니까 결국 제 문제를 더욱 심각하게 만들었어요. 그들은 제가 화를 내면 **덩달아 같이** 화를 내어 불난 집에 부채질을 합니다. "바로 그거야! 아주 그 녀석들 끝장내 버리라고!" 이렇게 말하는 식이죠. 그들은 때로 저를 화나게 하는 상황을 불러일으키기도 합니다. 아무튼 이런 것들은 제가 원하는 것을 달성하는 데 아무런 도움이 되지 않았습니다. 정말로 스스로를 괴롭히는 행위였습니다.

가장 한심한 예는, 하청업자와 프로젝트를 진행하면서 벌어진 일입니다. 그 하청업자가 조금 의심스런 일을 저질러 프로젝트를 완성하는 데 돈이 좀 더 들고 시간도 지체되었습니다. 저도 제 주변의 사람들도 엄청 화가 나서, 서로 화를 부채질하며 "이 녀석에게 본때를 보여 주자!"라고 했습니다. 그런데 그것이 목적이 되어 버리고 그 목적에 정신을 뺏겨서 프로젝트 본래의 목표는 모두 잊어버리고 말았습니다. 변호사가 들어오고 재판이 진행되는 등 일이 꼬리에 꼬리를 물고 일어났습니다. 결국 프로젝트에 큰 해를 끼치는 것으로 끝났습니다. 사실 소송거리도 안 되는 일이었습니다. 애초부터 대단한 손해배상을 받을 수 있는 문제도 아니었습니다. 그냥 홧김에 저지른 일이었으니까요. 그런 탓에 우리 모두는 큰 손해를 보고 말았습니다.

그 프로젝트는 꽤 규모가 컸으니까 수억 달러의 수익이 날 수 있는 일이었습니다. 엄청난 돈이죠. 그러니 프로젝트의 진행이 늦어지고 그 목표에 집중하지 못했던 것은 치명적이었습니다. 이때 들었던 소송 비용, 낭비한 시간과 정력, 잃어버린 기회, 진행이 늦어져 생긴 비용은 엄청났습니다. 이 한 건으로 우리는 몇백만 달러나 손해를 보았습니다.

제게 이 화의 문제는 아주 힘들고 고집스럽고 그다지 아름답지 않은 기억을 동반하는 것이었습니다. 그렇지만 코어 트랜스포메이션 프로세스 자체는 간단하고 부드러우면서도 순조로웠습니다. 저는 이렇게 물었습니다. "여기서 추구하고 있는 더욱 높은 차원의 선(善)은 무엇인가?" 다루는 문제의 심각성에 비해 프로세스는 놀랄 정도로 간단했습니다. 믿을 수 없을 정도로 강력했지만 부드러웠습니다. 실제로 지옥 같은 괴로운 경험을 할 필요도 없었고 화가 난 상태로 들어갈 필요도 없었습니다.

코어 트랜스포메이션 프로세스를 끝낸 후에, 누구나 그렇지만 저도 다른 사람 앞에서 화를 낼 만한 일이 몇 번 있었습니다. 하지만 지금은 이전하고 전혀 달라졌습니다. 화를 느끼기 시작하면 그것을 폭발시키기 전 순식간에 체크리스트가 머리에 떠오릅니다. 그러면 마음속에서 속삭이는 소리가 들립니다. "무슨 짓이야? 화를 내서 뭐가 돼? 화내는 것이 적절해? 화를 내면 무슨 도움이 돼? 여기서 네가 정말 원하는 것이 뭐지? 네가 원하는 것, 필요한 것을 얻기 위해서 어떤 행동이 효과적이야?" 정말 순식간이지만 이런 일이 일어납니다. 이것이 저를 멈추게 합니다. 그러면 99퍼센트의 확률로, 화를 내는 대신에 다른 식으로 반응하게 됩니다. 마음의 목소리가 이렇게 속삭입니다. "스테이크를 다시 알맞게 구워 오도록 기회를 주자", "이 사람이 먼저 다트를 던지게 양보하자", "이 사람이 주차하도록 양보하자."

이 프로세스를 실행했던 것은 1년 전입니다만 그 결과는 믿기 어려운 것이었습니다. 제 주변에는 이제 마음이 차분하고 안정되어 화내지 않는 사람들이 모여들었습니다. 더 이상 에너지를 낭비하지 않습니다. 분쟁에 말려드는 일도 없어지고 시간 손실도 줄었습니다. 시간이 지난 후에 되돌아가 화해할 필요도 없어졌습니다. 다른 사람에게 폭언을 퍼붓지 않도록 항상 긴장하던 버릇도 없어졌습니다. 이전보다 모든 일이 더욱 순조롭게 진행되게 되었습니다. 물론 일하지 않는다는 것은 아닙니다. 일에 시간을 들입니다만 결과가 엄청납니다. 최근 몇 년에 걸쳐 일어난 것보다 훨씬 더 많은 진전이 작년 1년 동안 있었습니다.

손을 댄 프로젝트마다 정말 순조롭게 잘 진행되었습니다. 4월부터 지금까지 책도 네 권이나 썼습니다. 5월에도 새로운 원고를 마칩니다. 우리가 손대고 있는 책들은 베스트셀러가 될 가능성이 큽니다. 또 현재 우편 주문 사업을 확대하고 있습니다만 미국의 여러 대기업 마케팅 분야에서 14년간 경험을 쌓아 온 특급 경영자를 영입하는 데 성공했습니다. 그는 화내는 것과는 거리가 먼 정말 냉정하고 침착한 사람입니다. 우리가 한곳에 집중하고 화를 안 내니까 성격이 원만한 사람들을 더 많이 끌어들이고 있습니다. 그들은 집중력이 있고 기능적으로 균형이 잡힌 관점에서 사물을 봅니다. 정말 말로 다 하기 어려울 정도로 일이 술술 풀리고 있습니다.

이 프로세스에 착수한 덕분에 사는 동안 삶의 이런저런 면에서 변화가 있었습니다. 화를 내는 문제는 그중 한 가지에 불과합니다. 짧은 시간에 쉽게 할 수 있는 이 프로세스는 이 시대에 딱 맞다고 생각합니다.

∷ 킴벌리의 사례

킴벌리는 코어 스테이트 훈련에서 자신에게 고의적으로 상처를 주었다고 생각되는 어떤 사람을 받아들이고 싶어 하는 자신의 부분을 다루었습니다. 그녀의 이야기는 코어 스테이트를 갖게 됨으로써 상대에 대한 생각이 얼마나 변했나를 보여 줍니다. 이 이야기를 읽고 확실히 알게 되는 것은 코어 트랜스포메이션 프로세스는 머리로 이해하는 것이 아니라 스스로 체험해야 하는 것이라는 점입니다. 이 프로세스는 우리의 마음 가운데에 있는 원천, 언제나 거기에 있는 그 원천에 도달하는 것, 그리고 그 원천이 우리 존재 전체에 자연스레 퍼져 나가도록 하는 것입니다.

저는 머릿속으로는 상처를 주거나 못되게 구는 사람도 받아들여야 한다는 것을 알고 있었습니다. 이런 사람들은 다른 사람에게 상냥하게 대하는 방법을 모를 뿐이고 사실 그런 행동 뒤에는 좋은 뜻이 있다는 것을 알고 있었습니다. 하지만 머리로 이해하는 것을 실제 몸으로 **느끼지는** 못했습니다. 그 사람에 대해 그런 식으로 생각할 수 없었습니다. 말로 하자면 이런 느낌이랄까요? "그래서 뭐가 다르지? 아무리 좋은 뜻이 있다 해도 그 사람들이 못된 사람들이라는 것은 바뀌지 않는다고!"

프로세스를 실행하는 동안 달성 목표의 하나로 저의 부분이 '사랑하고 사랑받기'를 원하고 있는 것을 알게 되었습니다. 코어 스테이트는 **완전한 사랑**이었고 그 전에 금색과 은색빛이 나타났습니다. 이것은 '사랑하고 사랑받는 것'이라는 달성 목표와는 **아주** 다른 것이었습니다.

달성 목표 사슬에서 되돌아가서 '사랑하고 사랑받는' 것을 원하는 부분에게 코어 스테이트를 가지고 들어가자, 저에게 상처를 주었던 사람 **속에서도** 코어 스테이트를 볼 수 있었습니다. 그 코어 스테이트는 그 사람들의 복부로 들어가, 그들이 아직 발견하지 못한 부분을 둘러쌌습니다. 그리고 그 부분이 밝게 되는 것이 보이고, 그 안에 아주 작은 어린아이가 있는 것이 보였습니다. 저는 그 사람에 대해 그때까지 느낀 적이 없는 자비로운 마음을 저의 아주 깊은 곳에서 느꼈습니다.

∷ 생각과 체험의 자연스러운 변화

킴벌리와 러셀이 말했던 것처럼 코어 트랜스포메이션 프로세스를 실행하면서 우리는 우리 자신과 세계에 대한 생각이 자연스레 변해 가는 경험을 합니다. 우리의 달성 목표 안에는 우리를 제약하는 믿음이 엉켜 있습니다. 그러나 우리가 어떤 제한된 믿음을 품고 있는지 알거나 그것들을 직접 바꾸려고 노력하기도 전에 코어 스테이트가 그런 믿음을 깨끗하게 씻어 없애 주는 듯합니다.

예를 들어 안전과 보호는 많은 사람들의 부분이 요구하는 달성 목표입니다. 내면의 부분은 마치 어린아이처럼 안전하게 있고 싶다, 보호받고 싶다고 생각해서 어떤 식으로든 그 부분의 주변에 벽을 쌓는다든가 우리 주변에 벽을 쌓아서 다른 사람과 거리를 두게 합니다. 우리는 자신의 생각을 '숨기거나' 말하지 않음으로써, 아니면 아주 '씩씩한' 겉모습을 만들어서 우리 자신을 보여 주지 않음으로써 자신을 보호하려 합니다. 그렇지만 코어 스테이트에서 비롯된 삶을 살면 우리는 안전과 보호를 전혀 다르게 체험합니다. 예를 들어 저의 코어 스테이트가 '만물과 하나 됨'인 경우, 자신이 만물과 하나가 되어 있을 때에는 어떤 의미에서 내가 보호해야 할 나와 떨어져 있는 대상 자체가 없어져 버리므로 누군가로부터 자신을 보호한다는 것 자체가 무의미하게 됩니다.

사랑, 인정, 칭찬과 같이 남에게 요구하는 것에 관해서도 지금까지와는 전혀 달라집니다. 예를 들어 코어 스테이트가 '만물과 하나 됨'이라고 합시다. 모든 것과 일체가 되는 체험으로 살게 되면 다른 사람에게서 무언가를 받는 것은 말도 안 됩니다. 왜냐하면 그 사람은 이미 자신의 일부이기 때문입니다. 우리를 제약하는 믿음의 대부분은 인간은 각기 떨어져 있는 존재라는 생각에서 나옵니다. 그러므로 자신이 다른 모든 것과 하나라는 것을 체험하면 많은 것이 근본적으로 변합니다. 코어 스테이트의 대부분은 표현하는 말은 다를지라도 하나 됨이라는 성질이 있습니다. 우리가 코어 스테이트에 도달했을 때 느끼는 평화, 있는 그대로 괜찮음, 존재함, 그리고 사랑은 보편적인 것입니다.

하나의 부분을 성장시키고
내 몸에 완전히 통합시키기

| 코어 스테이트에 좀 더 쉽게 접근할 수 있게 하기

들어가며
부분을 성장시키기
여유와 지혜를 손에 넣기

아이는 어른의 어버이다.
– 앨프리드 테니슨 경

제2차 세계대전에서 태평양의 섬들에 쳐들어갔던 일본군은 광대한 영역에 걸쳐 몇천 곳이나 되는 작은 주둔지를 설치하고 운영했습니다. 패색이 짙어지자 이 중 많은 곳이 함락되었습니다만 그중에는 발견되지 않은 장소도 있었습니다. 또 섬에 따라서는 살아남은 병사들이 깊은 정글 속에 숨어 있기도 했습니다. 몇 년 후에 전쟁은 끝났지만, 그런 병사들은 전쟁이 끝난 줄을 몰랐기 때문에 계속해서 전쟁 상태 속에 있는 것과 마찬가지였습니다. 그들은 녹슨 총과 너덜거리는 군복을 손질하는 것을 게을리하지 않으며 자신이 소속된 부대에 합류할 날을 기다리고 있었습니다.

이 병사들 대부분은 어선이나 관광선에 총을 쏘다가 발견되거나 현지인들에게 발견되었습니다. 시간이 지남에 따라 병사가 발견되는 것이 드물어졌지만 최후의 병사가 발견된 것은 전쟁이 끝나고 30년이나 가까이 지난 때였습니다.

그럼 이 병사들의 처지에서 생각해 볼까요? 일본 정부는 그런 사람들을 소집해서 훈련시키고, 외국의 위협으로부터 국민을 지킨다는 명목으로 밀림에 보냈습니다. 전쟁이 벌어지고 있는 동안 충직한 국민으로서 그들은 셀 수 없는 전투를 헤쳐 나가며 살아남았습니다. 그 많은 전투를 겪는 동안 그들은 홀로 남겨지거나 다른 몇 명의 생존자들과 함께 남았습니다. 그 세월 속에서 그들은 최선을 다해서 싸움을 계속했습니다. 덮쳐 오는 무더위, 곤충, 빗속에서 줄곧 과거에 부여받은 나라의 명령을 지켜 왔던 것입니다.

그럼 이런 사람을 발견했을 때, 우리는 어떻게 해야 할까요? 그 사람을 조롱하고, 전쟁이 끝난 지 30년이나 된 줄도 모르고 계속 싸운 바보 같은 녀석이라고 비웃기는 쉽습니다.

일본은 이런 병사가 발견될 때마다 언제나 아주 조심스럽게 접촉했습니다. 전쟁 때 그보다 계급이 위였던 장교가 예전의 군복을 입고 사무라이 칼을 갖추고 예전의 낡은 군용 보트를 타고 병사가 발견된 장소로 갔습니다. 그리고 밀림을 걸으며 병사가 발견될 때까지 그 병사의 이름을 부릅니다. 이렇게 해서 병사를 만나면 장교는 병사에게 긴 시간 동안 나라를 지킨 충성심과 용기를 기리고 눈물을 흘리며 감사했습니다. 그러고는 병사의 체험에 대해 묻고 그를 환영했습니다. 얼마간 시간이 지난 후에야 비로소 그 병사에게 전쟁은 끝났고 현재 일본은 다시 평화로우며, 병사는 더 이상 싸울 필요가 없다는 얘기를 합니다. 병사가 고향에 도착하면 그는 영웅으로 환영받고 훈장을 받습니다. 군중은 그에게 감사하고 그의 처절한 사투와 귀환, 그리고 가족들과의 재회를 축하했습니다(코니래 안드레아스, 스티브 안드레아스의 《마음의 심장부(*Heart of the Mind*)》에서).

부분을 성장시키기

제(코니래)가 코어 트랜스포메이션 프로세스를 개발했을 때 코어 스테이트 훈련을 했던 사람 중에는 모든 단계를 거쳤는데도 결과를 자신의 것으로 느끼지 못하는 사람들이 있었습니다. 그것은 마치 부분이 코어 스테이트를 체험하게 되었는데도 그 부분이 여전히 그들에게서 떨어져 있는 것과 같았습니다. 부분은 코어 스테이트를 체험하고 있는데도 **그들 자신은** 코어 스테이트를 체험하고 있지 않았습니다. 이제 여기 제3부에서는 자신이 다루었던 부분을 자기 안으로 완전히 통합하는 것을 배웁니다. 여기서 설명하는 단계는 결과를 완성하고 효과를 배가하는 것으로, 누구에게나 도움이 됩니다. 코어 스테이트 훈련으로 극적인 결과를 체험했던 사람에게도 물론 효과가 있습니다.

 어떤 부분이 지금도 우리에게서 분리되어 있는 이유 중 하나는 그 부분이 아직 어리다는 것입니다. 어떤 행동이나 감정, 반응이 어린 시절에서 유래한 것인지를 알아내는 것은 어렵지 않습니다. 그런 부분은 우리가 어른으로서 갖춘 지혜나 체험과는 '연락이 되지 않는' 것과 비슷합니다. 그리고 이런 고립된 부분이야말로 우리가 바꾸고 싶다고 생각하는 행동이나 감정, 반응의 근본이 됩니다. 원래 우리가 이런 행동, 감정, 반응 들을 배웠을 때에는 그때 직면했던 어려움을 헤쳐 나가기 위한 최선의 선택이었습니다. 그러나 지금 이 부분은 남겨진 일본 병사처럼 어린아이의 나이에 머물러 있어서 어른으로서 우리가 지닌 기술, 정보, 지혜와는 동떨어져 있는 것과 같습니다.

우리 내면의 부분에게 "몇 살인가요?"라고 물으면 많은 경우 아기이거나 어린이라고 답합니다. 우리가 아직 어릴 때 그 부분이 떨어져 나갔다면, 예를 들어 그 부분이 코어 스테이트를 갖고 있어도 우리는 그 코어 스테이트를 충분히 체험하기 어렵습니다(어떻게 부분이 형성되었는가에 대해서는 제27장 '부분은 어떻게 만들어지는가'에서 얘기하겠습니다).

우리 안에 있는 바람직하지 않은 행동, 감정, 반응의 대부분은 이런 유아기의 잔재입니다. 어른으로서 우리는 이런 반사적인 수준을 넘어 성장할 준비가 되어 있습니다. 다음의 몇 장에서는 코어 트랜스포메이션 프로세스를 한발 더 전진시켜 코어 스테이트를 통해 어린 부분을 치유하는 방법을 배웁니다. 코어 트랜스포메이션 프로세스에서 부분을 키울 때는 어린 부분에게 이제는 새롭고 현명한 행동, 감정, 반응이 나오는 것이 안전하고 자연스럽다는 것을 애정을 바탕으로 하여 친절하게 알려 줍니다.

부분을 몸에 완전히 통합하기

내면의 부분들이 우리와 동떨어져 있게 되는 중요한 이유 중 또 다른 하나는 부분들을 동떨어져 있는 위치에서 체험한다는 것입니다. 코어 스테이트를 충분히 체험하기 위해서는 부분이 완전히 우리와 재통합되지 않으면 안 됩니다. 다시 말해 부분이 몸 전체에 흘러들어 우리의 존재를 충만하게 하지 않으면 안 됩니다. 제3부에서는 부분이 어디에 위치하는지 찾아내고 그런 부분들을 완전하게 자신과 통합하는 것을 배웁니다.

나이로든 위치로든 부분이 자신과 떨어져 있는 한 우리는 우리가 지향하는 완전하고 통합된 존재가 아닙니다. 부분과 완전히 재통합된 후에야 비로소 부분이 주려고 하는 선물을 고스란히 받을 수 있습니다.

리사의 사례
부분을 성장시키는 것의 중요성

> 신과 하나가 되면 다른 사람 속에서도 신을 보게 됩니다.
> 비록 그들이 당신을 아버지로 대하든, 엄마로 대하든, 자식으로 대하든,
> 아니면 하찮은 모기 한 마리 정도로 대하든!
> – 코니래 안드레아스

이번 장에서는 코어 트랜스포메이션 프로세스에 두 가지의 새로운 단계를 추가합니다. 그것은 '부분을 성장 시키기'와 '부분을 몸에 완전히 통합하기'입니다.

이 새로운 두 단계를 소개하기 전에 코니래는 리사를 코어 스테이트로 인도합니다. 코어 스테이트 훈련 사례를 소개하는 것은 이번이 두 번째입니다만, 이로 인해 여러분은 프로세스를 좀 더 쉽게 이해할 수 있을 것입니다.

우선 이런 자신을 상상해 보십시오. 당신은 다른 별에서 이 행성에 방금 와서 지금까지 딱 하나의 식물만 보았습니다. 그리고 단지 하나의 식물밖에 모르는 당신은 이 지상에 살고 있는 많은 종류의

식물을 어떻게 봐야 좋을지 모릅니다. 어떤 것은 꽃이고, 어떤 것은 풀이고, 어떤 것은 나무라는 차이를 이해하지 못할 것입니다. 하지만 몇 가지 식물을 보고 나면, 설령 처음 보는 식물이라 할지라도 간단히 그것이 식물이라는 것을 알아볼 수 있게 됩니다. 식물학자라면 식물의 구체적인 특징을 열거할 수 있겠지만, 그런 특징을 모른다고 하더라도 우리는 경험을 통해 그것이 식물이라는 것을 알 수 있습니다. 마찬가지로, 리사의 예를 한번 읽어 봄으로써 여러분은 자신이 코어 트랜스포메이션 프로세스를 실행했을 때 어떨 것인지 무의식적으로 이해할 수 있게 됩니다. 리사의 사례는 코니래가 진행한 세미나에서 일어났던 일입니다. 이해를 돕기 위해서 (   ) 안에 설명을 추가하였습니다.

다룰 부분을 정하기

코니래 그럼 리사, 당신의 행동, 감정, 반응 중에서 현재 당신이 보기에 어려 보이는 것, 좀 더 자신에게 다른 선택의 여지가 있으면 하는 것이 있습니까? 어려 보이지만 그다지 유쾌하지 않은 것 말이에요.

리사 다른 사람들이 아버지처럼 굴면 화가 나요. 이래라 저래라 명령하려 들면 싫어요. (리사는 신경이 거슬리는 듯이 보인다.)

∷ 부분을 체험하기

코니래 그럼 그런 일이 있으면 당신은 어떤 반응을 보입니까?
리사 목에서 무언가 느껴져요. (리사는 목을 만진다. 동시에 호흡이 빠르고 날카로워진다.)
코니래 목이군요. 알겠어요.
 (세미나 참가자들을 향해) 보셨죠. 우리는 이미 리사의 이 부분에 접근했어요. 리사는 금방 그 부분과 연결되었지만, 만약 리사가 부분에 쉽게 접근하지 못했다면 리사에게 그런 반응을 보였던 과거의 구체적인 상황을 떠올리도록 했을 겁니다.

∷ 부분을 받아들이고 환영하기

(리사를 향해) 그럼, 부분을 환영할 수 있도록 지금부터 당신의 의식이 내면으로 향하게 합니다. 지금까지는 그 부분과 갈등이 있었습니다. 그 부분을 한쪽에 치워 버리고 싶다고 생각했을지도 모릅니다. (리사가 고개를 끄덕인다.)

∷ 달성 목표 발견하기

코니래 이제 부분을 환영하는 마음으로 부분에게 이렇게 물어볼 수 있게 됩니다. "무엇을 원하나요?"
리사 …… 날 위해 맞서 싸우고 싶어요.

코니래 좋아요. 그 부분은 당신의 목에, 어떤 감각을 만듭니다. 그리고 원합니다. '날 위해 맞서 싸운다.' 이것은 우리 모두에게 아주 중요한 것이죠. 그럼 이 부분이 당신을 위해 이런 결과를 원한 것에 대해 감사할 수 있을 것입니다. (리사가 끄덕이며 의식을 내면으로 향한다.)

달성 목표 사슬 발견하기

코니래 이제 그 부분에게 물어보세요. "만일 당신이 나를 위해 이 목표를 **갖는다면**, 그것도 당신이 원하는 형태로 갖는다면, 그렇게 나를 위해 맞서 싸우는 능력을 **갖는** 것을 통해 무엇을 원하나요?"
리사 …… 가치예요. 날 위해 맞서 싸운다는 것은 나 자신의 가치를 느끼는 것과 관련이 있다고 생각해요. 자신이 생각하고 있는 것이나 말하지 않으면 안 되는 것에는 가치가 있다는 것. 자신을 위해 맞서 싸운다는 것은 그런 것이에요.
코니래 그 부분은 당신이 자신의 가치를 느꼈으면 하는 거군요. 당신이 자신을 위해 맞서 싸운다는 것은 자신의 가치를 느끼는 것과 관련이 있다는 것이군요.
리사 …… 그래요.
코니래 이제 당신은 그 부분에게 감사하고, 그다음에 이렇게 물어볼 수 있습니다. "만일 당신이, 다시 말해 내 안의 한 부분인 당신이 이미 가치와 날 위해 맞서 싸운다는 것 **전부를** 손에 넣는다면, 그것을 통해서 당신이 원하는 더욱 중요한 것은 무엇인가요?"

리사 사랑의 느낌이 솟아 올라오는 것을 느껴요.

코니래 그러면 사랑의 느낌이 솟아 올라오는군요. 그건 좋은 느낌이겠네요. 그럼 의식을 내면으로 향하면서, 그리고 그 부분에게 당신을 위해 이 달성 목표를 가진 것에 감사하면서 이렇게 묻습니다. "만일 당신이 이 **사랑의 느낌을 갖는 것**을 체험한다면, 그것을 통해서 체험하고 싶은 더욱 중요한 것은 무엇인가요?"

리사 아까 품었던 사랑의 느낌인데요, 거기에 대해서 무언가 새로운 깨달음을 얻고 있어요.

코니래 좋아요. (세미나 참가자들을 향해) 사람에 따라 이런 식으로 같은 대답을 두 번 받을 수도 있습니다. 하지만 대부분의 경우 두 번째 대답에는 독특하고 중요한 점이 있어요. 그러니까 대답을 들을 때마다 주의를 기울여야 합니다. 두 번째 감정은 이전보다 깊고 풍부하게 되는 것이 보통입니다. 그럼 리사, 그것은 어떤 것인가 말해 주세요.

코어 스테이트 : 내면의 원천에 도달하기

리사 (눈을 감고 내면을 응시하고 있다.) …… 그것은 어떤 깨달음과 같은 느낌이에요. 그리고 신과 하나 됨 …… (제 질문에 대답하는 대신, 리사의 부분은 다음 두 가지 대답으로 나아갔습니다. 그녀는 대답하면서 이미 황홀한 무아지경에 들어간 것 같아 보였습니다. **신과 하나 됨**이 분명히 이 부분의 코어 스테이트입니다.)

리사의 달성 목표 사슬

다른 부분 : 다른 사람에게 지시를 받으면 목 주위에서 느껴지는
           불편함

달성 목표 1 : 자신을 위해 맞서 싸움

달성 목표 2 : 자신이 가치 있다는 감각

달성 목표 3 : 사랑의 느낌

달성 목표 4 : (더욱 깊은) 사랑의 느낌

달성 목표 5 : 깨달음의 감각

코어 스테이트 : 신과 하나 됨

코어 스테이트와 함께 달성 목표 사슬을 되밟아 가기

코니래 (따뜻하고 울림이 있는 목소리로) 좋아요. 훌륭해요! 이렇게 훌륭한 것들을 원해 준 당신의 부분에게 감사할 수 있을 거예요. 이제 그 부분에게 이렇게 물을 수 있을 것입니다. "신과 하나 되는 체험을 이 세상에서 당신의 존재 방식으로 **갖는다면** 그것은 어떤 느낌인가요?"

그래요. 근사하죠? 그런 체험을 하는 것이 하지 않는 것보다 훨씬 좋을 거예요. 이런 체험이 어떤 차이를 만드는지 살펴보세요. 그리고 신과 하나 됨을 이미 **갖고 있는 것은** 깨달음의 감각을 어떻게 더 풍부하게 하고 뒷받침해 주는지 깨닫도록 하세요.

(리사가 고개를 끄덕인다.) 그리고 신과 하나 됨을 이미 갖추고 있는 것은 사랑에 대한 새로운 깨달음을 어떻게 더욱 풍부하게 하

고 뒷받침해 주는지도 …….

 (리사가 고개를 끄덕인다.) 그래요. 리사, 바로 그거예요.

 (세미나 참가자들을 향해) 각각의 달성 목표가 코어 스테이트를 갖도록 리사를 안내할 때 저도 저 자신이 리사와 함께 각각의 단계를 밟도록 합니다. 그렇게 하면 제가 더 적절하게 언어를 구사하는 데 도움이 됩니다. 제가 하는 말이나 목소리의 느낌이 그 단계를 겪는 저한테 적절하게 하고, 그리고 리사에게도 적절한지 주의해서 관찰합니다. 리사와 같은 경험을 함으로써 저도 이 작업에서 얻는 온갖 좋은 상태들을 얻을 수 있게 되지요!

 (리사를 향해) 그럼 이 부분에게 이미 신과 하나 됨이 사랑의 상태에 어떻게 퍼져 나가는지 체험하게 합니다. 왜냐하면 신과 하나 됨이 이미 거기에 있으면 그건 정말 커다란 차이를 만드니까요. 다음에 신과 하나 됨이 자신의 가치라는 감각에 어떻게 퍼져 나가는지 경험합니다. …… 그리고 이미 신과 하나 됨을 이룬 것이 자신을 위해 맞서 싸우는 것과 관련된 모든 상황, 그리고 당신이 맞서 싸울 만한 가치가 있다고 생각하는 것과 같은 것들을 어떻게 보충하고 변화시키는지 느끼고 있습니다. (리사의 호흡이 아주 깊게 되고, 몸의 긴장도 풀린다. 단계를 밟으면서 리사에게서 점점 더 눈에 띄게 광채가 나고 있다.)

 (참가자를 향해) 잘 보세요. 달성 목표 가운데는 신과 하나 됨이 더 풍부하게 하고 뒷받침해 주고 자동적으로 이루어지게 하는 목표도 있고, 완전히 변환해 주는 목표도 있습니다. 완전히 다른 것으로 되는 것이죠. 여러분이 신과 하나 됨을 이미 이루었으면 자신을 위

해 맞서 싸우는 것은 무슨 의미가 있을까요? 정말 더 이상 무엇이 필요하겠어요! 이미 그것은 대수롭지 않은 일이에요.

(코니래는 참가자들에게 말하고 있지만, 목적은 리사의 통합을 돕는 것이다. 코니래는 리사의 비언어적인 반응을 관찰하고 있다. 그녀의 변화 과정을 돕는 데에 무엇이 가장 좋은가를 알기 위해서이다. 리사의 비언어적인 반응이 끝난 것을 보고 코니래는 그녀에게 무엇을 경험했는지 얘기하게 한다.)

그럼 '자신을 위해 맞서 싸우는' 것은 어떻게 되었나요? (리사는 천천히 고개를 끄덕이고, 살짝 웃는다.) 그래요. 더 이상 무엇이 필요하겠어요? 이제 대수롭지 않은 일이에요. 자신을 위해 맞서 싸우는 것이 이미 깊은 차원에서 가능해졌기 때문이에요. 좀 다른 식으로, 누군가가 이미 당신을 위해 맞서 싸워 주고 있기 때문일지도 모르지요.

원래 상태를 바꾸기

코니래 또 이미 손에 넣은 신과 하나 됨이 원래의 상황을 어떤 식으로 바꾸는지, 그리고 다른 것으로 만드는지 보세요. 이제 신과 하나 됨이 모든 상황에 스며들어서 지금 상태를 있는 그대로 놓아둘 수 있게 됩니다. 이 신과 하나 됨이 거기에 있으니까요. 지금 어떤 상태인가를 그저 관찰할 수 있게 되는 것이지요.

신과 하나가 되면 다른 사람 속에서도 신을 보게 됩니다. 비록 그들이 당신을 아버지로 대하든, 엄마로 대하든, 자식으로 대하든, 아니면 하찮은 모기 한 마리 정도로 대하든 말이지요! 다른 사람의 사정이 어떻든 그것은 그렇게 중요하지 않아요. 누구에게도 그 사람의 사정이 있으니까요. 그런 것들도 이해하게 되는 것이지요. (리사는 눈을 뜨고 기대에 찬 눈으로 코니래를 본다.)

코니래 (소리 내어 웃으며) 잠시 멈췄어요. 리사가 아주 좋은 상태에 들어가 있는 것 같아 보여서, 그런 때에 얘기를 계속하는 것은 실례라고 생각했거든요. 그럼 괜찮으면 계속 진행해서 다음 질문을 하도록 할게요.

리사 (웃으며 고개를 끄덕인다.) (리사는 주로 언어 이외의 방법으로 코니래에게 신호를 보내고 있다. 대부분의 사람들은 리사가 지금 들어간 것과 같은 강렬한 상태에 있을 때는 별로 말을 하고 싶어 하지 않는다).

∷ 부분을 성장시키기

코니래 리사, 그럼 의식을 내면으로 향하면서 그 부분에게 이렇게 물어보세요. "몇 살이에요?" 그리고 어떤 대답이 떠오르는지 알아보세요.

리사 (조금 오래 간격을 두고) 두 살이에요.

코니래 그 대답을 사실은 한참 전에 받았죠?

리사 네, 처음에는 네 살이라는 대답이 나타났어요. 그다음에 몇 가지 다른 나이가 나타났고요. 두 살이 가장 적은 나이예요.

코니래 좋아요. (세미나 참가자들을 향해) 만일 이런저런 나이가 나오는 경우, 리사가 한 것처럼 가장 적은 나이를 택하도록 하세요.

흥미로운 것은 우리는 누구나 이런 부분을 갖고 있다는 것입니다. 일반적으로 현재의 나이보다 한참 어리죠. 종종 두 살이기도 하고, 아주 어려요. 그리고 이런 부분들은 아주 중요한 코어 스테이트를 담고 있어요. 이 신과 하나 됨과 같이. 그러므로 우리는 이 두 살짜리 어린아이에게 이렇게 명령하곤 하는 것이죠. "좋아. 네 임무는 이것이야! 그냥 입 닥치고 하라고, 알겠어?"(웃음) 그 부분들은 우리가 나이 들면서 하는 진화, 즉 이런저런 체험에서 오는 능력과 지혜를 갖추고 있지 않아요.

(리사를 향해) 그 부분은 '그'인가요, 아니면 '그녀'인가요? 아니면 '그것'인가요?

리사 (내면에서 확인하고는) '그'도 아니고 '그녀'도 아니에요. 아마 '그것'인 것 같아요.

코니래 좋아요. 그럼 리사가 앞으로 계속해서 신과 하나 됨을 유지하기 위해 그 부분에게 시간 속에서 앞으로 나아가며 진화해서 리사의 모든 경험과 지혜를 완전히 활용할 수 있게 되고 싶은지 물어보세요. (리사가 부분의 대답을 듣기 위해 의식을 내면으로 향한 후에 고개를 끄덕인다.) 잘됐네요. 이제 자신의 무의식에 모든 것을 맡기세요. 코어 스테이트를 충분히 준비해 두세요. 그러면서 이 부분은 시간 속에서 앞으로 나아가며 진화합니다. 당신의 현재 나이까지요. 무의식에게 그 부분이 당신의 현재 나이에 도착하면 알려 달라고 하세요. …… 시간 속을 여행하는 동안 코어 스테이트는 벌써 그 속에 부분과 함께 있어요. 삶의 각각의 순간 속에서 더 많은 자원을 얻고, 더 많은 체험을 손에 넣습니다. 그러면 코어 스테이트를 존재 방식으로서 더욱 완전하게 표출할 수 있게 됩니다. 알 필요가 없지요. 부분이 시간 속에서 성장함으로써 이런 모든 것들이 어떻게 일어나는지, 다른 어떤 것들이 또한 변화했는지, 영향을 받았는지 ……. (리사가 고개를 끄덕여서 부분의 성장이 끝났음을 알려준다.) 좋아요. 의식적으로 하는 것보다 무의식이 알아서 하도록 내버려 두는 것이 훨씬 간단해요. 왜냐하면 근본적인 변화는 무의식의 차원에서 일어날 때 더 쉽고 완전하기 때문이에요.

∷ 부분을 몸에 완전히 통합하기

자, 지금 그 부분이 공간의 어디에 위치하고 있다고 느끼나요? 당신의 밖에 있나요, 아니면 안에 있나요? 지금 이 순간, 그것은 어디에 있나요?

리사 제 안에요. 여기에요. (목을 가리키며) 그리고 몸 전체에요. 목 부근에서 가장 강하게 느끼고 몸 전체에서도 느껴요.

코니래 거기 있군요. 전체에. 좋아요. 그럼 코어 스테이트가 더욱 온몸에 흘러들어 가도록 놓아두세요. 당신의 존재 전체에 퍼져 가도록. 모든 세포에, 모든 신경망에, 당신의 모든 뉴런에, 근육에, 혈관에, 뼈에, 그리고 모든 장기에. 코어 스테이트가 모든 세포를 씻고, 안팎으로 그리고 위 아래로 퍼져 나가요. 그래서 신과 하나가 되는 느낌이 거기에 있어요. 당신의 존재 구석구석에. 아마도 당신의 피부 밖으로까지 퍼져 나가는 것을 느낄지도 모르겠어요.

∷ 성장한 부분과 함께 달성 목표 사슬을 되밟아 가기

(세미나 참가자들을 향해) 지금 리사의 부분은 현재의 그녀와 같은 나이가 되어 몸 전체에 퍼졌습니다. 이제 리사에게 코어 스테이트와 함께 달성 목표 사슬을 반복하도록 할 거예요. 종종 우리는 부분이 우리 나이가 되면 이런 체험을 좀 더 충분히 느낄 수 있게 됩니다.

(리사를 향해) 그럼 리사, 이 부분은 지금 당신이라는 존재 전체에 흐르고 있어요. 의식적으로든 무의식적으로든, 신과 하나 됨은 이제 당신의 존재 방식으로 자리 잡았어요. 이제 그것이 깨달음의 감각을 어떻게 더 키우고 풍요롭게 하는지 느낄 수 있을 거예요. 그리고 그것이 어떻게 일어나는지 좀 더 자세히 체험할 수 있어요. 당신은 신과 하나 됨을 이미 유지하고 있는 것이 사랑에 대한 새로운 깨달음을 더 풍부하게 하는지 경험합니다. 예전보다 훨씬 더 ······ 바로 그거예요. 그것이 퍼져 가도록 그냥 내버려 두세요. 당신이 그것에 정말로 감사하고 그로 인해 감명받도록 내버려 두세요. (코니 래는 시간 간격을 둔다. 리사가 지금 일어나고 있는 것에 감동하고 있는 것을 분명히 알 수 있다. 눈가에 눈물이 고이고, 호흡이 점점 더 크고 깊어진다.)

다음 단계로 가도 될까요? (리사가 고개를 끄덕인다.)

그럼 이미 신과 하나 됨을 유지하는 것이 어떻게 사랑의 감각을 증폭시키는지 체험할 수 있을 거예요. 신과 하나 됨이 어떻게 가치라는 감각에 퍼져 나가는지, 신과 하나 됨을 이미 유지하고 있는 것이 어떻게 자신을 위해 맞서 싸우는 것에 관한 모든 것을 좀 더 깊고 완전하게 변화시키는지, 그리고 그것이 어떻게 사람들과 있을 때 일어나는 상황들을 바꾸는지 ……. 그 상태에 좀 더 오래 있어도 괜찮아요. (코니래는 리사에게 충분한 시간을 주기 위해 잠시 간격을 둔다. 리사가 이 상태를 매우 강력하게 체험하고 있기 때문이다.) 바로 그거예요. 이 변화를 숨과 함께 깊게 들이쉬도록 합니다. 그리고 그 체험이 퍼져 나오도록 놓아두세요.

언제든 준비가 되면, 이 부분 그리고 신과 하나 됨이 이미 당신의 온몸, 모든 세포에 이미 충분히 흐르고 있는 것을 확인할 수 있을 것입니다. 어떤 때는 이 느낌이 몸보다 훨씬 멀리까지 퍼져 나가는 것을 느끼기도 합니다. (리사가 고개를 끄덕인다). 그래요 …… 골수 곳곳에, 혈액 곳곳에, 세포 하나하나 속에, 그리고 그 밖의 모든 곳에 흐르고 있어요. 이것이 이미 우리의 머리 꼭대기에서 발끝까지, 앞에서 뒤까지, 양옆으로 흐르고 있는 것을 느껴 보는 것도 좋겠지요. 그러면 우리는 우리 존재의 모든 면에서 이 은혜를 충분히 받을 수 있을 테니까요. (이 프로세스의 단계를 하나씩 진행할 때마다 리사는 더욱 광채를 띠게 되었습니다. 지금 그녀는 완전히 신과 하나 됨에 흠뻑 빠져 있는 것 같아 보입니다.)

리사, 그럼 이 정도로 할까요? 물론 좀 더 하고 싶다면 얼마든지 더 하실 수 있고요. (웃음)

⋮⋮ 리사의 결과

리사가 코니래와 위에 설명한 코어 트랜스포메이션 프로세스를 실행하고 1년 후에 우리에게 이렇게 말했습니다.

    제 삶은 너무나 많은 면에서 달라졌어요. 제 행동은 아주 좋은 방향으로 변했어요. 그래서 때로는 볼을 꼬집으며 '이게 현실일까?'라고 스스로 물어볼 정도예요. 매일이 이전보다 즐겁게 느껴져요. 아침을 불안하게 맞이하지 않게 되었고, 그 대신에 '오늘은 어떤 멋진 하루가 될까, 어떤 멋진 일을 할까'라고 생각하며 눈을 뜹니다. 예전에 제가 갖고 있던 많은 생각들은 그저 공상이나 바람에 지나지 않았습니다. 올해에는 그런 것들이 현실이 되었어요. 예전에는 '아, 그럴 수 있다면'이라든가 '그렇게 된다면 얼마나 멋질까' 하고 생각은 했지만 전혀 가능성이 없어 보였죠. 제가 원하는 것을 손에 넣기 위해서는 이런저런 장애물, 문제, 그리고 짜증스런 감정을 다 이겨 내야 한다고 생각했어요.

    제가 안고 있던 커다란 문제 중 하나는 다른 사람으로부터 조금이라도 압력이 들어오면, 심하게 저항감을 느꼈던 겁니다. 명령이라든가, 해야만 하는 것에 대해서는 과민 반응이 일곤 했었어요. 이런 일들은 직장 상사는 물론이고 개인적인 인간관계에서도 일어났어요. 저는 영업 일을 합니다. 사람들이 정신 나간 듯이 행동하고, 말도 안 되는 요구를 하기도 하지요. 항상 몸의 통증과 불안에 시달리고 있었습니다. 숨이 막히고, 호흡곤란이 온 적도 있습니다. '작은 심장발작'이라고 제가 이름 붙인 상태를 종종 겪었는데 심장에는 이상이 없는데도 가슴에 심한 통증을 느꼈습니다. 왜냐하면 불가능한 일을 하도록 요구받아서 어쩔 줄 몰라 했거든요.

예전에는 머릿속에서 공포심을 일으키는 이런 목소리를 듣곤 했어요. '어쩌지? 이걸 어떻게 해야 좋아?' 그리고 '난 이 일이 진절머리가 나! 다른 일을 찾아야겠어.'

예를 들어 이런 식이었습니다. 큰 회사가 홍보 책자 100만 부를 인쇄해 달라고 했습니다. 그런 인쇄 일은 2주일이 걸립니다. 물론 상대방에게서 책자에 들어갈 내용을 받아야 일을 시작할 수 있었습니다. 상대방은 기일에 맞춰 보내 주겠다고 약속했지만 실제로 내용을 보내 온 것은 마감일 1주 전이었습니다. 그런데도 고객은 처음 약속한 날짜까지 책자를 납품해 달라고 요구해 왔습니다. 그렇게 하자면 우리에게 주어진 시간은 이주일이 아니라 일주일이었습니다. 그래도 고객은 막무가내였죠. 100만 부에다, 여섯 가지 색을 써서 모든 것을 완벽하게 맞추어서……. 이 고객은 이런 일을 해마다 두 번씩 매번 반복했습니다.

가장 문제였던 것은, 저는 일개 판매 담당자에 지나지 않기 때문에 개인적으로 이 고객의 요구를 들어줄 수가 없었어요. 그래도 고객을 만족시키고 계속 거래를 하기 위해서 저는 회사로 돌아가 이 일을 해 줄 부서에 부탁할 수밖에 없었어요. 하지만 저는 이런 요구에 몸도 마음도 너무 지쳐 있던 터라, 회사 사람들에게 이 고객을 만족시키기 위해서 우리가 어떻게 해야 하는지 설득하는 데 어려움을 겪었습니다. 설득하기 위해서는 적어도 우선 제 마음속으로 어떻게 하면 문제를 해결할 수 **있을지를** 판단하고 있어야 했습니다. 하지만 저는 그런 창의적인 발상을 할 수 없는 상태였습니다. 그냥 꽉 막힌 상태였죠.

저처럼 일을 오래 하다 보면, 일에 걸리는 기간과 거기에 드는 비용에 대해 잘 알게 됩니다. 제 경험으로 보자면 그 고객의 요구는 시간적으로 정말 무리한 요구였습니다.

이런 상황은 제 문제의 한 예에 지나지 않습니다. 다른 경우에도 같은 반응이 생겼습니다. 또 개인적인 관계에서도 누군가가 가능하지 않거나 해서는 안 된다고 생각되는 것을 부탁하면 같은 반응이 일어났습니다.

이 문제를 저는 프로세스에서 코니래와 다루었습니다. 그 후에 많은 사람들이 제 얼굴에서 광이 난다고 하더군요. 모두가 눈치챌 만큼 이런저런 면에서 변했다고 하니, 확실히 무언가 특별한 일이 생긴 게 분명해요!

세미나 뒤에 저는 딱히 변화를 주어야겠다고 생각하지는 않았어요. 그저 집에 돌아가 언제나처럼 생활을 했죠. 그런데 예전과 비슷하게 무리한 요구를 받는 상황에 처해도 반응이 이전하고는 전혀 다른 것을 깨달았어요. 무엇을 요구받고 있는지, 왜 그것이 중요한지, 무엇을 해야 하는지 냉정히 이해하는 것이 가능해졌어요. 온몸이 아프거나 욱하는 마음, 곱씹으며 열 받고, 제가 지배당한다고 생각하는 대신에 금세 해결책을 찾을 수 있게 되었습니다.

마지막으로 그 고객과 문제가 있었던 것은 세미나에 참가하기 바로 전이었어요. 끔찍했죠. 지금도 여전히 같은 일이 일어납니다만 제가 대응하는 방식이 전혀 달라졌어요. 임기응변에 능해졌습니다. 이번에도 상대가 기일까지 자료를 보내 주지 않았고 시간은 흘러갔고 정해진 날짜에 제품을 납품해야 했습니다. 하지만 예전처럼 가슴을 조이는 느낌이 없었습니다. 목을 조여 오는 것 같은 느낌도 없었고 호흡곤란을 겪지도 않았습니다. 이번에는 별 생각 없이 심호흡을 하고 있는 저 자신을 발견했습니다. 예전에는 숨도 제대로 못 쉬고 있었는데 말이지요. 예전에는 머릿속에서 '이건 절대 불가능해'라고 하던 목소리가 있었는데 이제는 이 일을 해낼 수 있다는 것을 '알고' 있었어요. 지금은 '그럼, 우리가 어떻게든 해결할 수 있어. 내가 해결할게'라고 확신하며 속삭입니다.

사실은 이 코어 트랜스포메이션 프로세스를 하기 전에 이런저런 것을 시도해 봤어요. 지금 저는 서른다섯 살인데요, 자기 계발 기법을 열여섯 살 때부터 배워 왔습니다. 저는 좀 더 행복해지고 인생을 즐기기 위해서는 무엇이든 하는 타입이에요. 이런저런 책도 섭렵했고 테이프도 들었고, 어쨌든 많은 걸 시도했어요. 천주교를 열심히 믿는 소녀였으니까 물론 기도도 했어요. 울부짖어도 보았지만 화가 날 뿐이었습니다. 그러고는 '긍정적으로 되려고' 노력했습니다. 모든 일이 잘될 거라고 자신에게 되뇌었고 고객에게도 같은 말을 했어요. 그리고 회사에 돌아가서 주위 사람들이 열심히 일할 기분이 나도록 애썼습니다. 그들에게 말했죠. "그래요, 당신이라면 할 수 있어요. 불가능한 일이라는 것을 알지만 우리는 할 수 있어요"라고 말이죠. 상황을 어떻게든 흔들어서 사람들이 제 생각에 동의하도록 하려는 저 나름의 긍정적인 방법이었습니다.

하지만 아무런 도움이 되지 않았습니다. 그것 때문에 저는 진이 빠졌어요. 저 자신조차 믿지 않는 얘기를 누가 믿어 주겠어요. 직장에서 편 가르기가 시작되었습니다. 사람들은 제가 그런 말도 안 되는 요구를 하는 걸 보면 회사를 아끼는 마음이 없는 거라고 불평했습니다. 그들은 제가 그런 요구들을 거절했어야 했다, 고객에게 안 된다고 말해야 했다고 느끼고 있었습니다.

지금의 저는 훨씬 중립적입니다. 모든 사람의 처지를 이해할 수 있고, 감정에 치우치지 않습니다. 그리고 저는 제 일을 다시 사랑하게 되었어요! 이것은 아주 중요한 점이에요. 작년에 코니래의 세미나에 참가하기 전에 저는 인생의 기로에 서 있었지요. 저의 밖에 있는 무언가가 변해야 한다고 믿고 있었습니다. 저 자신을 빼고 모든 것을 바꿀 용의가 있었습니다. 그래서 다른 일을 해 볼까도 생각했지만 직업을 바꾸는 것은 아무래도 불안했습니다. 이 일을 12년이나 해 왔고 잘할 수 있을 뿐만 아니라, 무엇보다 제가 이 일을 좋아하기 때문이죠. 직업을 바꾼다는 것에는 상당한 거부감이 들었습니다. 그래서 지금은 제가 되살아난 기분이에요.

세미나에서 무엇이 좋았냐면, 이 기법으로 제가 변했고 그 변화가 길게 유지되고 있다는 것입니다. 심호흡을 하는 것을 의식적으로 생각할 필요도 없어요. 의식적으로 무언가를 할 필요가 없습니다. 모든 것이 자동적이에요. 정말 새로운 **저**를 손에 넣은 기분이에요. 아무것도 생각할 필요가 없습니다. 저의 새로운 반응은 그저 저 자신으로 있는 것이에요.

담배 끊기

이 워크숍에서 생각지도 않았던 보너스를 하나 받았어요. 그것은 그룹 멤버 중에 두 명과 함께 했던 코어 트랜스포메이션 프로세스 덕분에 담배를 끊게 된 것입니다. 그때까지 저는 하루 반 갑에서 한 갑 정도 담배를 피웠어요. 담배를 피우는 친구와 있으면 두 갑을 피우는 때도 있었습니다. 바쁘거나 일을 하고 있을 때도 반 갑에서 한 갑이었어요. 처음 담배에 손을 대게 된 것은 열여섯 살 때였는데, 그때부터 계속 피웠습니다. 담배를 끊을 생각으로 프로세스를 한 것은 아니었습니다. 물론 담배가 몸에 나쁘다는 것은 알고 있었어요. '담배를 끊읍시다'라는 표어가 온 사방에 붙어 있잖아요. 하지만 금연할 필요를 느끼지는 못했습니다.

프로세스에 들어갈 때 저는 제 몸이 저 자신을 태우고 있는 탈 것이고 저는 그 안에 있다고 생각했었습니다. 느끼거나 배우거나 성장하는 것은 '저 자신'이고 몸은 저를 태우고 있는 것에 지나지 않는다고 여긴 것이지요. 나와 몸을 두 부분으로 보는 대신 몸과 하나가 되면 어떤 좋은 일이 있을까 흥미로웠습니다.

그러고는 깜짝 놀랐어요. 프로세스를 끝낸 후에 저는 제 몸을 아주 새롭게 느끼게 되었습니다. 어떤 필터와 같다고 할까요? 정보나 에너지가 몸을 통해 들어와 몸을 통해 나갑니다. 그러면서 흡연에 대해 새로운 깨달음이 생겼습니다. 담배 연기가 정보나 에너지를 거르고 있었던 겁니다. 담배 연기가 그 길을 가로 막고 있었어요. 안개처럼 말이지요. 혈관이나 근육과 같은 몸 안의 것들이 선명하게 눈에 보였습니다. 담배 연기가 그 안에 꽉 차 있더군요. 그러고는 생각했죠. 만일 이 안개만 없다면 좀 더 확실히 보이고, 들리고, 느낄 수 있을 텐데…….

그리고 나서 무슨 일이 일어났느냐 하면 (이것이 제가 이 프로세스를 사랑하는 점인데) 프로세스 후에 담배를 한 대도 피우고 싶지 않게 되었어요! 담배를 피울 생각이 없어져 버렸습니다. 끊자고 결심한 것도 아닌데, 피우고 싶지 않아졌어요. 금단증상도 전혀 없었습니다.

인간관계의 개선

저는 10년 정도 교제한 사람이 있습니다. 저도 그도 두 번의 이혼 경력이 있어서 함께 살고 싶은 마음은 없었습니다. 함께 살아서 거리감이 없어지면 불편하기도 하고 둘 사이에 다툼도 많아질 것을 우려해서였지요. 하지만 지금은 같이 살고 있어요! 제 집을 팔고 둘이서 아주 아름다운 농장을 샀습니다.

 이렇게 된 데는 이유가 있었습니다. 코어 트랜스포메이션 프로세스를 마치기 전에는 제가 이렇게 되었으면 좋겠다고 바라더라도 일이 항상 제 마음대로 되는 것은 아니었습니다. 그런데 프로세스를 마친 후에는 제 파트너와 우리 관계를 어떻게 하면 좋을지, 그리고 삶이 어떻게 되면 좋을지에 대해 소통할 수 있게 되었어요. 그리고 우리 두 사람에게 분명한 미래에 대한 그림을 그에게 그려 보일 수 있게 되었습니다. 아주 멋진 그림이었습니다. 남은 질문은 이렇게 간단했어요. "당신은 이 그림을 나와 함께 그리고 싶어요? 이 그림이 당신의 그림과 같나요? 만약 같지 않다면, 그래도 괜찮아요." 이것은 처음 겪는 체험이었습니다. 그때까지는 그가 저와 같은 것을 바라지 않으면 견딜 수 없었습니다. 이전의 저는 '당신이 만약 나와 같은 걸 바라지 않으면 난 엄청 상처받을 거야. 그리고 그냥 계속해서 기다리면서 평생 비참할 거야. 언젠가 당신이 이해하는 날이 오겠지만'이라는 태도였어요.

 하지만 지금의 저는 '괜찮아요, 나는 지금 나 자신으로 있고 나는 부족함 없이 온전해요. 당신과 함께이건 아니건 나는 내 인생을 살 수 있어요'라는 태도예요. 그것이 제가 변한 점이에요. 게다가 굉장한 건, 제가 부족함 없이 충만해지고 그를 자유롭게 해 주니까, 그 사람 쪽에서 제게 다가오게 된 거예요!

부분을 성장시키기
구조를 이해하기

…… 그것이 끝나자마자 여우는 청년으로 변했습니다.
그 청년은 다름 아닌 아름다운 공주의 오빠였습니다.
그에게 걸린 주술이 결국 풀렸던 것입니다.
그때부터 둘은 영원히 행복하게 살았습니다.
– 그림 형제 동화

진짜 변화는 우리가 몸 전체로 코어 스테이트에 연결되는 것에서부터 일어납니다. 우리 자신에서 떨어져 있던 부분들과 코어 트랜스포메이션 프로세스를 하면 우리는 그 부분들을 다시 우리 안으로 맞아들이게 됩니다. 코어 스테이트가 거기에 있게 함으로써 우리는 그 부분들에게 우리가 어렸을 때 그들이 원했던 인정과 따뜻함, 받아들임, 사랑을 주게 됩니다. 즉, 그 부분들이 어렸을 때 필요했던 것을 전해 주는 것이죠. 그다음 단계는 부분을 성장하게 하는 것입니다. 이것으로 인해 우리는 부분이 지금까지의 우리 경험과 지혜의 도움을 받아서 온전한 우리 본래의 모습에 완전히 통합되게 합니다. 이렇게 해서 부분은 긴 시간 동안 자신들을 옭아맸던 '주술에서 풀려나게' 됩니다.

이 장에서는 리사의 사례에서 이미 소개한 두 가지의 새로운 단계, 즉 '부분을 성장시키기'와 '부분을 몸에 완전히 통합하기'에 관한 여러분의 이해를 더욱 풍부하게 합니다. 이 두 가지는 코어 트랜스포메이션 프로세스의 10단계 가운데 여섯째, 일곱째 단계에 해당합니다.

∴ 6단계 _ 부분을 성장시키기

리사의 두 살배기 내면의 부분은 부분 자신의 코어 스테이트인 '신과 하나 됨'에 연결되었을 때 근본적으로 변화했고, 리사는 그 결과를 강하게 느꼈습니다. 그러나 이 부분은 아직 두 살이었기 때문에 리사에게서 어느 정도 떨어져 있었습니다. 리사가 이 부분에게 시간상으로 진화해서 현재의 나이까지 성장하도록 하자 그제야 이 부분은 신과 하나 됨이라는 풍요로운 경험을 얻게 되었습니다. 이 단계가 특히 효과적인 사람들이나 부분들이 있습니다. 부분이 너무 어리면 일상의 경험에 코어 스테이트를 온전히 불러올 수가 없습니다. 여러분은 이 단계를 진행함으로써 부분의 성장이 어떤 차이를 불러오는지 알 수 있게 될 것입니다.

부분을 키우는 **동안** 코어 스테이트를 유지하는 것은 특히 중요합니다. 제가 아직 부분의 코어 스테이트에 접속하는 방법을 몰랐던 때에는 고객의 어린 부분에게 단순히 '성장하세요'라고 했습니다. 그러나 코어 스테이트가 없으면 어린 부분은 종종 성장하는 것에 반대합니다. 또한 부분이 성장함에 따라 종종 부분이 겪고 싶지 않은 어떤 상황과 만나게 되는 일도 있습니다. 부분은 이런 식으로 반대합니다. "이건 너무 끔찍한 사건이었어요. 지금 다시 한 번 이것을 경험하고 싶지 않아요." 원래 이런 '끔찍한' 상황이야말로 이 부분이 분리되어 버린 원인입니다. 저는 항상 이런 어린 부분들이 성장하도록 돕는 방법을 찾을 수는 있었습니다만 때로는 그것이 힘들었고, 결과도 그렇게 극적이지 않았습니다.

그래서 부분이 그 코어 스테이트에 연결되면 성장에 대한 이와 같은 저항감이 거의 일어나지 않는 것을 발견하고는 너무 기뻤습니다. 코어 스테이트가 있으면 프로세스는 거의 항상 매우 신속하고 부드럽게 진행됩니다. 우리의 코어 스테이트야말로 궁극적인 해결인 것입니다. 그것은 일상적인 갈등을 넘어선 차원으로 우리를 데려가 줍니다. 부분이 코어 스테이트를 실제 체험으로 품고 있으면 대개의 문제는 저절로 없어져 버립니다.

부분을 성장시킬 때 인생 전체를 의식적으로 되밟을 필요는 없습니다. 성장은 깊은 무의식 차원에서 일어나므로 대부분의 사람들은 자기 인생의 어떤 특정한 부분을 지나고 있다는 것과 같은 감각도 없습니다. 실제로는 다음 장에서 설명하겠지만 단순히 부분이 타임라인(시간선) 안에서 성장해 가도록 격려하기만 하면 됩니다. 부분이 어떻게 성장하는가를 구체적으로 몰라도 괜찮습니다.

∴ 7단계_ 부분을 몸에 완전히 통합하기

　내면의 부분이 어디에 있는지를 확인해 보면 대개의 경우 우리 자신의 바깥에 떨어져 있는 것을 알 수 있습니다. 의식의 내면을 향해 자신을 둘러싸고 있는 공간의 어딘가에 이제부터 다루려는 부분이 보이는지, 들리는지, 느껴지는지를 물어보십시오. 많은 부분은 몸 밖에 있든가 몸 안의 특정한 좁은 장소에 있습니다. 부분이 몸의 전후, 좌우, 상하와 같이 완전히 몸의 바깥에 있을 때에는 그 부분이 몸 안으로 돌아오는 것을 허락함으로써 우리는 코어 스테이트에 훨씬 더 잘 연결될 수 있습니다.

　리사가 그녀의 부분을 다 성장시켰을 때 부분은 이미 그녀의 몸 안에 들어와 있었습니다. 그녀는 그것을 목에서 가장 강하게 느낀다고 말했습니다. 몸의 다른 부분에서는 목에서처럼 충분히 채워져 있는 느낌은 아니었습니다. 부분이 몸 전체에 흘러가서 퍼져 가게 하면서 그녀는 신과 하나 됨을 훨씬 더 깊게 체험하였습니다.

∴ 8단계_ 성장한 부분과 함께 달성 목표 사슬을 되밟아 가기

　이 단계를 실행함으로써 우리는 코어 스테이트가 일상생활에 자연적이고 자동적으로 영향을 미치는 경험을 더욱 풍부하게 하게 됩니다. 우리가 코어 스테이트를 갖고 있고 그것으로 우리의 달성 목표를 되밟아 보는 것은 이 부분이 인생에서 관련 있는 상황을 모두 횡단하는 것입니다. 리사는 신과 하나가 됨으로써 깨달음, 사랑, 가치, 자기 자신을 옹호한다는 달성 목표가 변화하는 것을 체험하였습니다. 이때 그녀의 부분은 전신에 재통합되어 있었습니다. 제가 리사와 세미나 참가자들에게 말했던 것처럼, 자신의 그 부분이 자신과 같은 나이인 경우 이 체험은 더욱 완전한 것이 됩니다. 두 살배기 부분은 '그녀 자신을 위해 맞서 싸우기'라는 달성 목표에 접근하려 해도 현재의 리사처럼 할 수는 없습니다.

성장에 반대하는 부분

부분이 코어 스테이트를 발견한 경우에는, 대부분 성장에 반대하지 않습니다. 코어 스테이트는 어린 시절 부분이 떨어져 나간 원인이 된 문제를 내면적으로 해결한다든지, 상처에 녹아들어 가는 연고처럼 치유해 줍니다. 그러므로 부분이 성장하는 것을 싫어하는 경우에는 부분이 아직 코어 스테이트에 도달해 있지 않다고도 생각할 수 있습니다. 더욱 깊은 차원의 코어 스테이트가 있을지도 모릅니다.

또 하나의 가능성은 부분이 어린이다운 좋은 성질을 잃는 것을 두려워하는 경우입니다. 워크숍에 참가했던 앨리시아라는 여성은 부분이 성장한다는 생각에 도저히 찬성할 수 없었습니다. "어른이 되면 중요한 부분이 없어지지 않나요? 인생을 진짜 즐길 줄 아는 것은 어린아이들이라고요!"라고 주장했습니다. 어린이는 확실히 어른보다 사물을 즐길 줄 알고 자신에게 솔직합니다. 그러므로 대부분의 사람들은 어른이 되면 이런 어린이의 성질을 잃어버린다고 생각합니다. 어린이다운 성질을 간직하고 싶었던 앨리시아와 같은 사람들은 어린 부분을 없애고 싶지 않다고 생각합니다.

그러나 아이러니하게도 어린아이다운 자연스런 행동이 가능한가는 우리가 자신의 부분으로부터, 또한 자신의 코어 스테이트로부터 얼마나 떨어져 있는가에 의해 결정됩니다. 다시 말해, 부분을 자신에게서 분리해서 어린 상태로 놓아두는 것은 어린이다운 아름다운 성품들에 충분히 연결되지 못하는 것이 됩니다. 현재의 자신 속으로 아이의 성질을 받아들이지 못하고, 자신과 떨어져 있는 부분 속에 방치해 두고 있는 셈입니다. 그러나 부분이 코어 스테이트에 완전히 들어가면 그때까지 선택했던 것들을 유지한 채 새로운 선택을 받아들여서 성장할 수 있습니다. 앨리시아에게는 그녀의 부분은 즐겁게 놀 수 있는 두 살 어린이의 능력을 유지하면서 세 살 어린이의 노는 능력, 네 살 어린이의 노는 능력을 추가해 갈 수 있다고 설명했습니다. 그녀는 하나의 부분을 키운 후에 이렇게 말했습니다. "저의 일부가 살아 돌아온 것 같아요!"

14 실행하기
부분을 성장시키는 훈련
버려져 있던 내면의 아이가 어른이 되도록 하기

> 행동이 완성되면 지혜가 된다.
> – 바가바드 기타

개인의 통합, 일관성은 다음의 세 가지 요소가 합쳐져 일어납니다.
1. 코어 스테이트에 연결된다.
2. 모든 부분이 자신의 현재 나이가 된다.
3. 모든 부분이 몸 전체를 통해 완전히 연결되어 있다.

첫 번째 요소인 코어 스테이트에 연결하기에 관해서는 이미 배웠으니 지금부터는 나머지 두 가지 요소를 더해 가겠습니다. 코어 트랜스포메이션 프로세스의 이 부분을 실행할 때도 지침은 코어 스테이트 훈련을 할 때와 같습니다. 몸을 편안하게 한 상태에서 긴장을 풀고 의식을 내면으로 향합니다. 대상이 되는 부분은 코어 스테이트의 훈련에서 썼던 같은 것으로 합니다. 그리고 6, 7, 8단계의 프로세스를 더합니다.

지시문을 읽는 안내자를 맡은 사람은 ( ) 안의 내용을 소리 내어 읽을 필요가 없습니다. 또 부분에 대해서는 상냥하게 천천히 말을 걸어야 한다는 사실을 기억해 주십시오. 상대방과 함께 달성 목표 사슬을 밟아서 코어 스테이트에 들어가 체험해 보는 것도 좋겠습니다. 이렇게 하면 여러분과 작업하는 파트너에게도 프로세스가 더 쉬워지게 됩니다.

6단계_ 부분을 성장시키기

(1) 2장의 코어 스테이트 훈련에서 다뤘던 것과 같은 부분으로 시작합니다. (이것은 **매우 중요한 점**이므로 반드시 지켜 주십시오. 부분의 코어 스테이트가 이미 존재하면 이 훈련은 아주 쉽고 강력한 것이 됩니다. 하지만 코어 스테이트 훈련을 마치지 않은 부분을 쓰면 이 연습은 잘 되지 않습니다.)

(2) 의식을 내면으로 향하고 이 부분을 있는 그대로의 모습으로 환영하고 맞아들입니다. '코어 스테이트'에 도달하는 체험을 한 번 더 하시기 바랍니다. 그것은 긴박하게 진행되는 액션 영화와 같은 체험일지도 모릅니다. 부분이 하나의 달성 목표에서 다음 달성 목표에, 그리고 결국에 '코어 스테이트'까지 빠른 속도로 움직이는 것을 느낍니다. 이 단계가 끝났을 때 당신은 이 부분의 코어 스테이트 훈련을 마쳤을 때와 마찬가지 상태에 들어가 있게 됩니다.

(3) 의식을 내면으로 향하고 이 부분에게 "몇 살이에요?" 하고 물어보십시오. 어떤 대답이 나타나는가 주목합니다. 정확한 나이인지 확신할 수 없을지도 모르지만 상관없습니다. 당신은 부분에게 그것이 처음 생겼을 때 당신이 몇 살이었는지 무의식적으로 알도록 권유할 수 있겠지요. (부분의 나이를 적어 둡니다. 만약 부분이 현재의 당신 나이라면 6단계는 건너뜁니다.)

(4) 이 부분은 대개 현재 당신의 나이보다 한참 아래입니다. 이것은 그 부분이 당신이 성장하는 동안 함께 크지 못한 탓에 당신이 인생 경험에서 얻어 온 많은 지혜를 완전히 나누어 갖고 있지 않다는 것을 의미합니다. 또한 이것은 이 부분과 당신 자신이 이어지는 통로가 완전하지 않다는 것을 의미합니다. 이 부분은 '코어 스테이트'라는 선물을 당신에게 주고 싶지만 당신에게서 떨어져 있습니다. 어릴 적에 당신과 분리되어 버렸기 때문에 원하는 만큼 당신에게 이 선물을 전해 줄 수가 없습니다. 그러므로 이 부분에게 물어보세요. '코어 스테이트'가 완전히 충만한 상태에서 현재의 당신 나이까지 시간을 거쳐 나아가는 것에서 오는 이점들을 얻고 싶은지 말입니다. (만약 대답이 "네"라면 계속 진행합니다. 만일 부분이 이런 이점들이 필요 없다고 말한 경우에는 반대의 이유가 무엇인지 물어봅니다. 앞으로 전진하기 전에 모든 반대가 해결되지 않으면 안 됩니다. 대개의 경우 반대는 단순한 오해에서 비롯됩니다. 예를 들어, 부분이 어른이 되면 신나게 노는 것을 포기하지 않으면 안 된다고 생각할지 모릅니다.)

(5) 당신의 그 부분에게 '코어 스테이트'가 완전히 충만한 상태에

서 시작하도록 권유합니다. 코어 스테이트가 충만하면 당신의 무의식에게 그 부분이 '코어 스테이트'를 가질 수 있도록 부분의 원래 나이에서 당신의 현재 나이까지 시간 속에서 성장해 나가도록 부탁합니다. 그렇게 성장하는 동안 어떤 때라도 '코어 스테이트'가 거기에 있음을 기억하도록 합니다. 당신은 이것이 바로 **지금** 일어나게 할 수 있습니다. 부분에게 당신의 현재 나이에 도달하면 신호를 달라고 부탁합니다.

7단계_ 부분을 몸에 완전히 통합하기

(1) 현재, 부분이 몸의 어디에 있는가를 의식합니다. 구체적으로 어디에 있습니까? 몸의 안쪽입니까 바깥쪽입니까?

(2) (만일 부분이 몸의 안쪽에 있다면 8단계로 가 주십시오.) 만일 몸의 바깥쪽에 있는 경우, 그 부분이 몸의 안에 흘러들어 오도록 해 주십시오. 이렇게 해서 '코어 스테이트'가 당신의 몸 안에 흘러 들어 가게 합니다. 몸의 어디로 자연스럽게 흘러들어 가는지 느껴봅니다.

(3) 이 부분이 몸의 어떤 곳을 이미 채우고 있는 것을 느끼면서 그것이 모든 세포에 퍼져 나가도록 합니다. 이렇게 하면 당신의 세포 하나하나가 '코어 스테이트'로 채워지고 영양을 받으며 흠뻑 젖게 됩니다. '코어 스테이트'가 처음 시작된 곳에서 몸 전체로 퍼져 나가는 것을 알게 됩니다. 그리고 당신의 몸을 통해 코어 스테이트가 더 많이 퍼져 나갈수록 처음 시작한 곳에서도 더 강해짐을 알게

될 것입니다. '코어 스테이트'가 모든 세포를 채워 감에 따라 그것이 이제는 마치 당신의 감정 코드, 즉 당신이라는 존재의 근간 가운데 일부분이 된 것 같이 느끼게 될 것입니다.

8단계_ 성장한 부분과 함께 달성 목표 사슬을 되밟아 가기

(1) (성장한 부분과 함께 달성 목표 사슬을 되밟는 것을 간단히 반복합니다.) 지금 그 부분은 현재의 나이이고 완전히 당신의 몸 안에 있기 때문에 '코어 스테이트'는 현재 당신의 체험을 더욱 완전하게 탈바꿈시켜 줄 수 있습니다. '코어 스테이트'를 당신의 존재 방식으로, 또한 세계 안에서 활동하는 방법으로 지니고 있는 것은 '달성 목표'를 어떻게 바꾸고 풍요롭게 하는가를 당신의 부분이 깨닫게 합니다.

(달성 목표 사슬을 되밟아 가는 것을 반복해서 코어 스테이트를 모든 달성 목표와 최초의 상황에도 가져가 주십시오. 방법은 제8장 '코어 스테이트 훈련'의 '코어 스테이트와 함께 달성 목표 사슬을 되밟아 가기'에서 설명했습니다.)

(2) 이제 당신도 부분을 성장시키고 이 세상에서 당신의 존재 방식으로 '코어 스테이트'를 몸 전체에서 갖고 있는 것이 어떤 식으로 '원래의 상태'를 바꾸었는지 체험할 수 있을 것입니다.

4부

모든 부분과 함께
프로세스를 완결하기

| 한 문제의 모든 면을 다루기

들어가며
모든 부분과 함께 프로세스를 완결하기

코어 스테이트를 더욱 깊은 차원에서 통합하기

> 눈에 들어오는 모든 것은 축복으로 가득 차 있다.
> – 윌리엄 워즈워스

한 부분이 자신의 코어 스테이트를 발견하고, 성장하고, 몸에 완전히 통합되는 프로세스를 체험하게 하는 것은 대부분의 사람들에게 깊은 감동을 줍니다. 세미나 같은 곳에서 이런 체험을 했던 사람들은 곧잘 이렇게 말합니다. "이보다 더 좋은 것이 있을 수 있을까요?" 이 말을 들으면 저는 다음과 같은 어린이를 위한 옛날 수수께끼를 떠올립니다. "진흙탕 속에서 뒹굴고 있는 행복한 한 마리 돼지보다 더 시끄러운 것은 무엇일까?" 답은 "진흙탕 속의 행복한 돼지 열 마리!"입니다.

여러분 가운데 여기까지의 프로세스가 쉽고 부드럽게 진행되지 않았던 분들은 이 제4부에서 문제 해결의 실마리를 발견할 수 있을 것입니다. 인생의 커다란 문제에는 여러 부분이 관련되어 있게 마련입니다. 그러므로 더욱 완벽하고 오래 계속되는 변화를 손에 넣기 위해서는 그 문제에 관련된 모든 부분을 다룰 필요가 있습니다. 여기서는 문제에 관련하는 모든 부분을 발견하는 방법을 설명합니다.

그런 부분을 다루고 나서 최후에 프로세스의 결과를 더욱 단단히 하기 위한 마지막 단계 하나를 추가합니다. 이 최후의 단계는 타임라인의 보편화라고 불립니다. 프로세스의 이 단계에서 우리는 코어 스테이트를 우리의 과거, 현재, 미래로 확대시킵니다.

그레그의 사례
내면의 평화를 존재의 방식으로

> 가장 흥분되는 것은 마음의 평화를 얻기 위해
> 저 자신의 밖으로 나갈 필요가 없다는 깨달음이었습니다.
> 저를 화나게 하는 일은 지금도 일어납니다만
> 그것들은 더 이상 제게 화를 폭발시키는 스위치는 아닙니다.
> – 그레그

다음의 기록은 고객과 코어 트랜스포메이션 프로세스를 처음부터 끝까지 했던 예를 보여 줍니다. 고객인 그레그는 어떤 큰 문제를 해결하고 싶다며 코니래와의 면접을 예약했습니다. 그는 그 문제에 관해서는 이미 몇 년이나 매달려 왔지만 어떤 방법으로도 전혀 변화가 없던 참이었습니다. 처음에 그의 내면 한 부분에 대해 코어 트랜스포메이션 프로세스를 실행한 후에, 코니래는 그가 두 번째 부분을 발견하도록 도와주었습니다. 그 부분은 문제의 완전한 해결을 위해 해결해야 하는 중요한 부분이었습니다. 면접에서는 그레그의 부인인 앤도 함께했습니다. 그레그의 체험을 읽으면서 여러분이 원한다면 여러분 자신의 무의식이 여러분에게 가장 중요한 내면의 변화를 위한 준비를 하도록 할 수 있을 것입니다. 이해를 돕기 위해 (　) 안에 설명을 추가했습니다.

∷ 다룰 부분을 정하기

코니래　무엇을 원하는지 간단히 얘기해 주세요.

그레그　우리 두 사람의 관계에서 스트레스를 많이 느낍니다. 우리 둘의 관계만이 아니에요. 우리의 삶에서 굉장히 많은 스트레스를 받습니다. 앤과 사이는 좋습니다만, 앤의 아들인 에릭은 제가 화를 낼 만한 일들만 골라서 합니다. 그것 때문에 앤과의 사이도 나빠집니다. 2년간 이 문제를 어떻게든 해결해 보려고 여러 가지를 시도해 봤습니다. 에릭과의 관계는 물론이고 다른 모든 일들이 꼬이고 꼬여 이제는 제가 손을 쓸 수 없는 지경에 이르렀습니다. 에릭에 대한 노여움을 어떻게든 가라앉히는 방법을 찾고 싶습니다. 눈앞에 일어나는 일들에서 아무 영향도 받지 않는다면 훨씬 행복하겠어요.

코니래　알겠어요.

그레그　그리고 두 번째로는, 전반적으로 더욱 야무져졌으면 합니다. 저는 온갖 스트레스에 시달리고 있어요. 일로 볼 때, 한편으로는 꽤 크게 성공했지만 다른 한편으로는 소송에 시달리고 있어요. 이 문제는 점점 더 심각해질지도 모릅니다. 재판이 있을 예정인데 반나절에서 하루 정도 걸릴 것 같습니다. 어떻게든 마음을 다잡아서 상대방에게 약점을 잡히지 않고 싶습니다.

코니래　알겠어요. 그럼 더 중요한 문제는 어느 쪽인가요? 여기서 다루면 더 효과적일 것이라 여기는 것은 어느 쪽이라고 생각하세요?

그레그 에릭의 문제입니다.

코니래 그럼 그걸로 할까요? 제가 듣기에 그레그는 지금 어깨에 지고 있는 짐들에서 벗어나 더 이상 그것 때문에 짜증 나는 일이 없기를 바라는 것 같네요. (코니래는 얘기를 들을 때, 그레그를 자세히 관찰하고 이야기에 귀를 기울이고 있다. 의붓아들인 에릭에 대한 매우 감정적인 반응으로 미루어 그레그가 이 문제를 다루기로 결정한 것은 적절해 보인다.)

그레그 그리 대단한 것은 아니지만 그 아이는 이런저런 작은 문제들을 일으킵니다.

코니래 그렇지만 당신의 무언가가 거기에 마음을 쓰는 거군요.

그레그 에릭이 하는 일들이 제 생각과 안 맞아요.

앤 가장 최근에 있었던 일은, 에릭이 방과 후에 할 일이 있어서 학교에 남았을 때의 일이었어요. 에릭은 졸업 앨범의 사진 편집, 학교 신문의 그래픽 편집을 담당하고 있는데 그것 때문에 늦게까지 학교에 있게 되었어요. 그래서 에릭은 우리더러 데리러 와 줄 수 있는지 전화를 했습니다. 그레그가 먼저 통화를 했어요. 저는 장을 보러 외출 중이었고 그레그는 몸이 좀 안 좋았거든요. 그레그는 화가 머리 끝까지 나서 에릭에게 말했죠. (큰 소리로 고함을 치며) "엄마는 장 보러 나가서 없어. 혹시 모르니까 나중에 다시 전화해 보든가." (화난 목소리로) 저는 그레그가 왜 그렇게 화가 난 건지 이해가 안 돼요.

코니래 여기서 잠깐 멈출까요? 그레그도 자신이 왜 화가 난 건지 이해하지 못하고 있으니까 그걸 모두 함께 찾아보도록 해요. 앤, 당신도 알고 싶지요?

앤 네.

코니래 그럼 앤에게 묻고 싶은 게 있어요. 그레그가 달라져서 에릭의 이런 행동에 화를 내지 않게 되더라도 여전히 어떤 날은 에릭을 데리러 가지 않겠다고 할 수 있어요. 아니면 몇 번이고 (옛날 행동이) 재발할지도 몰라요. 혹시 그레그가 원래대로 돌아가더라도 그것 때문에 싸움이 나거나 하지는 않겠지요?

앤 네.

코니래 좋아요. 그럼 그걸 당신의 목표로 해요.

그레그 저는 더 강해져서 제가 믿는 바대로 행동하고 싶습니다.

코니래 지금까지 어떤 식으로 믿는 것과 다르게 행동했나요?

그레그 예를 들어 에릭이 제 생각에 무책임한 행동을 하면 그게 화가 나는 발단이 돼요. 저는 예의나 마음 씀씀이, 책임 있는 행동에 대한 제 생각은 그대로 유지하면서 에릭을 좀 더 이해하고 싶습니다. 그리고 에릭이 아직 어려서 책임의 의미를 잘 알지 못할 거라는 사실을 기억하고 싶습니다. 인내심 있게 용서하는 마음이 들었으면 해요.

코니래 좋네요. 에릭이 당신이 상식적인 예의라고 생각하는 것과 다른 태도를 보일 때가 있다는 것이군요. 그럴 때 당신은 지금까지와는 다른 태도를 보이고 싶다는 거군요.

그레그 말씀하신 대로입니다. 에릭이 변했으면 하고 생각하는 건 아니에요. 제 반응을 바꾸고 싶습니다. 더욱 용서하고 참을성이 있게 되었으면 좋겠습니다.

코니래 좋아요. 다만 그 말에는 한 가지 문제가 있어요. 실제로는 그렇게 할 수 있는 사람은 거의 없어요. 겉으로 보기에 참을성이 많다고 생각되는 사람 중에 그 사람들 자신이 내면적으로 참고 있다고 **느끼는** 사람은 거의 없습니다. 전혀 그렇게 느끼지 않지요. 인내와 참을성은 당신이 느끼는 것을 거슬러서 자기 자신이 그런 마음을 갖도록 **만드는** 것이에요. 보통 이런 일들에 성공하는 것은 지극히 어렵습니다. 그러니까 우리는 다른 쪽으로 성공하는 방법을 찾을 거예요

그레그 좋아요. 그래서 우리가 여기에 온 것 아니겠어요.

코니래 좋아요. 그럼 당신의 의붓아들인 그레그가 어떤 행동을 할 때 참을성 있게 용서하고 싶다고 생각하면서도 화를 내고 만다는 거군요. 어떻게 하면 그렇게 되나요? 화를 내기까지 무얼 생각합니까?

그레그 글쎄요, 아마 지금까지 일어났던 것을 전부 떠올리는 것 같아요.

코니래 그렇군요. 그러면 필시 저라도 그렇게 화가 나겠어요! 화를 낼 수밖에 없겠네요.

그레그 좋은 준비운동이죠?

코니래 정말로 좋은 준비운동이네요! (그레그, 코니래, 앤이 모두 웃는다.) 그럼 당신이 과거에 있었던 일들을 전부 떠올리는군요.

그레그 그렇다니까요. 항상 에릭에게 좀 다르게 행동하라고 했던 모든 것들을 떠올려요. 그러면 욱하고 감정이 올라옵니다.

코니래 좋아요. 그럼 과거의 사례를 떠올리면 어떤 결론에 이르게

되나요?

그레그 네, 우선 제 아들인 랜디가 했던 일을 생각해 보고, 그리고 사려 깊고 책임감 있는 태도에 대해 제가 예전부터 지녔던 생각을 되짚어 봅니다.

코니래 화가 날 만도 하네요. 무책임하다고 생각하고 있는 의붓아들의 행동을 당신이 이상적인 행동이라고 생각하는 것과 비교하니까요. 좋아요. 그럼 다른 각도에서 본다면 에릭이 랜디보다 좋다고 생각되는 점은 어떤 겁니까?

그레그 좀 어렵네요. 에릭의 행동 뒤에 긍정적인 의도가 있다는 것은 알겠어요. 하지만 에릭에게 그걸 말하고 싶진 않아요.

코니래 그렇군요. …… 에릭이 했던 어떤 일이 당신이 느끼기에 긍정적이었나요?

그레그 글쎄요. 에릭이 했던 어떤 일들은 무척 사려 깊다고 생각했어요. 예를 들어 앤과 저녁 식사를 하러 나갔을 때 에릭더러 운전을 하게 했는데 그 녀석이 레스토랑 입구 바로 앞에 우리들을 내려 주었죠. 아주 사려 깊다고 생각했어요. 그 아이에겐 말하지 않았지만요. (그레그가 긴장하고 멈칫거리는 것 같아 보인다.)

코니래 다시 말해, 사려 깊지 않은 것을 알아채는 것처럼 사려 깊은 행동을 알아채는 버릇이 없었군요. 그러면 이제부터 당신의 알아채는 능력을 더 좋은 데 사용해야겠네요.

그레그 맞아요.

코니래 그레그, 의붓아들과의 관계를 당신이 원하는 대로 변화시키기 위해서 지금부터 다룰 수 있는 부분이 두 개 있는 것 같군요.

하나는 화내거나 분노하거나 하는 것을 느끼는 부분, 다른 하나는 에릭이 사려 깊다고 생각해도 그것을 말하지 못하게 하는 부분. 제가 어떤 부분에 대해 얘기하고 있는지 알겠어요? (그레그가 내면을 찾아보는 동안 코니래는 잠시 작업을 중단하고 그의 상태를 관찰한다. 그레그가 고개를 끄덕인다.)

그럼 의식을 내면으로 향해 주십시오. **지금**. 그리고 당신의 무의식에게 어떤 부분이 오늘 시작하기에 가장 좋은가 알려 달라고 부탁해 보세요. …… 눈을 감고 당신의 내면에 있는 지혜로부터 받은 대답을 솔직하게 받아들이는 기분이 됩니다. 그것은 당신의 의붓아들인 에릭에 대해 화를 느끼고 있는 부분일지도 모르고 …… 아니면 그가 좋은 일을 했을 때 인정하지 못하게 하는 부분일지도 모릅니다. 아니면, 아직 우리가 눈치채지 못한 부분일 가능성도 있습니다.

그레그 제가 에릭이 한 일에 대해 기뻐할 때 그것을 그 아이에게 말하는 것을 막는 부분입니다.

∴ 부분을 체험하기

코니래 좋아요. 그럼 눈을 감고, 에릭이 두 사람을 레스토랑 입구에 내려 주었을 때의 일을 떠올려 보세요. 에릭을 사려 깊다고 느끼고 기뻐했을 때, 그 생각을 그에게 전하는 것을 막았던 것은 무엇입니까? 지금 그때를 생각해 보세요. 그때의 일을 여유 있게 느낍니다. 마음속에 무언가 그림이나 소리, 감정이 올라옵니까? 그 부분은 어디에 있나요? (그레그는 눈을 감은 채 의식을 내면으로 향한다. 미간을 찌푸리며 눈의 초점이 흐릿해지고, 깊은 호흡을 하며 얼굴에는 가볍게 혈색이 돈다. 손은 배 부분에 놓여 있다.)

부분을 받아들이고 환영하기

코니래 좋아요. 그럼 부분이 당신을 위해 어떤 목적을 갖고 있어 준 것에 대해 감사해 주십시오. 아직 그 목적이 무언지 몰라도 말이지요. (그레그가 고개를 끄덕인다.)

달성 목표 발견하기

코니래 그 부분에게 물어보십시오. "에릭이 사려 깊은 행동을 했을 때 내가 그에게 사려 깊다고 말하는 것을 막는 것을 통해 당신이 원하는 것은 무엇입니까?"
그레그 …… 논리는 다 잊어버리고 느낌대로 말하면, 에릭이 잘한 것을 인정하면 저는 아이에 대한 지배를 포기하게 돼요.
코니래 좋아요. 그 말은 부분의 목적이 지배하는 것이라는 말이군요.
그레그 하지만 그건 사실이 아니에요. 말이 안 돼요. 그건 그저 머릿속에 떠오른 말일 뿐입니다.
코니래 좋아요. 그렇다면 **더욱** 명확하게 되었어요. 그저 떠올랐다는 것, 그레그에게는 말이 안 된다는 것이야말로 이것이 옳은 방향이라는 것을 말해 줍니다. 부분은 확실한 논리를 갖추고 있지만 그

논리는 우리가 의식해서 생각하는 것과는 다릅니다. 그럼 이 내면의 부분에게 감사의 말을 전하세요. 지배하고 싶다는 것, 그리고 에릭에게 긍정적인 것을 얘기하면 지배를 포기하는 것처럼 느낀다는 것을 알려 준 것에 대해 당신 내면의 부분에게 고마움을 전하세요.

달성 목표 사슬 발견하기

코니래 마음속에서 당신의 이 부분에게 이렇게 물어보십시오. "만일 당신이 바라는 대로 충분하고도 완전히 지배권이 있으면, 그 지배권으로 얻기를 바라는 더 중요한 것은 무엇입니까?"

그레그 …… 존경이라는 말이 떠올랐어요. 저는 약한 늙은이라고 생각되는 것이 두렵습니다. 그렇게 생각되고 싶지 않아요.

코니래 좋아요. 그럼 이 부분은 존경받고 싶은 것이군요.

그레그 예. 그래요.

코니래 좋아요. 그럼 이 부분에게 다시 한 번 감사해 주세요. 당신에게 확실히 대답해 주었으니까요. 다음에 이렇게 질문해 주십시오. "존경을 받는다면 그것을 통해서 원하는 더욱 중요한 것은 무엇입니까?"

그레그 …… 단어 하나가 대답으로 떠오르네요. '편안함.'

코니래 다시 말해 이 부분은 편안한 것을 원하는 것이군요.

그레그 그런 것 같아요. 그것이 떠올랐습니다.

코니래 좋아요. 그럼 이 부분에게 가르쳐 주어서 고맙다고 전합시다. 다음으로 이 부분이 원하고 있는 더욱 근원적인 것이 있는지 보도록 합시다. 이 부분에게 물어 주세요. "만일 존경받고, 편안하게 된다면 그것을 통해서 원하는 것, 긍정적이고 당신이 **정말로** 원하는 것은 무엇입니까?" …… 이 부분은 정말로 근원적인 무언가를 원하고 있어요.

코어 스테이트 : 내면의 원천에 도달하기

그레그 …… **내면의 평화**가 나타났습니다.
코니래 좋아요. 내면의 평화라고요.
그레그 제게는 아주 중요한 겁니다.
코니래 이건 아주 중요한 부분, 근원적인 부분이로군요. 그럼 내면을 향해 당신의 이 부분에게 감사해 주십시오. 이런 귀중한 상태를 당신을 위해 원해 주었으니까요. 당신이 많이 감사하고 있다는 것, 당신 안에 이렇게 굉장한 부분이 있었다는 것을 기뻐하고 있다는 것을 전해 주십시오. 다음에 그 부분에게 물어봐 주세요. "내면의 평화를 충분하고도 완전히 손에 넣는다면, 그 내면의 평화를 통해서 더욱 갖고 싶은 것, 더욱 중요한 것이 있어요?"라고요.
그레그 아무것도 떠오르지 않습니다.

그레그의 달성 목표 사슬

다른 부분: 에릭이 무언가 긍정적인 일을 해도 나는 그것에 대해 에릭에게 말하지 않는다

달성 목표 1 : 지배

달성 목표 2 : 존경

달성 목표 3 : 편안함

달성 목표 4 : 내면의 평화

코어 스테이트와 함께 달성 목표 사슬을 되밟아 가기

코니래 좋아요. 내면의 평화가 당신의 코어 스테이트라는 것은 이것으로 명확해진 것 같네요. 이 부분은 내면의 평화를 손에 넣기 위해서는 지배하고 존경받는 것 같이 **어떤 일을 하거나 어떤 것을 손에 넣는 것이** 필요하다고 지레 짐작했던 것 같습니다. 곧 이 부분은 당신에게 아주 중요한 것을 손에 넣기 위해서 분명 아주 많이 노력해 왔을 겁니다. (그레그는 공감하며 고개를 끄덕인다.)

이 부분에게 이렇게 물어 주세요. "내면의 평화를 얻기 위해서 노력하는 것이 아니라 처음부터 내면의 평화를 **품고** 있는 상태로 시작하는 것은 어떨까?" …… 이렇게 하면 당신은 중요한 것을 다른 사람의 뜻에 맡기지 않아도 됩니다. 다른 사람에게 존경받기 위해서 많은 노력을 하는 것보다 좋겠지요. 내면의 평화라는 것은 원래 처음부터 **품고** 있는 것이니까요.

그러면 이 부분에게 이 세상에서 존재하는 방식으로 내면의 평화를 체험하게 하면 무엇이 일어납니까? — 왜냐하면 당신에게 이것은 아주 중요한 것이지요. 내면의 평화를 느끼는 것에서 시작하면 사물은 어떻게 변할까요?

그레그 좀 더 쉽게 편안한 기분이 됩니다. 지배나 존경은 중요하지 않아요. 에릭을 기쁘게 받아들이는 모습과 소리, 감각을 느끼고 있습니다.

　(그레그의 변화는 현저했다. 그의 반응에서 그가 내면의 평화라는 코어 스테이트를 다른 달성 목표에도 침투시킨 것을 알 수 있다. 그리고 그것이 그의 최초 행동까지 변화시키고 있다. 하지만 코니래는 그가 최대한의 효과를 얻도록 프로세스 단계를 하나하나 밟으며 안내해 간다.)

코니래 훌륭하네요. 그럼 이 부분에게 이 세상에서 존재하는 방식으로 이미 내면의 평화를 품고 있는 것은 편안한 감각을 어떻게 변화시켰는지 알게 해 주세요. …… 그다음에 이 부분에게 존재 방식으로 이미 내면의 평화를 품고 있는 것은 존경받는 체험 속에서 어떻게 퍼져 나가는가, 얼마나 완벽하게 그것을 변화시켜 가는가 알게 해 주십시오. …… 그다음에 이 부분에게 존재 방식으로서 이미 내면의 평화를 품고 있는 것이, 지배하는 체험을 어떻게 더 변화시키는가 알게 해 주십시오. (그레그는 끝났다고 고개를 끄덕인다.)

⋮⋮ 원래 상태를 바꾸기

…… 내면의 평화를 이미 품고 있다면 당신과 에릭이 함께 있고 그가 당신의 마음에 드는 행동을 했을 때, 어떤 식으로 느끼게 됩니까? 그 체험을 내면의 부분에게 맛보게 해 주십시오.

그레그 : 에릭에 대해 전보다 따뜻함을 느낍니다. 그에게 다가가고

싶어지는 것 같아요.

∴ 부분을 성장시키기

코니래 좋아요. 그럼 의식을 내면으로 향하고, 이 부분에게 "몇 살이에요?"라고 물어보십시오.

그레그 이 부분은 평생 거기에 있었으니까 저와 같은 나이입니다.

코니래 좋아요. 그레그, 보통 우리의 부분은 아주 어릴 때 만들어집니다. 그리고 우리와 함께 성장했어도 코어 스테이트 **없이** 우리와 **떨어져서** 성장합니다. 이해하시겠어요? (그레그가 고개를 끄덕인다.) 그러니까 부분에게 예전부터 지금까지 줄곧 내면의 평화를 품고 있는 체험을 하고 싶은지 물어보십시오. (그레그가 고개를 끄덕인다.) 당신은 당신의 무의식이 그것이 일어나도록 하게 할 수 있습니다. **지금**. 이 부분은 부분이 만들어지기 전으로 돌아갈 수 있습니다. 그리고 내면의 평화가 완전히 충만하게 합니다. …… 이 내면의 평화를 품은 채 부분은 당신의 현재 나이까지 시간 속에서 앞으로 나아갑니다. …… 내면의 평화를 품고 사는 상태를 체험하고, 즐기면서. …… 당신의 무의식이 언제 이것이 끝나는지 알려 줄 것입니다. 그러면 제가 알 수 있도록 고개를 끄덕여 주십시오. …… (그레그가 끄덕인다.)

∷ 부분을 몸에 완전히 통합하기

코니래 이것으로 당신의 부분은 존재 방식으로 내면의 평화를 손에 넣었습니다. 이미 당신에게서 떨어져 있을 필요가 없습니다. 그럼 내면의 평화를 자신의 내면으로 흘러들어 가도록 하고 전신의 세포까지 확대시킵니다. 그렇게 함으로써 내면의 평화는 당신의 모든 부분에 전달됩니다. 때로 99퍼센트의 부분은 내면의 평화와 연결되었는데 남은 1퍼센트가 그것을 원하면서도 연결되지 못하는 것 같을 때가 있습니다. 그 부분은 내면의 평화를 손에 넣기 위해서는 힘들게 노력하지 않으면 안 된다고 생각하고 있습니다. 하지만 이것으로 당신의 모든 부분은 처음부터 내면의 평화를 품고 있게 되었으므로 모든 일이 예전보다 쉽게 됩니다.

그레그 이건 이상하네요. 저의 또 다른 부분이 묻습니다. "애당초 무엇이 내가 내면의 평화를 품지 못하게 했을까요?"

코니래 좋은 질문입니다.

그레그 대답은 실제로는 "그런 것은 없어요"라는군요. 저의 그 부분은 단순히 내면의 평화에 들어가 그것을 손에 넣었습니다.

코니래 그렇습니다. 그것을 지금 하고 있는 겁니다. 부분은 무언가를 해서 사람들에게서 반응을 얻는 것으로 내면의 평화를 체험하는 것이라고 생각하는 경우가 많습니다. 그러나 문제는 내면의 평화가 그런 방식으로는 찾아오지 않는다는 것입니다. 하지만 일단 부분이 내면의 평화에서 시작하면 일이 원만하게 되어 결국에는 다른 사람에게서 존경도 받게 된다는 것을 깨달으면 부분은 기꺼이 이 방법을 따르게 됩니다. 더욱이 굉장한 것은 존경받고 싶다거나 지배하고 싶다는 것이 이미 중요한 것이 아니게 됩니다. 부분은 이미 내면의 평화를 손에 넣었기 때문이죠. **정말** 중요한 것을 이미 품고 있기 때문이지요. …… 그런데 이제 당신의 모든 부분이 이 내면의 평화를 품고 있으니 당신의 생활에서 어떤 면들이 변할까요?

그레그 아마 모든 면에서 변할 겁니다. 무언가를 할 때 전보다 훨씬 여유롭게 할 겁니다. 소송 문제에 대한 저의 태도에도 영향을 미치겠죠. 하지 않으면 안 되는 것을 화내지 않고 할 수 있게 되리라 생각합니다.

코니래 재판 같은 것은 여전히 번거롭고 많은 시간이 들겠지요. 하지만 내면의 평화를 품고 일하면 마음속으로 사리분별을 명확히 하기가 더 쉬워집니다. 사태 전체가 이전보다 더 원만하게 될 겁니다.

그레그 정말 굉장한데요. 제 평생 처음으로 이런 질문을 받았습니다. "당신이 처음부터 내면의 평화를 품고 있으면 어떻게 될까요?"라고요. 이 내면의 평화라는 것은 제가 줄곧 찾아 왔던 것이거든요.

코니래 그래요.

그레그 이 새로운 프로세스는 효과가 있네요! 다른 것들은 해 봐야 힘만 들지 잘 되지 않았어요.

코니래 힘들기만 하고 잘 안 되는 이유는, 무엇을 노력해서 해야 하는지, 무엇이 존재의 코어 스테이트인지 우리가 무의식의 차원에서 혼동하기 때문입니다. 내면의 평화는 코어 스테이트입니다. 코어 스테이트를 얻기 위해서 노력할 필요는 없습니다. 처음부터 당신 것이기 때문이지요. 코어 스테이트를 요구하며 평생을 낭비하는 사람도 있습니다만 그렇게 해도 절대 손에 넣을 수 없습니다. 예를 들어 코어 스테이트를 전해 줄 것이라고 생각하는 것을 손에 넣어도 그런 상태가 되는 것은 아닙니다. 노력이 코어 스테이트를 가져오는 것이 아니기 때문입니다. 무의식의 수준에서 단순히 그런 상태에 들어가 그것을 손에 넣는 것, 그것이 코어 스테이트를 갖는 방법입니다.

 (코어 스테이트는 매달려서 손에 넣는 것이 아니라 이미 **갖고 있는** 것이라고 코니래가 말하는 목적은 그레그가 이미 보이고 있는 무의식의 변화를 심화시키기 위해서이다.)

그레그 정말 단순하네요.

코니래 아주 단순하지요. 코어 스테이트를 얻으려고 줄곧 노력해 왔던 당신의 부분에게 접근하는 것으로 가능했지요.

성장한 부분과 함께 달성 목표 사슬을 되밟아 가기

코니래 그레그, 이것으로 지금 이 부분은 성장해서 의식과 무의식의 수준에서 당신의 전 존재, 몸 전체에 완전히 고루 미치고 있기 때문에 당신은 처음부터 이 세상에서의 존재 방식으로 이미 내면의 평화를 품고 있는 것이 어떻게 사물을 변화시키는가 느낄 수 있을 것입니다. …… (그레그가 끄덕인다.) 이 내면의 평화가 편안한 느낌을 한층 깊고 강하게 하는 것을 알 수 있겠지요. …… 그리고 다시, 존경받는다는 체험이 내면의 평화에 의해 어떻게 변해 가는가를 체험할 수 있지요. 또 이미 내면의 평화를 품고 있으면 존경을 받지 않을 때에도 그 체험을 변화시키는 것을 느낄 수 있겠지요. …… (그레그가 끄덕이며 빙긋 웃는다.) 그래요. 그것이 퍼져 나가도록 내버려 두세요. 마음으로 그것을 맛보고 감동을 느껴 보세요. 그럼 이번에는 이미 내면의 평화를 품고 있는 것이 어떤 식으로 지배하는 것을 변화시키는지 체험해 보세요. 그리고 당신이 지배하고 있지 않다고 느낄 때에도 자신의 존재 방식으로 이 내면의 평화를 품고 있는 것이 그 체험을 어떻게 변화시키는가를 체험해 보세요. (그레그가 끄덕이며 빙긋 웃는다.) 그래요. 그럼 이번에는 이미 품고 있는 내면의 평화가 에릭이 좋은 일을 했을 때 그에게 전달하는 것을 통해 더욱 깊게, 더욱 완전히, 변화하고 강해지고 빛나는 것을 체험합시다. 또 이미 내면의 평화를 품고 있는 것이 그와 함께 있을 때의 상황을 어떤 식으로 바꾸는가를 체험합시다. …… (그레그가 심호흡하며 끄덕인다. 아주 여유롭고 안정된 모습이다. 코니래는 그에게 이 상태를 음미하는 데 필요한 시간을 준다.)

저항하는 부분이 있는지 확인하기

코니래 그럼 내면으로 의식을 향해 물어 주십시오. 자신의 부분들 가운데 지금 이 세상에서 존재하는 방식으로 내면의 평화를 품고 있는 것에 반대하는 부분이 있는지.

그레그 아주 작은 부분이 지배하는 것을 잃어버리고 싶지 않다고 말하고 있습니다.

⋮⋮ 저항하는 부분을 체험하기

(반대하는 부분을 발견한 경우, 처음 부분을 다뤘던 것과 같은 방법으로 진행한다. 그리고 그 부분의 코어 스테이트를 알게 되면 부분이 그 코어 스테이트를 손에 넣을 수 있도록 프로세스를 진행한다. 그러면 그 부분이 처음 부분의 코어 스테이트에 반대하는 것이 없어진다.)

코니래 좋아요. 우리는 반대를 전부 찾아야 합니다. 더 있다면 그것도 찾읍시다. 어디에서 이 부분을 느낍니까? 듣거나 느끼거나 보거나 합니까?

그레그 네, 들렸어요 (자신의 앞을 가리키며) 여기, 그리고 몸에서 느껴졌어요.

⋮⋮ 저항하는 부분을 받아들이고 환영하기

코니래 좋아요. 처음에 이 부분이 반대 의견이 있다는 것을 가르쳐 준 것에 대해 부분에게 감사해 주세요. 이 부분은 결국에는 당신에게 아주 중요한 아군이 될 겁니다. …… (그레그가 끄덕인다.)

⋮⋮ 저항하는 부분의 달성 목표 사슬을 발견하기

코니래 우리는 이 부분이 지배하고 싶어 하는 것을 이미 알고 있습니다. 그러므로 이 부분에게 이렇게 물어 주십시오. "만약 지배를 손에 넣는다면 그것으로 당신이 원하는 더욱 중요한 것은 무엇인가요?"

그레그 …… 대답하는 데 시간이 꽤 걸리고 있어요. 의식적으로는 별로 말이 안 되는 것을 말하고 있습니다. '사람들에게 존경받기'라든가. 이 대답은 받아들이기 어렵네요. 그것은 이미 있잖습니까.

코니래 괜찮아요. 이 프로세스에서는 당신이 갖고 있든 갖고 있지 않든 관계 없습니다. 중요한 것은 존경받는 것을 이 부분이 다음 단계로 원한다는 사실이에요. 그 부분에게 물어 주십시오. "만일 당신이 다른 사람들에게 존경을 받는다면 그 존경을 통해서 원하는 더욱 중요한 것은 무엇인가요?"라고요.

그레그 안전한 느낌이에요.

코니래 좋아요. 당신을 위해 그것을 원하고 있는 이 부분에게 감사해 주세요. 그리고 이렇게 물어 주십시오. "만일 당신이 다른 사람들에게 존경을 받고, 안전한 느낌을 갖게 되면 그 두 가지를 통해서 원하는 정말로 긍정적이고 좀 더 근원적인 것은 무엇인가요?"

그레그 '기분 좋게 느끼는 것'과 '내면의 평화'라고 말하는 것이 들립니다.

코니래 (끄덕이며) 그것은 처음의 부분이 바랐던 코어 스테이트와 같은 것이네요. 여러 부분이 같은 코어 스테이트를 갖는 것은 희귀한 일이 아닙니다만, 각각이 다른 부분이므로 개별적으로 다룰 필요가 있습니다. 두 번째 부분은 또 코어 스테이트를 처음부터 갖고 있는 체험을 할 필요가 있습니다.

(존재 방식으로 내면의 평화를 갖는 것에 이의를 제기했던 부분이

같은 것을 원하는 것에 뭔가 잘못됐다고 느끼는 독자도 있을 것입니다. 그러나 이의를 제기하는 부분이 결국에 같은 것을 원하는 경우가 종종 있습니다. 어쩌면 그 부분은 처음의 몇 가지 결과에 정신을 뺏겨서 같은 것을 바라고 있다는 것을 잊어버렸는지도 모릅니다. 일단 모든 부분이 각각의 코어 스테이트와 다시 연결되면 반대는 없어집니다. 또 코어 스테이트가 같지 않은 경우에도 부분은 서로 도와주는 것이 보통입니다.)

저항하는 부분의 달성 목표 사슬

다른 부분 : 이 세상에서의 존재 방식으로 '내면의 평화'를 갖는 것에 대해 반대
달성 목표 1 : 지배
달성 목표 2 : 다른 사람으로부터의 존경
달성 목표 3 : 안전한 느낌
달성 목표 4 : 기분 좋음
코어 스테이트 : 내면의 평화

코어 스테이트와 함께 달성 목표 사슬을 되밟아 가기

코니래 명확하게 대답해 준 이 부분에게 감사합시다. 그럼 이 부분은 우리가 처음의 부분과 작업하고 있는 동안 줄곧 귀를 기울이고 들었을 텐데, 내면의 평화를 이미 갖고 있음으로써 사물이 달라지

는지를 이 부분은 아직 발견하지 않은 것 같습니다. 그러므로 의식을 내면으로 향하고 이 부분에게 물어 주십시오. "내면의 평화가 이미 이 세상에서 당신이 존재하는 방식일 때 사물은 어떤 식으로 변할까요?" (코니래의 목소리는 강하지만 부드러워진다. 코니래도 내면의 평화가 자신을 충만하게 한다. 그렇게 함으로써 그녀의 목소리가 이 상태를 반영하고 이것은 그레그가 한층 더 깊게 내면의 평화를 체험하게 한다.)

그레그 네. 부분이 그 생각을 마음에 들어 합니다. 부분은 그것을 원하고 있어요.

코니래 그럼 이 부분이 다음과 같은 것을 알 수 있도록 해 주십시오. "이 세상에서 존재하는 방식으로 내면의 평화를 이미 갖고 있는 것은 기분 좋은 경험을 어떻게 풍부하게 하나요?" …… (그레그가 끄덕인다.) 다음에, 이렇게 물어 주십시오. "이 세상에서 존재하는 방식으로 내면의 평화를 갖는 것은 당신의 안전한 기분을 어떻게 확대시키나요?"

그레그 …… 지금은 그저 거기에 있습니다.

코니래 좋아요. …… 그럼, 이 부분에게 그것을 깨닫도록 해 주세요. "이 세상에서 존재하는 방식으로 내면의 평화를 품고 있는 것은 다른 사람에게서 존경받는다는 면을 어떻게 변화시키나요?" (그레그는 의식을 내면으로 향하고 끄덕인다.)

"당신이 이미 내면의 평화를 **품고** 있을 때, 다른 사람에게서 존경받는 것은 어떻게 변화할까요?" (그레그가 끄덕인다.)

"그리고 당신의 존재 방식으로 내면의 평화를 **품고** 있을 때, 다른 사람에게서 존경받지 못하는 상황을 어떻게 변화시키나요? (그레그가 끄덕인다.) 존경을 받는 것이 덜 중요하게 될까요?"

그레그 네, 이미 예전보다는 중요하지 않습니다.

코니래 좋아요. 그럼 이렇게 물어 주십시오. "내면의 평화를 품고 시작하면 지배에 얽힌 모든 것은 어떻게 변하나요?"

그레그 …… 이것도 그다지 중요한 것이 아닌 게 되었습니다.

코니래 좋아요. 그럼 부분에게 이렇게 물어 주세요. "내면의 평화에서 시작할 때, 다른 부분들도 내면의 평화로 시작해도 괜찮아요?"

그레그 네, 부분이 이번에는 괜찮다고 말하고 있습니다.

∷ 부분을 성장시키기

코니래 그럼 두 번째 부분에게 나이를 물어 주세요.

그레그 부분이 "당신이 일곱 살 때 태어났어요"라고 말합니다. 이 부분이 태어난 때 제가 하고 있던 것이 눈에 보입니다. 이 지배의 문제는 제가 일곱 살 때 시작되었습니다. 저희 아버지가 야근을 시작했기 때문에 제가 집안에서 가장 노릇을 하게 되었습니다.

코니래 당시의 일을 돌이켜 보면 이 부분이 당신에게 좋은 일을 했던 거네요. 그 점에 대해 부분에게 감사할 수 있겠어요. 동시에 지금은 완전히 상황이 바뀐 것을 이해할 수 있겠죠. 이 부분은 당신이 일곱 살 때 태어났다는 뜻이군요. 부분은 지금도 당시의 일곱 살인 채인가요?

그레그 아니요. 성장해 있습니다.

코니래 좋아요. 그러면 다시 한 번 이 부분에게 일곱 살 때부터 시작하도록 하세요. 이번에는 부분이 내면의 평화를 품고 있어요. …… 완전히 …… 이 부분은 시간 속을 전진하고 있습니다. 이번에는 내면의 평화를 현재의 나이까지 계속 품은 채 전진합니다. …… (그레그는 끝났다고 끄덕인다.)

부분을 몸에 완전히 통합하기

코니래 끝났군요. 그럼 이 부분에게 이제 당신의 편이 되어 내면의 평화의 체험을 온전히 불러와 달라고 하세요. 지금 당신이 그것을 원하고 있다는 것을 알게 되었기 때문에 그렇게 할 준비가 되어 있을 거예요.

그레그 (그렇다고 고개를 끄덕인다.)

코니래 좋아요. 그럼 당신의 이 부분이 이미 내면의 평화를 완전히 체험하고 있습니다. (그레그가 끄덕인다.) 이 부분은 지금 어디에 있습니까? 아직 당신의 밖, 앞쪽에 있습니까?

그레그 (끄덕이며) 부분은 여기에 있습니다 (앞쪽을 가리키며) 하지만 몸의 밖이 아니고 안쪽에 있습니다.

코니래 당신의 안에 있다는 말씀이군요. 밖에서 보이기도 하지만.

그레그 그렇습니다. 그러나 내면에 있다고 느낍니다.

코니래 아주 좋아요. 부분을 내면에 갖고 들어왔을 때 그래도 부분이 아직 몸 밖에 있는 것처럼 보이는 것은 코어 스테이트를 더욱 완벽하게 체험할 수 있다는 의미입니다. 그럼 그것이 일어나는지 한 번 봅시다. 이 부분을 당신 안에 흘러들게 해 보세요. 그러면 내면의 평화를 더욱 완전히 체험할 수 있으니까요. …… 그러면 세포 하나하나가 내면의 평화를 정말로 알게 됩니다. …… 그러면 내면의 평화는 신체의 세포를 통해 확대되므로 당신은 이 내면의 평화를 최초 부분의 내면적 평화와 통합시킬 수 있습니다. …… 어떻게 느낍니까?

그레그 하나의 흐름처럼 느껴집니다.

저항하는 부분을 찾기

코니래 좋아요. 그럼 당신이 지금부터 계속해서 이 내면의 평화를 품는 것에 이의가 있는 다른 부분이 없는지 물어 보세요.

그레그 (의식의 내면을 향해 묻는다.) …… 더 이상 반대는 없습니다.

타임라인의 보편화

(여기까지는 이미 익숙한 코어 트랜스포메이션 프로세스입니다. 이제 소개하는 타임라인의 보편화는 새로운 프로세스입니다. 이 프로세스의 목적은 내면의 평화라는 코어 스테이트의 체험을 그레그가 앞으로도 계속 유지할 수 있게 하기 위한 것입니다.)

코니래 그럼 지금부터 내면의 평화 체험을 더욱 강하게, 더욱 완전히, 더욱 자동적으로 하는 것을 하려고 합니다. 이것을 '타임라인의 보편화'라고 부릅니다. 우선 당신의 과거를 모두 한 줄의 선 또는 길로 해서 당신의 뒤쪽으로 뻗어 가게 합니다. 그런 다음 당신의 미래 역시 한 줄의 선으로 해서 앞쪽으로 뻗게 합니다. 당신은 바로 여기, 현재에 있어요. 이것을 당신의 타임라인이라고 부릅니다. (그레그가 끄덕인다.)

내면의 평화를 당신의 존재 전체에 구석구석 미치게 해 주십시오. 그대로 타임라인 위로 떠올라 주십시오. 그렇게 된 다음에 타임라인 위에서 아주 앞으로, 젊을 때, 어릴 때, 당신이 잉태되기 전으로 갑니다. ……

당신이 잉태되기 전까지 왔으면 다시 시간 속으로 내려가 주십시오. 잉태의 순간으로, 당신은 이미 내면의 평화를 존재 방식으로 품고 있습니다. ……

거기에 들어가자마자 당신은 타임라인 안에서 앞으로 전진해 갈 수 있습니다. 체험하는 한 순간 한 순간이 내면의 평화에 물들고 변화하고 빛나게 됩니다. ……

당신은 무의식의 차원에서 내면의 평화가 확대되고 더욱 완전히, 더욱 강하게 되어 가는 것을 느낍니다. 당신의 무의식이 점점 현재에 가까워짐에 따라 과거의 모든 것이 과거 체험의 매 순간에 걸쳐 빛나는 내면의 평화에 의해 변화합니다. 그렇게 해서 현 시점에 도착하면 이번에는 같은 타임라인의 미래로 나아갑니다. 이미 손에 넣은 내면의 평화가 미래를 어떻게 물들이고 변화시키는가 느껴 보십시오. …… 만약 원한다면 다시 한 번 이것을 반복합니다. (그레그가 끄덕인다.)

자, 이번에는 새로운 차원의 내면의 평화에서 시작해서, 첫 번째보다 그것을 더욱 완전하게 합시다. 타임라인에서 떠올라서 잉태의 순간 전까지 날아가, 시간 속으로 들어갑니다. 자, 갑시다. (코니래는 "슝~"이라는 소리를 낸다.) 현재까지 …….

이번에는 미래로. (슝~) ……

만약 원한다면 다시 한 번 반복해도 좋습니다. 이번에는 짧은 시간에 합니다. (그레그가 끄덕인다. 코니래는 잠깐 쉬면서 기다린다.)

무언가 의식적으로 깨닫게 되는 것이 있습니까?

그레그 특별히 의식적으로 깨닫게 되는 것은 없습니다.

코니래 좋아요. 만일 당신의 무의식이 한층 더 내면의 평화를 가졌으면 하고 바란다면 꿈을 통해서 알려 줄지도 모릅니다. 그 꿈에서 내면의 평화가 이런저런 상황에서 어떤 차이를 만드는지 알아보게 해 줄 것입니다.

∴ 결과를 확인하기

(다음 질문은 그레그의 변화가 완벽했는지 확인하기 위해서, 또한 앞으로도 통합이 계속되도록 한 것입니다. 그레그의 몸짓이나 표정과 같이 비언어적인 반응, 그리고 말로 하는 보고 모두 세션의 처음과는 완전히 달라져 있습니다.)

코니래 이제 에릭이 당신의 맘에 드는 행동을 하는 때를 생각하면 어떤 일이 벌어집니까?

그레그 (시간을 두고 내면을 찾는다.) 그것에 고마운 마음이 들고 기쁩니다.

코니래 좋아요. 그럼 에릭이 **그런 행동**을 했다고 생각하면 어떤가요? 당신을 더욱 화나게 했던 행동 말입니다. (그레그는 사소한 것이라고 말하듯이 어깨를 으쓱한다.) 대단한 일이 아니라고요? 좋아요. 그럼 지금부터 앞으로 내면의 평화를 품고 시작할 때 예전의 당신의 행동을 뒤돌아보면 어떤 느낌이 듭니까? 아주 불편한 기분인가요, 아니면 자비심 같은 것입니까?

그레그 자비심이라고 생각합니다.

코니래 그럼 과거의 당신을 돌아볼 때, 이해할 수 있게 되었군요.

그레그 (끄덕이며) 제가 목표했던 것이 나쁜 것은 아니었어요.

코니래 그 말씀대로예요. 그래요. 부모로서 당신 마음속에는 자신이 나아갈 방향, 그리고 자식이 나아갈 방향이 있을 겁니다. 그렇죠? (그레그가 끄덕인다.) 당신이 에릭을 위해 갖고 있었던 좋은 방향은 어떤 식으로 변했나요?

그레그 …… 에릭을 위해 새로운 방향이 생기지는 않았어요. 행복하고 성공했으면 좋겠지만 중압감이나 긴장은 전혀 느끼지 않습니다. 예전에는 책임감을 느꼈어요.

코니래 마치 당신이 그것을 만들 책임이 있는 것처럼 느꼈겠군요.

그레그 맞아요. 에릭에게 저의 실수를 반복하게 하고 싶지 않았습니다.

코니래 그럼 에릭에 대해 생각하면서 지금 에릭을 향한 당신의 태도에 대해 생각해 보세요.

그레그 …… 웬일인지 중압감이 느껴지지 않아요. 문제는 그에 대해 책임을 지는 것이 아니라 제가 다른 사람과 어떻게 관계를 맺는가 하는 것이니까요.

코니래 그건 정말로 중요한 것이지요.

 (이 과정 처음에는 나오는 몇 가지 부분 중에서 열쇠가 되는 부분을 고르고 작업하면 다른 부분이 자동적으로 변하는 일이 있습니다. 그레그의 경우, 세션의 처음에는 에릭의 일을 생각하거나 말할 때 그 표정과 목소리에서 화가 느껴졌습니다. 그러나 세션이 끝날 즈음에는 같은 것을 생각해도 차분하고 부드러웠습니다. 이 변화는 화를 드러냈던 부분을 직접 다루지 않아도 일어났습니다. 나중에 확인해 본 결과, 변화는 유지되고 있었습니다. 만일 그렇지 않았다면 화를 내고 있던 부분을 직접 다루는 것이 바람직했을 것입니다.

 이 면담은 부부가 함께 하는 것이었습니다. 그레그가 중대한 긍정적인 변화를 만들어 냈으므로 코니래는 이제 그의 부인인 앤에게 주의를 돌렸습니다. 앤에게도 그녀에게 가장 중요한 부분에서 비슷한 변화를 만들 수 있는 기회를 주기 위해서였습니다. 그 세션은 여기에는 포함되어 있지 않습니다.)

∴ 사후 점검

세션을 마치고 일주일 후 그레그는 코어 트랜스포메이션 프로세스의 결과에 대해 다음과 같이 보고했습니다. "얼마 전의 세션은 정말 감동적이었습니다. 지금도 아직 강렬하게 마음에 남아 있어요. 모든 것이 변했습니다. 이번 주에 정말 긍정적인 변화가 있었어요. 예전 같으면 저를 갈기갈기 찢어 놓았을 법한 일들이 있었는데 저는 아무렇지도 않았어요. 우리가 정말로 저의 낡은 생각을 바꾸었나 봐요!"

그 1년 후 그레그는 이렇게 말했습니다. "가장 흥분되는 것은 마음의 평화를 얻기 위해 저 자신의 밖으로 나갈 필요가 없다는 깨달음이었습니다. 그 깨달음은 1년 전에도 커다란 변화를 불러일으켰지만 지금도 계속되고 있습니다. 저를 화나게 하는 일은 지금도 일어납니다만 그것들은 더 이상 제게 '화를 폭발시키는 스위치'는 아닙니다.

그레그와의 세션 정리

:: 그레그의 목표 : 의붓아들과의 관계를 개선하기

1. 다룰 부분을 정하기 – 에릭이 무언가 좋은 일을 했을 때, 그것을 인정하는 말을 하지 않는 것

    - 부분을 체험하고 받아들이고 환영함

2. 목적을 발견 / 최초의 달성 목표
3. 달성 목표 사슬 발견하기
4. 코어 스테이트 : 내면의 평화
5. 코어 스테이트와 함께 달성 목표 사슬을 되밟아 가기
6. 부분을 성장시키기
7. 부분을 완전히 몸에 통합하기
8. 성장한 부분과 함께 달성 목표 사슬을 되밟아 가기
9. 저항하는 부분이 있는지 확인하기

    두 번째 작업할 부분을 발견 : 이 세상에서의 존재 방식으로 내면의 평화를 갖는 것에 반대하고 있음

    - 달성 목표 사슬과 코어 스테이트를 발견하기
    - 달성 목표 사슬을 되밟아 가기
    - 부분을 성장시키기
    - 부분을 완전히 몸에 통합하기

- 저항하는 부분이 있는지 확인하기

10. 타임라인의 보편화

17 모든 부분과 함께 프로세스를 완결하기

구조를 이해하기

> 무기도 그를 부술 수 없고
> 불도 그를 태울 수 없고
> 물도 그를 적실 수 없으며
> 바람도 그를 흩뜨려 버릴 수 없다.
> 그는 영원하고 모든 것에 깃들어 있으며
> 미세하고, 옮길 수 없으며, 언제나 그대로이다.
> – 바가바드 기타

그레그의 예를 통해 독자들은 코어 트랜스포메이션 프로세스의 10단계를 모두 체험할 수 있었습니다. 코어 스테이트의 훈련, 부분의 성장, 부분을 몸에 완전히 통합하기만으로도 강력하고 오래 지속되는 효과를 얻을 수 있습니다. 그러나 때로는 다른 부분이 그 문제에 관련되어 있을 수 있습니다. 그런 경우에는 문제에 연관된 모든 부분에 대해 코어 트랜스포메이션 프로세스를 실행함으로써 심도 있는 변화를 기약할 수 있습니다.

9단계_ 저항하는 부분이 있는지 확인하기

그레그가 최초의 부분과의 작업, 즉 의붓아들의 좋은 행동을 인정하고 그것을 말로 표현하는 것을 피하고 있는 것에 대한 작업을 마쳤을 때 프로세스는 완료된 것처럼 보였습니다. 하지만 여기서 다른 부분이 문제와 연결되어 있는지를 알아보는 것이 중요했습니다. 만일 이 밖에 관련된 부분이 있고 그것이 코어 스테이트를 갖고 있지 않은 경우, 원하는 결과를 얻지 못할 가능성이 있습니다.

저항하는 부분이 있는지 확인하는 것은 매우 간단합니다. 최초의 부분과의 작업을 마쳤을 때 내면을 향해 "이 세상에서의 존재 방식으로 코어 스테이트를 갖는 것에 이의가 있는 부분이 있어요?"라고 묻습니다. 만일 대답이 "네"라면 그 부분을 코어 트랜스포메이션 프로세스로 초대합니다.

저항하는 부분이 주는 선물

자기 내면에서 저항하고 이의를 제기하는 부분을 발견하면 당황하거나 실망하는 사람이 종종 있습니다. 그것은 그 이의가 자신의 방법을 방해하는 것이라고 잘못 이해했기 때문입니다. 그러나 이의를 제기하는 부분이 나타났을 때 그것은 우리의 인생을 바꾸기에 충분할 정도로 풍요롭고 강력한 코어 스테이트를 갖기 위해서 필요한 것을 우리에게 줍니다. 그레그가 내면의 평화를 그의 최초의 부분에서뿐만 아니라 처음에는 저항했던 두 번째의 부분에서도 손에 넣었을 때, 그의 코어 스테이트는 아주 강해졌습니다.

내면의 부분은 각각 우리 안에 존재하는 일정한 에너지를 표현하고 있습니다. 그러므로 내면의 부분을 전부 포함하는 것은 문자 그대로 힘을 획득하는 것이 됩니다. 에너지가 분열하는 것이 아니라 조화를 이루어 흐르기 시작하는 것입니다.

부분이 펼쳐지는 방식은 코어 트랜스포메이션 프로세스를 실행할 때마다 조금씩 달라집니다. 다음 장에서는 '포함하지 않으면 안 되는 부분의 분류 방식'을 주제로, 여러 가지 유익한 사례를 통해 어떻게 다른 사람들의 부분이 열렸는지 보게 될 것입니다. 그럼으로써 여러분은 자기 부분의 독자적인 전개 방식을 환영하고 대응할 준비를 하게 됩니다.

10단계_ 타임라인의 보편화

문제에 관련된 모든 부분이 코어 스테이트를 지니고 당신의 현재 나이까지 성장하고 당신의 몸과 존재 안까지 들어오면 타임라인의 보편화를 하면 좋습니다. 이 프로세스는 과거, 현재, 미래라는 시간을 통해서 줄곧 당신이 이런 상태로 있는 것을 가능하게 하는 것으로 코어 스테이트를 증폭시킵니다. 그리고 불쾌하고 고통스러웠던 과거의 일을 치유하고 지금부터는 어떤 상황에서도 언제나 간단하고도 자동적으로 코어 스테이트에 접근할 수 있게 해 줍니다.

18 통합할 필요가 있는 부분을 알아보기

가이드라인과 실례

> 인간이라는 존재는 다른 생물보다도 숭고한 본성을 지니고 있다.
> 우리의 모든 면에서 자신을 알고 그 가치를 높이 평가함으로써
> 우리는 그 숭고한 본성에 도달할 수 있다.
> — 버지니아 사티어, 《아름다운 가족(The New Peoplemaking)》

저(코니래)는 20여 년 간 개인의 성장을 돕는 일에 종사해 왔습니다. 그리고 그동안 이런저런 프로세스를 쓰고 가르쳐 왔습니다. 그 체험 중에서도 코어 트랜스포메이션 프로세스는 가장 실패가 없는 방법이었습니다. 이 단순한 방법으로 문제의 개선에 항상 두드러진 결과를 가져올 수 있었습니다. 그 부분의 코어 스테이트에 도달하는 것으로 우리는 제약 조건이 존재하는 차원을 훌쩍 넘어설 수 있습니다. 만일 작업이 잘 진행되지 않을 때에는 대개의 경우 곧바로 다루어야 할 부분이 그 밖에 있다는 것을 보여 주는 것입니다. 다른 부분을 발견할 때인 것입니다.

이 장에서는 문제에 한 개 이상의 부분이 관련되어 있는 경우 그

것을 발견하기 위한 지침과 실례를 소개합니다. 이 예들을 작업이 필요한 부분을 찾는 데 참고로 하시기 바랍니다.

∴ 프로세스를 실행하기 전_ 처음부터 존재하고 있는 부분

당신이 프로세스를 시작하기 전부터 다루는 부분이 하나 이상 있다는 것을 아는 경우가 있습니다. 불안정한 부분은 대개 짝을 이루고 있어서 둘은 내면의 갈등으로 정반대의 태도를 보입니다. 어떤 여성은 이렇게 말합니다. 한 부분은 언제나 사람들의 중심에 서서 주목을 받고 싶어 하고, 다른 부분은 벽에 딱 붙어서 숨어 있고 싶어 한다고 말입니다.

달라라는 여성은 직업 선택 문제로 곤란을 겪고 있었습니다. 그녀의 부분은 당시 일하고 있던 큰 회사를 그만두고 싶어 했습니다. 직장 환경의 많은 문제에 대해 그녀는 불만을 느꼈습니다. 그러나 달라는 그만두지 않았습니다. 그녀가 일을 그만두지 않았던 것은 다른 하나의 부분이 관련되어 있다는 힌트였습니다. 곧, 그 부분은 그녀를 일에 묶어 두고 있었던 것입니다. 그 부분은 그녀의 자리가 그녀에게 약속하고 있는 안전을 원했던 것입니다. 그녀는 이 두 부분이 서로 반목하고 있으므로 앞으로 나아갈 수 없었습니다. 어느 쪽으로 정하든 만족하지 못하고 그것을 자신의 판단이라고도 느낄 수 없었기 때문입니다. 마치 자신의 한 부분을 희생하면서 다른 부분을 선택해야 하는 것 같았습니다. 회사를 그만둔다면 그녀의 한 부분도 함께 뒤에 남겨지는 것 같았을 겁니다.

달라는 이 문제를 해결하기 위해 코어 트랜스포메이션 프로세스를 실행했습니다. 그 결과 두 부분의 코어 스테이트는 모두 '평화롭게 있는 것'이라는 것을 알았습니다. 그리고 프로세스를 통해 두 부분을 통합하고 전체적인 안목에서 결단을 내리기 위한 조화를 얻었습니다. 두 부분을 대상으로 코어 트랜스포메이션 프로세스를 실행하고 1개월 후, 달라는 자신이 회사를 그만두고 싶다고 확신했습니다. 그녀는 예전보다 내적으로 통합되어 있었기 때문에 전체적으로 볼 때 자신에게 좋은 결정을 내릴 수 있었습니다. 달라는 돌연하게 회사를 그만두거나 해고당할 만한 행동을 하는 대신에 상사에게 솔직히 얘기했습니다. 상사는 그녀를 해고해 주었고 그녀는 3개월의 실업 수당과 건강보험을 적용받았습니다. 이것은 그녀가 새로운 직장으로 옮기기까지 편안하게 생활할 수 있게 도와주었습니다.

어떤 부분에 짝을 이루는 부분이 있는지 알기 위해서는 처음에 다룬 부분의 반대 부분이 있는가를 살펴보면 좋습니다. 예를 들어 어떤 습관을 해결하려 할 때 '그것을 하게 만드는' 부분에서 시작합니다. 그런 다음, 그것을 **하지 않게** 하고 싶어 하는 부분이 있는지 알아봅니다.

브렌다의 경우, 하나의 부분은 많이 먹으려 하고 과자를 먹고 싶어 했습니다. 다른 한 부분은 먹는 것에 지나치게 엄격해서 단식을 하고 싶어 했습니다. 엄격한 부분은 그녀가 시리얼과 과일 주스 외의 것을 먹으면 죄의식을 느꼈습니다. 브렌다가 균형을 찾기 위해서는 양쪽 부분을 다룰 필요가 있었습니다.

미셸의 경우는 그녀에게 호의를 갖는 사람들에게 깊이 의존하는 여러 부분이 있었습니다. 그녀는 다른 사람들이 자신을 좋아하도록 '만들기' 위해서 사실은 자신이 하고 싶지 않은 일을 한다는 것을 발견했습니다. 또 이것과 반대로 완전히 다른 사람을 피하고 싶어 하는 부분이 있다는 것도 알게 되었습니다.

크레이그의 경우에는 다른 사람에게 완벽하게 봉사하고 싶다고 하는 부분이 있었습니다. 이 부분은 이기적인 욕망은 전혀 없었습니다. 하지만 그에게는 자신을 위해서만 행동하는 것을 원하고 있어서 다른 사람의 일을 전혀 고려하지 않는 다른 부분도 있다는 것을 알게 되었습니다. 물론 그가 부족함이 없는 온전함을 느끼기 위해서는 이 두 부분을 통합하는 것이 중요했습니다.

우리는 보통 어떤 극단적인 부분이 있으면 그것과 정반대 측면의 다른 극단적인 부분을 갖게 마련입니다. 그리고 어느 쪽이든 한쪽을 필요 이상으로 의식하고 있습니다. 때에 따라 한쪽을 '좋은 것', 다른 한쪽을 '나쁜 것'이라고 생각하기도 합니다. 이런 경우에는 양쪽을 다루고 양극단의 것을 통합하여 조화를 이룬 전체로 만드는 것이 가장 조화로운 자신이 되는 방법입니다.

∷ 명백한 저항

그레그의 예에서 한 부분과 작업한 후에, 코니래가 그레그에게 의식의 내면을 향해 이렇게 질문하도록 했습니다. "부분 중에 내가 이 세상에서의 존재 방식으로 내면적인 평화를 품고 있는 것에 이의가 있는 부분이 있어요?" 이렇게 질문하면 이의가 있는 부분이 나타나기 쉬워집니다. 그레그는 다른 한 부분이 지배를 원하고 있다는 것을 알게 되었고 그 코어 스테이트가 내면적인 평화라는 것을 발견했습니다.

그러나 당신이 묻지 않아도 프로세스의 한가운데에서 이의가 있는 부분이 출현할 가능성이 있습니다. 이런 부분은 이미지, 말, 소리, 감정 등 이런저런 방법으로 그 존재를 알려 옵니다. 메리 조는 어떤 부분을 다루고 있을 때 내면의 목소리가 "그만둬요"라고 말하는 것을 들었습니다. 벤은 프로세스의 한가운데에서 멈춰 버려서 "무언가 이 부분과 저와의 사이에 벽돌담이 생긴 것 같아서 대답을 받을 수 없게 되었다"라고 말했습니다. 이의를 제기하는 것이 강력한 경우에 가장 좋은 것은, 작업의 대상을 우선 이의를 드러내는 부분으로 바꾸고 그다음에 원래의 부분에 돌아와 프로세스를 종료하는 것입니다.

이의를 제기하는 부분이 도중에 방해하는 것에 대해 대부분의 사람들은 "세상에, 나는 그런 것들은 싫다고!"라고 생각하게 마련입니다. 그리고 한쪽으로 치워 두려 한다든가, 자신이 생각한 대로 만들기 위해서 부분을 설득하려고 합니다. 그러나 어느 쪽의 방법도 잘 되지 않습니다. 제대로 주목을 받지 못한 부분은 저항하고 변화를 방해하게 됩니다. 사람에게 변화를 가져오는 방법에는 코어 트랜스포메이션 프로세스 외에도 여러 가지가 있습니다만 대부분의 방법에서는 이의를 해결해야 하는 문젯거리로 다룹니다. '저항'이라는 딱지를 붙이고 뛰어넘는다든지 돌파하려고 하는 것입니다.

그러나 이런 부분은 자신의 편으로 환영하는 쪽이 훨씬 유익합니다. 코어 트랜스포메이션 프로세스는 우리가 통합된 완전체가 되기 위해서는 어떤 부분도 중요하고 가치가 있으며 필요하다고 생각합니다. 이의를 외치는 부분에 대해 코어 트랜스포메이션 프로세스를 실행하여 그 부분이 필요로 하고 있는 내면적 상태를 만들어 주고 그다음에 내적인 자원으로서 그들의 존재를 인정해 주는 것입니다.

보니가 원하는 것은 자신 안의 격심한 분노를 다루는 것이었습니다. 그 분노를 만들어 내는 부분과 작업을 시작하자마자 머리와 목이 뜨겁게 되는 것을 느꼈습니다. 그 부분은 분노하는 것이 모든 사물이나 사람을 전부 지배하고 싶기 때문이라고 말했습니다. 그리고 그녀는 왼쪽 귀에서 놀란 목소리가 이렇게 외치는 것을 들었습니다. "절대 안 돼요! 지배받는 건 정말 싫어요! 이 부분을 멈춰 줘요!" 그녀는 이 저항하는 부분과 작업했습니다. 그것은 안전, 자유, '존재'감을 원하고 있었습니다. 보니가 이 부분과 작업을 끝내서 이 부분이 **정말** 원하고 있는 것, 즉 존재감을 얻게 되자 이 부분은 행복하게 되었습니다. 그다음 보니는 자신의 편이 된 새로운 부분과 함께 모든 것을 지배하고 싶던 이전의 부분으로 돌아갔습니다. 보니는 거기서 모든 것을 지배하고 싶은 것은 안심하고 싶기 때문이라는 것을 알 수 있었습니다. 그 부분은 안심한 상태로 '있는 그대로' 있고 싶었던 것입니다. 그렇게 하면 '모든 것과의 연결'이 가능하게 되고, 그러면 '하나 됨'을 체험할 수 있기 때문입니다. 보니는 두 부분에 대해 코어 트랜스포메이션 프로세스를 실행한 결과,

최종적으로는 두 개의 코어 스테이트를 데리고 체험을 변화시킬 수 있었습니다.

잭에게는 여자와 데이트하는 것을 방해하는 부분이 있었습니다. 조금이라도 데이트를 생각하면 불안해지고 자신을 너무 의식하게 되었습니다. 이 부분을 다루는 데 착수해서 잭이 발견한 것은, 그 부분은 그가 안전하게 있었으면 하고 바란다는 것이었습니다. 안전하게 있다면 사랑받는 것을 느낄 수 있으리라 여기기 때문이었습니다. 그때 다른 한 부분이 이의를 제기했습니다. "그건 바보스런 생각이에요! 그러면 절대 사랑받는다고 느낄 수 없다고요! 자신을 속일 필요는 없잖아요." 잭은 이 부분을 다루는 데 착수해서 결과적으로는 이 부분이 '무조건적인 사랑'이라는 코어 스테이트를 갖고 있는 것을 알게 되었습니다. 그리고 그는 처음의 부분을 다루면서 이 부분도 같은 코어 스테이트를 갖고 있는 것을 발견했습니다.

외과의사인 네이딘은 감정을 느끼는 것을 방해하는 부분을 다루기 시작했습니다. 그리고 이 부분을 자기 앞을 가로막아서는 갑옷으로 체험했습니다. 코어 스테이트에 가까워짐에 따라 이 갑옷은 점점 부드럽게 되어 결국은 벨벳 드레스처럼 되었습니다. 그때 돌연 그녀와 벨벳 드레스 사이에 검은 칸막이가 나타났습니다. 무엇을 원하느냐는 질문에 대해 그 칸막이는 "네가 약해지는 것을 막고 싶다"라고 대답했습니다. 네이딘은 그 검은 칸막이를 다룬 후에 벨벳 드레스를 다루었습니다.

∷ 프로세스를 실행하는 동안_ 부분의 미묘한 간섭이 있는 경우

프로세스를 하는 것이 어떤 이유로 어려운 경우, 그것이 무엇을 뜻하는지 아세요? 그런 어려움은 아주 쉽게 새로운 내면의 부분이나 새로운 내면의 축복의 근원이 될 수 있습니다. 여기서 필요한 것은 단지 그것이 어떤 종류의 문제인가를 아는 것입니다. 그리고 그것을 당신에게 도움을 주는 부분으로 생각하는 것입니다.

케빈은 일을 우물쭈물 미루는 경향을 다루었습니다. 달성 목표 사슬을 발견하는 것에 이르러 그는 프로세스에 집중하는 것이 어렵게 되어 "멍해진다"라고 호소했습니다. 그는 이 프로세스 자체가 자신에게 맞지 않는다고 생각했습니다. 거기서 저는 멍해지는 것 자체가 하나의 부분으로서 프로세스에 포함시켜야 할 부분이라는 것을 설명하고 어디서 어떻게 멍해지는가를 의식하도록 했습니다. 그러자 머릿속에서 어떤 감각을 느꼈는데 마치 그의 일부가 둥둥 떠내려가는 것과 같다고 했습니다. 그가 이 부분에게 "둥둥 떠내려가는 것으로 무엇을 원하고 있어요?"라고 묻자, 부분은 "보호"라고 대답했습니다. 케빈은 이 대답이 이해할 만하다고 말했습니다. 그는 학교, 직장에서 무엇이 일어날지 모를 때 멍하니 있던 것을 떠올렸습니다. 그는 이 멍하게 있는 부분과 프로세스를 실행하고, 그 코어 스테이트가 '신과 하나 됨'라는 것을 알아냈습니다. 그다음에 어영부영 일을 미루는 문제에 착수했습니다.

'방해'가 들어왔을 때 가장 간단히 자신을 존중하는 방법은 방해하고 있는 부분과 즉시 작업에 착수하는 것입니다. 잠시 멈추고, 처음에 다뤘던 부분에게 나중에 다시 돌아와서 프로세스를 끝낼 것이라고 알려 준 후에 방해하고 있는 부분을 상대로 모든 프로세스를 실행합니다. 이것으로 방해는 없어지게 됩니다.

또 미묘한 간섭은 다른 형태로 나타나기도 합니다. 두통이나 신체의 통증, 돌연히 일어나는 강렬한 감정, 불안, 계속 일어나는 생각 등, 프로세스를 방해하는 것은 무엇이든 간섭이라고 생각해도 좋습니다. 이 밖에 흔히 있는 부분의 미묘한 간섭에 대해서는 다음에 나오는 '마음의 지껄임', '답을 찾으려고 함', '자신을 비판하기'의 항목에서 설명하겠습니다.

∴ 마음의 지껄임

흔한 간섭 중 하나가 '마음의 지껄임'입니다. 의식을 내면으로 향하면 우리의 마음이 작업을 하려는 부분에는 집중하지 못하고 다른 것들에 정신이 팔릴 수 있습니다. 집을 나올 때 불을 끄고 나온 건지 심란해하거나, 다음 주의 회의를 걱정하거나, 또는 친구와 다툰 것을 곱씹고 있는 자신을 발견하게 되지요.

이런 마음의 지껄임에는 저항하지 않고 그것을 자기편으로 하는 방법을 찾도록 합니다. 마음의 지껄임을 하나의 부분으로 다루는 것이지요. "무엇을 원하고 있어요?"에서 시작하면 여러분은 이 내면 부분의 코어 스테이트를 발견하는 길에 들어서게 됩니다. 이런 종류의 부분을 다루는 것은 처음의 문제만을 다루는 것보다 큰 결과를 가져다줍니다. 마음의 지껄임은 아마도 다른 상황에서도 방해를 했던 적이 있었을 테니까요. 그러나 이 부분이 자신의 코어 스테이트에서 비롯되면 당신 편이 됩니다.

∷ 답을 찾으려고 함

사람에 따라서는 의식을 내면으로 향하고 부분에게 "무엇을 원하고 있어요?"라고 묻자마자 내면의 부분이 대답하는 것을 기다리지도 않고 의식적으로 대답을 '찾아내려고' 하는 사람이 있습니다. 분석하고 이해하는 것은 미국 문화의 특징으로 일반적으로는 도움이 됩니다. 하지만 자동적으로 분석하는 습관은 프로세스를 **방해하려는** 의식이 없어도 프로세스의 걸림돌이 되어 버립니다. 이런 경우는 이런 경향 그 자체를 하나의 부분으로 다뤄서 그 코어 스테이트를 찾음으로써 방해를 축복으로 간단히 바꿀 수 있습니다.

베스라는 여성은 프로세스의 모든 단계에서 어려움을 겪고 있었습니다. 의식을 내면으로 향하면 곧 내면에서 돌아오는 반응을 받는 것이 아니라 대답을 '생각해 버리는' 것이었습니다. 그리고 내면의 체험을 제게 보고하는 대신에 자신이 '생각한' 대답을 설명하는 것이었습니다. "음, 부분이 저를 위해 보호를 원하고 있다고 **생각해요**. 왜냐하면 보호야말로 이 문제의 핵심이었기 때문이지요"라는 식으로 말입니다. 베스는 이치에 맞도록 문제의 해결을 생각하려 하면서 부분이 표현하는 것에는 신경 쓰지 않았습니다. 그녀는 무엇이든 자신이 답을 찾으려는 경향이 아주 강했습니다. 그것을 말해 주자 그녀는 그냥 내면을 향하고 주의를 기울이는 것이 더 낫다는 데에 동의는 했지만 그렇게 할 수가 없었습니다. 모든 일에 대해 대답을 계산해서 결과를 예측하는 버릇이 붙어 있었기 때문입니다. 결국 돌파구가 된 것은 '자동적으로 모든 일에 대답을 내고 싶어 하는' 부분을 다루는 것이었습니다. 이 부분과 작업한 후에도 베스는 여전히 같은 기분을 느꼈기에 알아보니 또 다른 부분이 같은 행동을 일으키는 것을 알게 되었습니다. 처음의 부분은 이마의 앞에서 말을 걸어 오는 목소리였고 두 번째 부분은 두개골의 뒤에 있는 목소리였습니다. 이 두 부분의 코어 스테이트를 발견한 후에 차츰 그녀의 다른 부분들이 방해받지 않고 자신을 표현하는 것이 가능해졌고 나머지 프로세스는 일사천리로 진행되었습니다.

저(코니래)도 스스로 처음 프로세스를 실행했을 때 부분에게서 대답을 얻는 것에 상당한 어려움을 겪었습니다. 모든 대답을 의심하고 따지려 드는 자신을 발견했습니다. 저는 그 대답이 옳은 것인지를 완벽히 **확신**하고 싶었기 때문에 앞으로 전진하는 것이 어려웠습니다. 저는 이런 경향을 하나의 '부분'으로서, '반응을 하나하나 의심하는 부분'으로서 다루었습니다. 그 결과, 제 안에 같은 부분이 몇 개나 있는 것을 알게 되었습니다. 그리고 시간을 두고 이런 부분과 작업을 하여 코어 스테이트에 도달하게 했습니다. 그 뒤로는 부분의 반응을 받아들이는 것이 아주 간단히 되었습니다. 이제는 프로세스가 아무런 문제 없이 쉽게 진행됩니다.

이런 '간섭하는' 부분에 착수하는 것은 프로세스를 단순히 부드럽게 하는 것 이상의 가치를 줍니다. 이런 부분은 이 세상에서의 우리 존재 방식의 중요한 측면을 보여 주고 있는 경우가 많습니다. 예를 들어 제가 대답을 의심하는 부분에 착수했을 때 이것이 제 '인생의 주제'였던 것을 처음으로 알게 되었습니다. 저는 **자기 자신**을 인생의 이런저런 면에서 의심해 왔습니다. 저는 이 부분과 작업하는 것으로 인해 더욱 편하게 확신하면서 삶을 살아가는 능력을 얻었습니다.

저(타마라)는 한때 사귀고 있던 사람에게서 제가 그의 행동을 이렇게 저렇게 지배하고 싶어 하는 면이 있다는 얘기를 들었습니다. 동시에 그의 자유와 독립을 지켜 주고 싶어 하는 면도 있는 것 같다는 얘기를 들었습니다. 이 일이 일어났던 때는 제가 우리 둘 사이에 일어나고 있는 일련의 변화에 대해 확신 없어 할 때였습니다. 저는 스스로 다른 사람을 지배하고 있다고 느낀 적이 없습니다만 그가 때때로 그렇게 느낀다고 얘기하니까 그런 가능성을 찾아보기로 했습니다. 제가 내면을 향해 그의 행동을 지배하고 싶어 하는 부분이 있는지 물었을 때였습니다. 저의 어떤 부분이 무의식이 주는 대답을 기다리지 않고 답을 찾으려고 애쓰는 것을 깨달았습니다. 저는 방향을 틀어서 이 부분과 작업을 했습니다. 그리고 이 부분에게 "다른 부분을 위해 대답을 생각하는 것으로 당신은 나를 위해 무엇을 원하고 있어요?"라고 물어보았습니다. 그 결과, 이 부분은 제 인생을 컨트롤하기 위해서 대답을 정하고 싶어 한다는 것을 알 수 있었습니다. 달성 목표 사슬을 밟자 다음과 같이 되었습니다.

작업한 부분 : 다른 부분을 대신해서 대답을 내기
달성 목표 1 : 나의 인생을 컨트롤하기

달성 목표 2 : 보호
달성 목표 3 : 안전
코어 스테이트 : 존재하는 것

이 부분과 작업하고 있을 때 네 살의 타마라가 자신을 지키기 위해서 벽 뒤에 숨어 있는 이미지가 떠올랐습니다. 거기서 이 부분에게 '그저 존재함'을 최초의 상태로서 체험하게 했습니다. 얼마나 기분이 좋던지요! 보호하고 싶다든가 안전한 것과 같은 것은 그 앞에서 별것 아닌 것으로 만들었습니다. 벽의 이미지가 무너져 버렸습니다. 이 부분이 존재감으로 가득 찬 채 성장함에 따라 부분의 목적이 자신의 인생을 '통제하고 싶다'에서 인생을 '잘 보살피고 싶다'로 옮겨 가는 것을 느낄 수 있었습니다. 그리고 다시 애인을 지배하고 싶은 부분으로 돌아가자 그것은 이미 변해 있었습니다. 둘 사이를 통제하는 것이 아니라 관계를 '보살피는' 것을 원하고 있었습니다. 그것은 로봇을 조종하는 것에서 화단을 가꾸는 것으로 변화하는 것이라고 말할 수 있을지 모르겠습니다. 또 그 결과, 그의 자유를 지키고 싶어 하는 저의 부분은 긴장을 풀고 편안하게 되었습니다.

이 프로세스를 하기 전에는 그가 화를 내면 저도 그가 저에게 화를 낸 것에 대해 화가 났었습니다. 저는 다른 사람도 화를 낼 수 있다는 것을 아무리 노력해도 인정하기가 쉽지 않았습니다. 그러나 프로세스 후에는 그가 화내는 것에 자동적으로 반응해서 화를 내던 경향은 확실히 변했습니다. 그가 화를 내도 화를 내게 놓아두는 것이 가능해졌습니다. 그리고 같이 화를 내는 것 이외의 방법을 택할 수 있게 되었습니다. 저는 이전부터 화내는 것을 포함해 사람의 감정은 그대로 받아들이는 편이 좋다는 것을 머리로는 이해하고 있었습니다. 이제는 받아들이는 것을 몸으로 **실감**할 수 있게 되었습니다.

자신을 비판하기

제리는 적극적으로 내면의 부분과 연락을 취하고 싶어 했지만 대답이 돌아오지 않았습니다. 그의 모습을 보고 있으면 질문하려고 의식을 내면으로 향할 때마다 얼굴을 찌푸렸습니다. 그리고 무슨 일이 일어났는가를 제게 보고합니다만 그 목소리는 신경질적이었습니다. "부분이 조금도 얘기해 주지 않는다고요!" 내면의 부분에 대해 그가 매우 참을성이 없다는 것이 명확했습니다. 부분이 곧바로 명쾌한 대답을 주지 않으면 짜증을 냈습니다. 그 때문에 대답이 오는 것을 알기 어려웠습니다. '참을성 없이 짜증을 느끼는 부분'의 존재를 깨달았으므로 우리는 이 부분을 다루는 데 착수했습니다. 그다음에는 무사히 프로세스를 끝낼 수 있었습니다. 이처럼 우리의 체험을 좋지 않다고 비판하는 부분에 대해서도 그 존재를 인정하고 프로세스에 포함하도록 하십시오. 화내고 있는 부분, 버려졌다고 느끼고 있는 부분, 반항적인 부분과 같은 것 말이지요. 또 '그건 틀렸어요! 그런 식으로 느끼고 있지 않아요'라고 느끼는 부분도 있을 것입니다. 이런 비판에 대해서도 그것을 하나의 부분으로 다뤄서 내면의 아군으로 바꾸는 것이 가능합니다. 방해하는 어떤 부분이라도 무언가 보호할 가치가 있는 유익하고 긍정적인 구실을 한다고 생각할 수 있습니다. 사실 대부분의 경우 '방해하는' 것에서 시작한 부분은 프로세스가 더욱 완전히 작동하기 위해서 중요한 역할을 하게 됩니다.

프로세스의 마지막 _ 몸에서 신호 읽기

코어 스테이트를 체험하고 부분이 성장하면 이번에는 그것을 몸 전체 구석구석까지 보내도록 합니다. 이때 사람에 따라 이렇게 말합니다. "오른쪽은 꽉 찼는데 왼쪽은 안 되겠어요." 또는 이렇게도 말합니다. "온몸에 가득 찼습니다. 다만 가슴 부분만 빼고요." 아니면 "몸 안에 들어왔습니다만 머리에는 들어가지 않습니다." 몸 안에 코어 스테이트를 받아들이지 않는 부분이 있는 경우 그것은 다른 부분이 걸려 있는 표시라고 생각하면 틀림없습니다. 코어 스테이트를 거기에 받아들이기 전에 존재를 확실히 인정하고 포함해 주었으면 하는 부분이 있는 것입니다. 그때에는 내면을 향해 이렇게 물어 주십시오. "나의 어떤 부분이 여기에 코어 스테이트가 들어오는 것에 반대하고 있어요?" 그 부분에 대해 코어 트랜스포메이션 프로세스를 처음부터 끝까지 하면 몸은 코어 스테이트가 하나의 덩어리로 전체에 흘러들어 가는 것을 느끼거나 보거나 합니다. 그러나 코어 스테이트의 통합이 끝나지 않은 경우에는 몸은 어떤 부분에서는 어떤 것을 느끼고 다른 부분에서는 다른 것을 느낀다거나 본다거나 하는 상태가 됩니다. 예를 들어 사람들이 한쪽 팔과 손은 쓰는데 반대쪽은 전혀 움직이지 않는다든가, 또는 머리에서는 아이디어를 생각하고 있는데 다른 부분은 전혀 반응이 없는 것 같은 경우입니다. 이것과 비교해서 코어 스테이트에 완전히 연결되면 온몸이 조화를 이루어 움직입니다. 아주 작고 미묘한 움직임이라도 몸 전체에서 오게 됩니다. 몸동작도 몸 한쪽만이 아니라 양쪽에서 일어나는 것이 보통입니다.

프로세스 이후_ 아직 이전의 행동을 하고 있습니까?

처음의 작업 후에는 많은 문제점이 변화해 있는 것이 보통입니다. 그중에는 변화하기까지 두 번의 작업이 필요한 것도 있지만 그다음에도 아직 문제가 있는 것 같으면 다른 부분 또는 복수의 부분이 관계되어 있다고 생각할 수 있습니다.

  필의 경우, 아이에 대해 좀 더 다정해지고 싶다고 생각했습니다. 그에게는 선악의 기준이 명확해서 자신이 '좋지 않다'라고 생각하는 행동을 아이들이 조금이라도 하면 심하게 언짢아졌습니다. 금세라도 손가락질을 해서 아이들을 비난하고 싶어지고 소리를 지르고 싶어졌습니다. 그는 아이들에 대해 좀 더 이해심을 갖고 싶다고 생각했습니다. 그러면 이해하는 마음에서 아이들에게 명확한 한계를 설정해 주는 것이 가능하기 때문입니다.

  처음에 이 문제에 착수했을 때 필은 두 부분이 관련되어 있는 것을 깨달았습니다. 처음의 부분은 당장 달려들어 아이들의 결점을 찾고 싶어 했습니다. 누구든지 비난할 할 준비가 되어 있는 부분이었습니다. 이 목소리는 왼쪽 귀에서 그에게 말을 걸었습니다. 두 번째 부분은 비난받는 것을 두려워하는 부분이었습니다. 부모님께 많이 혼났던 아주 어린 부분이었습니다. 이 두 부분과 작업한 후에 그는 예전에는 느끼지 못했던 아이들에 대한 친근감을 느낄 수 있게 되었습니다. 그리고 인생의 다른 면에서도 편안하게 되었음을 느꼈습니다. 그러나 아직 필에게는 아이들의 행동에 따라 그들을 혼내고 싶어 하는 충동이 남아 있었습니다. 마음의 목소리를 들으니 아직 아이들을 혼내고 싶어 하는 부분이 하나 있는 것을 알게 되었습니다. 그것은 오른쪽 귀에서 들려오는 부분이었습니다. 이 부분과 작업한 후에 그는 자신이 원했던 결과를 얻을 수 있었습니다.

자신의 부분을 추적하기

코어 트랜스포메이션 프로세스를 할 때 우리의 목표는 문제에 관련된 모든 부분을 발견할 수 있는 가장 간단한 방법을 찾아서 하나하나를 코어 스테이트로 인도하는 것입니다. 다음에 소개하는 것은 적어도 세 개의 부분을 갖고 있던 예입니다. 어떻게 이런 부분이 나타났는지, 부분이 두 개 이상 있더라도 프로세스가 얼마나 간단한지를 주목하시기 바랍니다.

　비벌리는 프로세스를 실행하고 있는 동안 많은 저항에 부딪혔습니다. 우리가 깨달은 것은 그녀의 부분들이 코어 스테이트를 출발점으로 하고 싶어 하지 않는다는 것이었습니다. 이것은 아주 이상한 사태였죠. 대개의 부분은 자기들이 항상 체험하고 싶어 했던 코어 스테이트를 가질 수 있게 된 것을 기쁘게 생각합니다. 저는 직감적으로 비벌리에게 이렇게 묻게 했습니다. "무엇이든 힘들게 손에 넣어야 한다고 믿는 부분이 있어요?" 그러자 "네"라는 대답이 돌아왔습니다. 거기서 이 부분의 달성 목표 사슬을 발견하자 이 부분은 비벌리로 하여금 힘들게 손에 넣게 함으로써 자신의 힘으로 획득했다는 것을 느끼게 하고 싶어 한다는 것을 알게 되었습니다. 이 부분은, 획득했다고 느끼는 것을 통해 그녀가 손에 넣은 것은 정말로 그녀의 것이고 다른 사람이 빼앗을 수 없는 것이라고 느끼기를 바라고 있었습니다. 이것을 알게 되자 이 부분이 어떤 노력도 없이 코어 스테이트를 손에 넣는 것에 반대했던 것을 이해할 수 있었습니다. 그다음, 이 부분의 코어 스테이트가 '그냥 있는 느낌'이라는 것을 알게 되었습니다. 이 부분의 달성 목표 사슬은 다음과 같았습니다.

다룬 부분 : 코어 스테이트에서 시작하는 것에 반대
달성 목표 1 : 무엇이든 얻기 위해서는 고생을 해야 한다
달성 목표 2 : 손에 넣은 것을 자신이 노력해서 얻었다고 느끼기
달성 목표 3 : 손에 넣은 것은 자신의 것이고 누구도 빼앗을 수 없다
코어 스테이트 : 그냥 있는 느낌

비벌리는 이 부분에게 물었습니다. "출발점으로서 처음부터 '그냥 있는 느낌'을 갖는 것은 당신의 체험을 어떻게 증진시켜 주나

요?" 그러자 이 부분은 '그냥 있는 느낌'을 갖고 있으면 인생이 편안하게 됨을 알게 되었습니다. 그리고 이 '그냥 있는 느낌'을 갖고 시작할 때는 무엇에 대해서도 고생해서 획득해야만 한다고 생각할 필요가 없어졌습니다. 그리고 이 부분과 작업한 후에 남은 부분은 일사천리로 진행되었습니다. 마치 이 부분이 프로세스가 잘 진행되는 열쇠를 갖고 있는 것 같았습니다.

샬럿은 안면 경련을 일으키던 부분과 작업했습니다. 프로세스는 순조롭게 진행되었지만, '뛰어노는 것'이라는 달성 목표에 다다르자 돌연 멈춰 버렸습니다. 샬럿은 갑자기 심하게 긴장하더니 다른 부분이 왔다고 얘기했습니다. 그리고 얼굴의 오른쪽을 손가락으로 가리키며 "여기에 있어요"라고 말하고 이렇게 덧붙였습니다. "그것이 '이 부분이 빨리 어른이 되어 해야 할 일을 했으면 좋겠어요'라고 말하고 있어요." 이것은 반대하는 부분이었습니다. 저는 그녀에게 이렇게 말했습니다. "새로운 부분을 환영해 주세요. 그리고 우리가 환영하고 있다는 것을 전달해 주세요. 그 부분이 당신을 위해 중요한 목적을 가지고 있는 것을 이해하고 있다는 것도 전해 주세요. 또 우리가 그 부분을 포함할 예정이고 그 부분이 당신을 위해 정말로 바라고 있는 것을 손에 넣도록 도울 작정이라고 말해 주세요. 그 부분에 이렇게 물어보세요. "최초의 부분과 작업하는 것이 끝날 때까지 기다려 줄래요? 아니면 지금 방향을 틀어서 당신과 작업을 해야 할까요?"

저항하고 있던 부분은 기꺼이 기다리겠다고 말했으므로 우리는 우선 처음의 부분과 작업했습니다. 그러자 달성 목표인 '모든 것의 일부를 느끼는 것'을 손에 넣었을 때 그녀는 자기 앞에 무언가 강렬한 것이 있어서 자기를 날려 버릴 것 같다고 느꼈습니다. 샬럿에게 이 강렬한 바람의 감각은 세 번째 부분에서 온 연락이었습니다. 이 감각이 너무 강렬했기 때문에 우리는 다음에 세 번째 부분과 작업하기로 했습니다. 그러자 그것은 '괜찮음'이라는 코어 스테이트에 도달했습니다. 그다음 달성 목표 사슬을 되밟자 프로세스를 실행하는 것에 대한 저항이 없어졌습니다. 우리는 이 부분을 성장시키고 몸 전체에 퍼지게 한 후에 처음의 부분으로 돌아와서 프로세스를 끝냈습니다. 그리고 저항하고 있던 두 번째 부분으로 돌아왔습니다. 그 부분은 원래는 첫 번째 부분이 '성장해서 해야 할 일을 하는 것'을 원하고 있었습니다. 하지만 이제 그 부분은 아무 문제가 없었고 더 이상 반대하지 않았습니다.

한 가지 문제를 해결하려는데 많은 수의 부분이 나타나면 한 번의 세션에 모든 부분을 다루고 싶은 마음이 들지 않을 수도 있겠죠. 그런 때에는 메모를 해 두었다가 나중에 그 부분과 작업을 하든가 다음 날 해도 괜찮습니다.

∷ 부분이 많을 때

때로는 한 가지 문제가 **많은** 부분이 모인 점과 같을 수 있습니다. 이것은 마치 내면의 많은 부분이 어떤 한 가지 문제의 주위에 모여서 그 문제를 이용하고 있는 것과 같죠. 도나가 해결하려던 문제는 다이어트였는데, 그 문제 주위에는 많은 부분이 모여 있었습니다. 작업은 아주 격렬하고 강력했고, 도나는 그 결과에 아주 만족했습니다. 그녀는 많은 상황에서 이전보다 훨씬 자신다운 감각과 행복을 느꼈습니다. 그러나 다이어트만은 생각대로 되지 않았습니다. 1년 6개월 후에 그녀는 다시 코어 트랜스포메이션 프로세스를 실행해 같은 문제에 도전했습니다. 그녀는 제게 추가적인 프로세스에 만족했다고 얘기해 주었고 전혀 새로운 부분들이 나타났기 때문에 그것들과 작업을 해야 했다고 말했습니다.

나중에 우리는 그녀로부터 자신이 점차적으로 체중을 줄일 수 있는 일을 하게 된 것에 대해 기뻐하고 있다는 얘기를 들었습니다. 그녀는 규칙적으로 운동을 하고, 건강하고 균형 잡힌 식생활을 하며, 기분이 안 좋을 때에는 먹는 것에 의존하지 않고 자신의 감정에 대처했습니다. 이런 생활 습관의 변화는 모두 그녀에게는 아주 새로운 체험이었습니다.

코어 트랜스포메이션 프로세스를 하고 싶어 하는 이런저런 부분에서 간섭이나 방해가 오는 경우도 있습니다. 이런 상황에 대처하는 방법 중 하나는 모든 부분에게 원하는 대로 해 주기 위해서 한 번에 한 개의 부분밖에 다룰 수 없는 것을 설명하는 것입니다. 다음에 모든 부분이 찬성하는 순서를 찾습니다. 또 다른 방법으로는 한 번에 모든 부분을 다루는 것입니다. 이 방법에 관해서는 나중에 설명하겠습니다(제30장 '코어 트랜스포메이션 프로세스를 보편화하기' 참조).

∷ 모든 부분을 다루는 것에 대한 요약

한 문제에 여러 부분이 관련되어 있는 경우, 그것을 발견하는 법과 작업하는 법에는 이런저런 방법이 있습니다. 정리하면 다음과 같은 순서가 됩니다.

1. **프로세스를 실행하기 전_ 처음부터 있는 부분** : 처음부터 두 개 이상의 부분이 관련되어 있는 것을 확실히 아는 경우가 있습니다. 이런 것은 대개 어떤 문제를 둘러싼 양극단입니다.
2. **프로세스를 하는 동안**
   (1) 명확하게 반대하는 부분은 프로세스를 진행함에 따라 명확히 자신의 모습을 보여 줍니다. 그들은 자기의 반대를 진전을 방해하는 말, 감정, 이미지 등을 써서 전달해 옵니다.
   (2) 부분으로부터 미묘한 간섭 : 만일 프로세스가 순조롭게 진행되지 않는 경우, 당신이 현재 하고 있는 것이 프로세스를 방해하고 있을 가능성이 있습니다. 그런 때에는 그것을 하나의 내면의 부분으로서 다뤄 주십시오.
   그런 예로 '마음의 지껄임', '답을 찾으려고 함', '자신을 비판하기' 등이 있습니다.
3. **프로세스의 마지막_ 몸에서 신호 읽기** : 프로세스의 마지막이 되어도 코어 스테이트가 몸을 채우지 않는 경우, 코어 스테이트의 흐름을 저지하고 있는 부분과 작업해 주십시오.
4. **프로세스 이후_** 프로세스가 끝난 후에도 바람직하지 않은 행

동, 감정, 반응에 변화가 없는 때에는 그런 행동, 감정, 반응을 새로운 부분으로서 다뤄 주십시오.

5부

코어 트랜스포메이션 훈련 완결하기

| 처음부터 끝까지 하기

19 실행하기
코어 트랜스포메이션 훈련 완결하기

모든 단계의 정리

> 이 멋진 날을 신에게 감사하나이다
> 녹음의 요정과 같은 나무들과
> 파란 꿈을 꾸고 있는 하늘이 있어서
> 자연의 모든 것들
> 영원한 모든 것들
> 존재하는 것들이 있어서
> – e. e. 커밍스

이 장에서는 코어 트랜스포메이션 프로세스 전체의 개요를 설명합니다. 자세한 설명은 이 책의 해당하는 장에서 다루고 있습니다. 이 프로세스를 실행할 때는 되도록 방해받지 않는 조용한 장소를 고르십시오. 자기 혼자서 하는 분은 달성 목표 사슬을 적어 둘 종이와 펜을 준비합시다. 부분이 하나 이상인 경우에는 특히 자신이 지금 어디쯤을 지나고 있는지 적어 두면 아주 요긴합니다. 안내자로 지시문을 읽는 사람은 ( ) 안의 내용은 소리를 내어 읽을 필요가 없습니다. 또 안내자를 맡은 분이 좋아하는 코어 스테이트에 자신도 들어감으로써 상대방에게 도움이 되는 분위기를 만들어 주는 것도 좋겠습니다.

지금까지의 장에서 소개했듯이 코어 트랜스포메이션 프로세스의 전개 방식은 제각각입니다. 작은 문제에 관한 한 부분을 다루며 10분에 끝나는 경우도 있고 큰 문제에 관련한 많은 부분을 다루며 3시간이나 걸리는 경우도 있습니다. 자유롭게 즐기면서 탐구해 보시기 바랍니다.

1단계 _ 다룰 부분을 정하기

(1) 자신이 다룰 부분을 결정합니다. (여기에서는 다루는 부분을 〈행동, 감정, 또는 반응 X〉라고 부릅니다. 이 부분에 당신의 체험을 넣어 주십시오.)

(2) 언제, 어디서, 누구와 함께 있을 때 당신은 그 〈행동, 감정, 또는 반응 X〉를 체험합니까? (간단히 적어 주십시오.)

부분을 체험하기

(3) 잠시 눈을 감고 마음을 편하게 하고 의식을 내면으로 향합니다. 마음속에서 그 〈행동, 감정, 또는 반응 X〉가 일어났을 때의 상황으로 들어갑니다. 거기에 도착하면 그 일을 다시 체험합니다. 그리고 내면의 체험에 주목합시다. 〈행동, 감정, 또는 반응 X〉와 함께 마음에 이미지, 소리, 감정이 나타날 것입니다.

(4) 이런 〈행동, 감정, 또는 반응 X〉는 당신이 의식적으로 선택한 것은 아닙니다. 당신 내면의 어떤 부분이 선택했다고 말할 수 있겠지요. 당신은 그 부분이 어디에 '살고' 있는지 느끼기 시작할 겁니다. 몸 안에서 특히 그것을 강하게 느끼는 부분이 있습니까? 만일

내면의 목소리가 들린다면 **어디서** 들려옵니까? 이미지가 보인다면 당신의 몸 안이나 주변의 **어디서** 보입니까? 천천히 그 부분을 의식해 주십시오. 만일 부분이 몸 안에 있으면 가장 강하게 그 부분을 느끼는 곳에 손을 얹어도 괜찮습니다. 이렇게 하면 그 부분을 환영하거나 받아들이는 것이 수월해집니다.

부분을 받아들이고 환영하기

(5) 자신의 이 부분을 받아들이고 환영해 주십시오. 예를 들어 그 부분의 목적을 몰라도 그 부분이 거기에 있다는 것에 감사할 수 있을 것입니다. 왜냐하면 당신은 그 부분이 무언가 깊고 긍정적인 목적을 갖고 있는 것을 알고 있기 때문입니다.

2단계 _ 목적을 발견하기 / 최초의 달성 목표

(1) 부분에게 물어보십시오. "당신은 무엇을 원하고 있어요?" 그런 다음 어떤 이미지, 목소리, 감정이 생겨나는지 주목합니다.

(2) (부분에게서 받은 대답을 적어 두십시오.) 이것이 최초의 달성 목표입니다. 부분이 그것을 가르쳐 준 것에 감사해 주십시오. 만일 부분의 그 달성 목표가 **마음에 든다면** 그 달성 목표를 갖고 있어 준 것에 대해 감사를 표합니다.

3단계 _ 달성 목표 사슬을 발견하기

(1) 이 부분에게 다음과 같이 물어 주십시오. "만일 당신이 〈바로 전 단계의 달성 목표를〉 충분히 그리고 완전히 갖고 있다면 **그것을**

통해서 원하는 더욱 중요한 것은 무엇인가요?"(대답을 적어 주십시오.) 당신을 위해 이 달성 목표를 갖고 있는 것에 대해 이 부분에 감사를 표합니다.

(2) (코어 스테이트에 도달할 때까지 3단계를 반복합니다. 반복할 때마다 새로운 달성 목표가 나타나므로 그것을 적어 두십시오. 질문에 대해 그때마다 **새로운** 달성 목표를 써 주십시오.)

4단계 _ 코어 스테이트 : 내면의 원천에 도달하기

(1) (코어 스테이트에 도달하면 시간을 두고 그것을 음미해 주십시오. 그다음에는 5단계로 갑니다.)

5단계 _ 코어 스테이트와 함께 달성 목표 사슬을 되밟아 가기

(1) (안내자는 다음의 문장을 소리 내어 읽습니다.) "우리 내면의 부분은 존재의 코어 스테이트를 체험하기 위해서 달성 목표를 전부 통과하지 않으면 안 된다고 생각하는 듯합니다. 하지만 그 방법으로는 잘 되지 않습니다. 그런 방법으로 코어 스테이트를 체험할 수 없습니다. 왜냐하면 코어 스테이트는 행동을 통해 **획득할** 수 있는 것이 아니기 때문입니다. 코어 스테이트를 체험하는 방법은 코어 스테이트 그 자체로 들어가 그것을 손에 넣는 것, 단지 그것뿐입니다.

(2) 포괄적인 되돌아가기 : 당신의 부분이 코어 스테이트에 들어오도록 초대하고 이렇게 묻습니다. "당신이 〈코어 스테이트〉를 이 세상에서의 존재 양식으로 처음부터 갖고 있다면, 〈코어 스테이트〉를 이미 갖고 있는 것은 세상일을 어떤 식으로 변화시킬까요?"

코어 스테이트를 써서 달성 목표를 변화시키기 위한 그 밖의 질문

1. 달성 목표 그 자체가 가치 있는 것일 경우
 "이미 〈코어 스테이트〉를 갖고 있는 것이 〈달성 목표〉를 어떻게 변화시키고 강화시키고 풍부하게 하나요?"
2. 다른 사람에 의존하고 있는 달성 목표
    1. "이미 〈코어 스테이트〉를 갖고 있는 것은 당신이 〈의존적인 달성 목표〉를 손에 넣었을 때의 체험을 어떤 식으로 변화시키나요?"
    2. "이미 〈코어 스테이트〉를 갖고 있는 것이 〈의존적인 달성 목표〉를 손에 넣지 <u>못했을 때</u>, 그 체험을 어떤 식으로 변화시키나요?"
3. 당신에게 도움이 안 되는 달성 목표
 "이미 〈코어 스테이트〉를 갖고 있다면 <u>이전에는</u> 〈부정적인 달성 목표〉였던 것 전체를 어떤 식으로 변화시키나요?"

(3) 특정적인 되돌아가기 : (코어 스테이트로 달성 목표를 하나하나 변화시킵니다. 한 번에 하나입니다. 코어 스테이트에 도달하기 바로 전의 달성 목표부터 시작합니다.) 부분에게 이렇게 물어 주십시오. "존재 방식으로 이미 〈코어 스테이트〉를 갖고 있다면 〈바로 전의 달성 목표〉는 어떤 식으로 변화하고 풍요로워질까요?"

원래의 상황을 변화시키기

(4) (각각의 달성 목표에 대해 차례로 질문을 한 후에는 결국 코어 스테이트가 당신의 최초의 문제를 어떻게 변화시키는가를 볼 준비가 됩니다.) 부분에게 이렇게 물어 주십시오. "이 세상에서의 존재 방식으로 〈코어 스테이트〉를 갖고 있는 것으로 인해 당신이 〈X〉였던 **최초의 상황**에 대한 체험은 어떻게 변화되나요?"

6단계_ 부분을 키우기

(1) 의식을 내면으로 향하고 부분에게 묻습니다. "몇 살이에요?" (부분의 나이를 적어 주십시오.)

(2) 〈코어 스테이트〉와 함께 현재의 당신의 나이가 될 때까지 시간을 앞으로 나아가며 발전해서 얻는 혜택을 원하는지 그 부분에게 묻습니다. (만일 "네"라고 대답하면 앞으로 나아갈 뜻이 있다는 것입니다. 하지만 자신에게 유익한 것을 원하지 않는 경우에는 어떤 반대가 있는지 물어보십시오. 전진하기 전에 모든 반대가 없어져야 합니다.)

(3) 이 부분에게 〈코어 스테이트〉를 완전히 유지하면서 성장하도

록 합니다. 지금. 이 부분이 부분의 나이에서 시작해서 〈코어 스테이트〉를 완전히 갖고 있으면서 현재 당신의 나이까지 시간 속을 여행하는 것을 당신의 무의식이 허락하도록 안내해 주십시오. 어떤 순간을 통과할 때에도 코어 스테이트를 유지한 채 하도록 합니다. **지금 이 순간에** 해 주십시오. 부분이 당신의 나이에 다다르면 그것을 당신에게 알려 달라고 부분에게 일러 두십시오.

7단계 _ 부분을 완전히 몸에 통합하기

(1) 지금 부분이 어디에 있는지 느껴 보십시오. 몸 안입니까, 밖입니까? 특히 어디에서 느껴집니까?

(2) (부분이 몸 밖에 있는 경우에는 다음 단계를 실행해 주십시오.) 당신의 부분이 지금 이 순간 당신의 몸 안으로 흘러들어 오도록 합니다. 이 부분을 환영하고 당신이라는 존재의 어디로 흘러들어 오고 싶어 하는지 느끼고 〈코어 스테이트〉를 더욱 완전히 체험합니다.

(3) 이 부분이 몸의 어떤 부분을 이미 채우고 있는지 주목해 주십시오. 그리고 그것이 모든 세포에 완전히 흘러들어 가도록 해 주십시오. 그러면 당신의 모든 세포는 〈코어 스테이트〉에 의해 채워지고 영향을 받고 흠뻑 젖어 들게 됩니다. 이 〈코어 스테이트〉가 처음에 몸에 들어왔던 부분부터 온몸에 걸쳐 퍼져 나감에 따라, 퍼지면 퍼질수록 처음 몸에 들어왔던 곳의 감각이 강하게 되는 것에 주목합니다. 또 〈코어 스테이트〉의 감각이 모든 세포를 채움에 따라 마치 그것이 당신의 기본적인 감정(당신의 존재 기반)인 것처럼 느끼게

될지도 모릅니다.

8단계_ 성장한 부분과 함께 달성 목표 사슬을 되밟아 가기

(성장한 부분을 충분히 몸에 채우면서 단기간에 달성 목표 사슬을 되밟아 가는 것을 반복합니다.)

(1) 포괄적인 되밟기 : 당신의 부분이 〈코어 스테이트〉에 들어가도록 안내해 주십시오. 그리고 부분에게 이렇게 물어 주십시오. "당신이 이 세상에서의 존재 양식으로 처음부터 〈코어 스테이트〉를 갖고 있는 것으로 인해 사물은 어떻게 변화하나요?"

(2) 특정적인 되밟기 : (달성 목표 사슬을 되밟아 가는 것을 계속합니다. 그 과정에서 다음과 같이 질문하면서 코어 스테이트를 모든 달성 목표와 원래의 문제에 가져다 놓으면서 진행합니다.) "존재 양식으로 이미 〈코어 스테이트〉를 갖고 있는 것으로 인해 〈달성 목표〉는 어떻게 변화하고 어떻게 풍부하게 되나요?"

(3) 원래 상황을 바꾸기 : "존재 양식으로 〈코어 스테이트〉를 갖고 있는 것으로 인해 〈원래 X였던 **상황의**〉 체험은 어떻게 변화하나요?"

9단계_ 저항하는 부분이 있는지 확인하기

(1) "나의 부분으로서 이 세상에서의 존재 양식으로 **지금** 〈코어 스테이트〉를 갖는 것에 반대하는 부분이 있어요?"라고 물어 주십시오. (만일 대답이 "아니요"라면 9단계의 (2)로 갑니다.)

(만일 대답이 "네"인 경우) 이것은 당신의 부분 중에 이 프로세

에 귀중한 공헌을 하고 싶다고 말하는 부분이 있다는 것을 의미합니다. 이 부분을 **어떻게** 지각하고 있는지 의식해 주십시오. 이미지가 보입니까? 목소리가 들립니까? 아니면 무언가 느껴집니까? 그것은 어디에 있습니까? (2단계로 돌아가 이 새로운 부분에 대해 코어 스테이트 훈련을 해 주십시오.)

(2) 이미 이 문제에 다른 부분이 관련되어 있는 것을 알고 있는 경우에는 1단계로 돌아가서 그 부분과 코어 스테이트 훈련을 해 주십시오. (모든 부분이 8단계까지 마쳤다면 10단계로 가 주십시오.)

10단계 _ 타임라인의 보편화

(만일 다루고 있는 부분이 두 개 이상으로, 코어 스테이트가 두 개 이상 나타난 경우에는 다음의 단계에서 〈코어 스테이트(들)〉가 있을 때 각각의 코어 스테이트를 열거합니다.)

(1) 과거의 모든 일이 하나의 길이나 선이 되어 당신의 뒤로 흘러가는 감각을 느낄 수 있을 겁니다. 그중에는 기억하고 있는 것, 잊어버린 것, 모든 것이 들어가 있습니다. 또 미래는 당신 앞에 흘러가고 있습니다. 그리고 당신은 지금 여기에 있습니다. 이것이 당신의 타임라인입니다.

(2) 〈코어 스테이트〉를 완전히 당신의 몸 전체에 유지한 채로 타임라인 위로 떠오릅니다. 그러고 나서 타임라인을 거슬러 과거로 날아갑니다. 점점 더 어린 시절을 지나서 날아갑니다. …… 당신이 잉태되기 바로 전까지.

(3) 그리고 시간 속으로 내려갑니다. 잉태의 순간 바로 전으로.

존재 양식으로 이미 〈코어 스테이트〉를 가진 채 …….

(4) 잉태의 순간에 도달하면 곧 미래의 시간을 향해 앞으로 나아갑니다. 〈코어 스테이트〉로 지금까지 체험한 모든 것을 채색하고 변화시키고, 한순간 한순간에 퍼져 나가게 합니다. …… 현재를 향해 움직이고 있는 동안 과거의 모든 것이 〈코어 스테이트〉로 인해 채색되고 체험의 한순간 한순간이 빛남에 따라 〈코어 스테이트〉 그 자체도 더욱 완전하고 풍부하고 크게 증가되어 가는 것을 무의식으로 느낄 수 있습니다.

(5) 이런 코어 스테이트들을 미래에도 흘려보냅니다. 그때 미래가 〈코어 스테이트〉에 의해 어떻게 변해 가는가 주목합니다.

(6) 타임라인의 보편화를 몇 번이고 반복하면 효과적입니다. 반복할 때마다 프로세스는 빨라집니다. 또 그때마다 무의식 수준에 변화가 더 많이 일어나도록 합니다. 끝나면 현재로 돌아 옵니다.

(7) 축하합니다! 이것으로 당신은 대상으로 삼은 하나 또는 두 개 이상의 부분에 대한 코어 트랜스포메이션 프로세스를 완료했습니다. 당신의 코어 스테이트는 당신의 과거 전체에 퍼져 나가고, 지금 현재에도 언제든 구할 수 있으며 또 미래의 모든 순간순간에 당신을 기다리고 있습니다. 자, 잠시 여유를 가지고 코어 스테이트를 감상해 보세요! 변화를 정착시키기 위해서는 산책을 가는 등 이런저런 방법을 생각해 낼 수 있을 것입니다.

코어 트랜스포메이션에 도달하는 10단계

코어 트랜스포메이션 프로세스에 익숙해지면 아래의 개요를 각 단계를 떠올리는 힌트로 쓰시기 바랍니다.

:: 1단계_ 다룰 부분을 정하기
그것을 체험하고 받아들이고 감사한다.

:: 2단계_ 최초의 달성 목표
당신의 부분에게 "무엇을 원해요?"라고 묻는다.

:: 3단계_ 달성 목표 사슬을 발견하기
당신의 부분에게 이렇게 묻는다. "만일 〈바로 앞 단계의 달성 목표〉를 충분하고도 완전히 갖고 있다면 그것으로 인해 얻고 싶은 더욱 중요한 것은 무엇인가요?" (필요한 횟수만큼 반복한다)

:: 4단계_ 코어 스테이트_ 내면의 원천에 도달하기
시간을 들여 코어 스테이트를 음미한다.

:: 5단계_ 코어 스테이트와 함께 달성 목표 사슬을 되밟아 가기
(1) 포괄적인 방법 : 당신의 부분에게 다음과 같은 질문을 해서 깨달음을 돕는다. "이 세상에서의 존재 양식으로 처음부터 〈코어 스테이트〉를 갖고 있다면 〈코어 스테이트〉를 이미 갖고 있는 것으로 인해 세상 일을 어떻게 변화시킬까요?"
(2) 특정한 방법 : "존재 양식으로 이미 〈코어 스테이트〉를 갖고 있는 것은 〈달성 목표〉를 어떤 식으로 변화시키고, 풍요롭게 하고, 가득 채울까요?" (모든 달성 목표에 대해 이 질문을 한다.)
(3) 원래의 상황을 변화시키기 : "존재 양식으로 이미 〈코어 스테이트〉를

갖고 있는 것은 당신의 〈X였던 상황〉 체험을 어떻게 변화시킬까요?"

::6단계_ 부분을 키우기

당신의 부분에게 다음과 같은 질문을 한다.
(1) "몇 살이에요?"
(2) 〈코어 스테이트〉를 지니고 현재의 나이까지 시간 속을 거슬러 오면 얻을 수 있는 훌륭한 것들이 많아요. 당신은 이런 것들을 갖기를 원해요?"
(3) 부분의 나이부터 당신의 현재 나이까지, 타임라인에서 앞으로 나아간다. 이때 어떤 순간에도 〈코어 스테이트〉와 함께한다.

::7단계_ 부분을 완전히 몸에 통합하기

지금 어디에 당신의 부분이 있는가 찾고 알아냈다면, 그것을 몸 안으로 흘러들게 해 몸의 전 세포를 〈코어 스테이트〉로 가득 채운다.

::8단계_ 성장한 부분과 함께 달성 목표 사슬을 되밟아 가기

(포괄적인 되돌아가기, 특정적인 되돌아가기, 원래 상황을 바꾸기)

::9단계_ 저항하는 부분이 있는지 확인하기

"나의 부분 중에서 내가 이 세상에서의 존재 양식으로 〈코어 스테이트〉를 지금 현재 갖는 것에 반대하는 부분이 있어요?" (앞으로 나아가기 전에 반대하는 모든 부분, 그리고 이 질문에 관련된 다른 모든 부분을 1에서 8까지의 단계로 인도한다.)

::10단계_ 타임라인의 보편화

(1) 자신의 타임라인을 마음에 그리고 그 위를 날아 자신이 잉태되기 바로 전까지 거슬러 올라간다. 거기에서부터 당신 존재의 모든 것을 통해 〈코어 스테이트〉를 방사하면서 시간을 따라 앞으로 나아간다. 〈코어 스테이트〉가 현재까지의 모든 체험을 채색하고 변화시키게 한다.
(2) 같은 타임라인 위에서 미래로 이동하는 모습을 그린다. 〈코어 스테이

트)와 함께 있는 것으로 미래가 어떤 식으로 변화하는가를 의식한다.
(3) 타임라인의 보편화를 여러 차례 반복한다. 반복할 때마다 더욱 빠르게 진행한다.

6부

부모 타임라인 재학습하기

| 코어 스테이트를 과거, 현재, 미래로 보내기

들어가며
부모 타임라인 재학습

코어 스테이트를 과거, 현재, 미래로 보내기

> 우리의 과거에 있었던 일이나 미래에 일어날 일은
> 우리 안에 있는 것에 비하면 하찮은 것에 지나지 않는다.
> – 올리버 웬델 홈스

코어 스테이트와 같은 강력하고 변화를 불러일으키는 것을 발견하고 나면 그것을 이런저런 방면에서 활용하고 싶어지게 마련입니다. 이 장에서는 내면의 세계에서 오는 대단한 선물로 당신의 과거를 바꾸거나 치유하는 방법을 배웁니다. 그리고 부모 타임라인 재학습(Parental Timeline Reimprinting) 프로세스를 통해 내면의 부모나 내면의 조부모에게 코어 스테이트라는 훌륭한 선물을 드리도록 하세요. 또 부모의 타임라인의 재학습은 코어 스테이트를 체험하는 것으로 일어났던 강력한 변화를 생활의 모든 부분에 미치게 합니다. 우리는 코어 스테이트가 항상 자연스럽고 자동적으로 나타나 주기를 바랍니다. 그러나 이것이 일상의 순간순간에 프로세스를 실행하고 있을 때와 같이 강하게 그것을 느끼는 것을 의미하지는 않습니다. 우리 경험의 모든 순간순간에 코어 스테이트가 우리 존재의 깊은 차원에서 항상 존재하고 있다는 의미입니다. 부모의 타임라인의 재학습은 이런 의미에서 코어 스테이트의 체험을 강하게 해 줍니다.

몇 년 전에 스티브와 제(코니래)가 새로운 소파를 구입했을 때의 일입니다. 둘 다 소파가 아주 마음에 들었으므로 곧 쓰기 편하게 가구를 재배치했습니다. 그로부터 며칠간 우리는 책을 읽으려고 곧잘 원래 책장이 있던 장소로 가다가는 도중에 위치를 바꾼 것을 떠올리는 경험을 했습니다. 또 새롭고 멋진 소파가 있다는 것을 잊어버리고 말았던 적도 있었습니다. 아이들에게 책을 읽어 줄 새로운 장소가 생긴 것을 우리 스스로 자꾸 떠올리게 해야 하는 형편이었습니다. 모처럼 소파가 거기에 있는데도 머릿속은 원래 그대로여서 새로운 생활용품(새로운 소파)를 충분히 이용할 수 없었습니다. 소파가 우리 생활의 일부가 되고 우리가 자동적으로 익숙하게 쓰기까지는 어느 정도 시간이 필요했습니다.

코어 트랜스포메이션 프로세스에 의해 새로운 지혜를 얻은 때에도 같은 일이 일어납니다. 우리는 새롭게 자신의 것이 된 이 훌륭한 지혜를 중심으로 내면의 프로그램을 재구성하지 않으면 안 됩니다. 이 일을 도와주는 것이 부모 타임라인 재학습입니다.

부모 타임라인 재학습은 다음의 네 가지를 쉽게 해 줍니다.

- 코어 스테이트를 더욱 확장한다.

- 당신의 내면의 부모, 내면의 조부모에게 코어 스테이트를 확대한다.
- 이미 했던 타임라인의 보편화를 심화한다.
- 당신이 체험했던 긍정적인 변화를 계속 지속하면서 정착시킨다.

빅토리아의 고민은 자기를 낮게 평가한다는 것이었습니다. 물론 그 스트레스는 그녀의 건강을 갉아먹고 있었습니다. 그녀는 양부모 밑에서 자랐는데 양부모는 그녀의 친부모를 서슴없이 인간 쓰레기라고 불렀습니다. 그 때문에 빅토리아는 어떤 좋은 것을 해도 자신은 나쁜 집안 출신으로 필요 없는 존재라는 감정이 늘 따라다니게 되었습니다. 그러나 이런 빅토리아도 부모 타임라인의 재학습을 해서 양부모, 친부모 모두를 용서할 수 있게 되어, 새로운 인생을 시작할 수 있었습니다. 이 프로세스를 진행하기 전에 그녀는 자신의 출생이나 성장을 결점으로 체험하고 있었지만, 그것이 지금은 그녀의 자원으로서 강력한 우군이 되었습니다. 또 스트레스가 줄었기 때문에 건강에도 좋은 영향이 나타났습니다. 제24장의 '빅토리아의 이야기'에서는 그녀가 문제에서 해방된 프로세스를 소개합니다.

자동적으로 학습하는 것

행동이나 감정, 인간관계의 패턴은 한 개인에게 영향을 미칠 뿐 아니라 가족에게도 그렇다는 것에 관한 상세한 기록이 수없이 많습니다. 그중에서는 몇 세기에 걸쳐서 '한 가족 안에 영향을 끼쳐 온' 것도 있습니다. 절대로 닮고 싶지 않다고 생각한 부모의 특징을 이어받고 있음을 나이를 먹어서야 깨닫는 사람이 적지 않습니다.

우리는 주변 사람에게서 자동적으로 행동을 배웁니다. 남부에서 자라면 남부 사투리를 배우고, 동북부에서는 동북부의 전혀 다른 억양을 배웁니다. 부모와 자식이 함께 걸어가고 있는 것을 관찰해 보면 자세나 걸음걸이가 닮은 것이 신기하게 느껴질 정도입니다. 이런 행동은 노력해서 배우는 것이 아니고 **자동적인** 학습의 결과인 것입니다.

저희 아들이 말을 배우기 시작한 세 살 때의 일입니다. 남편이 냉장고를 열고 안에서 버터가 담긴 접시를 꺼내는 것을 보고 있었습니다. 접시가 미끄러져 바닥에 떨어져 "쨍" 하는 소리를 내며 산산조각이 났습니다. 남편은 놀라서였는지, 평소에는 아이들이 있는 앞에서는 절대 하지 않는 욕설을 뱉었습니다. 몇 분 후에 아이는 장난감 벽돌을 가지고 소파의 손잡이 위로 올라가 조심스럽게 그것을 떨어뜨렸습니다. 그러고는 아이 아빠와 똑같은 욕을 뱉는 것이었어요. 의미를 전혀 모르면서 아이는 목소리의 억양이나 느낌도 남편을 그대로 따라 한 것입니다. 우리는 아이가 순간적이고 자동적으로 학습하는 것을 목격한 것입니다. 우리가 재미있게 생각하건 낙담을 하건, 아이들은 단순히 **관찰하고 따라 하는 것**으로 아주 많은 것을 학습합니다. 아주 간단히 주변에 있는 것에서 무엇이든 흡수하는 것이지요.

우리는 누구라도 현재의 자신이 과거에서 커다란 영향을 받고 있음을 알고 있습니다. 가정 환경은 그 사람에게 장점이 되기도 하고 단점이 되기도 합니다. 한쪽의 부모가 내성적이라면 아이도 내성적이 되는 경향이 있고, 반대로 아주 외향적이 되기도 합니다. 언제나 아이의 장래를 걱정하는 부모, 언제나 비판을 하는 부모 등도 당연히 자녀에게 영향을 줍니다. 자녀를 무시하는 부모, 다른 일에 빠져 있는 부모는 아이가 어떤 어른이 되는가에 영향을 주게 마련입니다. 우리들의 사고방식, 성질, 습관은 그 많은 부분이 부모와 공동 작업으로 만들어진 것이라 말해도 과언이 아닙니다. 우리는 부모에게서 많은 귀중한 지혜를 배우지만, 동시에 잊어버리고 싶은 것도 **얼마쯤**은 배우게 마련입니다.

저의 어머니는 목소리가 아름답고 음악에 조예가 깊었습니다. 저는 어머니의 재능을 이어받았습니다. 아버지와 어머니는 노래하는 것을 정말 좋아하셔서 그 아름다운 노래는 언제나 저의 주위를 맴돌았고 저는 자연히 소리에 대한 감성을 몸에 익혔습니다.

한편, 제 남편인 스티브는 집 안이 언제나 말끔히 정리되어 있는 가정에서 자랐습니다. 가난한 가정에서 사치는 못 했어도 모든 것이 질서정연하게 놓여 있었답니다. 그의 어머니는 사고가 무척 논리적인 분이었습니다. 덕분에 스티브는 계획하는 능력을 자연적으로 얻었고 그것은 우리가 삼형제를 키우면서 두 가지 사업을 하는 데 아주 요긴하게 쓰였습니다.

코어 스테이트에도 이 자동적인 학습이 일어납니다. 부모가 '내면의 평화'나 '있는 그대로라는 느낌', '사랑', '하나 됨' 등을 품고 있으면 아이도 자연히 마찬가지의 내면 상태를 품기 쉽습니다. 정도의 차이는 있겠지만 가정에도 이런 코어 스테이트를 갖는 가정이 있고, 그 코어 스테이트는 한 세대에서 다음 세대로 이어집니다.

우리가 배워 온 것을 변화시키기

가족에게서 어떤 패턴을 배우는 방법은 완전히 자동적이기 때문에 우리는 도움이 안 되는 패턴을 배워도 그것을 바꿀 수 없다고 생각합니다. "당연하잖아요. 엄마도 그러니까 저도 그렇게 되었어요. 스미스 집안은 모두 고집이 세답니다. 다시 말해 저도 스미스 집안 사람이라는 것이죠. 그런 거예요."

그러나 아직 희망이 있습니다. 부모 타임라인의 재학습을 한다면 대대로 부모에게서 이어받아 온 유익하지 않은 행동이나 감정, 반응을 확 바꿀 수 있습니다. 동시에 부모가 **가르쳐 주지 않은** 아주 유익한 방법까지 간단히 배울 수 있습니다. 부모의 타임라인 재학습은 우리가 부모나 과거에서 이런저런 것을 흡수하는 자연스런 성향을 이용해서 **우리가 원하는 방향으로** 근본적인 전환을 일으키도록 해 줍니다. 이것은 많은 사람이 꿈꿔 왔던 기회를 줍니다. 바로 우리가 이상적인 부모로 여기는 부모에게서 배우는 기회 말입니다. 내면의 평화, 사랑, 있는 그대로의 느낌, 하나 됨, 존재감 등을 자신의 부모에게 배울 수 있었다면 얼마나 인생이 달라졌을까 상상해 보십시오.

∴ 부모에게 우리의 코어 스테이트를 보내기

부모 타임라인의 재학습은 우리 내면의 조부모나 부모에게 우리의 코어 스테이트를 전하고, 그 후 그들에게서 코어 스테이트를 다시 받는 체험입니다. 조지가 처음에 이 프로세스를 실행했을 때, 그는 부모님에게 자신의 코어 스테이트를 주는 것을 아주 싫어했습니다.

저는 학대받는 아이였습니다. 제가 기억하는 것은 아버지가 어머니를 괴롭혔고 어머니는 그 분풀이를 제게 했다는 것입니다. 맞기도 했고, 입에 담지 못할 심한 일들을 당했습니다. 어머니에 대해서는 4년 전에 용서를 했습니다. 저한테 오셔서 용서해 달라고 했기 때문입니다. 그러나 아버지는 절대로 자신이 잘못했다고 말하려 하지 않았습니다. 그러니 이 문제는 저 자신이 해결할 수밖에 없지만 어떻게 하면 좋을지 몰랐죠.
아버지께 연락을 한 것은 추수감사절, 크리스마스, 새해, 생일 때뿐이었습니다. 우리는 그저 인사 정도만 주고받았습니다. 어느 쪽도 본심을 얘기하지 않고 겉도는 얘기만 했습니다. 단지, 마음 깊은 곳에서는 아버지와 저는 서로를 아끼고 있었습니다. 하지만 우리는 그것을 보이고 싶어 하지 않았습니다. 저는 제 감정을 겉으로 드러내고 싶지 않았습니다. 아버지와 얘기할 때마다 반드시 과거의 기억 속으로 들어가 버렸고 제 삶이 왜 이렇게 엉망인지 생각했습니다. 그리고 생각했죠. '이런 문제들은 다 아버지 때문이에요.' 하지만 아버지에게 그렇게 말하는 대신 아버지를 피했습니다. 아버지에 대한 분노는 커져만 갔습니다.
부모 타임라인의 재학습을 하러 갔던 때 부모님을 용서하는 것은 생각해 보지도 않았습니다. 사실 처음에는 부모님에게 제 코어 스테이트를 준다니, 생각만으로도 싫었습니다! 이렇게 아름다운 보물을 부모님은 받을 자격이 없다고 느꼈어요. 그러고는 깨달았죠. 실제로는 그것을 **저의** 한 부분에게 준다는 것을요. 그래서 프로세스를 실행했습니다. 저 자신에게 혼잣말로 중얼거렸어요. "음, 이대로 해 보고 무슨 일이 일어나는지 보자."

사람은 누구나 최선을 다한다는 것은 알고 있었습니다. 하지만 부모님의 일에 관해서는 그렇게 생각지 않았습니다. 그렇게 생각하기에는 너무 절실한 제 문제였어요. 제게 일어난 모든 일들을 생각하면 부모님이 최선을 다했다고는 도저히 생각할 수 없었습니다. 프로세스가 진행됨에 따라 아름다운 감정이 용솟음쳤습니다. 아버지는 **아버지의** 부모님들이 그랬으니까, 그렇게 되었다는 것을 이해했습니다. 아버지는 **자신의** 성장 과정에서 배운 지식으로 최선을 다하려고 했을 겁니다. 그것을 이해했을 때, 아버지가 저를 키운 방식이나 대하는 방식에 대해 이제까지와는 다른 의미를 찾아낼 수 있었습니다.

지금 아버지와 저의 관계는 이전과는 큰 차이가 있습니다. 몇 주 전에 저는 컴퓨터를 샀습니다. 아버지는 컴퓨터라면 뭐든 아는 분입니다. 그래서 아버지 댁에 가서 이렇게 말했어요. "저 좀 도와주실 수 있어요?" 아버지는 기분 좋게 도와주셨습니다. 컴퓨터 앞에 앉아서 저를 가르치기 시작하는 것이었습니다. 이전에는 아버지에게 도와 달라고 부탁하는 것은 상상도 할 수 없었습니다. 물론 아버지 쪽에서는 변한 것이 없습니다. 저의 태도와 대응이 변했습니다. 그것으로 아버지도 저의 변화에 응해 주는 것이죠. 정말 이 변화에는 놀라고 말았습니다. 전에는 저 자신을 방어하기에 급급했고 아버지도 같은 식으로 반응했어요. 우리 사이에 지금 벌어지는 이 좋은 일들이 믿기지가 않아요!

조지는 아버지에게 자신의 코어 스테이트를 보냄으로써 아버지와의 관계를 달라지게 하는 데 성공했습니다. 그러나 **실제로** 아버지가 코어 스테이트를 받았던 것은 아닙니다. 그의 **내면**의 아버지가 받았던 것입니다. 조지가 자신의 마음속에 인식하는 아버지의 이미지가 바뀌었습니다. 이제껏 아버지에게 원했던 것을 **자기 자신에게** 전해 줌으로써 현재 현실의 아버지와의 관계도 자동적으로 변했던 것입니다.

데이브의 사례
자신에게 행복한 어린 시절을 선사하기

> 행복한 어린 시절을 갖는 것은 언제라도 늦지 않다.
> – 티셔츠 메시지

데이브는 코어 트랜스포메이션 프로세스 세미나에 참가해서 프로세스를 전부 마쳤습니다. 부분의 성장, 부분을 몸에 통합하기, 타임라인의 보편화를 포함한 전 프로세스입니다. 여기서는 코니래가 데이브와 함께 부모 타임라인의 재학습을 했던 때의 모습을 소개합니다. 코니래는 데이브가 그의 코어 스테이트를 포함한 그의 부모, 조부모의 과거·현재·미래의 체험을 만드는 것을 돕고 있습니다. 그의 프로세스를 읽으면서 여러분은 데이브가 각 단계를 밟는 모습을 상상할 수 있을 것입니다. 또한 여러분은 읽어 가면서 동시에 자신의 무의식에게 여러분을 대신해서 각 단계를 밟도록 부탁할 수 있을 것입니다. 당신 자신의 코어 스테이트를 가진 채 말입니다.

이제까지와 마찬가지로 ( ) 안의 내용은 나중에 첨가한 것입니다.

코니래 데이브, 지금 당신은 과거의 일을 느끼고 있습니다. 이제까지 당신이 체험했던 것 전부 말이지요. 그리고 미래의 것도 느끼고 있죠? (데이브가 끄덕인다.) 그럼 모든 타임라인, 과거·현재·미래를 마음속으로 우리 앞쪽 바닥에 그려 보세요. (코니래는 데이브가 타임라인을 그리는 장소를 표시하기 위해 바닥에 재빠르게 선을 그리는 동작을 한다.) 어느 쪽을 과거, 어느 쪽을 미래로 하겠습니까?
데이브 왼쪽이 과거고, 오른쪽이 미래입니다.
코니래 좋아요. 현재는 지금 당신이 있는 곳이겠죠.
데이브 여기가 지금이에요!

그림 21-1

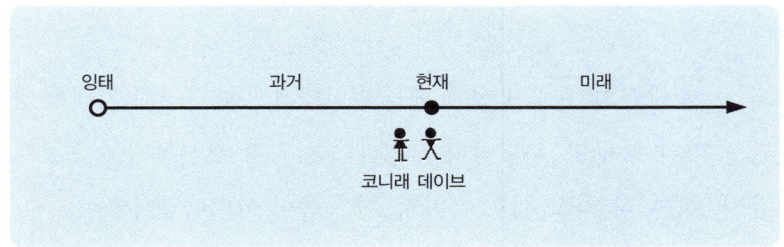

코니래 좋아요. 그럼 이제까지의 당신 체험을 모두, 우리 앞쪽 바닥에 있는 선 위에 흘러가도록 하세요. 물론 의식적으로 모든 기억을 떠올리는 것은 불가능하겠지만, 모든 체험을 그렇게 하세요. 당신의 전 인생이 거기에 있다고 느낍니다. 과거에 일어났던 것 전부는 왼쪽에 늘어서 있습니다. 미래 인생의 모든 것은 오른쪽에 늘어서 있습니다. (데이브가 끄덕인다.) 좋아요. 그럼 당신의 타임라인에서 떨어져서 선의 주위를 걸어서 당신이 잉태되기 직전까지 가서 거기에 서 주세요. (코니래와 데이브는 새로운 위치로 걸어간다.) 여기예요. 여기서 우리는 당신의 타임라인을 처음부터 보고 있습니다. 바로 앞에 있는 것은 당신의 과거, 그리고 당신의 현재와 미래입니다. (그림 21-2 참조)

그림 21-2

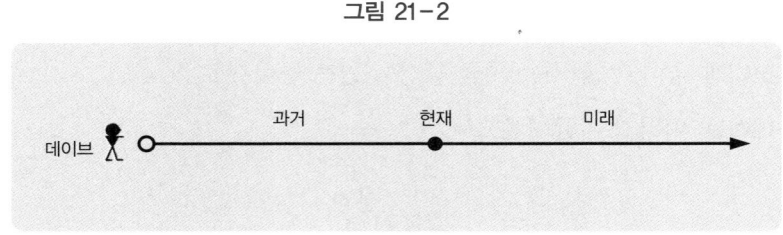

자, 이제 당신의 뒤에 당신 부모님의 타임라인을 만들기 위해서 공간을 비워 두세요. 부모님의 타임라인은 각각 오른쪽과 왼쪽으로 갈려 있습니다. 어느 쪽이 아버지, 어느 쪽이 어머니입니까?
데이브 어머니가 왼쪽이고, 아버지가 오른쪽입니다.
코니래 좋아요. 어머님이 여기, 아버님은 여기군요. (코니래가 데이브가 표시한 위치를 가리킨다. 다음 그림 21-3 참조)

그림 21-3

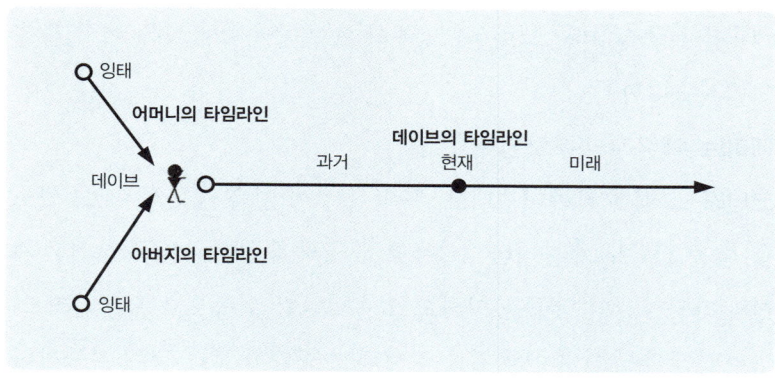

⋮⋮ 아버지 쪽에 자신의 코어 스테이트를 보내기

코니래 그럼 코어 트랜스포메이션 프로세스에서 알게 된 당신의 코어 스테이트를 당신의 조부모님께 보내세요.

데이브 네.

코니래 그분들이 기뻐할 거라고 생각해요.

데이브 당연하죠!

코니래 당신의 코어 스테이트가 무엇이었는지 기억합니까?

데이브 처음 것이 '존재감', 두 번째가 '깨달음의 감각'이라는 말이 떠올랐어요.

코니래 깨닫고 있는 것, 그렇죠?

데이브 (웃으며) 그래요.

코니래 (보고 있는 참가자들에게) 좋은 느낌이네요. 이 말은 데이브에게 일어나는 상태의 성질을 잘 나타내고 있습니다. (데이브에게) 정말 좋습니다. 그럼 어느 쪽의 조부모님에게 처음 이 선물을 드리겠습니까?

데이브 아버지의 부모님이요.

코니래 그럼 오른쪽이겠네요. 무의식이 이 일을 충분히 할 수 있도록 눈을 감아도 좋습니다. (말투를 느긋하게 한다.) 지금 당신은 **자신의** 타임라인의 방향을 향하고 있습니다만 뒤쪽으로 부모님의 타임라인에서 당신의 아버지가 잉태되는 곳까지 보는 것이 가능하다는 감각을 갖도록 하세요. 아버지의 잉태 전에는 아버지의 부모님이 있습니다. 그렇죠? (데이브가 끄덕인다) 좋아요. 이번에는 당신의 무의식이 당신의 존재감, 깨달음의 감각 등 모든 자원을 아버지가 잉태되기 전 아버지의 부모님들에게 보내 드리도록 합니다. 당신은 이 두 분이 세상에 존재하는 방법으로 이 자원이 자신들 속에 완전히 있는(present) 상태를 느끼기 시작합니다. 그들의 일부로서 ……. 그다음, 만일 제 진행 방식이 너무 빠르거나 너무 느리다면 알려 주십시오. 더 말하는 편이 좋다든가, 잠자코 있는 것이 좋다든가 말해 주세요.

데이브 지금이 딱 좋습니다.

코니래 대답해 주어서 고맙습니다. 그들에게 그런 자원이 있는(present) 모습이 보입니까, 느낄 수 있습니까? 프레젠트라는 말은 이 경우 딱 맞는 말이네요('Present'는 '존재한다'는 의미와 '선물'이라는 의미가 있다-옮긴이). 자원과 함께 있는 것이고, 훌륭한 선물이기도 하니까요. 당신의 무의식이 '그저 있는' 상태라는 자원을 당신 아버지의 부모님께 추가했다면 제게 말해 주십시오. 그런 자원을 갖고 있는 그들의 모습을 이미지나 소리로 느낄 수 없을지도 모릅니다. 그러나 무의식에서 그들에게 **지금 그 자원이 있다는 것을** 알고 있는 것으로 충분합니다 ······.

데이브 네.

코니래 아주 좋아요. 이번에는 당신이 무의식적으로 이런 자원을 지닌 채, 당신의 아버지가 잉태되었을 때부터 이런 풍부한 환경에서 일어난 일들을 체험하기 시작합니다. 아버지는 아직 하나의 세포에 지나지 않지만 그래도 아버지는 이런 훌륭한 분위기를 흡수할 수가 있습니다. 세포는 이런 상태에 영향을 받게 되어 있습니다. 이것으로 당신 아버지의 타임라인은 **이 훌륭한 분위기 안에** 전개해 갈 수 있게 되었습니다. 그렇게 하면 당신의 조부모님도 아버지도 이 존재감과 깨달음의 감각을 지니고 전진할 수 있습니다 ······. 그것이 어떤 것인지 느껴 보세요. 당신의 아버지는 타임라인을 따라 나아갑니다. 이런 존재감과 깨달음의 감각을 흡수하면서 ······. 그것은 아버지의 주변에 있으니까요. 이것을 계속 당신이 잉태되기 직전까지 계속해 주십시오. 그리고 거기에 도착하면 제게 알려 주세요.

데이브 도착했습니다.

코니래 좋아요. 아주 훌륭합니다.

코어 스테이트를 어머니 쪽에 보내기

코니래 이것으로 당신의 아버지는 코어 스테이트와 함께 성장했으

그림 21-4

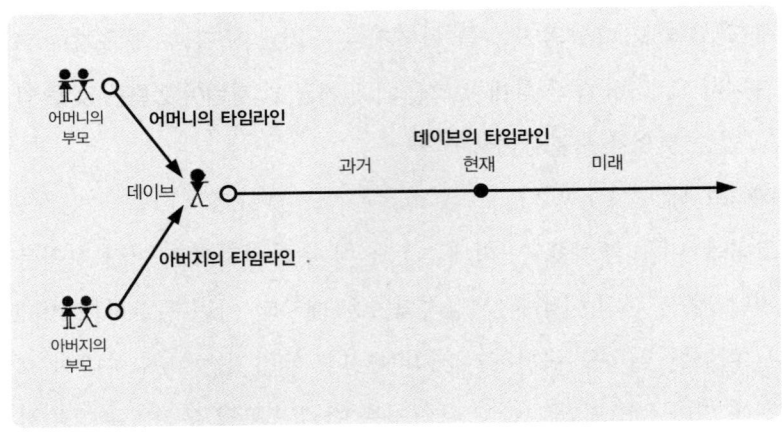

므로 다음은 어머니에게 선물을 드립시다. 같은 코어 스테이트를 어머니 쪽에 드리면 어떤 일이 일어날까요? 아버지는 여기서 기다리시게 합시다. 그리고 당신의 어머니의 부모님을 향합니다. 어머니가 잉태되기 직전입니다.

그럼 존재감과 깨달음의 감각 ……. 바로 그거예요. 그것을 두 분에게 보냅니다. 두 분이 이 자원을 완전히 가진 사람들로 변하도록, 존재감이 충분히 여기에 있고, 깨달음이 그들 안에 충분히 있어요.

그럼 당신과 당신의 무의식이 준비되면 보내 주세요. 그리고 당신의 어머니가 따뜻한 환경에 싸여서 잉태되도록 해 주십시오. 어머니는 존재감과 깨달음의 감각을 흡수합니다. …… 이 상태에 젖어 어머니가 자연적으로 발달하도록. 이런 자원에 싸여 있으면서 어머니는 성장합니다. 당신이 잉태되기 직전까지 와 주십시오.

데이브 왔습니다. (데이브가 눈을 뜬다.)

코니래 좋아요. 대단해요. …… 다시 한 번 반복해도 괜찮겠습니까? 그렇게 하면 당신의 부모님, 조부모님은 더욱 완전히 코어 스테이트를 갖게 됩니다. (데이브가 끄덕인다.) 그럼, 당신의 아버지 쪽의 부모님에게 존재감과 깨달음의 감각을 더 많이 보내 주십시오. 그리고 그들이 내면에 이런 자원을 더 많이 지니고 있는 것을 느껴 주십시오. …… 아버지가 잉태된 시점까지 와 주십시오. 아버지는 존재감과 깨달음의 감각을 더욱더 많이 흡수합니다. 아버지가 이런 코어 스테이트의 성질을 흡수하는 것을 느껴 주십시오. 아버지의 타임라인은 당신이 잉태되는 순간까지 전개됩니다. 이것은 당신에게 두 번째이므로 당신의 무의식은 속도를 빠르게, 전보다 더욱 완벽하고 철저하게 할 수 있습니다. 물론 당신의 체험도 속도가 변합니다. 재학습의 프로세스를 다른 속도로 하면 전과는 다른 신경 부분에 변화를 주는 것이 되므로 효과적입니다.

이것으로 존재감과 깨달음의 감각은 당신 아버지의 내면에 깊숙이 가라앉아 거기서 빛나고 있게 됩니다. 그럼 그것이 마무리되어 아버지가 당신의 잉태 직전까지 왔으면 알려 주십시오. …… (데이브가 끄덕인다.) 좋습니다.

이번에는 당신의 어머니 쪽에 같은 것을 해 주십시오. 그렇게 하면 어머니의 부모님은 더욱 깊이 더욱 강하게, 더욱 완전한 형태로 존재감과 깨달음의 감각을 느낄 수 있게 됩니다. 또 이번에는 당신이 다른 코어 스테이트의 성질을 더하고 싶으면 그렇게 해도 상관없습니다. 어머니의 타임라인이 진행됨에 따라, 당신의 무의식이 신의 은혜, 마음의 평화, 사랑, 있는 그대로의 느낌, 높은 자기 평가

등을 추가하기로 했다면 그것도 좋습니다. 그렇게 하면 당신의 무의식은 어머니가 성장하는 것과 더불어, 당신이 잉태되기 직전까지 자동적으로 어머니 내면에 이런 코어 스테이트를 전하게 됩니다. 당신이 무의식에 흐르고 있는 것을 느낄 수 있을 겁니다. 이렇게 된다면 제게 알려 주십시오. …… (데이브가 끄덕인다.)

코니래 다시 한 번 반복할까요, 아니면, 이미 이 과정은 끝났다고 느낍니까?

데이브 다시 한 번 할 필요가 있는 거 같아요.

코니래 좋아요. 이 새로운 기반을 유지하면서 당신의 무의식에 직감적으로 유익하다고 생각되는 것이라면 무엇이든 더하도록 합니다. 지금 당신이 알고 있는 것에서부터 만들어 갑니다. 지금 당신이 있는 곳을 기반으로 해서 모든 면에서 만듭니다. 왜냐하면 우리가 단계를 밟을 때마다 훨씬 더 많은 것이 가능하다는 것을 보고 듣고 느낄 수 있는 문을 열어젖히는 것이 되기 때문입니다. 예전에는 보거나 듣고 느낄 수 없던 것들을요. 하지만 지금은 그런 것들이 명확해집니다. 이 새로운 기반을 유지하면서 당신의 아버지 쪽 조부모님이 더욱 이 존재감과 깨달음의 성질을 갖도록 합니다. 바로 그겁니다. 그것은 그들에게 들어가 더욱 깊어집니다. 당신의 무의식이 여기에 필요하다고 생각하는 것을 무엇이든 전해도 됩니다. 당신 무의식의 지혜가 여기에 있어야 한다고 생각하는 것들을 더할 수 있어요. 자신에게 가치가 있다는 느낌이나 긍정, 사랑, 충만, 은혜, 내면의 평화, 또는 당신의 무의식이 조부모님에게 정말 선물이 될 것이라고 믿는 것이라면 어느 것이나요. 그리고 그것이 더해져서 발전하면 당신은 속도를 다르게 하고 싶다고 생각할지 모릅니다. 더욱 빨리, 또는 더욱 천천히 해서 다음에는 여유 있게, 다음에는 다시 한 번 빨리와 같이 ······. 당신의 무의식에 속도 조절을 맡겨 두십시오.

데이브 더욱 빨리 하고 싶습니다. 그리고 말을 줄여 주십시오.

코니래 그럼 저는 입을 다물고 있을게요. (웃음)

(데이브는 자신이 어떻게 하고 싶은지를 편하게 코니래에게 요구하고 있다. 여기까지 읽어 온 것과 같은 말에 의한 안내는 무의식의 체험을 만드는 데 충분히 도움이 되지만, 사람에 따라서는 아무 말 없이 자신만이 이 프로세스를 진행하고 싶다고 여기는 사람도 있다. 특히 여기에 소개된 데이브처럼, 사이클의 마지막쯤에 속도가 빨라지는 경우는 그런 경향이 강하다.)

데이브 아버지의 부모님에게 하는 것이 끝났습니다.

코니래 좋아요. 그럼 이제부터는 프로세스가 자연히 진행되는 것에 맡기도록 해요. 끝나면 알려 주세요.

데이브 (끄덕이며 프로세스를 계속한다.) 네, 끝났습니다.

코니래 아주 좋아요. 이번에는 당신의 어머니 쪽 부모님에게도 한 후에, 이런 성질을 더욱 완전히 지니도록 해 주세요. (데이브가 끄덕이며 끝났다는 것을 알린다.)

(이 사이클을 반복할 때마다 그가 자신의 조부모님과 부모님의 코어 스테이트를 더욱 깊고 강하게 체험하고 있는 것을 우리도 확실히 알 수 있었다.)

∷ 데이브가 부모에게서 코어 스테이트를 흡수하기

코니래 이것으로 지금 당신의 부모님은 모두 당신이 잉태되기 직전에 있습니다. 그리고 그들의 부모님에게서 코어 스테이트라는 자원을 받고 있어요. 그렇죠? (데이브가 끄덕인다). 그럼 부모님이 이런 상태를 충분히 경험하고 있는 상황에서 당신이 준비가 되면 이 새로운 타임라인에 들어가도 좋아요. 타임라인은 부모님이 이런 코어 스테이트를 갖고 있는 것으로 이제까지와는 다르게 전개될 겁니다. 준비가 되었으면 잉태의 순간으로 들어가 주십시오. 그리고 이런 상태에 빠진다는 것은 어떤 것인지 체험해 주십시오. 부모님 사이에 그런 상태가 있기 때문에 당신은 코어 스테이트를 부모님보다 더욱 깊게, 완전히, 충분히 **흡수할 수밖에 없습니다**. 자신을 둘러싸고 있는 것을 흡수하는 것은 간단하기 때문이지요. 그럼 준비가 되었습니까? (데이브가 끄덕이고 앞으로 내디딘다.)

좋아요. 그럼 당신은 한발 나아가 잉태된 순간으로 들어갈 수 있어요. 그냥 있음이나 깨달음의 감각을 부모님에게서 흡수한다는 체험이 어떤 것인가 느낍니다. 왜냐하면 그것은 원래 그렇기 때문입니다. 그것이 그분들의 모습이에요. 그리고 그것이 당신을 둘러싸고 있어요. …… 하나의 세포인 당신은 이미 존재감과 깨달음의 감각을 지니고 있습니다. 그리고 세포가 분열해서, 두 개, 네 개가 되어, 이 상태도 두 배, 네 배가 됩니다. 그다음은 여덟 개의 세포, 열여섯 개 …… 이렇게 육체가 성장하는 것과 함께 코어 스테이트도 강해지게 됩니다. ……

그림 21-5

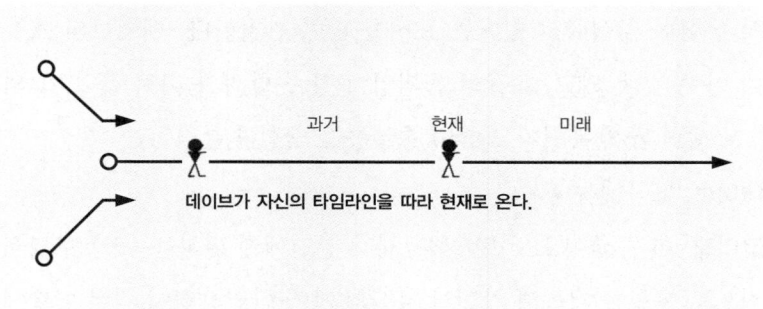

데이브가 자신의 타임라인을 따라 현재로 온다.

시간 속에서 앞으로 나아가면서 당신의 무의식에게 허락하세요. …… 그래요, 당신을 안내해서 적절한 속도로 진행하도록, 그래서 당신의 무의식이 이 근본적인 변화가 일어나는 것을 충분히 체험하도록, 그러면 이 스테이트들을 충분하고도 완전히 흡수할 수 있게 돼요. 그리고 무의식의 차원에서 어떤 느낌인지 주목해 보세요. 그 사이 당신의 타임라인은 전혀 새로운 방식으로 펼쳐집니다. …… 코어 스테이트는 여전히 완전하게 존재합니다. 왜냐하면 그것은 거기에 흡수할 수 있도록 있는 거니까요. ……

바로 그거예요, 계속 그대로 앞으로. 그러면 의식에서 일어나는 변화를 깨닫는 순간도 있을 것이고, 어떤 때에는 이 느낌들을 지니고 타임라인의 앞쪽으로 나아가면서 무언가 일어났다는 것을 느끼는 정도일지도 모릅니다. …… 그래요. 쭉 앞으로 나아가 주십시오. 현재에 도착하면 알려 주세요.

(코니래가 말하는 동안 데이브는 타임라인에서 현재의 그를 표

시하는 지점을 향해 나아간다. 코니래는 그의 걸음과 함께 무의식의 통합이 일어나고 있다는 표시를 많이 관찰한다. 데이브의 호흡이 아주 깊게 되고, 호흡의 움직임이 양 손발까지 퍼져 간다. 그의 얼굴색이 금세 붉어지고 땀이 송골송골 맺힌다.)

데이브 도착했습니다.

코니래 아주 좋아요. 이번에는 제가 당신에게 말하는 동안 무의식적으로 통합을 계속해 가면서 자신의 과거 타임라인이 지금 어떻게 달라져 있는가를 깨닫고 그것을 감사할 수 있을 것입니다. 바로 뒤에 눈이 있는 것처럼 타임라인을 보는 겁니다. 무엇이 다른가 의식적으로 깨달은 바가 있다면 제게 알려 주십시오. 하지만 변화가 전부 무의식적이라면 그것도 괜찮습니다.

(데이브의 모습이 완전히 변해 있다. 확실히 그의 코어 스테이트인 존재감과 깨달음의 감각이 전보다 깊고 풍부하게 된 것을 알 수 있다. 코니래에게는 말로 보고하는 것보다는 비언어적인 변화가 중요한 참고 자료가 된다.)

데이브 의식적으로는 타임라인 주변에 있었던 어두운 부분이 변한 것을 알 수 있습니다. 아까보다 밝아졌어요. 특히 부모님이 관계된 부분에서는요.

코니래 좋아요. 타임라인에서 일어난 것을 깨달았다는 것이군요. (코니래는 데이브의 과거에서부터 현재까지를 가리킨다.) 그럼 당신은 지금 이 시점에 멈춰 서서 미래의 타임라인을 무의식적으로 밟아 가 주세요. 그리고 존재감과 깨달음의 감각을 유지하면서 장래가 어떤 식으로 전개되는가를 관찰합니다. 무의식적으로 미래를 다시 분류하고 다시 코드화하고 다시 채색합시다. …… 무의식이 그것을 끝냈다고 느낀다면 제게 알려 주십시오.

데이브 끝났습니다.

코니래 정말 훌륭해요. 지금 데이브는 자신의 타임라인을 통해 부모님에게서 존재감과 깨달음의 감각이라는 코어 스테이트를 흡수했기 때문에 새로운 차원의 존재감과 깨달음의 감각을 지니고 있습니다.

프로세스를 반복하기

코니래 그럼 이 수준의 존재감과 깨달음의 감각을 체험했으니까 다시 한 번 **지금** 지닌 그 감각의 **새로운** 수준을 유지하면서 프로세스를 처음부터 반복합시다. 이 존재감과 깨달음의 감각 수준은 당신의 새로운 기반이 되는 것입니다. 당신이 잉태되기 직전까지 돌아가 주십시오. (둘은 타임라인의 처음으로 걸어가서 데이브는 거기에 서서 기다리고 있다.) 눈을 감고 이 새로운 기반을 느껴봅니다. 새로운 존재감과 깨달음의 감각을 몸 전체의 세포가 느끼게 합니다. 무의식적으로, 그리고 의식적으로도. 이 두 가지를 안내자로 해서 더욱 깊고 풍부한 경험을 해 주십시오. …… (데이브가 자신의 타임라인을 걷기 시작하나, 도중에 멈춰 서서 잠시 쉰다. 강한 감정을 체험하고 있는 것 같아 보인다.) …… 무언가가 일어나고 있습니까? 제게 알려 주고 싶은 것이 있습니까?

데이브 음, 이 감정은 상처는 아닌 것 같습니다. 깨달음의 감각과 함께 느껴지는 것인데요, 정말 보살핌을 받는 느낌이 들어요.

코니래 훌륭합니다. 그것을 계속해서 더욱 깊게 해 갑시다. 지금 이미 당신이 하고 있는 것처럼 말이에요. 그렇게 하면 당신의 의식과 무의식은 그것을 기반으로 해서 더욱 깊고 풍요로운 체험을 할 테니까요. 준비가 되면, 당신의 잉태 순간으로 들어가 주십시오. 지금 당신의 부모님은 이 새로운 존재감과 깨달음의 감각을 지니고 있습니다. 그러므로 당신은 이 코어 스테이트를 자동적으로 흡수합니다. 당신은 거기에 둘러싸여 있으니까요. (데이브가 발을 앞으로 내디딘다.) 그래요. …… 다른 템포가 되면 코어 스테이트는 이제까지와는 다른 기억에 퍼져 갈 겁니다. …… 다시 타임라인을 움직임에 따라 코어 스테이트가 증대하는 것을 느낍니다. 모든 일이 그 위에 겹치는 것이기 때문입니다. 시간이 흐름에 따라 점점 쌓여가서, 더욱 풍부하고 더욱 완전한 모습에 가까워져 갑니다. …… 그래요, 더욱더 완벽한 변화가 일어나고, 현재까지 계속 일어납니다. 현재까지 오면 얘기해 주십시오. (데이브는 자신의 타임라인을 더 빠르게 움직이고 있다. 그리고 그는 심호흡을 한다.) 좋아요. 무의식적으로 일어나고 있는 모든 변화를 빨아들이세요. 그래요, 쭉 현재까지입니다. 그래요.

데이브 여기에 도착했습니다. (데이브는 타임라인에서 '현재'에 서 있다.)

코니래 훌륭해요. 그럼 지금 당신을 따라 움직였던 타임라인을 느끼고 거기에 감사합시다. 또 그동안 일어났던 변화를 의식합시다. 의식적으로 무언가 다른 것이 느껴지는 것이 있으면 말해 주십시오.

(참가자들에게 얘기한다) 그의 심리 상태가 깊어지는 것을 확실히 알 수 있었지요. 새로운 기반에서 시작해서 두 번째에는 그것이 더욱 깊게 되었습니다.

데이브 제가 처음의 기반을 만들고 있을 때입니다. 당신에게서 미래의 방향을 향하라는 얘기를 들었을 때, 저 자신이 무언가를 개선했다고 느꼈습니다. 작년에 혼자서 작업을 했을 때 어떤 빛이 있어 제가 그곳으로 이끌려 가는 것을 느꼈습니다. 제 미래의 타임라인의 끝으로 말이지요. 지금은 그 빛이 사실 제 안에서 빛나고 있는 것이 반사되어 온 것이라는 느낌으로 바뀌었습니다.

코니래 훌륭해요.

데이브 처음으로 당신이 저를 미래에 들어가도록 했을 때 그런 느낌이 들었어요. 이번에는 저 자신이 미래의 타임라인에 들어가는 것을 보고 있으니, 제가 빛나서 다른 사람들을 비추고 있었습니다. (데이브가 울먹인다.) 지금은 제 조부모님을 통해서 그들의 빛을 느낍니다. 또 그것은 저를 통해서 미래를 비추고 있습니다.

코니래 훌륭하네요. 당신의 무의식이 그것도 충분히 받아들이도록 합시다 (데이브가 끄덕이며 빙긋이 웃는다.) 아주 좋아요. 그럼, 그것을 높게 평가하면서 호흡해 주십시오. 직감과 무의식에서 이 체험의 가장 완전한 표현이라고 생각하는 방법으로 ……. 그거예요.

당신은 이미 다음 단계를 시작했습니다. 다시 말해, 미래에 들어가는 것입니다. 이 코어 스테이트를 같은 타임라인 위의 과거에서 미래로 연결해 주십시오. 빛은 더욱 밝아져 이런저런 방향에 반사하고 있어서 그것을 쫓아갈 수 없을지도 모르고, 당신도 그러고 싶지 않을지도 모릅니다. (데이브가 끄덕인다.) 좋아요. 준비가 되면 알려 주십시오. (데이브가 다시 끄덕인다.) 아주 훌륭해요. 좋아요.

두 번째 프로세스를 진행함으로써 좋은 의미로 깊은 체험이 되었군요. 다시 한 번 반복해서 이 프로세스를 확실히 완벽히 하고 싶다고 생각하나요?

데이브 (끄덕이며 웃는다.) 아직 안 끝난 것 같아요.

코니래 (웃으며) 조금 더 나아가지 않으면 안 되겠군요. 탄력 받았네요.

데이브 처음에 타임라인을 걸었을 때, 아주 이상한 일이 있었어요. 몸이 심하게 뜨거워졌습니다. 몸을 깨끗이 해 주는 열이 난다고 할까요. 아니면 제 몸이 몸에 해로운 것들을 태우고 있는 것 같은 느낌이었어요.

코니래 그랬겠네요. 그러게, 엄청나게 땀을 흘렸어요. (보고 있는 참가자들을 향해) 땀나고 있는 것을 알아챘나요?

데이브 이번에는 저의 미래가 어떤 것이 될까요? (보고 있는 참가자들과 함께 웃는다.)

코니래 그럼 그것을 알아볼까요? (둘이서 데이브의 잉태 직전의 지점으로 돌아간다.)

좋아요. 그럼 잉태의 순간에 걸어 들어가 주십시오. 이번에는 가장 효과적인 속도로 전진해 주십시오. (데이브가 전보다 빠르게 타임라인을 전진하기 시작한다.) 그래요. 그렇게 하면 당신의 무의식은 존재감과 깨달음의 감각을 지금까지 충분히 건드리지 않았던 모든 기억과 뉴런 세포에까지도 스며들게 할 수 있습니다. 그래요, 현재까지 쭉 나아가세요. (데이브는 현재에 도달해서 타임라인의 현재 지점에 선다.) 다음에 미래에, 미래에 더욱 깨달음의 감각을 펼쳐 가 주십시오. 그래요. 좋아요.

데이브 끝났습니다.

코니래 좋습니다. 다시 한 번 할까요?

데이브 (웃으며) 이걸로 됐어요.

코니래 세 번을 하면 아주 효과가 좋아요. (보고 있는 사람들을 향해) 한 번만으로 끝나는 사람들도 있지요. 그런 때는 밖에서 보고 있어도 그 사람이 아주 많은 면에서 재구성되는 체험을 하고 있는 것이 보이기 때문에 알 수 있어요. 그런 때는 한 번으로 전부 끝내게 되고, 더 이상은 하고 싶다고 생각하지 않습니다. 대개의 경우는 세 번 이상 하는 경우가 많습니다. 일곱 번을 했던 때도 있습니다. 몇 번을 하면 속도가 아주 빨라집니다. 타임라인을 질주하는 것과 같은 느낌이라서 시간이 많이 걸리지 않아요. 그리고 할 때마다 깊어집니다. 끝났는지 보기 위해서는 "아직 변화가 일어나고 있습니까?"라는 질문을 해도 좋다고 생각합니다. 어떤 상태에 도달해서, 그 이상 코어 스테이트가 깊어지지 않는 경우에는 거기서 끝냅니다. 빛이 늘어난다든가, 색이 늘어난다든가, 타임라인이 넓어진다든가 하는 경우에는 계속해 주십시오. (데이브에게) 당신의 미래에 대해 어떤 것을 깨달았습니까? 어떤 식으로 변화했습니까?

데이브 (웃으며) 미래는 없어요. …… 물론 있지만, 정말 이상해요! 이제 코어 스테이트가 제가 알고 있는 현실 그 자체가 되어 버린 것 같아요. 미래의 무언가에 빛을 비추고 있을 뿐 아니라 미래 그 자체가 없는 것 같은 느낌이 들어요. 하나의 거울이에요. 빛이 제게 반사되어 오면, 그것은 한 바퀴 돌아온 저 자신의 빛이었습니다. 단순히 반복이 있을 뿐 …… 시간은 존재하지 않아요.

코니래 저도 당신이 느끼고 있는 것을 어렴풋이 알겠습니다. 당신이 지금 체험하고 있는 것은 아주 흥미로운 것이고, 당신의 표정에서 뭔가 대단한 것이구나 하는 것을 알 수 있습니다. 좋아요. 이 프로세스를 하는 사람들은 대부분 미래가 활짝 열리는 체험을 합니다. 실제로 미래가 넓어지거나 더 빛나게 됩니다. 하지만 데이브가 체험하고 있는 것 같은 것을 말하는 사람이 많지는 않습니다. 그의 미래는 활짝 열렸습니다. 빛이 지금 모든 것을 감싸 안는 영원불변한 성격을 갖게 되었습니다. 좋아요.

데이브의 새로운 코어 스테이트를 견고하게 하기

코니래 그럼 하나 더 남아 있는 단계를 해 볼까요. 지금의 상태를 유지하면서 다음 단계에서는 이 상태를 더욱 견고히 하고 심화시킵니다.

(데이브와 참가자들을 향해) 저의 직감으로는 자연히 코어 스테이트를 갖는 사람들은 부모님이 코어 스테이트를 갖고 있는 환경에서 자랐다고 생각합니다. 그들은 그것을 흡수했던 거지요. 우리가 지금 타임라인 위에서 데이브를 위해 코어 스테이트를 만들었던 것과 같은 것입니다.

그런데 이런 코어 스테이트를 깊고 완전하게 지니고 있는 사람들이 반드시 인생이 순풍에 돛을 단 듯한 사람들은 아닙니다. 인생에서 도전이나 역경이 전혀 없던 사람들은 결국 깊이가 없는 사람이 됩니다. 이런 사람들은 이른바 '인품(character)'이라는 것을 갖추지 못하게 됩니다. 도전을 겪어 본 경험이 없었기 때문에 그들의 삶의 윤택함에는 깊이가 없습니다.

내면이 부드럽고 강한 사람은 대개 코어 스테이트를 부모님에게서 받은 데다가 커다란 문제를 극복한 사람들입니다. 만일 코어 스테이트를 자신 **안에** 이미 갖고 있는 사람이 있다면 인생의 시련 때문에 그것을 잃어버리는 일은 없습니다. 오히려 시련은 코어 스테이트를 더욱 **깊게** 해 줍니다. 그렇게 되면 우리가 힘든 상황에 놓여 있을 때 그것은 단순히 어려움이 아니라 자신이 이미 지닌 내면의 지혜를 한층 더 깊게 해 주는 경험이 됩니다. 그리고 더욱 풍요로운 지혜의 샘이 되어 다음의 도전으로 나아가는 겁니다. 제가 말하는 것이 이해가 되십니까?

데이브 네, 이해 됩니다.

코니래 좋아요. 그럼 당신은 이미 외부에서 코어 스테이트를 흡수하는 체험을 한 것입니다. 그러므로 이번에는 당신이 당신의 과거로서 생각하고 있던 것을 손에 쥐고, 그것을 당신 자신을 깊게 하고 강하게 하는 고난의 시기로서 받아들입니다. 어떤 의미인지 알겠습니까?

데이브 네.

코니래 그럼 코어 스테이트를 당신의 중심에, 그리고 몸 전체에 채우고 과거로 돌아가서, 당신의 잉태 직전의 순간에 서 주십시오.

(둘은 타임라인의 처음 위치로 돌아간다.) 여기서 이 체험은 확고한 것이 되므로, 이 코어 스테이트를 충분히 느껴 주십시오. 그저 존재하는 것, 깨달음의 감각 …… 지금은 이 말도 당신의 상태를 표현하는 데 충분치 않을지도 모릅니다. 당신은 지금 한 것에 의해, 내면에 이 상태를 지니고 있습니다. 사람에 따라서는 이 시점에서 이 상태가 정신적인 부모님이나 정신적인 원천에서 유래하는 것처럼 느끼는 사람도 있습니다. 어떤 식으로 도달하든지, 당신은 그랬구나 하고 생각해 온 과거를 통과하면서 앞으로 나아가는 동안, 그리고 코어 스테이트에 의해 모든 것을 변화시키고 있는 동안, 이 코어 스테이트는 당신의 가운데에 있습니다. 그럼 이번에 무엇을 할지 알겠습니까? 당신의 부모님이 당신이 기억하고 있는 대로 행동하게 하십시오. 그리고 그것을 당신이 지닌 코어 스테이트로 변화시키는 겁니다. 어떤 것인지 알겠습니까?

데이브 좋습니다. 저는 지금 코어 스테이트를 지니고 있지만 저의 과거는 기본적으로 제가 기억하고 있는 대로 보인다는 것이군요.

코니래 그래요. 단지 당신은 자신이 코어 스테이트들을 **내면에** 지니고 있고 그것이 퍼져 나오는 것으로써 자신의 과거를 자연스럽게 바뀌게 할 수 있습니다. 당신은 자신의 과거를 이제까지와는 **아주 다르게** 체험할 것입니다. 일어난 일들 자체가 사실이라도 그것을 어떻게 느끼는가는 전혀 다른 것이 됩니다.

데이브 이미 그렇게 되기 시작했습니다.

코니래 대단해요. 그럼 다시 한 번 반복해 주십시오.

데이브 저의 잉태에서 시작하나요, 잉태 전부터 시작하나요? 아니면, 조부모님부터 시작합니까?

코니래 당신의 잉태부터 시작해 주십시오. 내면의 지혜(자원)를 전부 가진 채, 그래요. 당신의 무의식이 하도록 하는 편이 간단해요. (데이브는 그의 타임라인에서 앞으로 나아간다) …… 그렇게 하면 당신의 무의식은 변화할 수 있는 것에 대해 변화하는 것을 허락하는 것이 되므로 간단히 빠르게 움직일 수 있습니다. 왜냐하면 이렇게 하면 다른 사람들이 그들 내부에 있는 자원을 알지 못하는 상태에서도 우리에게 자원이 충분히 있다는 것이 무엇인가를 깊은 차원에서 가르쳐 주기 때문입니다. 그래요, 계속 현재까지 나아가 주세요.

(데이브는 현재에 도착하고 거기서 서 있다.) …… 그다음에는 그 흐름을 미래로, 또는 당신이 받아들일 수 있는 어디로라도 흐르게 합니다. (데이브는 깊게 호흡하며, 한숨을 쉬며 끄덕인다.) 아주 좋아요. 이번에는 완벽하게 체험한 것 같군요. 끝났다는 느낌이 듭니까? 아니면 다시 한 번 하고 싶습니까?

데이브 다시 한 번 하고 싶습니다.

코니래 좋아요. (둘은 그의 타임라인의 처음으로 돌아간다.) 그럼 다시 한 번, 이 새로운 코어 스테이트로. (데이브는 그의 타임라인을 걷기 시작한다.) 다시 한 번, 그래요, 한발 내디딜 때마다 이 상태가 깊어집니다. (데이브는 현재에 도착한다.) 현재에 도착하면 거기에서 미래로 갑시다.

아주 좋아요. 이것으로 프로세스는 전부 끝났습니다. (아주 부드러운 목소리로) 당신의 무의식에게 좀 더 흡수시키고 싶다면, 보편화하고 싶은 것이 있다면, 또는 빛을 다른 방향으로 보내고 싶다거나 깊게 하고 싶다고 생각하면 그렇게 해 주십시오. 통합은 우리가 프로세스를 끝낸 후에도 적절하게 딱 맞는 방법으로 자연스레 자동적으로 계속 진행될 겁니다. 왜냐하면 이런 종류의 변화와 통합이라는 것은 종종 계속되고, 또 그것이 일어나고 있는 것을 인정하는 것은 기분 좋은 일입니다. 준비가 되면 언제라도 의식적으로 이 방의 우리에게 돌아와 주십시오. 무의식의 차원에서 통합은 계속될 것입니다. 이번에 저와 함께해 주셔서 고맙습니다.

(데이브는 코니래의 어깨를 양팔로 감싸고 감사의 마음을 전한다.)

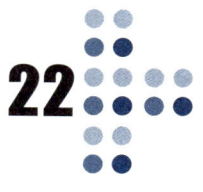

22 부모 타임라인 재학습

구조를 이해하기

> 인생은 뒤돌아보아야 비로소 이해되지만
> 앞을 향해 살지 않으면 안 된다.
> – 키르케고르

부모 타임라인의 재학습은 다음의 세 가지 프로세스로 구성되어 있습니다.

1단계 : 조부모에게 코어 스테이트를 보내고, 자신의 부모가 성장할 때 그들의 부모에게서 코어 스테이트를 충분히 흡수하도록 함.
2단계 : 우리가 성장할 때, 부모에게서 코어 스테이트를 흡수함.
3단계 : 코어 스테이트를 우리 내면에 간직한 채 자신의 타임라인을 걸어감으로써 코어 스테이트를 정착시킴. 이것은 '실제로' 자신에게 일어난 모든 것에 대한 감각을 바꾼다.

여기에서 각 단계의 개요와 그 목적에 관해 간단히 설명하겠습니다. 이 프로세스를 자신이 해 보고, 체험해서 프로세스를 알고 싶은 분은, 이 장을 건너 뛰고 다음 장으로 가시길 바랍니다.

1단계 : 조부모에게 코어 스테이트를 보내고, 그들을 통해서 부모에게도 보내기

과거는 우리가 우리 자신을 어떻게 체험하는가에 큰 영향을 미칩니다. 그리고 자신을 키워 준 사람만큼 영향을 끼치는 사람은 없습니다. 많은 사람들에게는 그것은 부모님이 되겠지요. 시간을 쭉 거슬러 올라가 우리에게 영향을 준 사람들이 코어 스테이트를 갖는 것에서부터 시작하면 코어 스테이트는 우리의 과거를 간단히 바꿀 수 있습니다. 대부분의 경우, 우리가 부모에게 직접 코어 스테이트를 보내는 것보다는 부모님의 부모님에게 보내는 것이 간단하게 느껴집니다. 부모님에 대한 생각은 조부모에 대한 생각보다 훨씬 더 고정되어 있는 경향이 있기 때문입니다. 만일 조부모님에게 코어 스테이트를 보내는 것조차도 어렵다면 더욱 시간을 거슬러 올라가 조부모님의 부모님에게 코어 스테이트를 보내도 괜찮습니다. 지금까지의 예를 보면 아담과 이브까지 올라가서 그들에게 코어 스테이트를 준 사람도 있었습니다. 그 사람은 눈 깜짝할 사이에 아담과 이브에서부터 그의 선조, 그리고 부모님까지 코어 스테이트를 날라 주었습니다.

만일 당신을 양부모님이 길러 주셨다면 양부모님과 친부모님 양쪽에게 코어 스테이트를 선물하세요. 예를 들어, 성장기에 친부모님에 대해 몰랐어도 그들의 존재를 어딘가에서 느끼게 마련입니다. 낳아 주신 부모님에 대한 느낌이 정확하지 않아도 괜찮습니다. 코어 스테이트로 변화시키는 것은 부모님에 대한 당신의 **생각**인 것입니다.

2단계 : 부모에게서 코어 스테이트를 흡수하고 시간이 경과하면서 그것을 계속 경험함

이 단계는 우리 내면에 있는 부분이 원하고 있는 코어 스테이트를 갖는 체험을 하기 위해 또 하나의 방법을 제공합니다. 대개의 사람들은 이미 코어 스테이트를 갖고 있는 자신의 부모님에게서 코어 스테이트를 흡수하는 체험을 하면 소중하게 키워졌다거나 사랑받았다고 느낍니다.

3단계 : '실제로' 일어난 일을 변화시킴으로써 코어 스테이트를 정착시킴

코어 스테이트를 지니고 있는 '엄청 훌륭한' 부모님과 함께 과거를 체험하는 것은 아주 환상적인 경험입니다. 하지만 이 엄청 훌륭한 부모님과 함께 체험하는 것만으로는 현실의 부모님, 또 그런 종류의 사람들과 현실 세계에서 만날 준비가 되어 있다고 말할 수는 없습니다. 우리는 주변의 사람들이 코어 스테이트에 완전히 연결되어 있지 않아도 자신의 코어 스테이트를 확실히 갖고 있고 싶어 하게 마련입니다. 이 단계에서는 코어 스테이트를 더욱 확실한 것으로 합니다. 코어 스테이트는 당신 안에 이미 확실히 존재하고 있습니다. 이 단계에서는 부모님이 코어 스테이트에 연결되어 있지 않았던 때도 포함해서 우리 과거의 모든 체험을 통해서 빛납니다. 그리고 타임라인을 움직일 때 우리가 항상 코어 스테이트를 갖고 있으므로 '현실의 인생'에서 체험했던 충격적인 사건들이 중요하고 긍정적인 자원으로 탈바꿈합니다.

∴ 몇 번이고 사이클을 반복하기

이 프로세스를 진행할 때 실제로 사람들이 거기서 경험하는 상태가 얼마나 강력한 것인가를 말로 표현하기는 어려울 정도입니다. 그것은 코어 스테이트 그 자체가 아주 강렬하기 때문입니다. 더욱이 과거, 현재, 미래로 시간을 빠르게 이동하는 프로세스가 그 체험을 확대합니다. 이 타임라인을 몇 번이고 반복하면 그때마다 코어 스테이트는 강렬한 것이 됩니다. 데이브는 부모님의 타임라인을 재학습하는 것을 아주 강한 코어 스테이트를 가지고 시작했지만 이 프로세스를 함으로써 그 강렬함은 적어도 세 배로 증가했다고 설명했습니다.

무의식의 프로세스를 강화하기

데이브와 진행한 작업으로 코니래는 데이브에게 무의식의 차원에서 프로세스를 진행하도록 지시하고 있습니다. 그녀는 주의 깊게 데이브를 관찰하며 그가 무언가 과거의 사건들을 무의식 차원에서 처리하고 새로운 감정을 기반으로 하는 작업을 증폭하고 있는지 세심하게 보고 있습니다.

이 프로세스를 혼자서 하는 경우는 각 단계를 할 때마다 '내면의 마음의 긴장을 풀어 주는' 것이 쉬워지고, 점차로 호흡을 잘 맞추게 되어 여러분이 완전히 이해할 필요가 없는 식으로 새로운 변화가 일어나게 해 줍니다. 무의식적으로 여러분의 경험을 여러분에게 가장 잘 맞는 식으로 변화하도록 하면 어떤 것인지 정확하게 몰라도 변화가 일어나고 있는 것을 느끼게 됩니다.

부모 타임라인 재학습의 결과

사람들은 대부분 자신들의 코어 스테이트가 한층 뿌리를 내렸다고 언급합니다. 곧 전보다도 충만하고 풍요롭게 되어 자신을 계속 이어지는 생명 흐름의 일부로서 느낄 수 있게 됩니다. 코어 스테이트는 단순히 잠깐 '흥분하는' 느낌이 아니라, 나날이 생활의 현실로서 체험할 수 있습니다. 부모 타임라인의 재학습 프로세스의 제3단계인 '실제로 일어난 일을 변화시킴으로써 코어 스테이트를 정착시키는' 단계는 이런 결과를 얻기 위한 아주 중요한 단계입니다. 우리는 일상과 동떨어진 코어 스테이트를 갖는 것이 아니라 모든 기억과 현재, 미래의 감각에 퍼져 나가는 상태를 갖게 되는 것입니다.

그 밖에도 몇 가지 공통된 결과가 있습니다만, 사람에 따라 그중에서 몇 가지, 또는 전부를 체험하는 사람도 있습니다. 과거가 아주 커다란 자원이 되었다는 것은 자주 듣는 결과입니다. 힘들었던 시기도 어떤 식으로든 은혜로운 일로 체험하게 됩니다. 어떤 때는 이전에는 생각하는 것도 고통스러웠던 기억이 떠오르기도 하지만 지금은 깊은 곳에서 괜찮다고 체험하게 됩니다. 당시는 아주 심각한 상처가 되었던 것인데도 말입니다. 그러나 이것은 우리가 나쁜 일이 일어난 것을 이제는 좋아하기 때문이 아닙니다. 깊은 곳에서 그 체험, 자기 자신, 관련된 사람들에 대해서 잘못되었다고 재단하지 않기 때문입니다. 코어 스테이트가 이런 체험을 정화하는 것으로 인해 체험이 치유된 것입니다.

또 다른 결과는, 과거의 사건 때문에 자신이 지금 이렇게 되었다고 생각하는 것에서 해방되는 것입니다. 만일 우리가 과거 때문에 제약을 받고 있다고 느낀다면("저는 어릴 적에 X나 Y, Z라는 체험을 했기 때문에 지금은 선택의 여지가 없어요.") 과거가 무엇이었든 간에 지금은 코어 스테이트에서 살아가는 자유를 느낍니다.

프로세스를 진행한 후에, 대개 미래에 대한 느낌이 자유롭게 됩니다. 장래의 전망이 계속 밝고 넓게 되었다고 느끼는 사람이 적지 않습니다. 만일 궁금하다면 프로세스의 처음에 장래가 어떻게 보이는지 느껴 보십시오. 어느 정도 밝습니까? 또는 어느 정도 어둡습니까? 또 어느 정도 넓거나 좁습니까? 이런 차원은 정말 바뀌는 것 같습니다만 사람들은 그런 변화와 더불어 미래에 대한 자신들의 느낌도 따라서 변한다고 말합니다. 과거, 현재, 미래를 코어 스테이트를 유지하면서 이동했을 때, 시간 감각이 '갑자기 터져서 없어져 버리는' 체험을 하는 사람들도 적지 않습니다. 데이브가 그의 미래에 대해 경험했던 것처럼 말이지요. 이것은 대부분의 코어 스테이트에 침투해 있는 하나 됨이라는 성질에서 오는 것입니다. 하나 됨을 체험하는 방식 중 하나는 이 순간 자신이 모든 것이라는 것입니다. 하나 됨을 체험하는 또 다른 방식은 자신이 시간 속의 어떤 순간과도 하나라는 것입니다.

∷ 맺음말

부모 타임라인 재학습의 세 단계를 모두 마쳤을 때 이미 우리는 우리 자신이 원하고 있던 코어 스테이트를 여러 가지로 체험한 것이 됩니다. 그리고 코어 스테이트가 우리의 기억과 체험의 이런저런 면을 바꾸도록 한 것이 됩니다. 하나하나의 단계가 문자 그대로 우리의 신경체계의 이런저런 부분을 변화시켜 재구성하는 것입니다.

코어 스테이트에 다양한 방면으로 접근하는 것은 하나의 조각을 모든 면에서 체험하는 것과 같습니다. 만일 우리가 조각을 한 방향으로만 접근한다면 우리는 조각의 그 한 면밖에 체험하지 못합니다. 하지만 모든 방향에서 볼 수 있다면 조각 전체를 보는 것이 됩니다. 한쪽 손만으로 조각을 만진다면 양손으로 조각을 만지는 것만큼 경험할 수는 없을 것입니다.

23 실행하기
부모 타임라인 재학습 훈련

코어 스테이트라는 선물을
자신과 자기 내면의 가족에게 보내기

고통스러워하는 것도 하나의 선택이다.
— 티셔츠의 메시지

부모 타임라인의 재학습은 코어 트랜스포메이션 프로세스를 진행하는 동안 확인된 코어 스테이트를 더욱 깊게 하고 확대해 줍니다. 이 프로세스를 간단하고 효과적으로 하기 위해서는 코어 트랜스포메이션 프로세스 전체(부분을 키우고 코어 스테이트를 몸에 통합하고 타임라인의 보편화하는 것을 포함해서)를 끝내야 합니다. 가능하면 이 재학습을 실행할 때는 지시문을 다른 사람이 천천히 부드러운 목소리로 읽게 합니다. 시작하기 전에 상대방에게 당신의 코어 스테이트의 이름을 알려 주십시오. 혼자서 하는 사람은 미리 전체를 읽어 두는 것이 좋습니다. 다른 사람을 위해 지시문을 읽는 사람은 (   ) 부분은 소리 낼 필요가 없습니다. 안내자 역할을 하는 사람은 자신이 좋아하는 코어 스테이트를 느끼면서 읽으면 상대방의 훈련에서 최대한의 효과를 얻을 수 있을 것입니다.

∷ 자신의 타임라인 그리기

1. 코니래와 데이브가 했던 것과 같이 바닥에 타임라인을 그립니다. 처음에는 당신의 과거, 현재, 미래를 느낍니다. 그것을 재빠르게 상상 속의 직선으로 바닥에 그러서 당신의 타임라인이 적절한 공간에 들어가도록 합니다. (가능하면 공간이 충분한 장소를 찾도록 하십시오. 그런 장소를 발견하지 못했다면 이 프로세스에서는 우선 '단축판' 타임라인이라도 괜찮습니다.)
2. 그럼, 당신의 잉태 직전의 지점까지 타임라인의 옆을 걸어서 갑니다. 그 지점에 도착하면 반 바퀴 돌아서 이제까지의 타임라인을 봐 주십시오. (그림 23-1 참조)

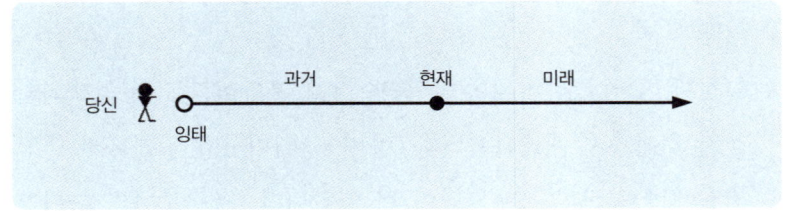

그림 23-1

3. 잉태 직전의 지점에 서서, 앞에 뻗어 있는 당신의 타임라인을 향하면서 뒤로 두 개의 타임라인을 상상해 주십시오. 하나는 어머

니, 또 하나는 아버지입니다. 어느 쪽의 타임라인이 어머니이고, 어느 쪽이 아버지입니까? 코어 스테이트를 먼저 주고 싶은 쪽은 아버지입니까, 어머니입니까?

그림 23-2

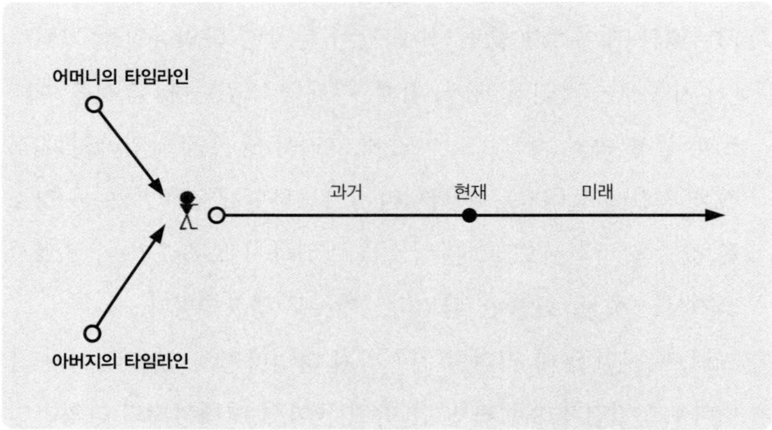

[그림: 어머니의 타임라인과 아버지의 타임라인이 과거-현재-미래 타임라인에 합쳐지는 도식]

∴ 코어 스테이트를 조부모와 부모의 타임라인에 보내기

4. 당신의 어머니/아버지의 타임라인을 그분들이 각각의 잉태되기 직전 시점까지 내려다봅니다. 아버지/어머니가 잉태되기 직전 지점에는 당신의 조부모님이 서 있습니다. 조부모님의 나이는 대략 얼마 정도입니까? (모른다면 마음대로 만들어 내어도 상관없습니다.)
5. 그럼 〈코어 스테이트〉를 당신의 조부모님에게 흘려 보냅니다.

〈코어 스테이트〉로 두 분을 채워 주십시오.

6. 그럼, 당신의 아버지/어머니는 그들의 부모님에게서 〈코어 스테이트〉를 흡수하면서 이 환경 속에서 잉태되었다는 것을 상상합니다. 그다음에 아버지/어머니의 타임라인이 코어 스테이트를 유지하면서 전개되어 가는 것에 맡깁니다. 아버지/어머니는 어떻게 성장하는가 봅니다. 또 코어 스테이트를 점점 더 흡수하는 모습에 주목합니다. 당신의 잉태 직전까지 그대로 아버지/어머니의 타임라인을 전개합니다.

7. 〔4~6을 다른 쪽 부모님에 대해 반복합니다. 지금부터 앞으로 나아가기 전에 어느 쪽의 부모님도 완전하고 충분히 코어 스테이트에 충만하게 되기까지 1단계(4~6)를 반복합니다.〕

부모에게서 코어 스테이트를 흡수하기

8. 그럼 당신의 잉태의 순간에 들어가 주십시오. 그리고 〈코어 스테이트〉에 완전히 둘러싸여 있는 상태를 체험합니다. 지금 당신은 한 개의 세포입니다. 〈코어 스테이트〉로 충만해 있는 우주 속에 있는 하나의 세포입니다. 세포인 당신은 〈코어 스테이트〉 속에 빠져 있는 셈이므로 그것을 흡수합니다. 당신이 두 개로 분열하면 〈코어 스테이트〉도 두 배가 됩니다. 네 개가 되면 네 배가 됩니다. 당신은 분열을 계속하고 〈코어 스테이트〉도 함께 증가해 갑니다. 그리고 그러는 동안에도 계속 주변의 〈코어 스테이트〉를 흡수합니다.

준비가 되면, 당신의 출생 순간으로 걸어 들어갑니다. 〈코어 스테이트〉를 갖고 있는 가족에게 당신은 태어났습니다. 부모님에게 처음 안기고, 또한 두 분에게서 〈코어 스테이트〉를 흡수합시다.

당신이 좋아하는 속도로, 천천히 아니면 빠르게 시간을 앞으로 향해 나아갑니다. 〈코어 스테이트〉를 흡수해 가면서 당신의 내면에서 〈코어 스테이트〉가 증가되어 가도록 합니다. 이렇게 해서 현재 시점에 도착할 때까지 계속해 주십시오. 당신의 무의식은 당신의 모든 체험에서 〈코어 스테이트〉를 갖는 것이 모든 것을 강력하면서도 부드럽게 변화시키는 것을 알 수 있습니다.

9. 당신은 지금, 현재에 도달했으므로 그대로 〈코어 스테이트〉를 유지하면서 미래로 나아가고 있는 것을 느껴 주십시오. 〈코어 스테이트〉는 점점 더 커져 가고 어떤 상황에서도 당신은 그것을 지니고 있습니다. (이 단계에서 최대한의 효과를 끌어내기 위해서 8~9를 원하는 만큼 반복해 주십시오. 몇 분부터 몇 초까지 속도를 바꿔 봅시다. 만일 당신이 읽는 쪽이라면 상대방이 속도를 올리면 문장을 완전히 읽을 시간이 없을지도 모릅니다. 그때에는 시간 안에 읽을 수 있는 부분만 읽어 주십시오. 예를 들어, 여러분은 다음과 같이만 말해도 될 것입니다. "그렇습니다, 과거, 현재, 미래를 변화시킵니다, **좀 더 좀 더**")

∴ 코어 스테이트를 정착시키기

10. 그럼 다시 한 번 순간적으로 당신의 잉태 때로 돌아가, 다시 한

번 과거에서 현재까지 밟아 옵니다. 이번에는 '실제로' 당신이 기억하고 있는 행동을 하고 있는 부모님과 함께입니다만, 당신은 이미 자기 안에 〈코어 스테이트〉를 지니고 있습니다. **이것이 당신의 과거를 어떤 식으로 변화시키는지 봐 주십시오. 그럼 이것을 빠르게 해 봐 주십시오.** 그러면 무의식 차원에서 새로이 연결하기 쉽고 완전하게 됩니다. 현재에 도달하면 〈코어 스테이트〉가 미래로 퍼져 가는 것을 느끼세요. 그리고 앞으로 일어날 모든 것들이 〈코어 스테이트〉가 있기에 변화되도록 합니다. (코어 스테이트를 확실히 정착시키기 위해서 이 단계를 원하는 만큼 반복합니다. 속도는 자유입니다.)

11. 이것으로 당신의 과거, 현재, 미래는 〈코어 스테이트〉에 의해 변화되었습니다. 그럼 새로운 타임라인을 지금의 당신에게 가장 맞게 당신의 주위에 흘러 보냅니다. 그렇게 함으로써 당신이 미래에 들어갔을 때도 그것이 당신과 함께 있게 됩니다. 〈코어 스테이트〉가 과거와 미래를 가득 채울수록 지금 현재 이곳에서 〈코어 스테이트〉를 강하게 느끼게 됩니다.

∷ 저항하는 상황 다루기

대개의 경우, 코어 트랜스포메이션 프로세스를 마치면 그대로 곧 부모 타임라인의 재학습에 들어가는 준비가 되어 있게 마련입니다. 이 프로세스에서 어떤 식으로든 저항한다거나 반대가 있는 경우는 아주 드물지만, 만약 그런 상황이 나타난다면 존경심을 표하고 납득시키는 것이 중요합니다. 가장 중요한 조언이라면 이 프로세스를 천천히 진행하는 것입니다. 코어 트랜스포메이션 프로세스 각각의 진행 단계는 우리가 배우고 성장하도록 도와주는 무엇인가를 초대하는 것임을 명심하십시오. 어떤 경우에도 다음으로 넘어가기 전에 반대가 안고 있는 염려에 대응해야 합니다. 반대는 우리가 프로세스 자체, 또는 프로세스의 목적을 이해하고 있지 않다는 것을 반영하는 경우가 많습니다.

여기에 가장 많이 나오는 세 가지 종류의 저항 상황을 소개하고, 앞으로 나아가기 위해서 어떻게 대처하면 좋은지 예를 들어 봅니다.

저항 1: "만일 코어 스테이트를 부모님께 주면, 현실과 다른 것이 됩니다. 제 부모님은 그런 자원은 갖고 있지 않았습니다."

그래요. 그분들은 갖고 있지 않으셨어요. 당신의 **실제** 부모님에게 코어 스테이트를 주는 것이 아닙니다. 그렇지 않고, 당신의 마음 속에 있는 부모님께 드리는 겁니다. 다시 말해, 과거를 바꾸는 것이 아니라, **자기 자신**에게 이런 자원과 지혜를 가진 부모님이 있었다면 어땠을까 하는 체험의 기회를 주는 겁니다. 그렇게 하면 지금 **당신**이 그 체험에서 얻는 것이 있을 겁니다. 우선 우리는 당신에게 코어 스테이트를 받아서 당신이 기억하고 있는 부모님보다도 자원을 많이 갖고 있는 '풍요로운' 부모님과 이 작업을 함께 합니다. 그다음에 당신은 당신이 기억하는 대로의 부모님과 함께 타임라인을 걸어갑니다. 이런 저항이 나타날 때에는 대개의 경우, 인생에서 일어났던 것만을 계속 기억할 수 있을 것이라는 사실을 알 필요가 있습니다.

저항 2: "부모님을 아주 많이 미워합니다. 그들에게 코어 스테이트를 주고 싶지 않고, 그들은 그것을 받을 가치도 없습니다."

당신의 마음속에 있는 부모님께 이 자원을 드리는 것이므로 결국은 자기 자신에게 주는 것이 됩니다. 당신에게 합당한, 실제로 부모님이었으면 좋았으리라고 여기는 부모님을, 그 내면의 부모님을 **당신 자신에게** 주는 겁니다. 당신의 부모님도 또한, **그들의** 부모님에게서 부모가 되는 법을 배웠다는 것을 여유를 두고 생각해 보는 것도 좋겠지요. 부모님이 아직 갓난아이였을 때 보살핌을 받는 것, 사랑받는 것이 필요했던 때의 일을 생각해 보면, 그들에게 코어 스테이트라는 자원을 주는 것이 더 쉽게 되곤 합니다.

저항 3: "변화가 오래 계속될 거라고 생각하지 않습니다."

그런 경우에는 그 부분이 계속 변화하는 것에 **저항**하고 있는지 알아보십시오. 대개는 변화가 계속되는 것을 원하고 있고, 계속되지 않는 것을 걱정하고 있는 것입니다. 만일 그렇다면 내면을 의식하면서 그 부분에게 다음과 같이 질문해 주십시오.

"변화가 오래 **지속**되어도 괜찮아요?"

"변화가 오래 지속될지 어떨지 보기 위해서 프로세스를 해 볼까요?"

"변화가 오래 지속되도록 **지원하는** 부분이 되고 싶어요?"

"변화가 오래 지속되지 않는 경우, 우리에게 경고하는 부분이 되고 싶어요?"

만일 관련되어 있는 부분이 자신보다 어린 경우, 이 부분에 대해 코어 트랜스포메이션 프로세스를 하고 당신의 내면으로 통합하는 것이 좋습니다.

∴ 당신이 코어 스테이트를 갖고 있지 않을 때

이 밖에 (이미 소개한 세 개 이외에) 문제가 있는 경우에는 단순히 당신이 다뤄 왔던 부분에 대한 **코어 스테이트**를 당신이 갖고 있지 않은 것이 가장 큰 이유라고 볼 수 있습니다. 그런 경우에 당신이 갖고 있는 것은 코어 스테이트에 아주 가까운 달성 목표일 가능성이 있습니다.

리드는 '정돈된 자신(Alligned Self)'이라는 세미나에서 코어 트랜스포메이션 프로세스를 사람을 질책하고 싶어 하는 부분과 했습니다. 그의 달성 목표 사슬은 다음과 같은 것이었습니다.

- 다른 사람을 책망하기 → 복수 → 자신이 옳다는 것을 앎 → 만족 → 강한 자기 감각

리드는 '강한 자기 감각'을 자신의 코어 스테이트라고 생각했습니다. 그러나 부모 타임라인의 재학습을 했을 때 그것은 아주 모호하게 되었습니다. 제가 이 상태에 있는 리드를 본 느낌으로는 그것이 코어 스테이트가 아니라는 것이 명확했습니다. 그것은 그의 타임라인을 바꾸기 위해 필요한 성질이 결여되어 있었습니다. 거기서 우리는 단순히 그 부분으로 돌아가 이렇게 물었습니다. "만일

당신이 강한 자기 감각을 갖고 있다면 그것으로 얻고 싶어 하는 더욱 중요한 것은 무엇인가요?" 이런 과정을 통해 리드는 달성 목표 사슬에 단계가 두 개 더 있다는 것을 발견했습니다. '강한 자기 감각' 다음에 온 것은 '강렬한 존재', 다음에는 '하나 됨'이었습니다. 리드는 하나 됨으로 코어 트랜스포메이션 프로세스를 마쳤습니다. 그 뒤에 하나 됨을 가지고 부모의 타임라인 재학습을 한 결과, 저항은 더 이상 없었습니다. 나중에 그는 이렇게 말했습니다. "그건, 제 안에 오래도록 있었던 것을 확실히 깨끗하게 해 주었습니다. 지금은 내면이 확 트인 느낌이에요. 아니, 그 이상이에요. 마치 이 하나 됨이 모든 것을 관통하고 있는 것 같습니다. 다른 사람을 비난하고 싶지는 않았지만 그것 외에 무엇을 해야 좋을지 몰랐던 것뿐이었습니다."

빅토리아의 이야기

코어 스테이트와 함께하는 시간 여행에서 얻은 선물

"빛나는 점들 하나하나가 치유처럼 느껴졌습니다.
그리고 당시에 아무리 비참한 상황이었을지라도
거기서 선물을 받았다는 것을 알게 되었습니다."
— 빅토리아

빅토리아는 코어 트랜스포메이션 프로세스 세미나에 참가한 여성입니다. 그녀에게 부모 타임라인의 재학습은 특히 커다란 효과가 있었습니다. 프로세스를 하고 1년이 지난 후에도 그녀는 프로세스 결과로 체험한 변화에 감격하고 있습니다. 여기에 그녀의 얘기를 소개합니다.

    부모 타임라인 재학습은 제게 깊은 영향을 주었습니다. 저는 교회에서 계속 신은 무엇인가라든가, 용서, 무조건적인 사랑, 치유와 같은 것에 대해 들어 왔습니다. 그러므로 머리로는 '그 말대로예요. 그렇다고 믿고 있어요. 그것이야말로 제가 하고 싶은 거예요!'라고 생각하고 있었습니다. 그러나 이 프로세스를 하기까지 무조건적인 사랑이나 용서에 어떻게 도달하는지를 도무지 알 수 없었습니다.

저는 프로세스를 하면서 '이거야! 이것이 지금까지 들어 왔지만, 누구도 어떻게 하면 되는지 알려 주지 않았던 프로세스구나!'라고 감동했습니다. 이 프로세스와 같은 것을 체험하지 않았으면 무조건적인 사랑을 품는 것이 가능한 사람이 있다는 것은 믿기 어려웠을 겁니다.

저는 입양아입니다. 양부모님에게서 언제나 제 친부모가 형편없는 사람들이었다는 얘기를 들었습니다. 부모님은 그런 말이 제 인생에 어떤 심각한 영향을 줄 것인지 알지 못했을 것입니다. 그것은 저의 자기평가에 깊은 영향을 주었습니다. 아무리 제가 잘났어도 제 근본이 형편없기 때문에 저의 일부도 형편없다고 믿었습니다. 이 프로세스는 그런 제게 용서를 통해서 치유를 가져다주었습니다. 친부모님이 자초한 일들은 저의 책임이 아니라는 것을 깊은 곳에서 이해하기 시작했던 것입니다. 그리고 스스로 자신을 어떻게 평가하는가는 자신에게 달려 있다는 것을 깨달았습니다. 저의 마음은 그때까지의 무거움이 떨어져 나가서 가벼워졌습니다.

저는 몇 년이나 당뇨병을 앓고 있었습니다. 프로세스를 실행한 후에 건강이 상당히 회복되었습니다. 이것은 부모 타임라인의 재학습 덕이 크다고 생각합니다. 그러기 전까지 저는 제 내면에 화산이나 압력솥을 안고 있는 것과 같았습니다. 스스로 그 격렬함을 잘 알지 못했지만 사소한 자극, 대단치 않은 말투 문제에도 참을 수 없는 반응을 보이곤 했습니다. 실제로 저 자신은 저의 분노와 아픔에 언제나 당혹스러웠습니다. 다른 사람이 하는 사소한 일에 왜 그렇게 억누르기 어려운 반응을 일으키는지 이해할 수 없었습니다. 그러다가 부모 타임라인의 재학습을 하자 제가 과거에 얼마나 아픔을 안고 있었는지, 지금까지 그것을 얼마나 많이 이겨 내 왔는지 알게 되었습니다. 그리고 과거의 체험에서 생긴 생각이나 신념이 지금 매일의 생활을 만들고 있는 것도 알게 되었습니다. 물론 이런 생각이나 신념이 아주 건강하지 못한 것이라는 것도 말입니다.

당뇨병은 혈당치가 극단으로 올라간다든지 내려간다든지 합니다. 인슐린을 먹거나 주사하지 않으면 혈당치가 심하게 높아져서 혼수상태에 빠집니다. 인슐린을 넣으면 혈당치가 떨어지지만 너무 많이 들어가면 너무 떨어져서 쇼크 상태를 일으킵니다. 긴급할 때에는 아드레날린을 씁니다만, 계속 쓰면 몸을 망가뜨려 버립니다. 제 생각으로는 계속 아드레날린과 더불어 한판 싸우거나 도망가거나 하는 극단적인 자세를 가져서 거기서 오는 신체적인 반응들이 제 신장을 병들게 했다고 생각합니다. 그것이 혈액의 흐름을 나쁘게 하고 가슴이 두근거리는 증세를 일으킵니다. 그렇게 되면 자신이 아주 위험한 상태라는 것을 알게 됩니다. 그런데 저는 다른 사람이 저를 이상한 눈으로 보면, 그것이 아주 사소할 경우에도 곧 이런 신체 반응을 보이곤 합니다. 곧, 싸울까 도망갈까 하는 상태가 됩니다. 그래서 아드레날린을 투여하면 혈당치가 순식간에 상승해서, 인슐린을 어느 정도 투여해야 할지도 모르게 됩니다. 지금 생각하면 정기적으로 정신의 균형을 잃어버렸던 때 저는 요요와 같았습니다. 가운데 멈추지 못하고 올라갔다고 생각하면 어느새 내려가는 것을 반복했습니다.

싸울까 도망갈까 하는 반응을 보이지 않는 때는 소화 흡수도 잘 되고, 혈당을 일정하게 유지할 수 있습니다. 부모 타임라인의 재학습 효과가 저의 인생 전반에 영향을 줌에 따라 기분도 안정되어 갔습니다. 혈당치도 이전보다 매우 안정되어 있습니다.

이전의 저는 제가 버림받는 것에 특별히 민감했습니다. 사소한 것에서도 제가 버림받는 공포를 느껴 산산조각이 나는 느낌이 들곤 했습니다. 사람과의 관계를 잃는 것이 무서워서 견딜 수 없었습니다. 다른 사람이 보면 저는 아주 오만하고 유치한 성격으로 보였을지도 모르겠습니다. 그러나 진짜 제 모습은 버림받는 공포에 떨고 있었던 겁니다. 그리고 이 공포에 가장 잘 불을 붙였던 것이 목소리의 어조였습니다.

저는 자신의 사고 패턴이 씨앗과 같은 것이라는 것을 잘 알고 있었습니다. 그것이 현재 인생에서 일어나는 일들을 낳는다는 것을 말이지요. 그러나 알고는 있어도, 저 자신의 사고 패턴은 어떤 것인지, 전혀 이해하고 있지 않았습니다. 그러나 부모님 타임라인의 재학습을 함으로써 저는 제가 어떤 사람들에 대해 과민한 반응을 보인다는 것을 깨달았습니다. 그것은 부모님의 목소리 어조와 닮은 사람들이었습니다. 그들의 목소리를 들으면 그때의 화제와는 전혀 관계가 없는 반응을 일으켰던 것입니다. 그러나 지금은 다릅니다. 누군가 그런 어조로 말하면 귓속에서 부드러운 목소리가 들립니다. "이건 당신과 상관없는 일이에요!"라고. 몸 안에 항상 아드레날린이 흐르는 것은 이제 과거의 일이 되었습니다.

이전에는 다른 사람이 말하는 것을 모두 제 얘기라고 판단했습니다. 실제 저와는 전혀 관계 없고 그들의 일에 관한 것이었는데도 말이죠. 정말 자기 평가가 극단적으로 낮은 행태였지요.

제가 처음 타임라인을 바닥에 그리고 과거로 돌아가려 했을 때, 저의 일부분은 돌아가려 하지 않았습니다. 안내자를 맡았던 사람이 돌아가라고 얘기했습니다. 할 수 없이 그렇게 하자 마치 길에 있는 울퉁불퉁한 것들에 부딪히는 느낌이었습니다. 무언가 커다랗고 검은 것이, 마치 검은 구멍 같은 것이 거기에 있었어요. 그것을 생각하고 있으니 그 감정과 함께 어떤 사건의 이미지가 떠올랐어요. 저는 그런 검은 구멍의 일을 아주 오랫동안 억눌러 왔기 때문에 그것이 존재하고 있다는 것도 몰랐습니다. 이런 일들에 대해선 저를 입양한 가족들과는 절대로 말하는 것이 허락되지 않았기 때문이지요. 우리는 부모님의 보살핌을 받지 못하는 방치된 아이들이었던 겁니다.

부모 타임라인의 재학습 프로세스는 다른 사람이 안내자가 되어 두 번 하고, 혼자서 한 번 했습니다. 친부모와 양부모 네 분의 부모님 전부와 프로세스를 진행했습니다. 이것은 정말 저 자신을 통합시켜 주는 프로세스였습니다. 세 번째 때에는 과거의 타임라인을 눈으로 볼 수 있는 것처럼 제 왼편에 그리는 것이 가능해졌습니다. 놀랍게도 전에 검은 구멍이었던 부분들은 빛나는 점이 되어 있었습니다. 멋진 기분이었습니다. 빛나는 점들 하나하나가 치유처럼 느껴졌습니다. 그리고 당시에 아무리 비참한 상황이었을지라도 거기서 선물을 받았다는 것을 알게 되었습니다.

예전에 어떤 사람이 이런 말을 했습니다. 제가 신과는 충실한 관계를 맺고 있지만 자신과의 관계가 파탄 일보 직전이라서 그것이 건강을 해치고 있는 것이라고요. 하지만 지금 빛나는 점들 하나하나가 하나의 치유가 되었습니다. 그것은 예전에 제게서 떨어져 나갔지만 지금은 다시 연결된 저의 일부입니다.

저는 부모님에게 사랑을 선물했습니다. 특히 제 어머님은 사랑을 베풀기 위해서 그녀 자신 안에도 충분한 사랑이 필요했습니다. 또 정이 많고 배려심이 많은 사람이 되는 능력도 선물했습니다.

현재의 지점에 서서 장래를 바라볼 때, 모든 일이 예전에 상상했던 것보다 훨씬 좋아질 것 같다는 느낌이 들었습니다. 미래로 걸어가서 과거를 돌아보니 전에는 어두웠던 부분에 빛과 같은 기운이 있었던 것을 기억합니다. 그것은 제게 아주 중요했습니다. 미래를 향해 앞으로 나아가면 나아갈수록 과거는 더욱 밝아졌습니다. 저는 이것에서 장래의 자신을 만드는 데는 과거가 아주 중요하다는 것을 배웠습니다. 제 인격을 만들기 위한 목적을 품고 있는 것으로 과거를 경험하는 것은 환상적이었습니다. 예를 들어 저의 보호자 한 분은 몇 번이나 저를 익사시키려

했습니다. 이상하게 들릴지 모르지만 그럼에도 살아남았다는 사실이 제게 큰 힘이 되고 있습니다.

저 자신의 건전한 생활이라는 의미로도 이 프로세스는 아주 가치가 있는 것이라고 생각합니다. 건강상의 문제는 결국 자기 정체성의 문제로, 저 자신도 몰랐던 것이지만 머릿속에 있었던 겁니다. 이 프로세스는 지금까지 시험해 본 방법 중에도 가장 영적인 것이었습니다. 사람을 어떻게 해서 마음 깊이 용서할 수 있는가, 그것을 배운 것은 최고의 영적인 선물이라고 생각합니다. 저는 다른 사람과 이 프로세스를 할 때도, 그런 의미로 이 프로세스가 대단하다고 생각합니다. 이 프로세스는 인생에 존재하는 선물을 발견하는 것을 도와줍니다. 그들의 과거에 어떤 일이 일어났든지, 그들은 거기에서 무언가 긍정적인 것을 얻을 수 있으며 그런 것들이 지금의 그 사람들을 만든 것입니다.

다른 사람과 이 프로세스를 할 때는 항상 매우 감사하고 겸허한 마음이 되고, 대단한 선물을 받은 기분이 됩니다. 새롭게 **저의** 일부분이 치유되는 느낌입니다! 아마 이것은 우리가 공통의 것을 많이 갖고 있고 저의 무의식이 상대방의 체험과 비슷한 것을 찾아내고 그것을 상대방의 것과 함께 치유하기 때문이라고 생각합니다.

7부

결과를 강화하기

| 좋은 것을 더 좋은 것으로

들어가며
결과를 강화하기
좋은 것을 더 좋은 것으로

> 너희들은 감각을 써서
> 너희 밖에서 답을 구하려 하는구나.
> 답은 항상 자기 자신 안에 있다는 것을 보지 못한 채 말이다.
> – 황벽 선사

코어 트랜스포메이션 프로세스를 깊은 차원에서 실행하면 인생의 다양한 면에 침투하는 변화를 일으킬 수 있습니다. 여기서는 당신이 이미 체험했던 변화를 더욱 향상시키고 깊게 하는 이런저런 새로운 방법을 소개하겠습니다. 더욱 많은 부분을 발견하는 방법, 이런 부분이 어떻게 만들어졌는지에 대해서도 설명하겠습니다. 또한 자신에게 조금도 도움이 되지 않는 성격에 대해서도 코어 트랜스포메이션 프로세스를 써서 어떻게 대처하면 좋을지 설명합니다. 병을 포함한 인생의 위기에 대해서도 다루려고 합니다. 프로세스를 써서 병을 뛰어넘은 예도 소개합니다. '코어 트랜스포메이션 프로세스의 보편화'에서는 그룹을 만들어 부분을 한 번에 프로세스로 인도합니다.

  또 마지막 두 장에서는 코어 트랜스포메이션 프로세스와 영성에 대해서도 이야기하고 앞으로 프로세스를 어떻게 사용하면 좋을지 검토합니다.

26 변화시킬 더 많은 부분을 발견하기

위대한 내면의 은총을 받기

> 단지 그 한 마음이 존재할 뿐
> 그 외에는 한 조각도 존재하지 않는다.
>
> 티끌부터 수라산 우주까지,
> 만상이 한바탕 꿈속에 방울져 오르는
> 상념의 거품에 지나지 않는 것을.
> – 황벽 선사

우리는 자신들의 한계(약점)를 **싫어하는** 것에 익숙해져 있어서 그것을 없애 버리려 합니다. 그러나 코어 트랜스포메이션 프로세스를 시간을 두고 실행하다 보면 진짜 변화가 찾아옵니다. 자신의 한계, 나쁜 습관, 기괴한 습관, 결점, 충동, 약한 점까지 환영하고 받아들이고 사랑하는 자세를 갖게 됩니다. 자신의 모든 부분을 받아들이는 이런 태도는 프로세스를 하는 것으로 인해 얻는 구체적인 변화와 비교할 수 없을 정도로 커다란, 신이 준 선물이라고 말할 수 있습니다.

처음에 코어 트랜스포메이션 프로세스를 시작했을 때 여러분은 아마 불안정한 감정, 바꾸고 싶다고 생각하는 행동이나 습관 등 많은 것이 있었을 겁니다. 이것들이 변화를 시작하는 데에 좋은 출발점이고 또한 많은 혜택을 가져다줍니다. 그러나 아주 중요한 변화 중에는 처음에는 명확하지 않았던 부분과 작업함으로써 일어나는 것이 얼마든지 있습니다. 우리에게는 내면의 많은 부분을 발견하고 변화시킬 기회가 있으며 그것이 우리를 더 큰 온전함으로 이끌어 줍니다. 이 장은 여러분이 내면의 은총에 접근할 수 있는 기회를 한층 더 많이 발견하도록 도와 줍니다.

화를 다루기

우리는 누구나 화라는 문제를 안고 있습니다. 그러므로 화내고 있는 부분에 대해 코어 트랜스포메이션 프로세스를 하는 것은 많은 도움이 됩니다. 물론 화내는 것은 우리가 인간이라는 증거입니다. 우리가 여기서 하려는 것은 화내는 감정을 없애는 것이 아니고, 화를 어떻게 느낄 것인가, 어떻게 표현하는가 하는 것이라는 점에서 화를 '깨끗하게' 하는 것입니다. 화가 깨끗하게 나오지 않을 때, 그것은 프로세스에서 다룰 대상이 됩니다.

화의 목적이 자신의 감정이나 자신의 사고를 **표현하는** 것인 경우, 그 화는 깨끗합니다. 또한 자신의 화는 정당한 것이라고 주장하지 않고 자신의 감정을 자신의 감정으로서 인식하고 있을 때, 그 화는 깨끗합니다.

그러나 제가 다른 사람을 바꾸려고 하고, 다른 사람으로 하여금 내 식으로 행동하게 하고, 협박하거나 강요하기 위해서 화를 쓴다

화내고 있는 부분을 다루기

화내고 있는 부분을 다루기 전에, 우리는 '당신'으로 시작하는 말로 대화하는 경우가 많습니다.

당신은 ~해서는 안 돼.
당신은 ~해서는 절대로 안 되었어.
당신이 ~했던 것이 잘못이었다.

자기 안의 화가 정화되면 우리는 '나'로 시작하는 말로 얘기하게 됩니다.

나는 ~에 화가 나 있다.
나는 ~에 대해 불만이다.

면 그 화는 깨끗하다고 할 수 없습니다. 아트는 작은 회사의 사장으로, 규칙을 만들고 사원이 그것을 지키게 하는 것에 익숙해 있었습니다. 그러나 가정에서는 그렇게 되지 않았습니다. 부인인 로즈메리는 그가 하는 방식에 언제나 기쁘게 협조해 주지 않았기 때문입니다. 예를 들어 아트가 원하는 식으로 기계로 정원을 갈아엎는 것을 기다리지 않고 부인이 손으로 정원을 갈아엎기 시작하면 그는 부인에게 소리를 지르고 맙니다. 그는 자신이 단순히 감정을 표현하는 것이 아니라, 부인을 자신이 시키는 대로 하게 하려는 것임을 깨닫게 되었습니다. 그의 부분은 '자신이 하는 식으로 시키는' 것을 원하고 있었습니다. 아트는 이 부분을 다루어 변했습니다.

만일 제가 화를 다른 사람에게 화풀이하거나 다른 사람을 비난하는 데 쓴다면 그것은 깨끗하다고 말할 수 없습니다. 더욱이 화가 분노와 같이 극단적으로 심해지는 경우, 아마도 저는 현재 상황에서 반응한다기보다 저의 어린 부분이 겪은 체험을 기반으로 해서 반응하고 있을 것입니다. 우리는 그 부분과 작업을 해서 성숙한 모습으로 '업데이트'할 수 있습니다.

화는 다른 감정을 숨기기 위해 쓰이는 것이 아니라면 깨끗합니다. 제니퍼는 남편이 결혼기념일을 잊어버렸을 때 깊이 상처받았습니다만 그 사실을 인정하는 것은 자신이 약하다는 것을 인정하는 것이라고 생각했습니다. 그녀는 아주 많이 화가 나 있었으므로 다음 날 아주 사소한 일로 남편에게 심하게 화를 냈습니다. 제니퍼의 상처와 화는 심각했습니다. 다루는 부분도 하나가 아니라 화가 나 있는 부분, 상처받은 부분, 상처받은 것을 겉으로 드러내는 것을 방해하는 부분 등 여러 개가 있었습니다.

화를 느꼈을 때는 언제라도 화를 느끼고 있는 부분을 코어 트랜스포메이션 프로세스로 인도해 봅시다. 어떤 때는 화가 완전히 녹아 없어져 버려서 자비나 이해와 같은 것으로 변할 것입니다. 제9장에 소개한 줄리앤은 코어 트랜스포메이션 프로세스를 실행한 결과, 화가 마음속에서 웃음으로 바뀌었습니다. 감정은 일단 인정받고 나서야 변화하거나 녹아 없어져 버리거나 할 수 있습니다.

물론 프로세스 후에도 아직 화를 느끼기는 하겠지만 화의 성질은 그때까지와는 다른 것이 되어 있을 것입니다. 거기에는 강함이 있지만 격함은 줄어듭니다. 자신이 싫어하는 것, 세상 일들이 어떻게 되었으면 좋겠다는 생각, 또 참을 수 있는 것과 없는 것 같은 것에 관해서도 화는 훨씬 더 깨끗하게 됩니다. 비판이나 강요를 하지 않고 자신의 화를 확실히 표현하는 것이 가능하게 되었다고 느끼리라 생각합니다.

근본적인 감정과 2차적 감정

감정에 따라 이 프로세스에서 다룬 후에 자연적으로 없어지거나 변화해 버리는 것도 있습니다. 그런 감정을 우리는 **2차적 감정**이라 부릅니다. 2차적 감정은 우리가 코어 스테이트에서 멀어져 버렸기 때문에 생기는 것입니다. 우리가 그런 부분들이 원하는 코어 스테이트로 다시 돌아가면 이런 감정들은 분해되어 없어져 버립니다. 2차적 감정에는 격노, 질투, 복수, 죄악의 느낌, 후회 등이 있습니다.

이런 감정들이 사라지면서 화, 슬픔, 마음의 상처, 사랑, 감사, 자비, 기쁨 등의 **근본적인 감정**을 보다 확실히 표현하는 것이 가능하게 됩니다. 그런 경우 여러분은 이런 감정을 이전보다 훨씬 깨끗한 형태로 체험할 수 있고 이런 감정들이 여러분의 코어 스테이트와 맞춰지게 됩니다.

　모든 감정을 체험하는 것은 살아 있다는 증거입니다. 사람으로서 완전히 살아가기 위해서는 이런 모든 감정이 필요합니다. 동시에 특별히 강한 감정을 체험하고 있을 때는 코어 트랜스포메이션 프로세스에서 그 부분을 다루는 것이 아주 유익합니다.

∴ 감정을 환영하기

격한 감정을 지닌 부분은 코어 트랜스포메이션 프로세스로 인도하면 감정의 균형 상태가 좋아지고 훨씬 부드러워지는 경향이 있습니다. 우리는 유쾌하지 않은 감정을 느끼면 처음에는 그것을 피해 도망가려고 하게 마련입니다. 그러나 그 대신에 그 부분을 인정하고 프로세스에서 다루면 그것이 고통이나 불쾌한 것이라도 깊은 차원의 자신으로 연결해 줍니다. 그렇게 되면 감정은 일상생활에서 우리를 도와주고 방향을 가르쳐 주는 고마운 존재가 됩니다. 제 워크숍에 참가했던 어떤 분은 처음에 '고통스럽거나' '형편없다고' 경험한 많은 부분이 나타났습니다. 이런 부분들은 극도로 결핍되고 가치가 없으며 문제가 있다고 느끼고 있었지만 동시에 각각의 부분들은 중요한 코어 스테이트를 하나씩 원하고 있었습니다. 이 중에 네 개의 부분을 자신 안으로 포함시키자 그녀는 이렇게 말했습니다. "이제야 이해할 수 있을 것 같아요. 제 안에는 정말로 형편없는 것이 **하나도 없다는 것을**."

만일 당신이 지금까지 이런저런 감정을 억누르거나 한쪽으로 치워 두려 했다면 자신을 받아들이면 받아들일수록 감정을 **한층 더** 격하게 체험하는 국면을 지나갈 것입니다. 코어 트랜스포메이션 프로세스를 실행했던 어떤 고객은 처음의 결과로 전보다 **더 강한** 감정을 느끼게 되어서 걱정을 했습니다. 그녀는 감정을 위험한 것, 나쁜 것이라고 생각하는 것에 익숙해 있었기 때문입니다. 실제로 그분은 언제나 강한 감정을 품고 있었습니다만 의식 밖으로 쫓아내 버려서 잘 느끼지 않게 되는 것에 익숙해 있었습니다. 그래서 감정적인 부분마다 코어 트랜스포메이션 프로세스를 실행한 결과, 부분에 대해 이제까지는 없었던 쾌적한 감각을 갖게 되어 자신의 감정에 감사할 수 있게 되었습니다. 그로부터 몇 개월이나 지나 그녀의 인생은 자연히 감정의 균형이 잡히고 제 궤도에 오르게 되었습니다.

자신이나 타인의 무엇을 비판하고 있는가

"도대체 나는 나 자신과 다른 사람의 무엇을 비판하고 있는가"라고 스스로에게 물어보는 것은 아주 중요한 부분이 나타나도록 해 줍니다. 우리 자신이나 타인에 대해 우리가 비판하는 것은 이 프로세스를 통해 내면의 많은 선물을 담고 있는 부분들로 우리를 안내합니다. 종종 우리가 다른 사람을 가장 강하게 비판하고 비난하는 것은 또한 무의식적으로 우리 자신에 대해 비판하고 비난하는 것입니다.

저(코니래)는 어떤 여성을 계속 거만하다고 생각하고 그녀에게 비판적이었던 것을 깨달았습니다. 그래서 이 문제를 해결하기 위해서 그녀와 저의 관계를 (프로세스에서) 다루기로 했습니다. 저는 자신의 일부분이 그녀를 무서워하고 있는(그녀가 가까이 있으면 의기소침해지는) 것을 깨달았습니다. 그리고 저는 제 안에서 거만한 부분을 찾았습니다. 처음에는 인정하고 싶지 않았습니다. 저는 제가 그녀와 아주 다르다고 생각했기 때문입니다. 뭐라 해도 거만한 것은 제가 싫어하는 것이었으니까요. 하지만 찾아보니 제 안에서도 거만한 부분을 발견할 수 있었습니다. 그 부분은 자기가 그녀보다도 우수하다고 느끼고 싶다고 생각하고 있었습니다. 그 부분을 환영하고 그 부분에 대해 코어 트랜스포메이션 프로세스를 실행하자 그 부분이 저한테 줄 수 있는 아주 훌륭한 것을 지니고 있음을 알게 되었습니다. 저는 거만하게 행동하는 사람들과 저 자신이 더 이상 그렇게 '다르지' 않다고 느끼게 되었습니다. 타인과 다를 필요성을 느끼지 않게 되었습니다. 저는 지금도 거만한 것을 좋아하지 않습니다. 저든 타인이든 마찬가지입니다. 하지만 더 이상 전과 같이 저 자신과 타인을 비난하지는 않습니다. 저 자신과 타인의 거만한 부분에 대해서 전보다 훨씬 자비심을 느끼고 있습니다.

저는 저 자신이 비판하는 타인의 부분과 많이 닮은 부분을 제 안에서 찾는 작업을 계속했습니다. 그 결과, 저 자신이 이전보다 비판적이지 않게 된 것을 깨닫게 되었습니다. 그때까지 저는 자신이 무엇이라도 허용할 수 있는 인간이라고 생각해 왔습니다. 오랫동안

심리치료사로서 일해 온 저는 고객에게 나타나는 것에 대해서는 어떤 것이라도 받아들이려고 해 왔습니다. 그러나 지금은 고객을 받아들이는 태도가 달라졌습니다. 이전에는 다른 사람들을 '정신적으로' 받아들였습니다. 하지만 아직 고객에게서 떨어진 곳에 있으면서 저는 그들과 다르다고 하는 부분이 있었습니다. 그런데 지금은 이전보다 훨씬 깊은 곳에서 제가 고객과 같다고 몸으로 느낄 수 있게 되었습니다.

또 하나, 여러분 내면의 비판적인 부분을 발견하는 것에 도움이 되는 예를 소개하겠습니다. 제 남편은 이 방법으로 자신이 타인을 무책임하다고 비판하는 경향이 있는 것을 깨달았습니다. 그 경향이 화를 부르는 스위치가 되었던 것입니다. 거기서 그는 이 문제에 관련한 부분을 몇 개 발견했습니다. 한 부분은 타인이 스스로 책임을 다하지 않으면 화를 냈습니다. 다른 한 부분은 책임에서 자유롭고 싶다고 생각하고 있었습니다. 남편은 아주 어릴 때부터 책임을 지는 것을 강요하는 환경에서 자랐습니다. 하와이에서 태어난 그는 여섯 살 때 진주만 공격을 체험했습니다. 그는 수많은 여성과 어린이를 태운 배로 어머니와 함께 미국 대륙으로 피난을 떠났습니다. 그의 아버지는 4년 후 돌아가셨고, 그 후 어머니는 아들과 딸을 혼자서 키워 냈습니다. 그는 어린 시절을 여유롭게 즐길 새도 없이 성급히 어른이 되지 않으면 안 되었습니다. 경제적으로도 아주 어려운 상황에서 아직 어린 그의 어깨에 어른과 같은 책임이 지워졌습니다. 그것도 모자라 어머니가 병들어서, 그는 어머니를 부양하면서 대학을 졸업했습니다. 타당한 이유 때문이긴 했지만 한쪽에 치워져 버린 이 어린 부분이 책임에서 도망가고 싶어 하는 것은 명확했습니다.

우리는 판단·비판하는 내면의 부분의 세 가지 면을 다루었습니다. 그것은 (1) 판단·비판하는 내면의 부분-우리 자신 또는 타인에 대해서 (2) 우리가 비판하는 행동을 타인이 했을 때 바람직하지 않게 대응하는 내면의 부분 (3) 자신이 비판하는 타인의 부분과 **닮은** 우리 내면의 부분.

자기 안에 있는 이런 부분들을 새롭게 받아들이면서 그때까지보다 더욱 폭넓게 타인의 행동이나 반응을 받아들일 수 있게 되었습니다. 그리고 비판하거나 기계적으로 반응하는 것이 없어짐에 따라 질투, 무력감, 신경질, 경쟁심, 경박함, 태만, 지배욕, 자기중심성과 같은 행동을 자신에게서, 그리고 타인에게서 훨씬 명확하게 관찰하고 찾아낼 수 있게 되었습니다. 그러나 이것은 우리가 이런 행동을 **좋아하는** 것을 의미하지는 않습니다. 이것은 우리가 그런 것들을 잘못됐다든가 나쁘다든가 하는 식으로 **재단**하지 않게 되고 그런 것 때문에 화를 내는 일이 없어지게 된다는 의미입니다. 이런 행동을 중립적으로 자비심을 품고 볼 수 있게 됩니다. (자신을 비판하는 문제에 대해서는 제18장의 '통합할 필요가 있는 부분을 알아보기'에서 자세하게 설명했습니다.

다른 사람들이 내 안의 무엇을 비판하는가

부분을 찾아내기 위해서 다음과 같은 질문을 하는 방법도 있습니다. "내 안에 있는 것으로 다른 사람에게 비판받고 있는 것은 무엇인가?" 타인에게 비판받으면 아무래도 그것을 무시하거나 상대방이 '단순히 자신을 이해하지 못한다'라고 생각하거나 또는 그들이 자신들의 문제를 우리에게 투사(project: 자신의 사고, 감정, 동기를 다른 사람 탓으로 돌리는 방어 기제-옮긴이)하고 있다고 단정 짓기 십상입니다. 제 경험으로는 이런 문제를 다룰 때는 그 비판이 사실인가 하는 문제를 우선 건너뛰는 것이 작업을 쉽게 합니다. 비판은 실제로 나보다는 비판하는 그 사람한테 더 들어맞을지도 모릅니다. 그러나 저는 이것을 다룰 가치가 있는 제 안의 부분을 찾아내는 데에 씁니다. 특히 같은 비판이 한 번 이상 나타난 경우는 그렇게 합니다.

  톰은 부인인 베티가 침울하면서 감정의 변화를 전혀 예측할 수 없는 것이 불만이었습니다. 한편 베티는 자신이 때때로 그렇다는 것을 인정하지만 그것은 둘의 생활에서 작은 부분이라고 주장했습니다. 그녀는 톰이 거기에 대해 너무 과민 반응을 보이므로 그것은 톰의 문제라고 느꼈습니다. 하지만 베티는 침울해지고 감정이 자주 바뀌는 문제에 대해 코어 트랜스포메이션 프로세스를 하기로 결정했습니다. 그리고는 강한 감정을 품은 부분들을 한 무더기 발견했습니다. 그것은 마음의 상처, 거부, 슬픔 같은 것으로 한쪽에 치워져서 무시당해 온 부분들이었습니다. 이런 부분에 대해 프로세스를 실행하자 어느 것도 '모든 것과의 교감'이라는 코어 스테이트를 지니고 있는 것을 알게 되었습니다. 프로세스를 끝낸 후 조금 지나 베티는 침울해 있는 동안에도 그 강도가 이전보다도 훨씬 가벼워졌고 마음의 상처와 슬픔을 톰에게도 또한 자기 자신에게도 고백

할 수 있게 되었다고 알려 왔습니다. 톰도 베티가 침울해져 있더라도 대수롭지 않게 여기게 되었다고 알려 주었습니다. 또 베티가 자신의 기분을 솔직히 표현하게 되었으므로 톰도 자기 마음의 상처와 슬픔에 대해 프로세스를 실행해 보고 싶은 마음이 생겼다고 전해 왔습니다.

우리가 피하고 있는 부분

부분을 찾을 때 여러분 자신에게 물어보면 좋은 질문을 여기서 소개합니다. 이 질문을 읽으며 처음 머리에 떠오르는 것이 아마 다루기에 적합한 재료일 것입니다.

- 자신에 대해 사실이 아니라고 스스로 확신하는 것은 무엇인가?
- 자신이 가장 손대고 싶지 **않은** 것은 무엇인가?
- 자신에 대해 사실이 아니기를 바라는 것은 무엇인가?

대부분의 사람은 완전히 부정하고 싶다고 생각하는 내면의 성질을 지니고 있는 법입니다. 저는 여기에 든 질문으로 저의 내면에서 부정해 왔던 한 무리의 성질을 찾아냈습니다. 그 하나가 자부심이었습니다. 저는 자부심이 미덕이라고 생각하지 않는 교회 사회 속에서 컸습니다. 아주 어릴 때부터 겸손하게 행동하는 것을 배웠고 그런 것을 썩 잘했지요. 스스로 겸손한 사람이라고 생각했고, 겸손한 행동을 하면 물론 존경을 받았습니다. 자부심을 갖는 자신의 부분을 발견하고 그 코어 스테이트에 도달하고 자부심을 갖는 부분을 환영해서 자기 안으로 받아들인 것은 제가 더 온전한 사람이 되기 위해 아주 유용한 진전이었습니다.

마찬가지로 어릴 적에 저는 사람에 대해서 상냥하고 친절하게 하는 것을 아주 중요한 성향이라고 배웠습니다. 교회와 제가 속했던 사회에서는 이런 성향을 높이 평가했습니다. 저는 심술궂은 생각이나 감정을 저 멀리 밀어 두는 것에 익숙해져서 그런 것들이 있는 것조차도 눈치채지 못했습니다. 불친절한 것을 생각하거나 못된 짓이라고 제가 비판하는 일들을 하고 싶다는 충동을 느끼는 부분을 이해하고 받아들이는 것은 제게는 아주 중요했습니다. 이런 부분의 존재를 인정하고 거기에 대해 코어 트랜스포메이션 프로세스를 하면 '더욱 심술궂게' 되는 것과는 반대로 완전한 자신에 한발 더 가까이 다가가 더 완전해지고 균형을 이루게 됩니다. 그리고 자신에 대해 확실하고 강하게 말할 수 있게 됩니다. 더욱 완전한 자신이 되고 모든 부분을 자기 안에 포함함으로써 단순히 친절한 '행동'을 하는 것이 아니라 우리 존재의 핵심에서 진정한 상냥함이 우러나오게 됩니다.

또 이런 부분들을 다시 받아들이면서 여러분은 앞의 질문들을 했을 때 어렴풋이 나타나는 부분과도 작업하는 것이 유익하다고 느낄 수 있습니다. 처음에는 자신 안에 있어서는 안 된다고 느끼는 성향이 있을지도 모른다는 것을 생각하는 것 자체가 아주 대단한 변화일 것입니다. 이런 내면의 부분은 이제까지 우리에 의해 뭉개졌기 때문에 어쩌면 조금 과장된 환영이 필요할지도 모릅니다. 그러나 이것만은 기억했으면 하는 것이, '욕심쟁이' 부분이나 지배하고 싶어 하는 부분을 찾아내도 그것은 당신이 욕심쟁이라든가 지배적이라는 의미는 아닙니다. 대부분은 그 반대입니다. 그런 부분은 당신의 다양한 면의 하나일 뿐, 당신이 되찾고자 하는 에너지의 근원인 것입니다. 자신에 대해 어떤 것이 사실이 아니었으면 하고 바랄 때마다 우리는 내면의 폭을 좁히는 것이 됩니다. 우리의 존재가 어떤 의미에서 제약을 당하게 됩니다. 사라졌던 우리의 부분들을 다시 환영해서 받아들임으로써 우리는 좀 더 완성된 모습으로 나아갈 수 있게 됩니다.

이제까지 저 자신을 포함해서 많은 사람들과 작업을 해 온 결과, 자신의 내면 부분을 멀리하려 하면 할수록 부분이 비뚤어지고 요란스럽게 되는 것을 명확히 알 수 있었습니다. 무엇이든 '자신이 아니라고' 해서 버리려고 하는 것은 더욱 극단적이 되고 균형을 잃어버리게 만듭니다. 그러므로 잃어버린 부분을 자기 안으로 다시 받아들이는 것으로 우리는 더욱 균형 잡힌 인간이 됩니다.

애비게일은 휴가를 얻어서 자신의 시간을 갖고 싶다는 욕구를 억누르려 했습니다. 그녀는 그것을 게으른 것으로 보고 항상 열심히 일해야 한다고 생각했습니다. 그녀는 실제로 언제나 일하고 있었지만 그것은 전쟁과 같았습니다. 억지로 일을 계속하도록 스스로 강요하면서 '빈둥거리는 인생'이라는 생각 때문에 자주 마음이 산란해졌습니다. 애비게일은 자신이 너무 성숙하지 못해서 모든 것을 내던져 버리고 싶어 하는 것이라고 생각했습니다. 그녀는 이 문제를 해결하고 싶었습니다. 피곤할 때가 많아져서 일에 지장이 생졌기 때문입니다.

그녀는 우선 모든 것을 던져 버리고 싶다는 부분을 어떻게 할 필요가 있었습니다. 그것과 싸우는 것이 아니라 자기 안으로 받아들이는 것이 필요했습니다. 또 즐기는 것을 비난하는 부분도 어떻게 하지 않으면 안 되었습니다. 이 두 부분의 코어 스테이트는 같은 것(내면의 평화)이었습니다. 이 두 부분을 그들의 코어 스테이트 차원에서 다시 받아들이자 그때까지 맛본 적이 없는 편안한 기분이 되었습니다. 처음으로 일이 즐겁게 되고 자신의 시간을 갖는 것도 자연스레 가능하게 되었습니다.

부정해 온 부분을 자기 안으로 받아들일 때 그것들이 나타나도록 하는 방법 중 하나는 가능성이 있는 것은 어떤 부분이라도 환영하고 그것이 자신의 일부인 것처럼 행동하고 그것과 작업을 하는 것입니다. 애비게일의 예처럼 이런 부분을 나쁜 것이라고 비판하고 있는 부분을 다루는 것도 좋겠지요.

보디 스캔

부분을 찾는 데에 아주 좋은 또 한 가지 방법은 '보디 스캔'이 있습니다. 우리는 신체의 이런저런 곳에 감정의 잔재를 지니고 있게 마련입니다. 거기에 유난히 강하게 느껴지는 감각을 찾아보면서 이런 감정을 발견할 수 있습니다. 예를 들어, 무거운 느낌, 다른 곳보다 따뜻한 느낌, 약한 통증이나 강한 통증, 약하다고 느끼는 부위, 말로 설명할 수 없는 감각 등입니다. 저(코니래)는 제 신체를 살핀 결과, 이런 신호를 몇 개 느꼈습니다. 통증은 부분이 있는 것을 알려주는 가능성일 수 있습니다. 저는 대개 말로는 할 수 없지만 몸의 어떤 부분에 무언가가 있는 것을 느끼는 그런 감각에서 시작합니다. 언젠가 보디 스캔을 했을 때 배의 왼쪽에 희미하게 욱신거리는 것 같은 따뜻한 감각을 느꼈습니다. 거기에 내면의 의식을 향해서 그 감각에게 "무엇을 원해요?"라고 묻자, 곧 "사랑을 원해요"라는 대답이 돌아왔습니다. 이런 최초의 대답을 손에 넣은 뒤에 달성 목표 사슬을 전부 파악할 준비가 되었습니다. 그러나 이 부분이 예전이나 지금의 어떤 체험과 관계되어 있는지는 끝까지 알 수 없었습니다. 하지만 코어 트랜스포메이션 프로세스에서 효과를 얻기 위해서는 특별히 그런 것을 알 필요는 없습니다.

집착

집착은 부분을 찾는 또 다른 방법입니다. 집착이라는 것은 우리가 자신이나 타인이 어떤 특정한 방식으로 **있거나** 어떤 특정한 일을 **했으면** 하고 여기는 것을 의미합니다.

   자신에게 어떤 것이 어떻게 있지 않으면 안 된다고 생각할 때, 그것은 집착입니다. 성공, 지식, 외모, 사람들, 직업과 같이 긍정적인 것들에 집착하는 것은 그냥 지나치곤 하지만 그것은 일종의 집착입니다. 그런데 만약 제가 저 자신을 바보 같다고 생각하면 저는 그것을 문제라고 생각하겠지만, 총명한 것이 중요하다고 여기는 경우에는 이 미묘한 판단이 이런저런 면에서 제게 방해가 될지도 모릅니다. 예를 들어, 자신이 총명해야 한다고 생각하면 자신의 잘못을 눈치채고 인정하고 받아들이기가 어려울 수 있습니다. 또 총명한 사람처럼 행동하려고 애를 쓰며 긴장하게 될지도 모릅니다. 또 다른 사람보다도 우월한 것처럼 행동하기에, 다른 사람의 지혜를 인정하고 받아들이는 것이 어렵게 될지도 모릅니다. 이런 이유 때문에 좋은 집착과 나쁜 집착의 양쪽에 작업을 하면 좋다고 생각합니다. 그렇게 하면 자신의 균형을 잡을 수 있어서 어떤 것이라도 있는 그대로 관찰하고 감사할 수 있게 될 것입니다.

자신이 어떤 성질에 집착하고 있는가 알고 싶다면 자신의 장점 리스트를 만들어 봅시다. 그다음에 자부심을 갖고 있는 부분을 찾아봅시다. 대개 자신이 거부하고 있는 부분은 자신 안에 있다고 인정하고 있는 것의 **반대인** 경우가 많습니다. 만일 장점 중에 '나는 아주 인정 많은 사람이다'라는 것이 있다면 다른 사람에게 나누어 주지 않고 모든 것을 갖고 싶어 하는 부분을 찾아봅시다. 만일 '나는 아주 참을성이 많고 타인이 원하는 대로 양보한다'라면 무엇이든 내가 하고 싶은 식으로 하고자 하는 부분을 찾아봅시다. '나는 친절하다'라면 불친절한 부분을 찾아봅니다. 그리고 양쪽의 부분으로 프로세스를 진행할 때(친절하고 또한 친절한 자신의 모습을 좋아하는 부분과 불친절하게 되고 싶다는 부분 양쪽과 작업할 때) 완전한 나를 향해 전진하는 것이 됩니다. 두 부분을 **코어 스테이트의 차원에서** 다시 다루었을 때, 친절한 것에 대한 집착이 줄어드는 동시에 자기 자신과 타인의 불친절한 부분에 대해 좀 더 자비심을 갖고 중립적인 태도를 취할 수 있게 됩니다.

'자신이 무엇에 집착하고 있을까?'라고 생각해 보는 것은 제가 (코니래) 가정이나 직장에서 한쪽으로 치우친 반응을 보여 왔다는 것을 알게 해 주었습니다. 예를 들어, 저에게는 아이들이 어떤 정해진 태도로 행동할 '필요가 있었습니다.' 아이들이 학교에서 기분이 상해서 집에 돌아오는 때가 있으면 저는 당연하게도 그 아이의 기분이 좋아졌으면 하고 생각합니다. 그러나 때에 따라서는 그 아이의 기분이 나아지는 것에 **집착**해 버려서, 아이가 기분이 좋아지지 않으면 저 자신이 화가 났습니다. 이런 태도는 아이들이 스스로 안 좋은 기분을 받아들이고 자기 나름의 방법과 시간 속에 그것을 체험하는 것을 어렵게 해 버립니다. 저는 아이들의 기분을 좋게 하는 것에 집착하고 있는 부분을 다뤄 작업을 했습니다. 그 결과, 그들을 있는 그대로 ㅡ 기분이 좋을 때도 나쁠 때도 ㅡ 받아들이는 것이 전보다 더 수월하게 되었습니다. 그리고 아이들이 자기 나름의 방식으로 성장하는 것을 지켜봐 줄 수 있게 되었습니다.

또 아이들이 학교 공부로 힘들어할 때도 이전에는 그들이 고생하지 않고 즐겁게 배웠으면 좋겠다고 저 자신을 위해 생각해 버렸습니다. 거기서 그들이 편하게 배우기를 바라는 저의 부분과 작업한 결과, 그들이 경험하는 것을 있는 그대로 받아들일 수 있게 되었습니다. 지금도 아이들이 더욱 편하게 배웠으면 좋겠다든가, 제가 좀 도와주면 더 좋은 방법이 있을 텐데 하고 생각하기도 하지만, 결과에 대해서 집착하는 것이 훨씬 줄어서 아이가 어떻게 반응하든 그대로 받아들이는 경우가 많아졌습니다.

또한 깨닫게 된 것은 제가 아이를 키우는 방식에 대해 의견이 확고해서 남편에게도 같은 방식을 강요하고 있었다는 것입니다. 그래서 남편의 동의에 '집착'하고 있는 부분을 다루었습니다. 그러자 남편을 이해시키고자 하는 태도가 아니라 '진실'을 발견하려는 태도가 되어 그에게 제 걱정이나 생각을 설명할 수 있게 되었습니다.

 지난 달의 일입니다만, 저(타마라)는 아침에 눈을 떴을 때 감기에 걸린 것을 알게 되었습니다. 어떻게든 해서 낫고 싶다는 생각으로, 감기를 만들고 있는 부분에 연락을 취하기로 했습니다. 그런데 의식을 내면으로 향해도 부분에서는 전혀 반응이 없었습니다. 원하는 반응이 오지 않아 점점 기분이 상했습니다. 그러는 동안 제 안에 건강하게 되는 것에 집착하는 부분이 있음을 알게 되어, 방향을 바꾸어 그 부분을 다루기로 했습니다. 프로세스를 통해서 저는 아주 깊은 평화를 느꼈습니다. 여전히 어서 건강해지고 싶다는 생각을 하긴 하지만 더 이상 집착은 없었습니다. 덕분에 기분 좋게 쉴 수 있게 되어서 며칠 사이에 완전히 회복할 수 있었습니다.

 집착을 발견하는 또 하나의 방법은 '해야 한다'는 것을 통해서 입니다. 자신이나 타인에게 어떤 것이 어떤 방법으로 성취되어야 한다고 말하는 것은 거기에 결과에 집착하는 부분이 있다는 증거입니다. 이때에는 코어 트랜스포메이션 프로세스가 도움이 됩니다.

 무언가에 집착하고 있는지 아는 것은 자신이 아직 완전한 자신이 되지 않았음을 알려 줍니다. 자신의 외부에서 가져오고 싶은 것이 있다는 것은 내면이 충만해서 완전하다는 것을 이해하지 못하고 있다는 것입니다. 자신이 어떤 상태로 있고 싶다고 집착하는 것은 깊은 차원에서 자신이 정말 완전하다는 것을 이해하고 있지 않다는 것입니다.

　이제까지 소개했던 방법을 써서 내면의 부분을 찾고, 그것을 다루는 것으로 우리는 치료상의 변화 이상의 것을 이룰 수 있습니다. 치료상의 변화는 단순히 '망가진 곳을 고치는' 것입니다만, 이 프로세스를 통해서 얻는 변화는, 말하자면 철광석을 불에 넣는 것과 같은 것입니다. 곧, 원래의 철에 어떤 '나쁜' 것도 없었지만, 불에 녹인 철광석은 더욱 순수하게 되어 쓰임새도 많아지는 것입니다.

∴ 제외되어 있는 것이 있는가

워크숍에서 이 프로세스를 가르치면 사람들은 대부분 처음에 자신이 가장 싫어하고 가장 잘못된 곳을 찾아서 작업을 하는 것에 충격을 받습니다. 예를 들어, 사람을 죽이고 싶다고 생각하는 부분을 발견하고 깜짝 놀라는 사람도 있습니다. 하지만 이런 부분은 가장 주목할 필요가 있고 또 우리에게 많은 것을 줍니다. 일단 그 사람이 이 부분과 안심하고 작업을 하게 되면 부분 또한 자유롭게 변해도 된다고 느끼게 됩니다.

　코어 트랜스포메이션 프로세스는 사람을 미워하고 죽이고 싶다고 생각하는 경향조차도 변하게 하는 방법을 제공합니다. 그리고 역설적으로 우리가 사랑하고 자비심을 품는 능력을 키워 주는 결과를 가져옵니다. 만일 복수, 지배, 살인과 같은 것을 원하고 있는 부분이 자신 안에 하나라도 발견되지 않는다면 아마 무언가를 제외하고 있는 것입니다. 그런 부분이나 성질을 나쁘다고 판단하는 부분을 자신 안에서 찾아보는 것이 필요합니다. 아무리 부정적인 것을 원하고 있는 부분이 발견되어도 이 프로세스를 통해서 그런 생각이나 증오의 충동은 어떤 시점에서 긍정적인 것으로 변합니다. 파괴적인 욕구를 안고 있는 부분을 갖는 것은 '자신'이 무언가를 파괴하는 것을 의미하는 것이 아닙니다. 그것은 자신이라는 존재의 한 측면에 지나지 않습니다. 실제로 이 부분과 그 코어 스테이트를 자신 안에 통합하면 실제로 파괴적인 행동을 하게 될 가능성이 훨씬 줄어듭니다. 하지만 만일 자신의 부정적인 충동이 실제의 행동으로 나타나지 않을까 걱정된다면 이 프로세스에 관한 교육을 받은 사람에게 도움을 받도록 하십시오.

  자신의 가장 부정적인 면을 받아들이는 것이 아마 이 프로세스 중에서 가장 감동적이고 놀라운 부분일 겁니다. 부정적인 충동과 작업하는 것은 살아가는 활력과 에너지를 되찾게 해 줍니다. 부분에게 원하는 것을 **손에 넣은 척**을 충분히 하게 하면 ― 그것이 복수이든지, 파괴든지 ― 그 충동은 우리의 신체를 통해서 변하기 시작합니다. 우리에게 필요한 것은 이와 같은 충동의 탈바꿈이고, 그것을 실제로 실행하는 것이 아닙니다. 그러나 이 프로세스가 일으키는 것은 이런 단순한 카타르시스뿐만이 아닙니다. 그러한 충동을 우리가 지닌 (몸과 정신의) 시스템을 속에서 허용함으로써 "당신은 이것을 통해 이 이상의 무엇을 원해요?"라고 묻는 것이 가능하게 됩니다. 때로는 부분들이 긍정적인 의미를 되찾기까지 몇 겹의 아주 '부정적인' 충동들을 거칠 필요도 있습니다.

  이런 부정적인 부분이 직접 코어 스테이트로 인도해 주는 것을 체험하는 것에서 우리는 다음과 같은 메시지를 얻습니다. **그것은 자신의 안에서 어떤 것을 발견해도, 그것이 아무리 추한 것이라도 그 안에는 말할 수 없이 아름다운 것이 존재한다는** 메시지입니다. 우리가 이것을 우리 자신 안에서 체험하면서 타인에게도 같은 것이 있다는 것을 깨닫기 시작합니다.

저는 자기 자신의 부분으로 코어 트랜스포메이션 프로세스를 몇 백 번이나 한 결과, 다른 식으로 저 자신을 체험하게 되었습니다. 제 안에서 발견한 부분은 어떤 것이라도 이제까지 다른 사람의 내면에서 만났던 부분과 매우 닮았다는 것을 알았습니다. 이 발견은 제가 타인과 같은 존재라는 것, 그리고 다른 사람에 대한 경의와 존경을 더욱 깊게 느끼게 해 주었습니다. 어떤 의미로 볼 때 우리는 서로 완전한 거울입니다. 다시 말해 저는 당신이나 또 다른 모든 사람들에게 거울입니다. 제 안에는 인간이 지닌 모든 성질을 내비치는 수많은 면이 존재합니다. 그것은 당신 안에도 존재합니다. 자신의 모든 면을 인정하고 그것을 그 코어 스테이트와 함께 자신의 안에 통합할 때 저는 온전한 존재가 됩니다. 만일 제가 어떤 부분에게 "그것은 내가 아니에요, 그런 것은 내 안에는 없어요"라고 말한다면 그것은 어떤 의미로 자신의 힘을 약하게 하는 것입니다.

인류에 대한 이런 생각은 홀로그램과 닮아 있습니다. 홀로그램 이미지의 독특한 특징 중 하나는 전체의 이미지에서 한 조각을 잘라 내도 그 작은 부분으로 여전히 전체 이미지를 만드는 것이 가능하다는 것입니다. 비록 덜 선명하겠지만 말이죠. 우리 하나하나는 자기 안에 모든 인류라는 '완전한 그림'을 품고 있습니다.

부분은 어떻게 만들어지는가

우리가 어떻게 자기 자신의 다양한 면을 잘라 내고 소외시키는가

> "실수하는 것에 대해 절대로 미안해해서는 안 돼."
> 이성은 조용한 목소리로 설명했다. "그 잘못에서 배우려는 태도가 있는 한은 말야.
> 사람은 옳은 이유로 틀리는 경우가 틀린 이유로 옳은 때보다 배우는 것이 많은 법이야."
> — 노턴 저스터, 《마일로의 기이한 모험(The Phantom Toll Booth)》

내면의 부분을 환영하고 재통합할 때, 처음에 어떤 식으로 부분이 만들어졌는지에 대해 아는 것이 도움이 됩니다. 이제까지 여러분은 부분이 어떤 식으로 형성되는지 그 과정을 개인적인 이야기와 사례로 살펴보았습니다. 여기서는 그에 관한 더욱 구체적인 예를 소개하겠습니다.

∷ 자신이 원하는 것, 필요한 것을 얻지 못할 때

세라는 슬픔을 느꼈고 우울증에 걸려 있었습니다. 그녀는 코어 트랜스포메이션 프로세스를 써서 이 문제를 해결하기로 했습니다.

그녀의 부분이 원하고 있던 달성 목표 사슬은 다음과 같은 것이었습니다.

- 보살핌을 받고 싶다 → 휴식과 따뜻함 → 평화와 편안함 → 행복 → 존재 그 자체

코어 트랜스포메이션 프로세스를 실행할 때 보통은 자신의 부분이 어떻게 만들어졌는지를 배우지는 않습니다. 프로세스는 이미 거기에 있는 것을 단순히 치유하도록 안내해 줄 뿐입니다. 하지만 세라의 경우 "몇 살이에요?"라고 물었을 때 "3개월요"라는 대답을 받았고 그녀는 기억 속으로 빠졌습니다. 세라는 아기 침대에 누워 있는 갓난아기인 자신을 체험했습니다. 부모님이 가까이서 큰 소리로 싸우고 있었고 그녀를 돌봐 주지 않았습니다. 세라는 프로세스가 끝나자 곧 기분이 좋아졌습니다. 우울증 상태가 회복된 것뿐 아니라, 보살핌을 받고 싶다는 강한 기분이 없어졌으므로 애인과도 잘 지내게 되었습니다.

루스의 경우는 네 살 때 어머니가 그녀를 3개월 동안 여름 캠프에 넣은 것이 부분을 만들었습니다. 어머니는 아이인 루스에게 반드시 데리러 오겠다고 말했지만 그녀는 너무 어려서 그 말을 잘 이해하지 못했습니다. 그녀는 엄마를 더 이상 만날 수 없다고 제멋대로 생각해 버려서 절망하고 고독해졌습니다. 이때 절망한 루스의 부분은 그 어린 나이인 채 '시간 속에서 얼어붙어' 버렸습니다. 루스의 그 부분은 자신은 정말로 두 번 다시는 안심과 애정을 얻지 못한

다고 결론을 내고, 어떤 의미에서 자신은 가치가 없는 인간임이 틀림없다고 생각해 버렸습니다. 어른이 된 루스는 다른 사람에게 자신이 원하는 것을 달라고 하는 것을 어려워한다는 것을 알게 되었습니다. 자신의 어떤 부분이 자신은 그럴 만하지 못하다고 생각하고 있는 것과 같았습니다.

조의 경우는 그가 6개월이 되었을 때 어머니가 큰 병에 걸려서 2개월 동안 병상에 누워 있었던 것이 부분을 만들었습니다. 아버지는 일로 바쁘고 어머니는 몸져누워 있었으므로 그는 아기 침대 안에 방치되어 있었습니다. 아기인 그가 어머니의 따뜻한 품을 얼마나 원했겠습니까. 그러나 조는 그런 보살핌을 받지 못했습니다. 곧 조의 가벼운 흐느낌은 발악에 가까운 울음으로 변했습니다. 그것은 그의 부분이 자신은 더 이상 자신이 원하는 것, 필요한 것을 절대로 손에 넣지 못한다고 결론지은 것 같았습니다. 보살핌을 원하던 그의 이런 부분은 떨어져 나가서 6개월 된 아기로서 계속해서 살아 있었습니다.

내면의 부분에 대해 생각할 수 있는 한 가지는 우리가 어렸을 때 곤란하거나 위기에 직면했을 때 자신의 일부분을 떨어뜨리거나 '잘라 냈다고' 생각할 수도 있습니다. 일단 한 부분이 떨어져 나가면 그 부분은 어린 시절에 선택한 행동을 계속하는 경향이 있습니다. 그것은 우리에게서 떨어져 있기 때문에 우리가 자라면서 배운 다른 정보와 선택들을 공유하고 있지 못합니다. 어떤 의미에서 이런 부분은 시간 속에 얼어붙어 있는 것이죠. 조의 이런 부분은 어른으로서도 '울부짖고' 싶어 할지 모릅니다. 자신이 아무리 억누르려

해도 말이지요. 루스는 어른이 되었어도 어린아이처럼 버려졌다는 느낌을 가졌습니다. 세라는 어른으로서 자신이 지니고 있는 것들에 어울리지 않게 지나치게 보살핌을 받고 싶다는 욕구를 안고 있었습니다.

∴ 재단, 비난, 받아들여지지 않는 감정이나 행동, 생각

론은 무언가가 자신을 앞으로 나아가지 못하게 막고 있는 느낌이 든다고 불평했습니다. 인생이 자기 뜻대로 안 되는 것처럼 느껴지고 다른 사람들이 자신을 조종하려 한다고 생각하면서 자주 화를 냈습니다. 론은 방해받고 있다는 느낌을 하나의 부분으로 취급한 결과, 아장아장 걷던 어린 시절로 돌아가서 테이블에 달린 아기용 의자에 앉아 있었습니다. 그는 아주 행복했고 테이블을 탕탕 치고 있습니다. 그때였습니다. 어머니가 가까이 와서 그의 손을 강하게 눌렀습니다. 이 체험 이후로 론은 무의식적으로 자신의 인생을 지배하고 있는 것은 자신이 아니라고 믿게 되었습니다.

캐런은 농장에서 자랐습니다. 농장에는 새끼 고양이들이 많아서 아주 좋은 놀이 친구가 되어 주었습니다. 캐런은 새끼 고양이들을 사랑해서 엄마가 된 것처럼 보살펴 주었습니다. 그녀는 처음으로 그중 한 마리가 죽었던 때를 생생히 기억합니다. 고양이는 차에 치였습니다. 캐런은 슬퍼하며 누가 이런 짓을 저질렀다는 사실에 마음도 머리도 혼란스러웠습니다. 그리고 새끼 고양이를 안아 들고 어머니가 있는 곳으로 갔습니다. 어머니는 하던 일을 방해받자 신경이 날카로워졌을 겁니다. 갑자기 새끼 고양이의 시체를 낚아채서는 쓰레기통에 던져 버렸습니다. 캐런은 경악했습니다. 자신이 사랑하는 것이 그런 식으로 버려졌기 때문입니다. 그녀는 자신의 일부가 새끼 고양이와 함께 쓰레기통에 버려진 것처럼 느꼈습니다. 자신의 감정을 버리는 버릇이 이때부터 시작되었습니다.

프랭크의 아버지는 프랭크가 아파하거나 소리 내어 울면 언제나 어쩔 줄 몰라 했습니다. 프랭크가 어릴 때 발가락을 부딪히거나 무릎을 다쳐서 울기 시작하면 아버지는 벌써 상처가 낫고 있다며 농담을 하곤 했습니다. 그래도 프랭크가 울음을 멈추지 않으면 아버지는 프랭크를 "아직 애기구나, 다 큰 어린이는 울지 않아요" 하며 놀리곤 했습니다. 프랭크는 이래서 아픈 것을 느끼지 않게 되었습니다. 긁힌 상처나 베인 상처가 생겨도 그냥 아픈 것을 느끼지 못하고 그 상처가 어떻게 생겼는지도 기억하지 못하게 되었습니다. 어른이 된 프랭크는 감정이 무뎌져서 인생이 주는 기쁨을 다른 사람들처럼 느낄 수 없다고 생각했습니다.

어릴 적에 강한 감정을 체험했을 때 그것을 인정받지 못하면 그 부분이 잘려 나가 버립니다. 프랭크의 경우는 아파 울고 싶을 때 아버지에게서 그것을 인정받지 못했기 때문에 그 부분을 한쪽으로 치워 버렸습니다. 캐런의 경우는 새끼 고양이의 죽음에 대해서 느꼈던 슬픔과 상실감에 대해 어머니가 짜증을 내고 무시했습니다. 그 결과, 캐런은 계속 자신의 감정을 없애 버리는 행태를 보이게 됩니다. 론은 갓난아기로서의 즐거운 감정을 표현했을 때, 어머니가 손을 억지로 눌러서 감정을 '지배했습니다.' 그 때문에 그의 부분은 자신의 감정을 자신이 지배하고 있지 않다고 판단하게 만들었습니다.

　주변 사람들에게서 재단당하거나 비난받는 것 또한 부분이 잘려 나가는 결과를 낳기 십상입니다. 예를 들어, 어린이가 어디로 나가는 것에 아주 좋아하며 흥분했을 때 조용히 하라고 혼내면, 기뻐했던 그의 부분이 자신을 닫아 버릴 수 있습니다. 어른이 되었을 때 이 사람은 흥분을 표현하거나 느낄 수 없게 될 수 있습니다. 물론 우리는 누구라도 어린 시절에 재단당하거나 비난받거나 무엇인가가 받아들여지지 않았다고 느꼈던 때를 떠올릴 수 있습니다. 기저귀를 더럽혔을 때, 지저분하게 먹을 때, 무언가를 잘 배우지 못할 때, 하던 일을 그만두지 않겠다고 떼쓸 때, 꾸물거리거나, 말을 못 알아듣거나, 자신이나 다른 아이의 성기에 흥미를 갖거나, 무언가를 무서워하고, 울고, 성내고, 형제를 때리고, 장난감을 내놓지 않을 때 등등. 이런 생각, 행동, 감정을 나쁜 것이라고 비판할 때 우리는 그런 부분을 우리 자신에게서 떨어뜨리려는 경향이 있습니다. 무의식적으로 밀쳐 버리고 그런 것들은 자신이 아닌 척합니다. 이처럼 어떤 종류의 비판은 자신의 부분을 떼어 내 버리는 결과를 가져옵니다.

　존은 세일즈맨이었습니다. 그는 모르는 사람에게 판매를 권유하는 전화를 할 수가 없었습니다. 이것은 직업상 커다란 문제가 되었습니다. 전화를 걸려고 생각하는 것만으로도 겁이 나서 얼어붙고 가슴이 조여 오는 것처럼 되는 것이었습니다. 존의 이 부분의 달성 목표 사슬은 다음과 같은 것이었습니다.

- 보호 → 안전 → 자유 → 놀면서 즐거움을 느끼기 → 행복 → 평화 → 깊은 평화 → 죽음 → 정적 → 평화와 따뜻함 → 영원

이 부분의 나이는 9개월이었습니다. 존은 이 부분을 만들었다고 추측되는 어떤 경험이 떠올랐습니다. 그는 이것을 이렇게 설명했죠. "저는 요람 안에 있었고 어머니의 얼굴이 보입니다. 어머니의 얼굴은 화가 나 있습니다. 소리를 내지 않는 것이 나을 것 같습니다. 어머니는 절대적인 권력이 있고, 저는 무력했으니까요. 어머니는 옳았고 저는 틀렸습니다. 아마도 제가 우니까 어머니가 화가 났겠지요." 이 부분의 코어 트랜스포메이션 프로세스를 끝낸 후, 그는 어머니와 이런 상황에서도 영원이라는 코어 스테이트를 느끼는 것이 가능하게 되었습니다.

이것으로 존의 전화 문제는 매우 좋아졌지만, 그는 이것으로 끝났다고 느끼지 않았습니다. 거기서 좀 더 깊이 찾아보니 마음속에 많은 어린이들의 이미지가 있는 것을 알게 되었습니다. 그것은 그의 어린 시절 이미지였습니다. 그는 이 많은 이미지가 어른들 때문에 자신이 상처받고, 두렵고 동떨어져 있다고 느꼈을 때의 것이라고 느꼈습니다. 거기서 이 많은 수의 이미지에 대해 한 번에(제30장 '코어 트랜스포메이션 프로세스를 보편화하기'를 참조하세요.) 코어 트랜스포메이션 프로세스를 실행하자 존은 더 이상 고객에게 전화를 거는 것을 두려워하지 않게 되었습니다.

우리는 '받아들여지지 않은' 부분을 잘라 버리는 것 외에 재판관과 같은 부분을 만듭니다. 이런 부분은 재판관의 역할을 맡아서 부

모나 '이제껏 우리를 재단했던' 사람이 더 이상 주위에 없어도 재판관으로서 자신이나 타인을 비판합니다. 예를 들어, 우리가 무서워하면 안 된다고 얘기를 들었으면 우리는 무서워하는 부분을 없애버리려 했을 겁니다. 더욱이 또 다른 부분이 공포를 갖는 것에 비판적이 되면, 그 부분은 우리 자신과 다른 사람들이 두려워하는 것을 비판할 가능성이 높습니다.

∷ 트라우마로부터 지켜 주는 부분

앨리스가 아홉 살일 때입니다. 부모는 그녀와 그녀의 형제들에게 매무새를 단정히 하고 역으로 가라고 말했습니다. 부모의 말은 조용하고 단호했지만 여느 때와 다르다고 느끼지는 않았습니다. 그런데 역에 도착하자 어머니가 아이들을 향해 이렇게 말했습니다. "아버지에게 작별 인사를 해라. 앞으로 아버지와는 평생 만날 수 없을 테니까." 앨리스는 멍한 기분이었습니다. 그녀의 부분은 그때 일어나고 있는 것을 보고 싶지 않았습니다. 그녀는 이 기억까지 거슬러 올라가자 기차역에서의 일을 확실히 눈앞에 떠올릴 수 있었습니다. 그러나 역에서 돌아오는 길은 기억이 흐려져 있었습니다. 그 후 곧 그녀는 안경이 필요하게 되었습니다. 그녀의 시력을 흐리게 했던 부분은 그녀를 아주 불쾌한 체험에서 보호하고 싶었던 겁니다.

로즈는 어린 시절의 일을 거의 기억할 수 없습니다. 몇 년은 완전히 공백이 되어 있습니다. 실은 그녀는 어릴 때 아주 심한 학대를 받았습니다. 그래서 아주 어린 시절부터 이 트라우마로부터 로즈를 지키기 위한 부분이 형성되었던 겁니다. 이 부분은 만약 그녀가 자신에게 일어난 심한 일을 생각한다면 다시 심하게 상처받으리라고 여겼습니다. 그래서 기억을 지워 버림으로써 무의식적으로 그녀를 지키기 위해서 최선의 노력을 했던 것입니다.

로즈나 앨리스처럼 우리는 어떻게 소화해야 좋을지 모르는 체험을 하면 자신의 부분이 그 체험을 없애 버리려 합니다. 체험을 자신의 세계에 통합하는 방법을 모를 때 이것은 우리가 자신을 지키는 최선의 방법입니다.

진은 완벽하지 않으면 안 된다고 느끼는 부분이 있었습니다. 사전에 어떤 일을 완벽히 할 수 없다는 것을 알면 그녀는 그것을 하려고도 하지 않았습니다. 이 때문에 하고 싶은 것이 있어도 할 수 없는 문제를 안고 있었습니다. 이 부분과 작업한 결과, 그것이 어떻게 생기게 되었는지 알 수 있었습니다. 그녀는 줄곧 어머니에게 야단을 맞으면서 자랐습니다. 원인의 대부분은 어머니 자신의 감정에 기복이 심한 것과 어머니가 안고 있던 문제였지만 진은 자신에게 원인이 있다고 생각해서 상처를 받았습니다. 아홉 살 때 진의 그 부분은 자신이 완벽한 인간이 되면 어머니가 화를 내지 않을 것이라는 결론을 내렸습니다. 그때부터 그 부분은 모든 것을 완벽히 하는 것에 집착하게 되었습니다.

∷ 모든 부분을 받아들이기

어떤 식으로 부분이 만들어졌는지 알게 되면 어떤 식으로 아이들을 키워야 더욱 완전한 인간이 될지를 알 수 있게 됩니다. 다음의 예로 이것을 자세하게 설명하겠습니다.

앤은 학교에서 울면서 돌아왔습니다. 어머니는 앤에게 말했습니다. "왜 그러니, 앤?" "모두가 나를 놀렸어. 걔네들이 나를 애니 파니(Annie Fanny : 미국의《플레이보이》지의 성인 만화 주인공으로, 금발에 가슴과 엉덩이가 큰 여자-옮긴이) 라고 놀린단 말야!" 앤은 눈물이 글썽한 얼굴로 외쳤습니다. 엄마는 애니에게 정말 잘해 주고 싶었습니다. 그리고 자신이 어릴 적에 놀림 받았던 것을 떠올렸습니다. 앤이 똑같은 일을 겪게 하고 싶지 않았습니다. 엄마는 얼굴이 굳어 있었지만 억지 웃음을 지으며 활기 찬 목소리로 이렇게 말했습니다. "앤, 그것은 그렇게 울고불고할 일이 아니란다. 그만한 일로 끙끙거리면 못써." 엄마는 아무렇지도 않다는 듯이 이렇게 말했습니다.

앤의 어머니는 좋은 의도였지만, 앤의 체험에 무언가 잘못된 점이 있다는 메시지를 앤에게 주고 있는 것을 깨닫지 못하고 있었습니다. 만일 어머니가 처음부터 앤이 지금 무엇을 경험하든지 크게 보면 다 괜찮다는 마음가짐이었다면 앤에게 훨씬 도움이 되었을 것입니다. 무언가 불쾌한 것이 일어났을 때 기분이 나빠지는 것은 앤이 그만큼 온전한 마음을 갖고 있다는 증거입니다. 그렇게 생각하면 앤의 어머니는 아마도 다음과 같이 앤의 심정을 이해한다는 것을 표현했을 것입니다. "앤, 얼마나 속상했니?" 엄마는 이렇게 말하고 앤을 달래 주려고 노력했을 것입니다. "너 정말 놀림 받는 것이 싫었구나. 그렇지?" 앤의 엄마는 이렇게 함으로써 딸에게 자신의 감정을 받아들여도 좋다는 메시지를 보내는 것입니다. 앤은 그런 감정을 가져도 괜찮습니다. 자신의 그런 면, 즉 그런 부분을 한쪽에 치워 두고 그것이 아무 일도 아니라는 식으로 대할 필요가 없습니다.

∴ 재단하지 않으면서 경계를 설정하기

아이를 온전하게 키운다는 것은 무엇이든 하고 싶은 것을 하게 해서 억누르는 것이 없게 하는 것을 의미하지는 않습니다. 건강하게 행복하며 온전하게 자라는 것 안에는 다른 사람의 요구라든가 주변 상황을 고려하는 것을 배우는 것도 포함되어 있습니다. 경계나 제한을 정하는 것은 아주 중요하며, 적절한 제한을 경험하지 못한 아이는 대체로 불행하고 다른 사람들과 원만하게 지내지 못합니다.

아이들의 생각, 감정 또는 행동이 나쁘거나 잘못되었다는 메시지를 주지 않고 명확한 한계를 주면 아이들은 내면의 부분을 떼어 낼 필요가 없습니다. 누군가가 자신이 잘못되었다고 할 때 아이들은 자신들의 일부분을 없애 버리려 합니다. 부모가 아이의 감정, 행동을 자연스럽고 괜찮은 것으로 받아들여 주면서 한계를 두면 아이들은 부분을 떼어 내 버릴 필요가 없습니다.

간단한 예를 소개할까요? 네 살이 되는 앤디는 이웃집에서 놀고 있습니다. 집에 돌아갈 시간이 되었습니다. "싫어!"라고 앤디가 외칩니다. "여기에 있을 거야!" 이때 앤디의 어머니는 앤디의 반응이 앤디에게는 말이 된다는 것을 인정하면서 어떻게 하면 자신이 말하는 것을 듣게 할까(다시 말해 앤디를 집으로 데려가는 것) 하는 다양한 선택권이 있습니다. 예를 들어 앤디를 팔로 안아 들면서 이런 식으로 말해도 좋겠지요 "너 여기서 정말 재밌게 놀았지. 그렇지? 앤디는 이제 가야 해요. 내일 또 와서 놀 수 있으니까." 또는 이런 식으로도 말할 수 있겠죠. "앤디는 정말 더 오래 놀고 싶구나? 그렇지? 그런데 우리 이제 집에 가야 되겠다. 그래야 엄마가 저녁식사를 준비하지. 친구에게 '잘 있어'라고 말할까?"

∷ 부분을 떼어 내 버리기와 돌아오는 것을 환영하기

우리는 많은 수의 부분을 자신에게서 잘라내 버립니다. 사랑받기 위해서, 인정받기 위해서, 보호받기 위해서, 웃어 주기를 원해서, 꼭 껴안아 주길 바라면서, 먹여 주고 놀아 주도록 하기 위해서는 '나쁜 행동을 하는' 부분은 '다른 곳으로 쫓아내 버려야' 한다고 무의식적으로 정해 버리기 때문입니다. 우리는 이런 부분을 자신의 밖으로 쫓아내서 그것들과 거리를 둡니다. 하지만 결과는 우리가 의도했던 대로 되지 않습니다. 이런 부분들은 우리에게서 멀리 떨어져 있어서 우리와 함께 자라고 성숙하지 못하게 됩니다. 그래서 그것들은 우리가 어른이 된 후에도 '나쁜 행동'을 계속하게 됩니다. 때로는 이런 부분은 다른 사람들에게 자신을 투사하는 것으로 (projecting) 인해 그런 행동을 계속하기도 합니다. 예를 들어, 우리가 화나는 부분을 치워 두었다면 그것은 우리가 어른이 된 후에 화내는 사람에 대해 비판적이 되는 것으로 나타날지도 모릅니다.

부분이라는 것은 우리가 어려운 일을 다루기 위한 최선의 방법으로 생기는 것입니다. 부분이 어떻게, 그리고 왜 우리에게서 떨어져 나왔는지와는 상관없이 우리는 코어 트랜스포메이션 프로세스를 통해서 그들을 다시 우리 안으로 환영해서 받아들이고 근본적으로 변화시킬 수 있습니다. 부분을 발견하고 부분과 작업하기 위해서 그것들이 어떻게 해서 생겼는지를 알 필요는 없습니다. 사실 대부분의 사람들은 그것을 모릅니다. 단지 바꾸고 싶은 감정이나 행동, 사고 패턴만 있으면 됩니다. 이 작업의 시작점은 항상 여러분의 지금 경험인 것입니다.

삶의 운전석에 있는 것은 누구인가

자신에게 도움이 되지 않는 기본적인 성격 패턴 바꾸기

> 제발 저의 진짜 이름으로 불러 주세요.
> 제가 깨어날 수 있도록.
> 제 심장의 문이 열려 있도록.
> 그 자비의 문이.
> — 틱낫한

어떤 일을 할 때 **하고 싶다**고 생각해서 하는 것과 **하지 않으면 안 된다**라는 생각으로 하는 것에는 커다란 차이가 있습니다. 우리가 하지 않으면 안 되는 상태에서 할 때 우리는 '매달린(driven)' 상태가 됩니다. 강박이나 충동, 중독과 같은 것은 좀 더 명확하게 매달린 상태의 좀 더 확실한 예입니다. 하지만 우리가 매달리는 대상은 훨씬 많습니다. 우리는 안전, 성공, 부, 유명세, 존경, 권력, 안심, 그리고 다른 사람에게 애정을 바라는 것과 같은 개인적인 목표에 집착하게 되면 이런 매달린 상태에 빠집니다. 이런 '달성 목표'에 대한 집착은 보통은 자신의 의식 밖에서 이루어집니다. 그것은 무의식적입니다. 한편, 이런 매달린 상태와 비교해서 코어 스테이트에서 비롯되어 집착 없이 목표로 향해 갈 때는 목표가 달성되어도 달성되지 않아도 행복하고 온전하게 느끼게 마련입니다.

∷ 무언가 하거나 갖기 위해 매달리는 상태

매달린 상태는 '달성 목표'를 위해 무엇을 **하거나 갖도록** 우리에게 강요합니다. 캐리는 무언가를 **충분히 한** 경우만 자신이 괜찮은 사람이 될 것이라고 여기고 있었습니다. 그녀는 어릴 적에 무언가를 **했을** 때에만 칭찬을 받았습니다. 예를 들어 좋은 성적을 받거나 친척에게 예의 바르게 행동했다거나 좋은 옷을 입고 있다는 등 말입니다. 그녀는 자신이 **있는 그대로**의 모습으로 사랑받고 받아들여지는 체험을 했던 기억이 없습니다. 그녀는 심지어 "이번에 좋은 성적을 받았으니까, 아주 착한 아이야"라는 소리를 들었던 것을 기억합니다. 어른이 되어서도 캐리는 하고, 또 하고, 또 하는 것에 매달리는 자신을 발견했습니다. 하지만 무엇을 하든지 절대로 충분하지 않았습니다. 언제나 더욱 열심히 하지 않으면 안 된다고 느꼈습니다. 그녀는 너무 많은 일을 벌였고 생활의 균형을 잃어버렸습니다. 아무리 노력을 해도 자신에 대해 '문제가 없이 괜찮다'라고 느낄 수 없었습니다.

캐리는 미국 문화에서 곧잘 보이는 하나의 전형입니다. 우리 인생의 대부분은 **하는** 것과 **얻는** 것을 중심으로 구성되어 있습니다. 예를 들어 우리는 업적, 성공, 안전, 사랑, 칭찬과 같은 것을 얻기 위해서 어떤 일을 합니다. 확실히 성공이나 사랑과 같은 목표는 가치 있는 것입니다. 하지만 그것을 얻는 데 **매달려 버리면** 우리는 감정이나 행동을 선택하는 능력을 잃어버리고 맙니다. 우리는 모두 먹어야 합니다. 대부분의 사람들에게 먹는다는 것은 문제가 되지 않습니다. 그러나 만일 몸에 필요한 것 이상으로 먹는다든가, 몸에 안 좋은 음식을 너무 좋아하거나, 아예 먹지 않는다든가 하는 등에 집착해서 우리 건강을 해친다면 그것은 문제가 됩니다. 조종받는 상태에서 행동하면 우리의 행동은 온전함, 더 이상 필요한 것이 없는 충만한 감각이 아닌, 갈망이나 필사적인 것과 같은 성질을 띠게 됩니다.

어떤 것이든 하거나 얻기 위해 매달릴 수 있습니다만 여기에 특히 우리 문화에서 친숙한 일반적인 종류들의 예를 들어 봅니다.

1. 성공에 매달리기
2. 사랑과 인정(認定)에 매달리기
3. 강한 감정에 매달리기
4. 돈과 물질에 매달리기
5. 지배와 권력에 매달리기

이것들을 읽으면서 이 다섯 가지 중에 어느 하나라도 여러분에게 자신의 행동이나 감정, 반응을 떠올리게 하는 것이 있는지 생각해 보시기를 권합니다. 우리 대부분은 각각의 종류에 속하는 매달리는 행동, 감정 또는 반응을 보입니다. 극단적인지 아닌지는 별개로 하고 말이지요. 종종 우리는 우리가 어떤 일을 하거나 얻기 위해 매달리고 있는지조차 깨닫지 못합니다. 왜냐하면 그런 행동이나 감정이 우리의 일상이 되어 버렸기 때문입니다. 우리는 세상 일들이 다를 수 있다는 것에 대한 경험이 없습니다. 물속을 헤엄치는 물고기가 물이라는 존재를 깨닫지 못하는 것과 같이, 우리도 우리의 가장 기본적인 패턴을 '원래 그런 것으로' 당연하게 받아들입니다. 다음에 소개하는 '매달리는 상태'를 읽음으로써 여러분은 매달리고 있는 상태에서 비롯된 자신의 행동, 감정, 반응에 대해 알게 될 것입니다.

성공에 매달리기

테드는 사업가로서 잘나가고 있습니다. 15년간 자산관리업을 하면서, 언제나 성공이 다음의 성공으로 이어졌습니다. 동료에게서 존경받고, 누구나 그를 부족함이 없는 남자라고 여겼습니다. 그는 매일 16시간이나 일했으므로 부인과 아이들과 보내는 시간이 거의 없었지만 자신의 성공으로 가족들이 혜택을 보게 하려고 노력했습니다. 5년 동안 휴가를 간 적도 없었지만, 일이 무엇보다 중요하다고 자신에게 되뇌었습니다. 뿐만 아니라, 가장 최근에 휴가를 보냈을 때도 그는 휴가를 제대로 즐기지 못했습니다. 마음속에 불편하고 허한 기분이 들어서 도대체 무엇을 해야 좋을지 몰랐습니다. 아침에 일어나면 그는 곧바로 직장으로 달려갔고 지난 달보다 더 많은 성과를 거두려고 일에 매달렸습니다. 그런데도 성공이 그에게 주는 의미는 점점 작아지기 시작했습니다. 웬일인지 커다란 성공을 거뒀을 때조차 만족스럽지 않았습니다. 테드가 어렸을 때 그의 부모님은 아주 바빴고 그에게 관심을 기울이지 않았습니다. 테드가 무슨 상을 타거나 좋은 성적을 받아 올 때를 제외하곤 말입니다.

마거릿은 소설가의 재능이 있었지만 돈이 없었습니다. 그녀가 쓴 글을 읽은 사람은 누구라도 칭찬을 아끼지 않고 출판하라고 권했습니다. 그러나 마거릿은 절대로 출판사의 문을 두드리려 하지 않았습니다. 어떤 친구가 그녀의 작품을 빌려서는 지역 잡지의 편집자에게 보여 준 적도 있었습니다. 편집자는 꽤 마음에 들어 하며 만날 약속을 했지만 그녀 쪽에서 한 번도 제 시간에 나타나지 않아서 결국은 포기해 버렸습니다. 마거릿은 자신의 경력에 도움이 되는 일을 하려 할 때마다 마치 자기가 없어져 버리는 것과 같은 이상한 공허감을 느꼈습니다. 커다란 기회가 오면 그녀는 한동안은 흥분하지만 금세 그 흥분은 불안으로 변해 버렸습니다. 그녀는 어떻게든 그 상태에서 벗어나 보려고 '자기 방해(Self Sabotage)'에 관해 쓴 자기 계발 서적을 읽고 나서 자기 스스로가 자신을 방해하고 있다는 것을 알게 되었습니다. 그래도 그녀는 그런 자학적인 행동을 그만둘 수 없었습니다. 마거릿의 부모님은 매우 성공한 분들이었지만 그녀의 생각으로는 아주 천박하고 마음이 차가운 사람들이었습니다.

테드와 마거릿에게는 공통된 것이 있습니다. 그들은 정해진 수준의 성공을 유지하기 위해 매달린다는 것입니다. 테드는 성공을 향해, 마거릿은 성공에서 도망가는 데 매달립니다. 어떤 의미에서 그들은 자신들의 성취 정도와 자기를 동일시하고 있다고 말할 수 있습니다. 테드는 높은 달성도를 통해 자기를 느끼려고 하고 있습니다. 그래서 그 속도가 조금이라도 늦어지면 자신을 잃어버린 것 같이 느낍니다. 이와 대조적인 것이 마거릿입니다. 마음이 따뜻하고 성실한 사람이지만 성공하기 시작하면 자기답지 않다고 느낍니다. 그것은 그녀가 성공하는 것을 차갑고 천박한 것과 동일시하기 때문입니다. '성공'에 대한 생각과 자신이 어떤 사람인가에 대한 자신의 감각이 정면으로 충돌하고 있었습니다. 둘 다 성공이라 불리는 것에 집착하고 매달리고 있는 것입니다.

사랑과 인정에 매달리기

세라는 보기 드물게 착한 여성입니다. 친구를 위해서라면 어떤 것도 해 줍니다. 친구가 곤란한 때는 언제나 도와주었습니다. 친구를 위해 깜짝 파티를 해 주기도 하고, 친구 집에 오는 길에 세탁소에 들러 세탁물을 찾아 주기도 하고, 간식을 가져다줄 때도 있습니다. 이번 주말에는 여동생의 아이들과 이웃집 아이를 봐 주었는데 아이들이 낮잠을 자는 잠깐 동안에도 그녀는 상사의 부인을 위해 퀼트(서양식 자수)를 만들었습니다. 아이들이 낮잠에서 깨어난 후에는 차에 태우고는 전 남편의 집을 봐 주러 갔습니다. 그가 일 때문에 먼 곳으로 출장을 갔기 때문입니다. 아이들이 부모의 곁으로 돌아간 후에는 달리기를 하거나 좋아하는 스포츠 책을 읽으며 저녁을 보냈습니다. 사실 그녀는 달리기도 스포츠도 싫어하지만 최근 읽은 책에 남자는 몸매가 다부지고 같은 관심사에 흥미를 갖는 여자를 좋아한다고 씌어 있었기 때문입니다.

세라는 자신의 가치를 어느 정도는 자신을 사랑해 주는 사람의 수로 가늠하고 있습니다. 그러므로 모르는 사람만 있는 새로운 곳에 가면 감정적으로 텅 빈 것처럼 느낍니다. 그녀는 자신의 주변에 있는 사람과 곧 사이가 좋아집니다. 그러면 안심이 되기 때문입니다. 그러나 다른 사람의 칭찬을 듣기 위해 너무 노력하다 보니 자신을 위해 무엇을 원하는지조차 모르고 있습니다. 누구에게나 사랑받고 있지만 충족되지 않는 느낌이 들고, 다른 사람에게서 미움받는 것을 언제나 걱정하고 있습니다. 그녀는 조금이라도 비난받으면 불쌍할 정도로 침울해집니다. 그녀의 인생은 절대로 편하지 않습니다. 모두를 기쁘게 하기는 어렵기 때문입니다. 특히 요즘과 같이 그녀의 몇몇 친구들이 그녀더러 왜 자신을 위해 아무것도 하지 않느냐고 비난하면 말이지요!

게일은 사이 좋은 친구가 두 명 있었지만 그 둘과 친하게 지내는 것 말고는 자신의 세계에 숨어 있었습니다. 고등학교 때의 그녀는 점심시간을 도서관에서 책을 읽으며 보냈습니다. 반 친구들과 함께 있는 것을 두려워했기 때문입니다. 지금 그녀는 서른 살이 되었지만 지금도 레스토랑에 혼자 가지 못합니다.

그녀는 연구실에서 일하고 있습니다. 아주 바쁘게 지내고 있어서 동료와 얘기할 시간도 없습니다. 게리라는 동료를 아주 존경하고 있지만 자신이 먼저 그에게 말을 걸 용기가 안 납니다. 만일 그가 싫어하면 어떡하나 생각하는 것만으로도 견딜 수 없습니다.

빅은 때때로 다른 사람들이 **허용하지 않는** 것을 하고 싶어집니다. 다른 사람이 조용히 하고 있을 때 큰 소리로 떠들어 본다든가, '금연' 장소에서 담배를 피운다든가 하는 작은 규칙 위반이나, 와이셔츠를 입지 않고 레스토랑에 간다든가 하는 것입니다. 이것도 사랑과 칭찬에 얽매인 행동입니다. 왜냐하면 그는 다른 사람의 사랑과 인정과 상관없는 행복한 감각을 갖고 있지 못하기 때문입니다.

세라는 다른 사람을 즐겁게 하는 것에 얽매여 있습니다. 마치 모든 행복이 다른 사람에게 사랑과 칭찬을 받는 것에 달려 있는 것처럼. 더군다나 그녀는 다른 사람에게 받은 칭찬에 절대로 만족하는 일이 없었고, 완전한 행복을 느낀 적도 없습니다. 많은 사람들이 자신의 욕구를 희생해서 다른 사람을 즐겁게 하는 것에 얽매인 인생을 보내고 결국은 나이 들어 후회하고 남을 원망하게 됩니다. 다른 사람을 위해서 많은 것을 해 왔는데 자신이 만족하지 못하기 때문입니다.

게일의 경우는 세라와 완전히 다릅니다만 무엇이 그런 행동에 매달리게 하는가는 역설적으로 많이 닮아 있습니다. 그녀도 사람들에게 인정받기를 원합니다. 그러나 다른 사람의 인정을 얻지 못하는 것에 대한 공포가 너무 강해서, 거부당하는 것을 피하기 위해 자기가 사람을 거부해 버리는 것입니다. 사람을 피하는 것으로 자신이 상처받지 않도록 하고 있는 셈입니다. 그러나 정말로 자신이 원하는 것, 즉 사랑과 인정을 피하고 있기 때문에 그녀는 여전히 얽매여 있다고 할 수 있습니다.

빅은 사람들에게서 부정적인 방식으로 주목을 끌 만한 행동을 보임으로써 다른 사람들에게서 반감을 사는 것에 매달려 있습니다.

우리 대부분은 다른 사람에게 승인, 사랑, 존경, 이해, 경애, 칭찬과 같은 반응을 원하게 마련입니다. 자신이 이런 목표를 갖고 있는 것을 알고 있는 경우도 있고, 생활 속에서 의식적으로 이런 것들을 요구하는 때도 있습니다. 때때로 우리는 다른 사람들에게서 그런 모든 긍정적인 것들을 받지 않는 한 절대 만족할 수 없다는 감정 속에 무의식적으로 행동하기도 합니다.

우리는 모두 사랑과 인정을 이런저런 방법으로 구하고 있습니다. 예를 들어 저는 남편에게 매력적으로 보이기 위해 특정한 옷을 입는지 모릅니다. 또 가족이나 친구에게서 사랑받고 싶어서 이런저런 선물을 살 수도 있습니다. 아이들 마음에 들기 위해서라면 아이들이 바라는 것을 무엇이든 할 수 있다고 생각하고, 직장에서 존경받고 싶어서 책임을 떠안을 수도 있습니다.

∷ 강한 감정에 매달리기

헬레나는 어떤 일이 일어나도 그것에 무척 감정적이 됩니다. 일이 잘 풀릴 때는 선명한 상상력 속에 자신을 창조적이고 예술적으로 표현할 수 있습니다. 하지만 일이 잘 안 풀리면 — 이런 상태인 경우가 대부분이지만 — 감정과 공상의 세계에 빠져 버립니다. 헬레나에게 인생이란 고통, 상실, 화남, 비탄 그 자체입니다. 언제나 이 중에 한 가지에 걸립니다. 한번은 새로 산 청바지가 찢겨 있는 것을 보고 반품 요청을 했으나 그 가게에서 반품을 거부하자 '나를 믿지 않는 것이 분명해'라고 여기며 개인적인 모욕으로 받아들였습니다. 그날 주변에 있던 사람들은 헬레나가 얼마나 화가 나 있는지 잘 알았습니다. 다음 날의 그녀는 텔레비전에서 기아 상태에 있는 아이의 사진을 보고 비탄에 잠겼습니다. 마치 세계 전체가 무너져 내리는 것처럼 계속 울었습니다. 하루 종일 아무 일도 못 했고, 마음을 집중할 수 없었습니다. 그다음 날은 자기보다 훨씬 편한 인생을 보내고 있는 것 같아 보이는 사람들을 질투하면서 하루를 보냈습니다. 또한 갑자기, 같은 아파트에 사는 신용 상태가 좋은 다른 모든 사람들이 미워졌습니다.

   이런 강한 감정에 휩쓸리는 인생은 마치 놀이동산의 롤러코스터를 타고 있는 것과 같아 보이지만 실은 그녀가 사는 보람은 감정입니다. 강한 감정을 느끼는 것이야말로 살아 있다는 것을 느끼게 해 주는 것입니다! 아무리 괴로운 감정이라도 감정의 파도가 지나가고 아무것도 없는 공허함을 느끼는 것보다는 훨씬 좋았습니다. 그런 이유로 헬레나는 항상 강한 감정을 갖게 하는 대상을 찾아 왔던 것입니다.

   배리의 어머니는 그가 네 살 때 돌아가셨습니다. 그날 아버지는 그에게 남자니까 강해야 한다고 말했습니다. 배리의 아버지에게는 '강하다'라는 것은 절대 울지 않고 감정을 보이지 않는다는 의미였습니다. 그때 이후 배리는 윗입술을 굳게 다물었습니다. 어떤 일이 일어나도 감정을 옆으로 치워 둡니다. 사실, 네 살 때부터 지금까지 눈물 한 방울 흘린 적이 없습니다. 그는 감정을 보이는 사람과 있을 때마다 불편하게 느낍니다.

   누구라도 불쾌한 감정을 느끼는 때가 종종 있습니다. 그것은 인간으로서 당연한 일이고, 어떤 감정이라도 긍정적인 가치가 있습니다. 하지만 때에 따라 우리는 우리에게 도움이 되지 않는 식으로 감정의 패턴에 갇히기도 합니다. 그 감정을 반복해서 체험하는 것에 얽매여서 자신에게 도움이 안 된다는 것을 알면서도 그것을 뛰어넘어 전진하지를 못합니다. 또한 때로는 같은 감정을 반복해서 느낄 수 있도록 일부러 일을 몰아가는 것처럼 보이는 경우도 있습니다.

   헬레나는 강한 감정에 휩싸이는 극단적인 예입니다. 우리 가운데

적지 않은 수는 조금 더 미묘한 식으로 강한 감정에 사로잡힙니다. 또한 어떤 사람들은 배리처럼 강한 감정을 느끼지 **않도록** 애쓰기도 합니다. 배리만큼 철저하게 감정을 외면하는 사람은 별로 없지만 정도의 차가 있을 뿐이고, 이성적으로 생각하려고 노력하면서 억지로 눈물을 참는 것과 같이 감정을 무시한 체험은 있게 마련입니다. 우리 사회에서는 남자는 여자에 비해 감정을 밖으로 표현하는 것이 허락되지 않습니다. 그래서 자신의 감정을 느끼지 못하는 남자가 많습니다.

돈과 물질에 매달리기

> 부처는 욕망은 모든 고통의 근원이라고 설파했다. 그것은 모든 쇼핑의 근원이기도 하다.
> 광고가 사게 하는 것도 아니고 사람들의 기대가 사게 하는 것도 아니고,
> 텔레비전이 사게 하는 것도 아니다. 바로 당신의 생각이 그런 것들을 사게 만드는 것이다.
> 이 녀석들을 조심하라.
> — 조 도밍게스 · 비키 로빈, 《당신의 돈이냐 당신의 삶이냐(Your Money or Your Life)》

그레타는 물질적인 것에 중독되어 있습니다. 그녀가 재물에 대해 갖는 매력은 그 성질이나 아름다움을 음미하는 것 그 이상입니다. 그녀는 아무리 많이 갖고 있어도 그 이상을 탐합니다. 그녀의 남편은 중산층으로 넉넉한 수입이 있는 사람이었지만, 그레타에게는 충분하지 않았습니다. 언제나 자기들보다 잘사는 언니를 질투했습니다.

 3년 전, 그녀는 남편에게 이혼을 당했습니다. 재산을 분할하면서 두 사람은 모두 이제까지 자신들이 좋아하던 이런저런 것들은 포기하게 되었습니다. 그런 것들 하나하나를 포기하면서 그레타는 마치 자신의 살점이 떨어져 나가는 것 같았습니다. 그녀는 돈을 모아야 했지만 전

남편이 가진 고가의 가구나 크리스털 잔, 은으로 된 식기 등을 사야 했습니다. 마음에 며칠마다 뻥 하고 구멍이 뚫린 듯한 기분이 들었고 그것을 메우기 위해 쇼핑을 했습니다. 그러나 잠시 위안을 받더라도 좋아진 기분은 오래가지 않습니다. 결국 그녀는 알거지가 되었는데 '잠깐의 흥분'을 맛보기 위해서 신용카드를 썼습니다.

그레타는 돈을 관리하는 전문가와 만나서 어떻게 하면 노후를 대비해서 돈을 모을 수 있을까 배웠습니다. 그러나 전문가의 사무실에서 돌아오는 길에 빚을 갚고 돈을 모으기 위해 치러야 할 모든 희생을 생각하니 울적해졌습니다. 기분을 풀기 위해서 그녀는 모피 세일을 하는 곳에 차를 세웠습니다. 이것으로 돈 모으기는 물거품이 되었습니다.

펠리시아는 부모님의 하인들이 키웠고 어린 나이에 기숙사가 딸린 학교와 여름 캠프에 보내졌습니다. 이런 체험에서 그녀는 돈과 물질적인 것은 나쁜 것이라고 판단해 버려서 금욕을 최선의 것으로 생각하게 되었습니다. 가능한 한 적은 물건, 가능한 한 적은 돈으로 살았습니다. 부자에 대해서는 큰 반감을 있었고, 그들을 이기적이고 천박한 사람들이라고 비판했습니다. 그녀는 게리라는 사람과 함께 살고 있는데, 그는 돈과 물질적인 것은 자신에게 너무 무거운 책임을 지워서 타락시킨다고 믿었기 때문에 돈과 물질을 모으는 것을 피하고 있습니다.

우리의 문화는 물질에 높은 가치를 부여합니다. 많은 사람이 살아가면서 금전·물질 면에서 '주변 사람들'에게 뒤처지지 않으려 애씁니다. 만화〈피너츠〉에서 담요를 붙들고 사는 라이너스는 물건에 매달리는 것의 상징이랄 수 있습니다. 우리는 그레타나 라이너스처럼 극단적이진 않지만 대부분의 사람들은 정도의 차이는 있지만 쇼핑이나 물건을 소유하는 것에 집착합니다. 그러나 최근의 연구에 따르면 쇼핑도 물건을 갖는 것도 그다지 길게 행복을 주지는 않습니다. 우리는 예전보다 훨씬 많은 돈을 물건 사는 데 쓰고 있지만 '적당히 행복하다'라고 말하는 사람들의 비율은 예전과 달라지지 않았습니다.

또 어떤 사람들은 돈을 쓰는 것에 매달리는 대신에 모으는 것에 매달립니다. 펠리시아나 게리와 같이 물건이나 돈을 피하는 사람은 그렇게 많지는 않습니다.

그러나 매달리는 상태에서가 아니라 코어 스테이트로 행동하는 경우에는 자신이 지니고 있는 것을 전부 준다거나, 가능한 한 많이 소유한다거나 하는 것을 목표로 하지 않습니다. 우리는 물건을 사거나 소유하는 것에 의존하지 않는 행복의 감각이 있습니다. 코어 스테이트를 지니면 물건에서 얻는 기쁨은 어디까지나 추가적인 혜택이 될 뿐 우리 삶을 좌지우지하지는 않게 됩니다.

지배와 권력에 매달리기

조엘은 대기업의 판매부장입니다. 그는 자신의 지위를 다양한 면에서 마음에 들어 했습니다. 그것은 대부분의 경우 자신이 그 부서에서 가장 윗사람이기 때문입니다. 자기 자신에 대해서도 다른 사람에 대해서도 마음대로 할 수 있는 위치에 있기 때문입니다. 조엘의 부하들은 조엘이 죽으라면 죽는 시늉을 할 정도로 고분고분 말을 잘 듣습니다. 그는 그것이 좋아서 이런 규칙을 만들었습니다. 그것은 누구라도 지각하면, 단 1분이 늦어도 벌금 10달러를 내야 하는 것입니다. 그런데 1주일에 한 번 정도는 그도 지각을 합니다. 그것도 단순히 자신이 보스라는 것을 보여 주기 위해서 말입니다.

그는 관리자로서 기술을 닦기 위해 1년에 몇 차례 세미나에 참가하거나 책을 읽습니다. 특히 좋아하는 것은 부하를 움직이는 기술에 관한 것이었습니다. 지난 주에 부하인 네드가 면담 약속을 하지 않은 채 그의 사무실로 왔습니다. 네드는 회사의 제품을 더 효과적으로 판매할 수 있는 아이디어를 이야기했습니다. 조엘은 그 아이디어는 좋아했지만 그의 태도가 영 마음에 들지 않았습니다. 상사인 자신에게 충분한 존경을 보이지 않는 것 같았습니다.

조엘은 이제까지 연애에서 실패를 반복해 왔습니다. 아주 매력적이고 재미있는 여자와 결혼했지만 그리 오래가지 못했습니다. 문제는 결혼하고 곧바로 일어났습니다. 직장에서 돌아와 보니 가구의 위치가 바뀌어 있었습니다. 조엘은 확 짜증이 났습니다. 그는 자신에게는 자신만의 방식이 있는데 그것에 도전하는 사람과는 함께 있고 싶지 않았습니다. 게다가 그의 부인은 때때로 그에게 이래라저래라 잔소리를 했습니다. 조엘에게는 참기 힘든 일이었습니다.

조엘은 부모님 댁에 가는 것을 무척 싫어했습니다. 부모님과 만나면 자신이 어린아이가 된 기분이 드는 것입니다. 그의 아버지는 조엘이 어릴 적에 그의 행동을 일일이 지시했습니다. 그리고 조엘이 조금이라도 아버지 자신의 생각대로 하지 않으면 심한 벌을 주곤 했습니다. 조엘에게 싫어하는 것이 한 가지 있다면 다른 사람이 이래라저래라 하는 것입니다.

사회복지사인 더그는 책임을 **피하는 것에** 집착합니다. 예를 들어 사무실에서 일을 더 효율적으로 할 수 있는 아이디어가 있으면 그는 동료에게 그것을 말해서 동료가 책임을 지게 합니다. 그는 고객들을 잘 돌보고, 그들의 삶이 더 나아지기를 바랍니다. 하지만 자신이 그들의 삶에 영향을 미친다는 생각을 하면 부담스럽습니다. 그래서 그는 항상 고객들이 스스로의 힘으로 좋아지기를 바랍니다.

대부분의 사람은 자신이 컨트롤할 수 없는 사람이나 일에 대해 짜증을 낸 경험이 있을 것입니다. 고속도로의 정체라든가 세계 정세, 주변 사람들도 여기에 들어갑니다. 결혼한 사람들은 대개 지배권을 두고 다툽니다. 어느 쪽이 운전하는가, 어느 쪽이 텔레비전의 리모컨을 쥐는가, 어느 쪽이 경제권을 쥐는가 등등. 조엘처럼 자신의 인생을 권력과 지배의 틀 위에 만드는 사람도 있습니다. 한편 더그처럼 책임을 지거나 사람에게 영향을 주는 것을 피해서 반대의 의미로 지배와 권력에 휘둘리고 있는 사람도 있습니다.

만일 권력이나 지배를 원하는 사람들을 나쁘다고 판단하는 경향이 있는 사람이라면 자신의 내면에도 같은 것이 있다는 것을 발견하기는 쉽지 않습니다. **다른** 사람들이 지배나 권력을 원하는 것에 불만이 있거나 불쾌하다고 생각하는 자신을 발견한다면 자신의 일부가 지배와 권력을 원하고 있다고 생각하는 편이 좋습니다.

∴ 매달리는 것에서 해방되기 : 자기에 대한 안정된 감각과 행복감

코어 스테이트에 의해 행동할 때 우리의 목표는 자신의 선택에 대해 책임을 지는 것, 동시에 자신에게 책임이 없는 것에 대해서는 평화로운 마음을 갖는 것입니다. 마음의 평화와 행복감은 권력이나 지배와는 관계가 없기 때문입니다.

대런은 학교 교사가 되려는 목표가 있습니다. 그에게 이 목표는 아주 중요하지만 교사가 되기 전부터 이미 행복을 느끼고 있습니다. 대런의 부모님은 모두 변호사로 일하고 있습니다. 부모님은 아들이 '하찮은 사람'이 되어 버리는 것을 걱정하고 있습니다. 그러나 대런은 조금도 신경 쓰지 않습니다. 그는 돈이나 명성보다는 자신이 선택한 천직에 따르는 것이 중요하다는 것을 알고 있기 때문입니다. 그는 언젠가 자신이 교단에 서서 아이들을 가르칠 수 있는 날이 오기를 두근거리는 마음으로 기다리고 있습니다.

그는 아주 집중해서 일하지만 자신을 위해서 쉴 줄도 압니다. 다른 사람과 함께 있는 것도, 혼자서 있는 것도, 어느 쪽도 즐길 수 있었습니다. 그의 주변에는 따뜻한 품성에 끌린 많은 사람이 모여듭니다.

대런은 교수에게 제출한 논문에서 나쁜 점수를 받았습니다. 그는 처음에는 낙담했지만 곧 어떤 관점에서 교수가 낮은 점수를 주었는지 알고 싶어졌습니다. 교수에게 그것에 대해 자세하게 설명을 들은 대런은 곧바로 교수의 의견을 받아들일 수 있었습니다. 또 글 쓰는 방식에 대해서도 두세 가지 지적이 있었지만 그것은 자신이 좋아하는 방식이 아니라고 생각했습니다. 하지만 이 대화로 인해 대런은 자신이 무엇을 원하고 있는지 교수에게 전할 수 있었으므로 만족했습니다. 그다음 논문에서는 전보다 훨씬 높은 점수를 받았습니다.

최근 대런은 교육 실습을 하고 있습니다. 아이들을 어떻게 다룰지 자신이 없어서 감독을 해 주고 있는 교사에게 의견이나 제안을 해 달라고 부탁해 두었습니다. 어느 날 아이 하나가 대런을 향해 소리를 질렀습니다. "나는 네가 싫어! 진짜 우리 선생님을 돌려달란 말이야!" 대런은 이 아이가 공부를 잘 못해서 그런지 아주 신경질적인 상태가 되어 있다는 것을 알게 되었습니다. 대런은 방어적이 되거나 아이가 나쁜 의도가 있었다고 지레 짐작하는 대신에 그 아이가 무엇을 원하고 있는지를 이해하기 위해서 이것저것 물어보았습니다. 그러자 아이는 나중에는 울면서 집에 문제가 있어서 공부에 집중할 수가 없다고 털어놓았습니다.

또 이런 적도 있었습니다. 대런의 친구인 빌은 대런의 여자 친구인 스테이시가 마음에 들지 않았습니다. 빌은 여자는 여배우처럼 아름다워야 한다고 생각하고 있었습니다. 빌은 대런에게 "너라면 스테이시보다 예쁜 여자를 잡을 수 있을 텐데"라고 말했습니다. 대런은 빌이 하는 말에 귀를 기울이긴 했지만, 스테이시가 빌에게는 맞지 않을지 몰라도 자신은 빌처럼 '여배우' 같은 여자를 원하지는 않는다는 것을 알았습니다. 대런은 빌의 조언에 고맙다고 하면서도 자신이 매력적으로 느끼는 스테이시의 장점에 대해 얘기해 주었습니다.

멜라니는 최근에 정비소에 차를 수리해 달라고 맡겼습니다. 그런데 수리를 끝낸 차에 타 보니, 예전의 문제가 그대로였습니다. 그녀는 문제가 해결되지 않은 것은 물론이고 또 시간을 들여야 한다는 생각에 신경질이 났지만, 그렇다고 화를 내거나 분노하지는 않았습니다. 그녀는 곧 이 문제를 어떻게 해결할까 집중했습니다. 수리공이 자신을 속였다고 생각하는 대신에 좀 더 알아보려고 카센터로 갔을 때 그녀는 수리공이 선의의 실수를 했을 가능성도 있다고 생각했습니다.

어느 날 저녁, 멜라니의 이웃들이 집에 와서 저녁을 함께 먹었습니다. 그 자리에서 자기 아이들인 제이슨과 레베카가 서로의 접시에 있는 것을 빼앗아 먹으려고 싸웠습니다. 그녀는 친절하면서도 엄하게, **자기 접시에 있는 먹을 것 외에는 손을 대면 안 된다**고 일러 주었습니다. 그러고는 매너를 지키며 이대로 서로 같이 옆에 앉을 것인지, 아니면 자신이 그들 사이에 앉으면 좋을지 물었습니다. 멜라니는 아이들이 다른 사람들 앞에서 아무리 잘못을 해도 거기에 당황하거나 화내지 않았습니다. 그녀는 아이들이 버릇없이 구는 것을 꾸중할 필요도 없이 식탁에서 즐거운 분위기를 만드는 방법을 찾았습니다.

그녀가 소중하게 여기는 동양식 카펫에 남편이 잉크를 쏟았을 때의 일입니다. 물론 그녀는 화가 났고 기분이 나빠졌습니다. 하지만 남편에게 자신이 어떻게 느끼는지 말한 후에, 이미 엎질러진 물이라는 것을 받아들였습니다. 그녀는 카펫을 구세군에 주고, 남편에게 새로운 카펫을 사 달라고 하고는 원래의 생활로 돌아갔습니다.

대런이나 멜라니는 어떤 한계나 개인적인 문제에 직면했을 때도 자신 안에 이미 존재하는 기본적인 행복감이나 온전함이 있습니다. 둘 다 안정된 자기 감각과 행복감, 그리고 자신에게 알맞은 선택을 할 수 있는 마음의 자유를 지니고 있는 것입니다.

우리가 무언가에 매달린 상태에 있을 때는 '안정된 자기 감각과 모든 것을 포함하는 행복한 느낌을 가져라'라고 자신에게 말을 해도 아무 소용이 없습니다. 자신이 매달린 상태라는 것을 머릿속으로 아는 것만으로는 변화로 연결되지 않는 것입니다. 그것은 자기 안의 부분이 아직 코어 스테이트 쪽으로 가려고 기를 쓰고 있기 때문입니다. 코어 스테이트에 도달하는 방법을 찾지 못하면 자신이 언제나 써 왔던 방법 — 그것이 잘 되었던 적이 없더라도 — 다시 말해, 달성 목표를 통해 코어 스테이트에 도달하려는 노력을 계속해야 합니다.

대런이나 멜라니의 행동은 완전하게 되려고 **노력하거나** 성숙한 어른으로 행동하려고 **노력하는** 것에서 비롯된 것이 아닙니다. 사랑하려고 해서 행동만으로 사랑하는 것과 사랑하고 있는 상태에서 자연히 나오는 아름다운 행동과는 전혀 다르다는 것은 누구라도 알 수 있습니다. 대런은 자연스레 자동적으로 깊은 곳에 지니고 있는 가치관에 따라 선택합니다. 왜냐하면 그는 자신 이외의 것에 의존하지 않는 코어 스테이트를 바탕으로 행동하기 때문입니다. 멜라니는 주변이 아무리 엉망진창이어도 아주 차분하고 안정된 상태에 있을 수 있습니다. 그것은 그녀가 자동적으로 자기 안에 있는 코어 스테이트에 접근할 수 있기 때문입니다. 그녀는 코어 스테이트를 이미 지니고 있어서 화가 나거나 언짢아지더라도 자신이나 다른 사람을 비판하지 않고 자연스레 감정을 표현하고 그것을 넘어서 앞으로 나아갈 수 있는 것입니다.

∷ 무엇에 매달리는지 모르는 경우

자신을 휘두르는 것이 앞에서 예로 든 다섯 종류에 해당하지 않는 경우, 또는 두 가지 이상에 해당하는 경우가 있습니다. 예를 들어 우리 사회에서는 '옳은' 스타일이 되고자 모두 노력합니다. 다이어트나 화장품, 성형 수술, 브랜드 양복, 젊어지게 하는 제품 등에 막대한 돈을 쓰고 있습니다. 이런 노력에 많은 사람들이 휘둘리고 있는 것은 무엇일까요? 답은 사람에 따라 다르다고 생각합니다. 다른 사람에게 사랑받고 인정받기 위해서 유행에 민감한 사람도 있겠고, 사회적인 성공이 목적이어서 좋은 이미지를 만드는 것에 매달리는 사람도 있을 겁니다. 또 '잘나가는 사람들이 입는 양복(power suit)'

을 입는 비지니스맨이나 활력을 보이기 위해 정해진 복장을 '해야 하는' 사람들의 관심은 파워, 즉 권력입니다. 옷장에 고가의 양복을 촘촘히 걸어 두고 부자의 증거로 생각하는 사람도 있습니다.

타냐는 누구와도, 심지어는 전혀 모르는 사람들과도 경쟁하는 데 매달려서 결국은 그녀의 삶을 피폐하게 만들 지경에 이르렀습니다.

경쟁은 나의 인생이었습니다. 어릴 적에 부모님의 관심을 받고 싶어서 형제자매 사이에서 경쟁을 했습니다. 어른이 되자 이 경향이 점점 더 강해졌습니다. 저는 광고회사에서 근무했는데, 다른 한 사람과 팀을 만들어 일을 하게 되었습니다. 그런데 우리 사이에 급료와 승진 문제로 너무 경쟁이 심해서 미쳐 버릴 지경이 되었습니다. 결국 그 일을 그만두고 다른 사람과 경쟁하지 않아도 되는 일을 찾지 않으면 안 되었습니다. 제 안에는 아주 인정사정없고 마음에 상처를 주는 목소리가 있어서 그것이 저를 휘둘렀습니다. 자전거를 타고 있을 때조차도 누군가에게 추월당하면 그 목소리가 이렇게 속삭입니다. "이 바보야, 왜 추월하게 내버려 두니. 너는 아무짝에도 쓸모없어."

이 목소리에 대해 코어 트랜스포메이션 프로세스를 실행한 결과, 그 부분은 알아주고 사랑해 주고 칭찬해 주기를 원하는 것이었습니다. 무엇보다 그 부분은 제게 사랑을 원했습니다. 부분의 코어 스테이트는 저의 혼과 하나가 되는 것이었습니다.

지금의 직장에서는 한 명의 상사 밑에서 저 외에 여자 두 명이 일하고 있습니다. 한 명은 특히 상사의 총애를 받고 있습니다. 옛날 같으면 제가 심하게 질투하면서 경쟁했을 것입니다. 제가 우수하다는 걸 인정받고 싶어 했을 겁니다. 하지만 지금은 그런 일에 끼어들고 싶지 않습니다. 그런 것은 더 이상 문제가 안 됩니다.

이제 자전거를 타고 있을 때 사람이 추월해도 비난하는 목소리가 더 이상 들리지 않습니다. '뭐 어때?'라고 생각하게 된 것이죠.

타냐는 관심을 끌고 사랑받고 칭찬받고 싶다고 생각하고 있는 부분 때문에 경쟁하려는 마음에 매달렸습니다. 복수, 음주나 흡연, 수다 등 휘둘러서 하는 행동은 이 밖에도 많습니다만 '매달리는' 행동을 분류하는 것은 쉽지 않을 수 있습니다. 다행히도 코어 트랜스포메이션 프로세스에서는 행동을 정확히 분석했는지는 중요하지 않습니다. 중요한 것은 무엇에 휘둘리고 있는가를 아는 것입니다. 그러면 그것을 근본적으로 바꿀 수 있습니다.

29 병을 탈바꿈시키기

어려움을 적극 활용하기

> 세상에 대한 우리의 익숙한 생각들을 깨는 데는 종종 위기가 필요하다.
> 위기는 하늘이 준 선물, 기회, 그리고 필시 삶이
> 우리를 사랑하고 있는 것을 보여 주는 것이리라.
> 지금 추고 있는 춤을 뛰어넘도록 우리에게 손짓하니까.
> — 레슬리 르보

심각한 병은 인생에서 직면하는 가장 큰 위기라고 말할 수 있습니다. 그것은 우리의 활력뿐 아니라 때로는 이 세상에서 우리 존재 자체에도 위협이 됩니다. 의식적으로 병에 걸리는 사람은 아무도 없습니다. 하지만 병에는 우리가 생각하는 이상의 의미가 있습니다. 이 장의 머리말에 소개한 말은 제 친구이자 작가인 레슬리가 그녀의 인생에서 몇 번이나 중대한 위기를 겪은 후에 도달한 결론입니다. 병이라는 것은 필시 '삶이 우리를 사랑하고 있기' 때문에 깨달음을 주려고 옆구리를 쿡 찔러서 주의를 끌려는 것과 같다고 할까요? 건강상의 위기 또는 다른 중대한 위기는 우리가 자신에게 부여한 한계를 뛰어넘기 위해 필요로 하는 기회인지도 모릅니다. 종종 위기는 우리가 그때까지 알던 생활이나 삶의 방식을 계속하기 어렵게 합니다. 이것은 우리가 지금까지보다 깊은 수준의 건강이나 행복에서 비롯된 새로운 삶을 살 기회를 줍니다.

많은 사람들이 어떤 중대한 삶의 위기가 찾아와서 떠밀려서라도 획기적인 개인적인 성장을 하게 되기를 기다립니다. 하지만 보통의 우리 일상생활에서는 우리로 하여금 자신을 근본적으로 바꾸도록 강요하는 일은 일어나지 않습니다. 우리는 그저 더 좋은 겉모습을 하거나 더 나은 행동을 할 수 있게 될 뿐입니다. 그것은 화장을 잘하게 되거나 입고 있는 옷이 더 근사해지는 것과 같은 것으로, 외면적으로는 나아져 보이게 합니다. 엄청난 성공을 움켜쥘지 모르지만 내면이 만족하고 있는지, 충만감을 느끼는지는 별개의 문제입니다.

만약 이런 생각(곧, 위기는 이 우주가 우리의 주의를 끄는 방법이다)이 진실이라고 한다면, 우리는 그 메시지를 해독하기 위해서 도움이 필요할지 모릅니다. 모두가 자동적이고 자연스럽게 위기 상황을 활용할 수 있는 것은 아닙니다. 어떤 비행기 사고의 생존자는 둘 다 커다란 충격을 받았지만, 둘의 반응은 전혀 달랐습니다. 하나는 1분 1초가 귀중하다는 것을 이해하고, 체중도 줄이고, 인생의 본궤도에 올랐습니다. 다른 한 사람은 자신이 위험한 세계 속에서 주변 상황의 피해자라고 단정지어 버리고는 우울증에 걸렸고, 집 밖으로 나오는 것을 거부했습니다.

코어 트랜스포메이션 프로세스는 병을 이제까지의 자신을 넘을 기회로 쓰고 우리 삶의 근본이 되는 내면의 온전함을 발견하는 게

기로 쓸 수 있는 단순한 방법을 제공합니다. 우리 자신이 더 깊게 파고들 수 있는 방법을 줍니다. 그저 자신이 지금 연기하고 있는 역할을 좀 더 잘하려고 하면서 삶을 살고 싶을 수도 있습니다. 우리는 아마도 삶을 요리조리 조정해서 우리 자신의 어떤 면들에 정면으로 마주하는 것을 피할 수도 있습니다. 성장하고 배우는 것을 요구받는 상황을 피하며 살아갈 수도 있겠지요. 코어 트랜스포메이션 프로세스는 우리가 외면적으로 더 나아 보이도록 도와주는 것보다는 우리의 내면에서부터 달라지도록, 즉 원천에서 변화가 일어나도록 부드럽지만 강력한 방법을 제공합니다. 원천의 변화는 우리가 마치 우리 안의 집으로 마침내 돌아가는 것, 그리고 우리가 원하는지 몰랐지만 언제나 원해 왔던 깊은 내면의 영예로움같이 느껴집니다.

이 장에서는 특히 병에 대한 대처 방법에 관해 얘기하겠습니다만, 여기서 소개하는 원칙은 병뿐만 아니라 삶의 어떤 위기에도 응용할 수 있습니다.

∵ 병의 다양한 면

우리 몸에는 건강을 유지하기 위한 섬세한 기제가 준비되어 있습니다. 예를 들어 면역 조직은 항상 수많은 박테리아나 바이러스로부터 우리 몸을 지켜 줍니다. 연구에 따르면 몸은 매일 암세포를 만들어 냅니다만 면역 조직이 암세포가 병이 되기 전에 '거두어 버립니다.'

이처럼 건강을 유지하기 위한 굉장한 능력이 있으면서 어떻게 우리는 병에 걸리는 걸까요? 이것을 해명하기 위해서 유전, 독소, 박테리아, 바이러스, 영양 면은 물론 운동량, 친구나 가족과의 관계, 정신 면 등 다방면의 연구가 이루어지고 있습니다. 물론 이 중의 하나가 100퍼센트 병의 원인인 경우는 많지 않습니다. 큰 병에는 대개 위에 열거한 것들 중에 두 개 이상이 관련되어 있습니다. 예를 들어, 흡연은 폐암의 원인이라고 말합니다만 담배를 피우는 사람이 모두 폐암에 걸리는 것은 아닙니다. 또 운동이 심장병을 줄이는 것은 확실하지만 스포츠 선수가 심장병에 걸리는 경우도 있습니다.

정신 건강과 신체 건강에 깊은 연결 관계가 있다는 것은 연구 결과로 보아도 명확해졌습니다. 예를 들어, 사랑하는 사람을 세상에서 떠나보낸 사람이 암에 걸리는 경우가 많습니다. 또 이사나 전직, 이혼 등 생활의 급변에 따른 스트레스에서 병이 생기기도 합니다. 이런 상황을 어떻게 느끼고, 어떻게 생각하는가에 따라 몸에 미치는 영향이 다르기 때문입니다. 또한 결혼이나 승진 등의 긍정적인 변화라도 생활의 조정이 필요한 점은 같아서 이 또한 스트레스의 원인이 됩니다.

이것은 무엇을 의미하는 걸까요? 예를 들어, 어떤 여성이 암에 걸렸다고 합시다. 그녀의 경우, 유전적인 요소가 있을 수 있습니다. 어머니나 언니도 같은 암에 걸렸기 때문입니다. 거기에 아마 식사도 또 한 원인일 수 있습니다. 지방이 많은 튀긴 음식을 좋아하고 야채는 거의 먹지 않습니다. 거기에 그녀에게는 의지가 되는 가족이나 친구도 없습니다. 혼자 살고, 친구도 적고, 애완동물도 없습니다. 마지막으로 병에 걸리기 직전 몇 번이나 심한 스트레스를 경험했습니다. 20년간 일했던 직장을 갑자기 잃어서 삶에서 의지할 수 있는 단 하나의 것이 없어졌다고 느꼈습니다.

의사인 버니 시걸은 현대의 의술로는 치료가 불가능한 '불치병'에서 회복된 '예외적인 환자'들에 대해 글을 썼습니다. 앞에서 언급한 암 환자인 여성도 병의 원인이라고 생각되는 이런저런 면에서 건강하게 된다면 예외적인 환자가 될 수 있을지도 모릅니다. 거기에는 영양분 섭취에 신경을 쓰고, 적당한 운동과 휴식을 취하고, 맑은 공기와 물이 있는 좋은 환경에서 살며, 또한 정신 면에서도 건강하게 될 필요가 있습니다. 코어 트랜스포메이션 프로세스는 정신적인 건강 면에서 커다란 영향을 주기 때문에 몸의 건강에도 좋은 영향을 주어 병의 호전을 촉진합니다.

신체적인 이유로 병에 걸린 경우에는?

병에 따라서는 유전적 또는 신체적인 요소가 원인의 대부분인 경우도 있습니다. 그러나 그 병이 유전에 의한 것, 또는 특정 질환이나 독극물로 인한 것이라 해도, 그것은 단순히 병이 되는 **성향을** 만들었을 뿐, 확실히 병에 걸리게 하는 것은 아닙니다. 그렇기 때문에 '집안 내력으로' 걸리는 병에서 회복되는 사람도 있고, 전혀 그 병에 걸리지 않는 사람도 있습니다. 또 병에 노출되거나 독성 물질에 접촉했을 경우에 병에 걸리는 사람도 있고 걸리지 않는 사람도 있다는 것도 설명이 됩니다.

물론 건강에 관해서 유전적·체질적·환경적인 요인을 경시해서는 안 됩니다. 분명히 신체가 원래부터 튼튼해서 주위 사람들이 병에 걸려도 건강한 사람도 있습니다. 그러나 정신적이고 감정적인 평안에 관한 우리의 선택이 갖는 힘을 무시해서도 안 됩니다. 치유를 위한 정신적이고 감정적인 환경을 만드는 것에 얼마나 대단한 잠재력이 있는가를 우리는 이제야 알기 시작했습니다.

그러나 코어 트랜스포메이션 프로세스가 의료나 의사의 조언을 대신하는 것은 아닙니다. 만일 여러분이 심각한 병을 앓고 있다면 가능한 한 모든 의료 서비스를 활용하는 것이 좋겠죠. 신체적인 면의 치유를 위해 어떤 선택을 해야 하는지에 관해 의사의 조언과 전문 지식을 구하기를 권합니다. 마음과 감정이 신체적인 치유에 영향을 미친다는 것은 널리 연구되고 인정되고 있습니다. 그리고 많은 의사들이 여러분의 치유를 위해서라면 가능한 한 모든 길을 찾도록 지원해 줄 것입니다. 코어 트랜스포메이션 프로세스는 감정의 치유에 강력한 효과를 발휘하기 때문에 신체적인 치유에도 도움이 될 수 있습니다.

자기 치유 vs. 자기 비난

'심리적인 프로세스를 통해 스스로 치유하는 것이 가능하다는 것은 곧 자기 병의 책임은 자신에게 있다는 것이 아닐까? 그것은 곧 자신이 건강한 사람들보다도 어딘가 정신적으로 더 망가져 있어서 병에 걸렸다는 의미가 아닐까'라고 의문을 품는 사람이 있습니다.

답은, 절대로 '아니다'입니다. 병에 걸렸다는 것은 다른 사람보다도 인생에서 힘든 일을 더 많이 체험했다는 것을 의미하는지도 모릅니다. 또한 몸의 회복력이 다른 사람과 다르다는 것을 의미하는지 것인지도 모릅니다. 아니면, 새로운 차원의 행복이나 온전함을 찾을 준비가 되었다는 것을 의미하는 것일 수도 있습니다. 또한 우주가 우리에게 지금 있는 곳을 훌쩍 넘어 성장하라는 요구를 하는 것이고, 그 요구에 응할 준비가 되어 있다는 것을 의미할지도 모릅니다.

만약 당신이 자신을 비난하고 있다는 것을 깨달았다면 이 장의 후반에서 비난하는 부분과 작업하는 것을 배워 보십시오.

병이 주는 메시지

병이 전해 주는 가장 중요한 메시지 중 하나는 더욱 자신을 소중하게 하라는 것입니다. 또 다른 메시지는 우리가 지금껏 제외하고 밀쳐 두었던 부분을 알아보고 인정해 줄 필요가 있다는 것입니다. 그 밖에 '당신은 있는 그대로 정말 괜찮아요. 당신은 너무 바쁘게 사는 것에서 좀 느긋해져도 좋겠어요. 왜냐하면 이미 당신은 있는 그대로 충분히 괜찮으니까요'라는 메시지도 있습니다. 더욱이, '당신은 자신의 궤도에서 이탈했어요. 이제 자신에게 좀 더 솔직하게 될 때예요. 나(즉, 병)는 당신이 그렇게 할 때까지 일깨워 주기 위해서 계속 여기에 있을 거예요'라고 하는 경우도 있습니다.

병은 우리 내면의 부분들이 우리의 주의를 끌기 위해서 어떤 일까지 할 수 있는가를 보여 주는 예라고 생각할 수 있습니다. 부분이 병을 만드는 것은 쉬운 일이 아닙니다. 하지만 우리 내면의 부분은 우리에게 어떤 중요한 메시지를 전달하기 위해서 그런 어려운 일까지 하려고 합니다. 우리의 병에서 중요한 메시지를 발견하기 위해서 우리는 그와 관련된 각각의 부분에 코어 트랜스포메이션 프로세스를 쓸 수 있습니다.

부분을 발견하기 위한 가이드라인

만일 단지 한 개의 부분과 작업을 하는 것만으로도 금세 치유할 수 있다는 것을 받아들이면 병을 다루는 일이 아주 쉬워집니다. 동시에 우리는 한꺼번에 많은 부분들을 받아들일 준비를 하고 열려 있는 자세를 갖추는 것이 좋습니다. 어떤 때는 한 번의 과정에서 하나의 '부분 그룹'과 작업하는 것만으로 치유가 시작되는 경우도 있습니다. 생명에 지장을 주는 병이나 만성적인 병인 경우는 대개 여러 개의 부분과 작업하지 않으면 안 됩니다. 금세 치유가 시작된 경우에도 장기간에 걸쳐 코어 트랜스포메이션 프로세스를 쓰면 지속적인 건강을 위한 토대를 만들게 됩니다. 신체의 치유를 도와줄 수 있는 부분을 찾기 위한 가이드라인을 여기에 소개합니다만, 이것은 장기적으로 써야 하는 것으로, 한 번에 끝나는 것이 아닙니다. 한자리에서 몇 개의 부분을 다루는 것이 가장 좋은지를 알아보십시오. 사람들의 경험에 의하면 작업을 계속 진행하기 위해서 한 번에 하나, 아니면 두 개의 부분을 다루는 것이 좋은 효과를 냅니다.

병을 만든 부분

치유를 촉진하기 위해 가장 중요한 부분은 병을 적극적으로 만든 부분입니다. 이 부분이 변화하면 병 대신에 치유를 촉진해 줍니다. 대개 위기나 아주 심한 스트레스를 겪을 때, 우리의 어떤 부분이 목표를 달성하기 위해서는 병이 가장 좋은 방법이라고 판단하면 종종 병을 부릅니다. 편두통을 앓고 있는 신시아는 출세 가도를 달리고 있던 때를 떠올렸습니다. 그녀는 일중독자였고 언제나 자신이 충분히 일하지 않는다고 느끼고 있었습니다. 그녀는 자신이 하지 않으면 안 되는 일이 너무 많아서 스트레스를 받았고 충분히 달성했다고 느낀 적이 없었습니다. 그래서 막다른 골목에 다다른 것 같은 지경까지 이르렀습니다. 더 이상 스트레스 받는 일을 하고 싶지 않았지만 다른 방법이 없었습니다. 곧 그녀는 편두통으로 고생하게 되었습니다. 편두통은 기분 좋은 것은 아니지만 그녀가 일을 심하게 하는 것을 막아 주었고 억지로라도 몸을 쉬게 해 주었습니다.

육체의 병은 우리가 제외시킨 부분이 우리에게 정신 차리라고 보내는 메시지일 수 있습니다. 버트의 예를 소개할까요? 그는 결혼 생활에 불만이 있었습니다. 그러나 이혼을 실패라고 생각했으므로 떠올리고 싶지도 않았습니다. 그는 마음 깊은 곳에서 다른 여자가 자신을 진심으로 원할지 자신이 없었습니다. 그는 자신이 원하는 것이나 감정을 부인에게 털어놓고 이해받을 수 없다고 느꼈습니다. 그래서 모든 일에 대해 생각과 의견이 확실한 부인을 만족시키려고 항상 애쓰는 자신을 발견했습니다. 결혼 생활이 위기에 빠진 것은 그가 승진의 기회를 잡은 때였습니다. 승진하면 경영진의 한 사람이 되어 수입도 많아지지만 버트는 그런 역할을 맡는 것만 생각해도 기분이 나빠졌습니다. 그는 컴퓨터 프로그래밍이라는 당시의 일이 더 좋았습니다. 그러나 그의 부인은 승진 제의를 받아들이도록 떠밀었습니다. 결국 그는 자신의 감정을 무시하고 가족을 위해 좋다고 생각하는 길을 걷기로 했습니다. 이렇게 해서 경영자가 되었는데 1년도 못 되어 종양이 발견되었습니다. 그는 자기 내면의 중요한 부분들을 무시했고 그래서 육체적인 병이 생기게 했습니다. 몸이 병에 걸린다는 것은 버트와 같이 자신의 어떤 부분을 억누를 필요가 있다고 느꼈을 가능성을 말해 줍니다.

우리는 대개 어떤 위기가 우리의 병과 연관이 있는지 잘 모릅니다. 그런 경우에도 괜찮습니다. 실제로 우리가 정확하게 무엇이 그 병의 원인인가 알고 있다고 생각할 때야말로 내면의 의식을 향하고 그 부분들과 작업을 할 때에는 자신이 틀렸다고 가정하는 편이 좋습니다. 단순히 이렇게 물어 주십시오. "병에 책임이 있는 나의 부분이여, 나타나 주세요. 지금." 그리고 어떤 대답이라도 받아들일 준비를 하고 감정, 내면의 목소리, 이미지가 나타나는 것을 주의해서 기다립니다.

∷ 병을 유지하는 부분

경우에 따라 병을 만드는 부분과 그것을 유지하는 부분, 두 개가 존재할 때가 있습니다. 예를 들어 정신적인 갈등 때문에 병에 걸린 사람이 있다고 합시다. 이때, 병에 걸린 자신에게 다른 사람이 친절하게 해 주고 보살펴 주는 것을 다른 부분들이 좋아하게 될 수 있습니다. 이런 부분들은 다른 사람에게 보살핌을 받기 위한 수단으로서 병을 계속해서 갖고 싶다고 생각할 수 있습니다. 병의 문제를 다룰 때는 병을 유지하는 데에 한몫하고 있는 부분의 존재를 깨닫고 그것을 받아들일 준비를 해 두는 것도 중요합니다.

∴ 균형을 잃은 부분

고치고 싶은 병이 있을 때, 자신의 모든 에너지가 그 과정을 돕는 데 쓰일 수 있으면 몸이 쉽게 치유될 수 있습니다. 내가 '깨끗하게 할 수 있는' 내 삶의 모든 다른 면을 찾아보는 것도 도움이 됩니다. 예를 들어, 결과적으로 스트레스를 일으키는 것은 어떤 것이라도 다룰 대상이 됩니다. 자신을 화나게 하거나, 죄책감이나 슬픔을 느끼게 하거나, 언짢게 하는 것이 있다면 그것은 자신이 스스로 작업해서 균형을 잡게 할 수 있는 부분들입니다. 비록 이것들이 병에 직접 관계가 없어도 그것들과 작업하는 것은 중요합니다. 왜냐하면 만일 쉽게 성내거나 심한 죄책감을 느낀다거나 우울하면, 치유에 사용할 수 있는 에너지를 소모시키기 때문입니다. 삶의 모든 면에서 온전하고 균형이 잡힐수록 치유를 위해 더 많은 에너지를 쓸 수 있습니다.

∷ 자신의 모든 감정을 인정하기

감정을 없애 버리고 싶다고 생각하고 있는 부분의 존재를 깨닫는 것은 아주 중요합니다. 어떤 감정을 절대로 느끼고 싶지 않다고 생각하는 경우 그것이야말로 반드시 해결해야 할 부분입니다. 감정은 무시당하면 더욱 강해집니다. 자신에게 어떤 감정을 멀리하게 하면 할수록 감정은 더욱 비뚤어집니다. 만약 제가 아이나 남편의 어떤 행태에 짜증이 나면, 저는 스스로 짜증을 느끼고 있다는 것을 인정하고 그들에게 얘기할 수도 있습니다. 하지만 이 선택이 상대가 나쁜 짓을 했다는 의미는 아닙니다. 단지 제가 상대의 행동이 싫다는 의미입니다. 저는 '뭘, 이건 사소한 일이니까 짜증을 내서는 안 돼. 그냥 잊어버려야지'라고 할 수도 있습니다. 제가 짜증을 내서는 안 된다고 생각하면 저는 제 속에서 나오는 신호를 무시하는 것입니다. 그러면 짜증 나는 부분은 더욱 짜증이 나서 결국에는 그것이 분노로 변하겠지요. 그 일에 얽매여서 나중에도 기억을 하겠지요. 어떤 부분에게 작은 것이 커다란 사건이 되어 버리는 것입니다.

코어 트랜스포메이션 프로세스는 감정을 없애 버리는 마법의 지팡이는 아닙니다. 분노와 같은 감정을 느끼는 것은 대개 치유의 중요한 부분입니다. 병은 자신의 부분을 받아들이지 않았기 때문에 일어나는 경우가 많기 때문입니다.

"화내서는 **안 된다**."

"언제나 **행복해야 한다**."

"질투해서는 안 된다."

"~해야 한다" 또는 "~해서는 안 된다"라는 것은 주목과 포용을 필요로 하는 부분이 있다는 경계 경보입니다. 코어 트랜스포메이션 프로세스는 부분을 깊이 인정하고 받아들이는 방법에 의해 부분을 근본적으로 변화시킵니다.

감정에 따라서는 프로세스로 없어져 버리는 것도 있습니다. 이것은 '2차적 감정'으로 부러움, 질투, 복수, 죄책감, 심한 분노와 같은 것이 여기에 해당합니다. 그리고 이것들이 없어지면 더욱 깨끗하게 화, 슬픔, 상처, 사랑, 감사, 기쁨과 같은 주된 감정을 표현할 수 있게 됩니다.

성공과 실패를 걱정하는 부분

프로세스에서 병을 다룬 뒤에 건강 상태가 아주 많이 회복되지 않으면 우리는 실패했다고 느낄 수 있습니다. 이것은 '자신을 패배자라고 느끼는' 새로운 부분을 다룰 좋은 기회입니다. 이 부분은 우리 생활의 다른 부분에서도 영향을 미치고 있을 가능성이 높으므로 병은 이 부분을 발견하고, 환영하고 받아들이며, 그것이 지닌 에너지를 찾아올 수 있는 좋은 기회입니다.

⋮⋮ 건강에 집착하는 부분

우리는 건강에 집착하는 부분들이 있다는 것을 지나치곤 합니다만 목숨을 위협하는 병의 경우, 건강에 도움이 되지 않는 식으로 건강에 집착하는 수가 있습니다. 만일 부분이 있는 그대로 괜찮다고 느끼기 위해서 건강할 **필요가 있다**면, 부분은 자신은 가치가 없다고 느끼거나 병이 있는 한 무언가가 아주 잘못되었다고 느낄 수 있습니다. 이것은 중요한 부분으로서 우리의 행복에 커다랗게 공헌할 수 있습니다. 이 부분을 찾기 위해서는 건강하게 되고 싶다거나, 될 필요가 있다고 강렬히 느끼는 감정을 찾아야 합니다. 물론 당신은 이 부분과 작업한 후에도 여전히 건강하기를 바랄 것입니다. 무엇이 변화하는가 하면, 마음 깊은 곳에서 '괜찮다', '건강하다'라는 상태와 닿아 있기 때문에 여러분은 신체적인 치유가 곧바로 일어나는가와 관계없이 이런 상태에 다다를 수 있다는 것을 알게 됩니다.

저 자신, 그리고 다른 사람의 신체적인 병과 그 치유에 매진해 오면서, 저는 저의 목표를 단순히 몸이 건강하게 되는 것에서 온전함(wholeness)이나 내면의 평화, 행복으로 변경했습니다. 이런 목표는 몸 상태와 관계없이 달성할 수 있고, 또 그 때문에 더욱 좋은 목표가 됩니다. 자신이 정신적·영적으로 온전할 때, 또 코어 스테이트를 찾아내고 일상적인 삶에서 끌어냄으로써 우리는 치유라는 기적이 좀 더 쉽게 일어날 수 있는 환경을 만들게 됩니다.

다른 사람들과 함께 작업을 하면서 저는 저의 고객들이 건강하게 되는 것에 '집착'하고 있던 자신의 부분을 발견했습니다. 이 부분은 고객이 건강하게 되지 않으면 실패한 것처럼 느끼고 있었습니다. 그래서 고객이 건강하게 될 **필요**를 느끼고 있는 이 부분과 작업을 했습니다. 이렇게 함으로써 저는 고객들에게 필요한 도움을 주고, 어떤 결과가 나오든 그들이 그것을 받아들일 수 있게 도울 마음의 준비가 되었습니다. 우리 자신이나 고객들의 모든 면을 받아들이는 것, 특히 우리가 그들이 건강하지 않을 때조차도 그렇게 할 수 있는 것은 대단히 중요합니다.

죽고 싶어 하는 부분

종종 죽고 싶다고 생각하고 있는 부분이 나타나서 두려워하는 사람들이 있습니다. 그러나 두려워할 필요 없습니다. 그저 이렇게 물어보십시오. '달성 목표를 얻는다면, 그래서 당신이 죽는다면 죽음을 통해서 당신이 원하는 더욱 중요한 것은 무엇인가요?" 그러면 대개 "평화"와 같은 대답이 나옵니다. 죽고 싶다고 생각하고 있는 부분은 대개 계속되는 어려움 속에서 지칠 대로 지치고 무력감을 느낍니다. 그들은 아주 평온한 상태를 경험하고 싶다고 필사적으로 원하고 있어서 그것을 얻기 위해서는 죽지 않으면 안 된다고 생각합니다. 이런 부분들은 우리가 아주 근본적인 이런 변화를 일으키는 상태, 즉 코어 스테이트에 좀 더 많이 접근할 수 있도록 도와줍니다. 그런 상태들은 이미 우리의 내면에 존재하며 활용되기를 기다리고 있습니다.

∷ 자신을 비난하는 부분

"병에 걸린 것은 내 탓이다"라거나 "병에 걸린 것은 내 탓이 아니다"라며 비난에 민감해하는 부분은 누구에게나 있습니다. 병에 걸리면 무언가 자신이 나쁜 짓을 한 것처럼 느끼게 마련입니다. 우리는 아주 쉽게 '내가 무언가 나쁜 짓을 한 게 틀림없다'라고 생각하거나 '그러지 않았으면 좋았을걸'이라는 식으로 생각하게 됩니다. 그러나 자신을 책망하면 병에 담겨 있는 메시지를 읽어 내거나 그 메시지에 대답하는 것이 어려워집니다. 실제로, 병이 전하는 메시지는 아주 훌륭한 것입니다. 코어 트랜스포메이션 프로세스를 실행하면 메시지의 가치와 감사함을 좀 더 깊이 알게 되고, 병이 하나의 축복이며 우리 자신을 비난해야 하는 것이 아니라는 점을 깨닫게 됩니다.

그런데 이 부분들은 비난으로부터 자신을 보호할 필요가 있다고 느낄 수도 있습니다. 만일 우리가 방어적으로 반응하고 자신과 타인에게 '이것은 내 책임이 아니야. 심리적인 문제는 없어'와 같이 자기 변호를 하고 있는 것을 깨달았을 때, 이 부분과 작업함으로써 도움을 받을 수 있습니다. 가령 그 병에 전혀 심리적인 요인이 없더라도 방어적인 자세를 바꾸는 것으로 상당한 양의 에너지를 자유롭게 할 수 있습니다. 예전에 제 세미나에서 어떤 여자분이 이렇게 말했던 적이 있습니다. "병의 신체적인 면은 무시당하는 경우가 많고, 사람들은 병이 걸린 것이 환자 본인 탓이라고 말을 하지요. 저는 천식을 앓고 있습니다만, 이것은 **신체적인** 것이라고요!" 이 여자

분은 매우 화가 나 있었습니다. 아마 주변의 친구나 친척들이 병에 걸린 것은 그녀의 탓이라고 좋은 뜻으로 말한 것에 대한 반응이었을지도 모릅니다.

만일 이 여자분처럼 비난받는 것에 대해서 화가 나고 방어적이 되는 자신을 발견했을 때 우리는 이 부분과 작업하는 것으로 커다란 효과를 볼 수 있습니다. 화가 나서 방어적이 된 부분은 우리에게 존중받고 주목되길 원하고 있습니다. 그런 경우는 병이 **정말로** 물리적인 것에 의한 것인가, 심리적인 것에 의한 것인가를 무시할 수 있으면 치유를 위한 아주 좋은 기회를 만들 수 있습니다. 어떤 것이 사실인지 우리는 **정말로** 알 수가 없습니다. 우리가 알 수 있는 것은, 자신을 질책한다거나 비난하는 것으로부터 자신을 지키지 않으면 안 된다고 느끼는 것은 조금도 즐거운 것이 아니고, 치유에 이용할 수 있는 에너지를 낭비하고 있다는 것입니다.

∷ 의심을 품고 있는 부분

코어 트랜스포메이션 프로세스에서 결과를 얻기 위해 그것이 건강에 효과가 있다고 믿을 필요는 없습니다. 이 책에서는 건강에 관한 문제를 다루지 않았지만 건강이 개선된 사람들의 사례가 나와 있습니다. 그러나 자신이 의심하는 것이 이 프로세스를 완전하게 하는 것에 방해가 된다고 느끼는 분들은 의심하고 있는 부분과 작업을 해 주십시오. 이것은 아마도 예전에 떨어져 나갔지만 다시 받아들일 수 있는 어린 부분일지도 모릅니다.

이 장에서는 많은 아이디어를 소개했습니다. 부디 하나하나 시험해 보시기 바랍니다. 당신 안에서 지금 가장 명확한 것부터 시작하는 것이 좋겠지요. 첫 번째 프로세스가 끝난 후에 회복하는 사람도 있지만, 많은 작업이 필요한 사람도 있습니다. 그중에는 회복되지 않는 사람도 있습니다. 그런 경우에도 인생을 풍요롭게 해 주는 평온하고 생명력이 넘치는 감각을 발견하게 될 것입니다. 많은 사람들은 여기에 소개한 질문 목록의 부분을 전부 마치기 전에 병에서 회복됩니다. 회복된 다음에도 내면의 부분과 작업하는 것을 계속하면 더 좋아질 것 같다고 느끼는 분은 계속해 주십시오. 이렇게 함으로써 내면적인 강함을 유지하고 증진할 수 있습니다.

제26장의 '변화시킬 더 많은 부분을 발견하기'에서는 코어 트랜스포메이션 프로세스를 계속해서 사용하기 위해서는 어떻게 하면 좋은가를 설명했습니다. 또한 제31장 '코어 트랜스포메이션 프로세스의 실제 사례'에서는 이 프로세스를 실행하여 건강상의 문제를 다룬 사람들의 이야기를 소개합니다. 우리는 여기에 소개한 것 외에도 코어 트랜스포메이션 프로세스를 병에 관한 문제에 사용하여 좋은 결과를 얻었다는 얘기를 많이 듣습니다. 그러므로 부디 이 분야에 관한 조직적인 연구가 진행되기를 기대합니다.

도움이 되는 질문

당신의 치유에 도움이 되는 부분을 찾기 위한 질문을 아래에 소개합니다.

- 어떤 부분이 나의 병을 만들었는가?
- 병에 걸려 있어 좋다고 느끼는 점은 무엇인가?
- 균형이 무너져 있다고 느끼는 것은 언제인가?
- 내가 내 안에서 제외하려고 하고 있는 부분이 있는가?
- 내가 받아들이지 못하는 것이 하나라도 있는가?
- 내 안의 메시지나 감정을 하나라도 제외했는가?
- 내가 '해야 한다'고 느끼는 것은 무엇인가?
- 내가 성공에 집착하고 있는가?
- 나는 자신이나 타인을 질책하는 경향이 있는가? '자신의 잘못'에 대해 자기방어를 하고 있는가?
- 치유를 촉진하기 위해서 어떤 부분을 다뤄 작업하는 것이 가장 중요한가?

30 코어 트랜스포메이션 프로세스를 보편화하기

전체는 부분의 합보다 크다

> 우주에 존재하는 개체는 공통의 근원으로 돌아간다.
> 근원으로 돌아가는 것, 그것이 평화이다.
> – 노자

사람들에게는 대부분 오래전에 헤어졌던 부분이 있습니다. 때로 이런 부분들은 우리가 원하지 않거나 부끄러워하던 것입니다. 또한 때로는 상처를 받고 자신을 지키려고 떠나 버린 부분도 있습니다. 일시적으로 자신의 어떤 부분을 떼어 내어 버리는 것은 경우에 따라서는 곤란을 넘어서기 위한 좋은 방법일지도 모릅니다. 하지만 누구라도 장기적으로 보면 온전하게(wholeness) 되고 싶은 소망을 갖게 마련입니다.

어느 날 저(타마라)는 로사라는 여자 고객과 코어 트랜스포메이션 프로세스를 하고 있었습니다. 그때 어떤 문제에 관한 두 개의 부분을 다루고 있었는데 프로세스가 끝난 후, 아주 흥미로운 일이 벌어졌습니다. 그녀는 그 앞에 자신이 갖고 있는 부분이 전부 모여 있는 것을 본 것입니다. 놀랍게도 그것들은 자신들에게도 코어 트랜스포메이션 프로세스를 해 달라고 보챘습니다.

거기서 저는 하나하나의 부분에 매달려서 시간을 쓰는 것보다 한 번에 부분이 모두 코어 트랜스포메이션 프로세스를 경험하는 것은 어떨까 하고 제안했습니다. 로사는 이미 코어 트랜스포메이션 프로세스를 체험했기 때문에 그녀의 무의식은 그 과정을 알고 있었습니다. 그래서 부분 전체를 한 번에 다루는 보편화된 코어 트랜스포메이션 프로세스를 할 수 있었습니다. 그 후에 그녀는 온전한 자기 자신에 다다르는 데 커다란 진전이 있었다고 알려 왔습니다.

그 이후, 저는 몇 번이고 개인이나 그룹에 이 방법을 써 보았습니다. 코어 트랜스포메이션 프로세스를 이 방법으로 하면 특정 문제에 의식을 집중하지 않기 때문에 전체적인 통일감이나 내면의 일관성과 같은 일반적인 변화를 체험하는 경우가 많습니다. 이 방법으로 하는 프로세스는 매일 하는 명상으로서 해도 좋겠지요. 단, 한 부분과 코어 트랜스포메이션 프로세스를 몇 번이고 시험해 보고 난 후에 이 프로세스를 실행하기를 권합니다.

보편화된 코어 트랜스포메이션 프로세스는 기본이 되는 코어 트랜스포메이션 프로세스를 보완하는 것이지만 그것을 대체하는 것은 아닙니다. 보편화된 코어 트랜스포메이션 프로세스를 정기적으로 하더라도 부분에 따라서는 개별적인 주목이 필요한 경우도 있습니다. 더군다나 코어 트랜스포메이션 프로세스를 하나하나의 부분에 함으로써 여러분의 무의식이 프로세스에 관한 좀 더 구체적인 체험을 할 수 있으며 이것은 보편화된 프로세스를 실행할 때 효과를 높여 줍니다.

∴ 실제로 해 봅시다!

이제 보편화한 코어 트랜스포메이션 프로세스를 실행하는 순서를 보여 드립니다. 이 방법이 효과를 내게 하려면 의식·무의식적인 부분에서 이 프로세스의 작동법을 이해해야 합니다. 그러므로 몇 개의 부분을 대상으로 기본이 되는 코어 트랜스포메이션 프로세스를 실행한 후에 해 주십시오.

∴ 준비하기

1. 쾌적한 장소를 찾아서 앉든가 누워 주십시오. 만약 혼자서 하는 경우에는 실행하기 전에 프로세스를 잘 이해해 두십시오. 순서 전체를 한 번 끝까지 읽기를 권합니다. 또한 혼자서 하든 다른 사람이 지시문을 읽어 주든 천천히 부드러운 말투로 해 주십시오.
2. 눈을 감고 몸을 편안하게 합니다. 당신은 기분 좋은 자세로 앉아 있거나 누워 있기 때문에 점점 더 느긋해질 것입니다. 현재 순간에 의식을 집중함에 따라, 과거나 미래를 생각하며 하던 걱정은 없어지기 시작합니다. 눈꺼풀 사이로 보이는 어둠이나 빛의 모양, 주변의 소리, 몸 안의 감각에 의식을 향합시다. 호흡할 때마다 몸 안에서 평안함이나 쾌적함이 퍼져 갑니다. 충분히 시간을

두고 완전히 긴장을 푸십시오.
3. 몸 전체에 이렇게 선언합니다. "이 프로세스를 거치고 싶은 부분이 있으면 말해 주세요." 이 말은 당신이 자기 안에 존재하는 것을 알고 있는 부분 전체에 도달합니다만 그 밖에 당신에게서 너무 멀리 떨어져 있어서 당신이 그 존재를 깨닫지 못하고 있는 부분을 불러도 좋습니다. 충분히 시간을 두고 모든 부분에게 코어 트랜스포메이션 프로세스가 얼마나 그들에게 도움이 되는지 생각할 시간을 주기 바랍니다. 이런 부분들은 긴 시간 동안 코어 스테이트를 완전히 손에 넣는 기회를 기다렸을지도 모릅니다. 그것들은 이미지나 소리, 감정 등으로 자신의 존재를 당신의 의식에 알려 줄 것입니다. 물론 의식적으로 존재를 알리고 싶어 하지 않는 부분도 이 프로세스에 참가하는 것을 환영해 주십시오.

긍정적인 목적을 찾기

4. 내면을 향해 이렇게 말합니다. "내 모든 부분이여, 나를 위해서 무엇을 원하고 있는지 알려 주세요." 이렇게 하면 당신에게 알려 주는 부분도 있고 알려 주지 않는 부분도 있을 것입니다. 이것이 첫 번째 달성 목표입니다.
5. 프로세스에 참가하는 부분이 각각 그들의 긍정적인 의도와 목적을 확인했을 때 당신이 그것을 알도록 신호를 보내 달라고 무의식에게 부탁합니다. 이 신호는 사진, 소리 또는 감정의 형태로 올 수 있습니다. 다음 단계로 가기 전에 신호를 기다립니다. 많

은 부분이 있을 수 있고, 어떤 것들은 다른 것들보다 느릴 수 있으므로 인내심을 가지고 기다려 주십시오. 조금 지난 후에 다시 한 번 부탁하는 것도 좋습니다.

달성 목표 사슬 발견하기

6. 다음에 내면을 향해 프로세스에 참가하는 모든 부분에 이렇게 말합니다. "나의 모든 부분들에게 부탁합니다. 달성 목표가 완전히 이루어진 상태에 들어가세요. 그리고 이 달성 목표를 갖는 것을 통해 원하는 더욱 중요한 것은 무엇인지 알아보세요." 다음에 모든 부분에게 이 질문에 대답을 계속하게 해서 코어 스테이트에 도달하도록 부탁합니다. 간단히 스스로 코어 스테이트에 도달하는 부분도 있고, 여러분이 몇 번이고 다음과 같은 질문을 반복해야 하는 부분도 있을 것입니다. "그것을 충분하고도 완전히 손에 넣었을 때 그것을 통해 원하는 그것보다 더욱 중요한 것은 무엇입니까?"

7. 프로세스에 참가하고 있는 부분이 전부 코어 스테이트에 들어가 그것을 완전히 체험했다면 당신에게 신호를 달라고 무의식에게 부탁합니다.

8. 당신의 부분들이 어떤 코어 스테이트를 당신에게 주고 싶었는지 알게 되었습니까? 만일 알게 되었다면 그것은 무엇입니까?

∴ 달성 목표 사슬을 통해 코어 스테이트를 운반하기

9. 모든 부분에게 코어 스테이트를 좀 더 완벽하게 손에 넣도록 부탁한 후 이렇게 묻습니다. "이 세계에 존재하는 방법으로서 언제나 자신의 코어 스테이트를 갖고 있는 것은 어떤 느낌인가요? 이미 존재 방법으로서 자신의 코어 스테이트를 갖고 있는 것으로 세상 일은 어떻게 달라질까요?"
10. 모든 부분이 자신들의 코어 스테이트로 하여금 각각의 달성 목표를 탈바꿈시키는 것을 허락하도록 부탁합니다. "존재 방법으로서 이미 코어 스테이트를 갖고 있는 것은 여러분 각각의 달성 목표를 어떻게 바꾸나요?"
11. 참여하고 있는 모든 부분들이 자신들의 코어 스테이트가 달성 목표를 전부 탈바꿈시키는 것을 허락하면 당신에게 알려 달라고 무의식에게 부탁합니다. 신호가 올 때까지 기다립니다.

∴ 부분을 성장시키기

12. 모든 부분에게 나이를 물어 주십시오.
13. 모든 부분에게 다음 질문을 해 주십시오. "내가 지금까지 손에 넣어 온 경험, 지식, 지혜를 원하나요? 지금의 내 나이까지 성장함으로써 여러분의 코어 스테이트를 더욱 완전히 발현하고 싶은가요?" 모든 부분이 이것에 찬성한다면 신호를 달라고 당신의 무의식에게 부탁합니다.

14. 부분에게 이렇게 말합니다. "그럼 각각의 코어 스테이트에 들어가 시간을 앞으로 전진해 주세요. 이미 지니고 있는 코어 스테이트를 유지하면서, 이제까지의 체험을 통과해 주세요. 기술, 경험, 지혜를 손에 넣어 가면서 코어 스테이트가 이런 체험을 변화시키도록 허락해 주세요. 모든 부분이 현재의 나이가 될 때까지 나아가 주세요."

몸에 코어 스테이트를 통합하기

15. 아직 당신에게서 떨어져 있는 부분이 있다면 코어 스테이트를 지닌 채, 당신의 몸에 들어오라고 초대합니다. 각각의 모든 코어 스테이트가 서로를 통해서 또 당신을 통해서 빛나면서 몸의 세포 하나하나에 퍼져 가도록 합니다.

타임라인을 보편화하기

16. 과거를 당신의 뒤로, 미래를 당신의 앞으로 흐르게 해서 하나의 길처럼 둡니다.
17. 당신의 모든 코어 스테이트를 지닌 채 둥실 떠올라서 타임라인의 과거 위를 날아서 당신의 잉태 순간으로 돌아갑니다.
18. 잉태 순간에 도착하면 시간 속으로 들어가 주십시오. 당신의 코어 스테이트가 잉태 순간, 출생, 그리고 당신의 모든 경험 속에 완전히 존재하게 해서 현재까지 나아가 주십시오. 당신의 무의

식에 이 과정을 맡깁니다.

19. 현재에 도달하면 이번에는 미래로 나아갑니다. 어떤 체험을 해도 모든 코어 스테이트를 가진 채입니다. 원하는 만큼 시간을 쓰십시오.

20. 이 새로운 차원에서 코어 스테이트를 완벽하게 지닌 채, 지금 했듯이 과거, 현재, 미래의 사이클을 반복합니다. 이것은 이 상태를 더욱 완전하게 통합하기 위해서입니다.

21. 당신의 모든 코어 스테이트가 과거, 현재, 미래에 완전히 통합되면 현재 당신이 있는 곳으로 돌아옵니다.

31  코어 트랜스포메이션 프로세스의 실제 사례

다른 사람들의 체험에서 배우기

> "네게 나의 모험에 대해 얘기해 줄 수 있어.
> 오늘 아침부터의 일을 말야."
> 앨리스는 수줍은 듯 말했습니다.
> "하지만 그 전의 얘기를 하는 건 아무 의미가 없어.
> 왜냐하면 어제까지의 나는 다른 사람이었으니까."
> – 《이상한 나라의 앨리스》

다른 사람의 변화 체험을 읽으면 자신도 변하고 싶다는 생각이 들게 마련입니다. 여기에 소개하는 체험담은 모두 코어 트랜스포메이션 프로세스를 통해 인생의 여러 면에서 크고 깊이 영향을 받은 사람들의 이야기입니다. 우리는 처음에 그것들을 '직업', '인간관계', '돈', '습관' 등으로 분류해서 소개하려 했습니다. 그러나 프로세스를 체험한 사람들의 변화는 아주 광범위해서 명확하게 분류하기가 곤란했습니다. 변화는 수면에 작은 돌을 던진 것처럼 파문이 되어 퍼져 나갔습니다. 여기서는 변화가 일어났던 주요한 영역에 초점을 두고 소개하겠습니다.

∷ 사만다: 직업의 변화와 이성 관계

우리는 대부분 스스로 의욕을 불러일으키는 데 종종 어려움을 겪습니다. 사만다는 일에서 성공하기 위해 해야 할 일을 공포와 좌절 때문에 할 수 없었습니다. 그러나 지속적인 코어 트랜스포메이션 프로세스를 통해 극적인 변화를 체험했습니다.

어느 날 아침에 눈을 떴을 때 저는 공포와 좌절의 블랙홀에 빠졌습니다. 당시에 저는 직업을 바꾸었는데 일이 뜻대로 풀리지 않았습니다. 이제 곧 돈도 떨어질 테고, 집도 재산도 전부 잃어버리고 말 거라는 식으로 완전한 패닉 상태에 빠졌습니다. 실제로 몇 개월 동안이나 그런 두려움 때문에 아무 일도 못 했습니다. 성공적으로 직업을 바꾸기 위한 일들을 전혀 하지 않았습니다.

그러나 이번에 코어 트랜스포메이션 프로세스 세미나에 참가한 것을 계기로, 계속 공포의 블랙홀에 있는 대신에 코어 트랜스포메이션 축약판을 체험했습니다. 얼마 동안 효과가 있었지만 다시 두려움이 밀려와서 저는 프로세스를 다시 실행했습니다. 저는 그날 아침 결국 코어 트랜스포메이션 프로세스를 네 번이나 반복해서 했는데, 할 때마다 상태가 좋아지는 것을 느낄 수 있었습니다. 점심 때가 되었을 때는 완전히 변해 있었습니다. 공포와 좌절을 느끼기는커녕 호기심과 흥분을 느꼈습니다. 저는 "어떻게 하지? 난 쫄딱 망할 거야"라고 말하는 대신 "와! 이제부터 무슨 일이 일어날지 너무 기대돼!"라고 말하고 있었습니다. 그날 저는 새로운 일에 필요한 첫걸음, 아니 첫 다섯 걸음은 내디뎠습니다. 저는 긴 시간 동안 연락하는 것을 미루어 왔던 사람들에게 전화를 걸었습니다.

코어 트랜스포메이션 프로세스가 바꾼 것이 또 한 가지 있습니다. 그것은 이성 관계입니다. 저는 21년 동안 결혼 생활을 하고 이혼한 지 3년이 되어 갑니다. 지금은 교제하는 사람이 있고 이대로라면 결혼할 것이라고 생각합니다. 하지만 이것을 계속 무섭다고 느껴 왔습니다. 아주 친밀한 관계를 맺는 것을 두려워하면서도 한편으로는 그와 계속 사귀어야 한다고, 그 말고는 나 같은 여자를 좋아할 남자는 없다고 느꼈습니다. 그러나 코어 트랜스포메이션 프로세스를 한 뒤에는 더 이상 그와 함께 **있어야만 한**다고 느끼는 것이 없어졌습니다. 그가 미래의 남편이 아니라면 더 좋은 사람이 나타나겠지요. 그래서 지금은 있는 그대로 안심하고 즐기고 있습니다. 이것은 저한테는 정말 커다란 변화예요!

그는 아이가 둘 있는데 주말을 아이들과 보냅니다. 그의 아이들이 저를 좋아하지 않는 것 같아서 저는 아이들 옆에 있으면 왠지 부자연스러운 느낌이 들곤 했습니다. 그러나 지금은 아이들이 저를 좋아하지 않더라도 괜찮다고 생각합니다. 아이들 주변에서도 저답게 있을 수 있는 자유를 얻었어요.

이 밖에 코어 트랜스포메이션 프로세스는 이런저런 면에서 도움이 되고 있습니다. 예를 들어 요가를 할 때 제 코어 스테이트를 숨쉬고 있다고 느껴요. 샐러드를 만들 때, 마음속으로 저의 코어 스테이트를 그 야채들과 연결시킵니다. 그러면 코어 스테이트를 먹고 있는 기분이 들어요! 저의 코어 스테이트는 샤워 물 안에서도, 제가 가꾸는 화단에도 있습니다. 이러니까 세상이 정말로 친밀한 곳으로 여겨집니다!

∴ 맥스 : 자신에게 맞는 여자를 만나기

우리는 모두 충만하고 즐거운 관계를 원합니다. 그리고 자신에게 맞는 상대방을 찾는 데 집중하지요. 여기서 중요할 수도 있는 것인데 우리가 종종 간과하는 것은, 원하는 관계를 만들기 위한 마음의 준비를 해야 한다는 것입니다. 맥스는 이상적인 관계를 맺기 위해서 1년 6개월 전에 코어 트랜스포메이션 프로세스를 실행했습니다. 2개월 후에 그는 캐틀린과 만났습니다.

저는 스물여섯 살이었습니다. 좋은 여자를 만나서 결혼하고 싶었지만 언제나 교제는 오래 계속되지 않았지요. 여러 사람에게 결혼에 대해 들어 보니 대략 교제를 시작해서 결혼까지 1년 정도는 걸린다는 것을 알게 되었습니다. 저는 당시에 서른 살 이전에는 결혼하고 싶다고 생각했습니다. 그러는 것이 인생의 출발로서 좋겠다고 생각했기 때문입니다.

하지만 몇 가지 문제가 있었습니다. 우선 저는 완벽주의자였습니다. 결혼 조건이 엄청 많아서 그것을 다 만족시키는 여자는 있을 수 없을 것 같았습니다. 저는 아주 분명한 제 이상형을 마음에 그리고 있었지요. 밤색 머리에 이국적인 얼굴, 키는 저보다 작지만 너무 작지는 않고, 스포츠를 좋아하지만 그것도 적당해야 했지요. 여러분이 그 당시에 저를 만났다면 저는 아마 1킬로미터도 넘게 긴 조건이 담긴 목록을 볼 수 있었을 겁니다. 그래서 저는 프로세스에서 완벽주의자인 저의 부분을 다뤘습니다.

저는 그때까지는 아주 많은 여자들과 사귀었지만 금방 헤어지곤 했습니다. 어떤 시점이 되면 저는 '이건 무언가 잘못됐어'라는 강한 직감을 아랫배 부위에서 느꼈고 관계는 갑자기 끝났습니다. 거의 매번 그랬습니다. 어떤 날에는 완전히 어떤 사람에 푹 빠져 있다가 바로 다음 날에 차갑게 식어 버리는 식이었습니다. 여자와 사귀기 시작하면 이런 감정이 나오기까지 짧게는 2주일, 길어야 3개월밖에 걸리지 않았습니다. 그래서 프로세스에서 이런 감정을 제 아랫배에 일으키는 저의 부분과 작업했습니다.

저는 연애를 오래 지속하고 싶으면 무언가 포기해야 한다는 것을 알고 있었습니다. 하지만 마음속으로는 어느 것도 포기하고 싶지 않은 부분이 있었습니다. 저는 항상 하고 싶은 것을 하고 싶은 때 했습니다. 참 편하고 좋았죠. 외출하고 싶을 때 외출하고, 먹고 싶을 때 먹고, 배우고 싶을 때 배울 수 있었으니까요. 저는 스포츠를 좋아해서 때로는 여가를 전부 스포츠에 써 버렸습니다. 누구나 그렇겠지만, 누군가와 깊이 사귀게 되면 항상 자기만의 스케줄 대로 움직일 수가 없을 테고 그러면 저는 제가 좋아하는 스포츠에 많은 시간을 쓸 수 없을 것입니다. 그래서 저는 어느 하나도 포기하고 싶어 하지 않는 부분과 작업을 했습니다.

코어 트랜스포메이션 프로세스를 실행한 후에 저의 조건 목록은 점점 짧아지고 일반적이 되었습니다. 예를 들어, 지적이고 유머 감각이 있는 사람이 좋다고 생각했지만 그 사람의 외모가 저의 이상형에 딱 맞아떨어질 필요는 없었습니다.

코어 트랜스포메이션 프로세스를 한 것은 10월이고 캐틀린과 만난 것은 12월이었습니다. 캐틀린과의 만남은 제가 그 만남을 불러일으켰다고 설명하는 것이 맞을 것 같습니다. 저는 정말로 그녀와의 만남을 원했습니다. 항상 그녀와 만나는 것을 생각했고 사람들에게도 말했습니다. 그리고 그 만남이 이루어지도록 제 내면에서도 변화를 일으켰습니다. 우리는 크리스마스 며칠 전에 만났습니다. 그녀는 아주 쾌활하고 유머 있는 사람이었습니다. 만나자마자 저는 그녀에 대해 더 알고 싶어졌습니다. 그녀는 크리스마스 휴가를 떠났고 그녀가 휴가에서 돌아와서 이틀 후에 데이트 신청을 했습니다. 2월에는 그녀가 저의 반쪽일지도 모른다고 생각했습니다. 3월에는 이 교제는 길게 이어질 것이라는 것을 느낄 수 있었습니다. 그리고 4월에는 제가 얼마나 그녀를 사랑하는지 깨닫기 시작했습니다. 그녀야말로 내 사람이라는 결심이 서자, 1주일도 되지 않아 프러포즈를 했습니다. 우리는 4월에 약혼했습니다.

'이 사람이 아니야'라고 다른 모든 여자들에게 느꼈던 감정이 캐틀린에게는 일어나지 않았습니다. 그 대신에 '이 사람이야말로 이상적인 사람이다!'라는 느낌이 들었습니다. 이것은 180도의 전환입니다. 저는 운동 시간을 줄일 각오가 되어 있었고 그 밖의 것도 기꺼이 그만둘 태세가 되어 있었습니다. 한동안 배구도 그만두고 제 삶의 속도를 줄여서 그녀에게 더 집중했습니다. 저는 지금까지와는 다른 식으로 그 관계에 푹 빠졌습니다.

제 기준이 너무 많이 바뀌어서 저는 더 이상 예전의 그 많은 조건이 중요하지 않다고 느끼고 있었지만 캐틀린은 제 예전의 조건 대부분에 맞는 사람이었습니다. 제게는 그것이 얼마나 신기했는지 모릅니다!

캐틀린과의 관계에서 저는 예전에 다른 여자들과는 피했던 많은 문제들을 대면할 각오가 되었습니다. 예를 들어 그녀가 저를 만나기 전부터 알던 친구들을 만나러 가면 질투의 감정이 일었습니다. 매우 불안해져서 그 둘이서 무엇을 했는지 전부 알고 싶어졌습니다. 질투 문제는 극복하기가 쉽지 않았어요. 예전에 그 문제를 해결했다고 생각했지만 그렇지 않다는 것이 명확해졌습니다. 질투에 대해 작업을 한 지금도 여전히 그럴 때 그녀가 무엇을 하는지 신경이 쓰입니다. 하지만 더 이상 안달복달하거나 사소한 것들까지 모두 알 필요가 없어졌습니다. 그녀가 어떤 친구들과 어울린다고 해도 저는 예전의 감정을 조금은 느낍니다만 그녀의 기분을 확인하고 싶다고 생각하는 정도에 그칩니다. 이 정도의 기분은 적절하다고 생각합니다.

그녀와 있으면 저는 아주 자연스럽게 행동할 수 있습니다. 다른 여자들과 사귈 때는 다른 사람들에게 그 여자가 어떻게 보일지 무척 신경을 썼습니다. 캐틀린에 대해서는 그녀가 내면적으로 어떤 사람인지, 그리고 내가 그녀에 대해 어떻게 느끼는지만 신경을 씁니다. 그녀의 머리 모양이 어떻다든가, 다른 사람에게 어떻게 보인다든가 하는 것은 중요하지 않았습니다. 저에게는 아주 다른 경험이었습니다.

처음 만났을 때부터 저는 확신했습니다. 그녀야말로 저한테 맞는 사람이라는 것을 알았습니다. 당시 그녀에게는 사귀는 사람이 있었습니다. 저는 그녀가 그 관계를 해결해야 한다는 것을 알았지만 강요하지 않았습니다. 저는 오만한 기분이 아니라 그녀가 저를 택할 것이라고 확신했습니다. 전에는 몰랐던 감정이었습니다.

저는 그녀에게 아주 솔직했습니다. 처음 데이트할 때, 저는 아주 예민했었는데 그것을 두 번째 데이트에서 솔직히 털어놓았습니다. 이것은 프로세스를 하지 않았으면 절대로 없었을 일이었겠지요. 저는 있는 그대로의 느낌을 좀 더 분명하게 느꼈고, 그녀에게 어떤 것도 숨길 필요가 없다고 느꼈습니다. 캐틀린과 함께라면 저는 마음을 터놓고 솔직하고 편하게 있을 수 있었습니다.

우리는 문제가 있을 때도 서로를 비난하지 않고 각자 책임질 부분에 대해서는 책임을 지고 서로 돕습니다. 예를 들어 제가 질투를 느꼈을 때는 다른 친구들과 놀러 가는 것이나 저에 대해 배려하지 않는다고 캐틀린을 비난하는 대신에 저는 그것을 저 자신의 문제로서 다루었습니다. 그녀에게 문제가 있다고 생각한 경우, 저는 그것을 그녀에게 지적하지 않았습니다. 그러면 대개 그녀 쪽에서 문제가 무엇인지 솔직히 털어놓았습니다. 이런 문제 해결 방법은 제가 그때까지 익숙했던 방법과 완전히 달랐습니다.

지금 뒤돌아보면 코어 트랜스포메이션 프로세스가 캐틀린과의 관계를 위해서 저를 준비시킨 것을 깨닫습니다. 이 관계는 지금 저의 인생에서 가장 귀중한 것 중 하나입니다.

∷ 민디 : 짜증을 해결하기

민디가 코어 트랜스포메이션 프로세스를 실행했던 문제는 어떤 의미에서 상당히 미묘한 것이었습니다. 그녀는 자신의 '조금 못된' 행동이 마음에 들지 않았습니다. 보통은 다른 사람들이 하는 어떤 점들이 자신을 화나게 하는지는 잘 알지만 자신이 하는 어떤 것들이 다른 사람들을 화나게 하는 것은 웬만해서는 깨닫지 못하는 법입니다. 우리가 주변에서 "그 사람 때문에 환장하겠다!"라는 말을 얼마나 많이 듣습니까? 반면에 "내가 그 사람을 환장하게 만들고 있지!"라는 말을 듣는 경우는 드물지요. 민디는 자신의 이런 행동을 직시할 각오가 되어 있었기 때문에 그 프로세스를 아주 강력하고 풍요로운 자신의 모습이 되는 기회로 만들 수 있었습니다. 다음은 민디의 체험입니다.

저는 코어 트랜스포메이션 프로세스가 얼마나 소중한지 경험으로 알게 되었습니다. 저는 이 프로세스 덕분에 내면의 자신과 실제로 세상을 살아가는 자신의 모습 사이에 훨씬 더 조화를 이룰 수 있었습니다. 저는 예전보다 훨씬 더 일체감이 있는 사람이 되었습니다. 행동의 변화는 미묘했지만 제 안에서는 아주 명확한 차이를 느낄 수 있었습니다. 세상을 사는 것이 훨씬 더 편안하게 되었습니다.
이전에 저는 어떤 사람들이 매우 신경에 거슬렸습니다. 그 사람들의 버릇과 같이 아주 단순한 것마저도 저를 짜증나게 만들었습니다. 상관하지 않으려 아무리 노력해도 어떤 때는 그 사람들이 제 신경을 건드리곤 합니다. 그러면 저는 무슨 말을 하든가 어떤 행동을 하는데, 그런 것들은 훤히 드러나 보일 만큼 못되지는 않았지만 미묘한 방법으로 그 사람들에게 반격을 가하는 것이었습니다. 만일 제가 그런 제 행동에 대해 사과를 하면 그들은 그저 "대수롭지 않은 일이어서 저는 신경도 안 썼어요"라고 말합니다. 하지만 저는 제 행동이 조금은 못됐다는 것을 알고 있었고 그것 때문에 스스로 화가 났습니다.

그런데 코어 트랜스포메이션 프로세스를 하게 되면서부터 그런 일이 거의 일어나지 않게 되었습니다. 마음속에 새로운 자유를 얻었기 때문에 다른 사람 때문에 짜증이 나지 않게 되었습니다. 지금은 누군가의 행동이 신경에 거슬리면 대개는 그 사람과 무엇이 저를 신경 쓰이게 하는지 얘기하고 어떻게 해 주었으면 좋겠다고 솔직히 얘기합니다. 예전 같은 행태를 보이게 될 때도 저 자신에 대해 훨씬 관대하게 되었습니다. 자신에게 화낼 필요가 없어졌습니다.

저는 많은 중환자가 입원해 있는 병원에 근무하고 있습니다. 직장은 전쟁터같이 바쁩니다. 항상 바빠서 손이 모자란 상황이라 잠시도 쉴 틈이 없습니다. 직장에서 어떤 여자가 저를 정말 짜증나게 했었습니다. 그녀는 시간제로 근무하는 사람이었는데 늦게 와서 일찍 들어가고, 점심은 오래 먹는 등 제도를 악용했습니다. 저는 그녀가 게으름을 피우고 있다고 느껴서 화가 많이 났습니다. 그러나 절대 그것을 그녀에게 직접적으로 말하지는 않았지요. 대신에 때때로 그녀를 화나게 할 만한 사소한 일을 하고 있는 저 자신을 발견했지요.

어느 날 실험실에 있을 때 그녀가 다른 사람에게 새 애인에 대해 얘기하며 걸어 들어왔습니다. 그 말투에서 저는 그녀가 그 관계에 대해 안심하지 못하고 있다는 것을 알아챘습니다. 그래서 둘이서 나란히 현미경을 보고 있을 때 애인에 대해 물어보았습니다. 아무것도 모르는 것처럼, 하지만 아주 미묘하게 빈정거리는 투로 이렇게 말했습니다. "그래서, 그 사람에게 푹 빠졌니? 정말 그 사람이 그렇게 좋아?" 이에 대해 그녀는 이렇게 쏘아붙였습니다. "너한테 그런 것까지 얘기하고 싶지 않아." 그래서 제가 대답했지요. "어머, 미안해. 얘기하고 싶지 않다면 말 안 해도 돼." 저는 약간 놀리는 투로 얘기했지만 그것은 대놓고 한 얘기가 아니어서 누구도 제가 잘못했다고 말할 수 없었습니다. 그 말은 표면적으로는 아무렇지도 않게 들렸지만 저는 제가 그녀의 신경을 건드리고 있다는 것을 알았습니다. 저는 정말로 괜찮다고 얘기한 것이 아니라 '좋아, 그 남자와의 관계가 그렇게 불안하면 나한테 얘기하지 말라고!'라는 식으로 얘기했던 것입니다. 저한테 시비를 건 것은 그녀였지만 그렇게 하게끔 약을 올린 건 저라는 것을 알았습니다. 그녀가 화를 낼 만한 곳을 건드린 것이죠. 현미경을 보면서 저는 '이렇게 안 해도 되는 건데 ……"라고 생각했습니다. 그래서 저 자신에게 화가 치밀어 올랐습니다.

그날 늦게 그녀가 제게 사과를 하러 왔습니다. "아까 쏘아붙여서 미안해. 나 사실 그 남자와의 사이가 아무래도 마음이 놓이지 않아." 그녀는 제가 그렇게 행동하게끔 약 올렸다는 것을 몰랐습니다. 그러나 저는 알고 있었죠. 그녀가 일을 제대로 안 하는 것에 대해 화가 난 제가 그녀에게 솔직하게 얘기하는 대신 연애 문제로 그녀를 약 올렸다는 것을요.

코어 트랜스포메이션 프로세스에서 저는 이 동료를 괴롭히는 행동을 하게 만드는 부분을 다루었습니다. 그리고 환상적인 체험을 했습니다. 우리는 프로세스에서 아주 깊은 곳까지 파고들었습니다. 마지막 날, 부모 타임라인 재학습에서는 너무 강렬한 해방감을 느낀 나머지 눈물이 멈추지 않았습니다. 저는 제 코어 스테이트의 하나를 '끝났다'라고 불렀는데 이 말은 저 자신의 내면에서 조화와 균형을 이루었다는 의미입니다.

지금은 더 이상 그 동료 때문에 짜증 나지 않습니다. 그녀가 한 시간 반 동안 점심을 먹고 돌아와도 저 자신에게 '저 여자 또 저러네'라고 할 뿐 제 할 일에만 신경을 씁니다. 그녀가 제대로 일을 하고 있는지 생각할 필요조차 없어졌습니다. 제 관심 밖의 일이 된 것입니다. 이것은 마치 제 발에 박힌 가시가 빠져서 아픈 것을 느끼지 않게 된 것과 마찬가지였습니다.

또 제가 실수를 할 때도 스스로 훨씬 관대해졌습니다. 완전할 필요가 없다고 느끼게 되었습니다. 다른 사람이 적절치 않은 일을 한다고 여겨져도 그 사람을 공격하는 대신에 직접적으로 "지금 무슨 일을 하셨어요? 제가 보기에는 이런저런 일을 한 것 같은데"라고 말하는 것이 훨씬 수월해졌습니다.

그러면 상대방은 "저는 이런 일을 하고 있었어요"라고 말할지 모르지요.

그러면 "하지만 30명이나 기다리는 사람이 있으니까 지금 그런 일을 하는 것은 적절치 않은 것 같아요"라고 얘기할 것입니다. 그렇게 하면 우리는 무엇이 가장 중요한지 서로 솔직하게 의견을 주고받을 수 있지요. 이 방법은 짜증 나는 마음을 꾹 참았다가 쏘아붙이는 것보다는 훨씬 직접적이고 정직한 방법입니다. 게다가 지금은 제가 다른 사람을 화나게 했을 때에도 저 자신에 대해 전보다 관대해졌습니다.

트레이시: TMJ와 인간관계의 개선

사람들은 종종 코어 트랜스포메이션 프로세스 후에 몸도 편안해졌다는 얘기를 합니다. 트레이시의 경우는 몸이 편안해진 덕분에 턱 주변 근육에 과도한 긴장 때문에 생기는 만성적인 문제인 TMJ(악관절 기능 부전 증후군)에서 해방되었습니다. 여기서는 트레이시에게 그 얘기를 들어 봅니다.

저는 워크숍에서 TMJ를 다룰 생각은 없었습니다. 저는 구체적으로 왜 글이 안 써지는지, 그리고 어떻게 아들과 관계를 개선할 수 있을까를 알기 위해서 참가했습니다. 저는 그 두 가지 면에서 성과를 얻은 것뿐 아니라 덤으로 다른 것도 얻었습니다!

TMJ에 걸린 것은 15년 정도 전에 아주 고통스럽게 이혼을 했을 때였습니다. 시간이 지나며 증상은 더 심해졌습니다. 마치 턱관절이 빠져 버린 것처럼 느껴졌습니다. 입을 열 때마다 턱뼈가 딸깍딸깍 하는 소리를 내며 움직였습니다. 음식을 먹거나 얘기하거나 볼 근육의 긴장을 풀려고 입을 벌릴 때도 그랬습니다. 무척 신경에 거슬렸고 때때로는 고통스러웠습니다. 얼굴, 턱, 그리고 뒷목의 근육이 뻣뻣해진 것을 느꼈습니다. 그 결과, 이를 악물어 버려서 이 몇 개에 금이 갔습니다. 중증이었죠.

아주 불편했기 때문에 그걸 고치려고 뭐든 했습니다. 처음에 한 일은 치과의사의 도움을 받은 것이었는데 의사가 준 교정기는 별로 도움이 되지 않았습니다. 그 후에 두개골 교정사, 마사지 치료사, 지압사 등 TMJ를 고칠 수 있다고 얘기하는 수많은 사람들과 이 문제를 해결하려 했습니다만 소용없었습니다. 반년 전에 치과의사에게 다시 갔는데 그는 제 턱을 보자마자 말했습니다. "어이구, 장난 아니네요! 지압사라면 제자리로 때려 맞출 수 있을지 모르겠네요."

"물리치료는 전부 해 봤지만 어떤 것도 듣지 않았어요"라고 말할 수밖에 없었습니다.

"아, 그렇군요." 그가 말했습니다. "그럼 그냥 이대로 사시는 수밖에 없겠네요." 저는 그렇게 일생을 보내는 수밖에 없겠다고 반은 포기한 심정이었습니다. 실제로 워크숍에서 코어 트랜스포메이션 프로세스를 접하면서도 글쓰기 장애에 대해 작업을 하고 있었으므로 TMJ를 다룬 것은 아니었습니다. 그런데 워크숍에서 저와 파트너가 된 사람이 아주 똑똑한 물리치료사였습니다. 그는 제가 TMJ를 앓고 있는 것을 몰랐지만 제 턱이 아주 뻣뻣한 것을 눈치챘습니다. 프로세스를 진행할 때 제 코어 스테이트는 '차분하게 중심이 잡혀 있는 상태'였습니다. 제 체험은 우주의 한가운데에 앉아 있는 그런 느낌이었습니다. 저는 완전히 차분하고 고요했습니다. 머릿속에서 잡소리도 나지 않았습니다. 먼 우주와 별들의 이미지가 떠올랐습니다. 우주와 하나가 된 것을 느꼈습니다. 제 몸과도 일체감을 느끼면서도 몸의 경계를 훌쩍 뛰어넘었습니다. 방의 반을 채우고 있는 것처럼 느꼈어요! 그것만으로도 믿기 어려운 체험이었습니다.

저는 명상 서적에서 읽었던 내면의 상태에 이르렀던 것입니다. 이른바 정지점이라고 하는 것입니다. 모든 명상 서적에서는 우주와 하나라고 느낄 때까지, 모든 머릿속 속삭임이 멈추고 정적 속으로 들어갈 때까지 명상하라고 합니다. 책에 의하면 우주의 근원, '모든 것', 또는 당신이 무엇이라고 부르건, 그것에 온전히 자신을 활짝 열게 된다고 합니다. 글쎄요, 여러분도 시도해 보셨나요? 이런 것은 보통 일반적인 현대 미국인에게는 불가능해요. 제 경우는 항상 머릿속에 대화가 꽉 차 있어서 몇 초 이상 고요하게 있을 수가 없었습니다. 서로 갈등하는 부분들이 저를 지키려고 열심히 노력을 하거나 아무튼 자기들 나름대로는 열심히 무언가를 하고 있었겠지만, 거기에는 엄청난 불협화음이 있었습니다. 명상을 해 본 사람은 누구라도 이 내면의 대화를 침묵시키는 것이 얼마나 어려운 것인지 잘 알 것입니다. 저는 이 상태를 내면의 대화가 아닌, 속을 부글거리게 하는 대화 또는 마음속에 일어나는 거품이라고 부릅니다.

저와 함께 프로세스를 했던 사람들은 제가 이런 고요한 코어 스테이트를 얼마나 즐겼는지 지켜보고는 10분 정도나 그대로 내버려 두었습니다. 이런 상태에 도달하고 또 그렇게 오래도록 머무를 수 있다는 것이 정말 놀라웠어요.

코어 스테이트에 도달해서 그것을 유지하면서 달성 목표 사슬을 밟을 때였습니다. 제 파트너가 코어 스테이트를 턱으로 가져가게 했습니다. 저는 그가 말한 대로 했습니다. 아무것도 기대하지 않은 채 코어 스테이트를 얼굴과 턱으로 가져갔습니다. 프로세스를 끝낸 뒤에 문득 깨달았습니다. TMJ가 사라졌던 거예요! 지금도 저는 턱이 빠지는 일이 없이 입을 벌릴 수 있습니다. 워크숍을 하고 3주나 지났지만 TMJ는 재발하지 않았습니다. 15년이나 이 턱을 고치려고 갖은 수를 썼지만 아무 소용이 없었기 때문에 단지 한순간에 이 문제가 없어진 것에 충격을 받았습니다. 정말로 놀랐어요.

워크숍 후에는 명상 중에 같은 코어 스테이트를 만들 수 있게 되었습니다. 또 꿈속에서도 몇 번인가 코어 스테이트가 파도처럼 밀려와서 고요히 저를 감싸는 것을 느꼈습니다.

코어 트랜스포메이션 프로세스의 효과는 제 인생의 다른 면에서도 영향을 주었습니다. 어렸을 적에 어머니는 제가 부끄러움을 많이 탄다고 생각했어요. 동시에 제가 아주 조용해서 어머니는 제가 의지가 굳고 고집스러운 애라고 생각했죠. 어머니는 저와 어떻게 얘기해야 할지, 또 어떻게 관계를 만들어 가야 좋을지 몰랐습니다. 제가 네 살 때 어머니는 저의 내성적인 성격을 어떻게 해 보려고 댄스학교에 데려갔습니다. 문제는 어머니가 한 번도 제게 거기에 가고 싶은지 묻지 않았다는 것입니다. 이때가 제가 지배당하고 있다고 생각한 최초의 경험인 것 같습니다. 제 근본적인 인격이 침해된 느낌이었습니다. 저는 완전히 무시당했다고 느꼈습니다. 제 의사 따위는 상관이 없었지요. 댄스학교에 끌려가서 어떻게 하는지조차 모르는 것을 하도록 강요받았습니다. 댄스학교 사건에서부터 저는 어머니를 불신하고 저에 대한 지배를 거부해야 한다는 것을 배웠습니다. 나이를 먹으며 점점 더 불신은 커져 갔습니다.

어머니는 제게 병원에 가고 싶은지, 머리를 자르고 싶은지 한 번도 물어보지 않고 저를 거기로 데려갔어요. 지금 어머니는 제가 싫다고 할 테니까 그렇게 했던 것이라고 말씀하십니다. 그건 어디까지나 어머니 생각이었어요. 그래서 저한테 설명하는 대신에 그런 곳에 데려가고 억지로 이런저런 일을 시킨 것이에요. 제가 '지배'에 관련해 문제를 갖게 된 것은 자연스런 흐름이었다고 생각합니다.

세미나에 참가해서 코어 트랜스포메이션 프로세스를 하기 몇 달 전에 이제는 어른이 된 아들이 저와 함께 살게 되었습니다. 아들은 자기 아버지, 즉 제 전 남편과 생김새나 하는 짓이 똑같았어요. 전 남편은 제 인생을 좌지우지했었죠. 아들이 제게 무엇무엇을 해도 좋다, 또는 해서는 안 된다고 말할 때마다 심하게 화가 치밀었습니다. 저도 놀랄 정도로요. 마치 제 과거 속의 누군가가 저를 지배하려 하고 저는 항상 화가 나 있는 것 같았어요. 아들이 하는 사소한 행동에도 저는 소리를 질렀어요.

제가 코어 트랜스포메이션 프로세스를 거치고 나서는 아들과 저는 서로에게 아주 차분해졌습니다. 프로세스 전과는 딴판이지요. 이제는 아들이 전에 저를 화나게 했던 일을 해도 지금은 웃게 됩니다. 차분하고 중심 잡힌 기분은 아들과의 관계를 바꾸어 버렸습니다. 그에 더해 저의 반응이 지금까지와는 다르니까 아들의 태도까지 변하기 시작했습니다!

바버라의 이야기: 병과 자의식

코어 트랜스포메이션 프로세스를 통해 보통 두 가지 종류의 결과를 얻습니다. 하나는 우리가 추구하는 특정한 변화입니다. 다른 하나는 하나 됨이나 평안을 향한 전반적인 방향 전환으로서 우리 삶의 많은 영역에서 긍정적인 영향을 가져 오는 것입니다. 예를 들어, 제가 사람들 앞에서 말하는 것에 대한 공포를 다루면서 코어 트랜스포메이션 프로세스를 실행한다고 합시다. 여기서 첫 번째 종류의 결과는 사람들 앞에서 말할 때 좀 더 자신감을 갖는 것입니다. 다른 하나의 결과는 전반적인 평안이 증진되는 것입니다. 이런 전반적인 평안은 보통 저의 삶에서 예기치 않았던 긍정적인 변화를 일으킵니다. 이전보다 자연스럽게 자신을 표현하는 것이 가능하게 되거나, 싫다고 생각했던 습관을 바꿀 수 있게 되거나, 정말로 하고 싶었던 것을 할 수 있게 되는 것과 같은 것입니다. 보통 이런 일반적인 효과는 다양한 면에서 일어납니다만 프로세스 원래의 목표가 변화하는 것은 아닙니다.

코어 트랜스포메이션 프로세스를 실행하면, 특히 장기간에 걸쳐 반복하면 우리는 보통 이 두 종류의 결과를 얻습니다. 다시 말해 구체적으로 우리가 바랐던 변화와 인생 전반에 걸쳐서 평안이 향상되는 것입니다. 바버라는 한 번의 프로세스를 거치고 자신이 원했던 특정의 변화에는 아직 도달하지 못했지만 전반적으로 자기 내면에서 '내가 누구인가에 대해서 훨씬 명확해진 것'에 대해 만족했습니다. 바버라의 코어 트랜스포메이션 프로세스의 목표는 건강 문제였습니다. 그녀의 이야기는, 원했던 결과를 금방 얻지 못하더라도 프로세스는 처음부터 커다란 변화를 가져온다는 것을 보여 줍니다.

저는 코어 트랜스포메이션 프로세스로 건강 문제를 해결하려 했습니다. 다발성 경화증이 생긴 것은 5년간 근무했던 은행에서 승승장구하던 때였습니다. 당시 저는 매일 직장에 출근했지만 거기가 제가 있을 곳이 아니라는 느낌이 들곤 했습니다. 제가 있어야 할 곳에 있지 않다는 느낌이 있었습니다. 하지만 거기에서 탈출할 수 있으리라고는 생각지 못했습니다. 경제적인 안정, 보험이나 보장이 필요했고 다른 선택의 여지가 있다고 생각지 못했습니다. 어느 날 책상에 앉아서 허공을 쳐다보며 이렇게 중얼거렸습니다. "날 좀 도와주세요! 지푸라기라도 잡고 싶은 심정입니다. 정말 여기에 있기 싫어요. 이제는 지쳤다고요. 도와주세요!" 다발성 경화증의 첫 증상이 나타난 것은 그로부터 2주도 지나지 않아서였습니다. 두 다리에 감각이 없어져서 걸을 수 없게 되어 병원에 입원했습니다. 이것은 어떤 의미에서 제 기도에 대한 응답이었다고 생각합니다. 제가 바라던 식은 아니었지만 말이죠. 이렇게 해서 직장에 갈 수 없게 된 저는 상담 분야의 공부를 하게 되었습니다. 지금 저는 제가 있어야만 하는 곳에 있고, 해야만 하는 일을 하고 있다고 느끼지만, 인생에서 하고 싶었던 것을 찾기 위해서 치른 대가로, 걷는 능력을 잃었습니다.

 코어 트랜스포메이션 프로세스에 의해 건강 면에서 문제가 개선된 것은 아니지만 내면 깊숙이 치유가 되었습니다. 스스로 누구인가를 확실히 알게 되었습니다. 전에도 어렴풋이 알고 있었지만 이 프로세스에 의해 좀 더 확실해졌습니다. 저 자신이 이 세상에서 무엇을 하기 위해서 존재하는가를 좀 더 깨닫게 되었습니다. 그리고 그 덕분에 일상에서 일어나는 작지만 커 보이는 문제들에 연연하지 않게 되었습니다. 저는 저의 코어 스테이트를 체험함으로써 다른 사람들과 영적인 면에서 더 깊은 유대감과 애정을 품게 되었습니다. 내면적으로도 훨씬 더 안정을 찾았습니다. 이전에는 두려움이 많았고 항상 스스로를 낮게 평가했습니다. 제 기분에 따라 움직이기보다 다른 사람의 기분에 맞추어 움직이는 경향이 있었습니다. 그러면서 언제나 더욱 저 자신에 대해 자신감이 있었으면 좋겠다고 생각했습니다.

프로세스에 의해 발전한 것을 들라면, 안정되고 평화로운 상태를 계속 유지하게 된 것을 들겠습니다. 예를 들어, 고객과 관련된 힘든 상황과 같이 어려움에 접하더라도 안정되고 평화로운 마음을 유지합니다. 얼마 전에 100명 정도 되는 사람들 앞에서 강사로서 얘기한 적이 있습니다. 사람들 앞에서 말하는 것은 제가 두려워하는 것 중 하나였습니다. 그러나 그때는 냉정하고 침착하게 메모 없이도 할 말을 다 할 수 있었습니다.

또 이전에는 자의식 과잉으로 신경질적이었고 저 자신에 대해 자신이 없었습니다. 너무 자의식이 강했으므로 적절하지 못하거나 바보 같은 말을 하곤 했습니다. 의식이 내면에 집중해 있어서 자신을 의심했었습니다. 하지만 지금은 자신을 의심하는 것에 에너지를 낭비하지 않기 때문에 지금 하는 일에 좀 더 주의를 기울일 수 있습니다. 다른 사람과 함께 있을 때 딴생각을 하지 않고 그 자리에 있기 때문에 주변에서 일어나는 일을 확실히 파악합니다. 마음이 그 자리에 없으면 다른 사람에게 주의를 기울기는 어렵겠지요.

워크숍은 제가 도약하는 계기였습니다. 왜 제가 여기에 존재하는가를 온몸으로 알고 있습니다. 지금 제가 하고 있는 것, 지금 배우고 있는 것이야말로 제가 해야 하고 배워야 하는 것이라는 데에 한 치의 의심도 없습니다. 지금 저는 이 세상에서 제가 하고 있는 것에 평온함을 느끼고 있습니다.

바버라처럼 변화가 일어나도 건강해지지 않는 이유로 여러 가지를 생각해 볼 수 있습니다. 건강하게 되는 데에는 더 많은 부분이 관계되어 있을지도 모릅니다(부분을 찾아내기 위해서는 제29장 '병을 탈바꿈시키기'를 참조하십시오). 또 우리가 모르는 것도 많이 있습니다. 어떤 특정한 사람에 대해서 우리는 프로세스를 해 보기 전까지는 그 사람의 상태가 회복될 수 있을지 **확실히는** 모르는 법입니다. 그러나 건강하게 되고 싶다면 자기 치유는 한번 시도해 볼 만한 가치가 있다고 생각합니다. 우리는 우리 모두가 작은 부분으로서 속해 있는 좀 더 거대한 계획에 대해서는 모릅니다. 하지만 바버라처럼 내면의 온전함과 평안으로 나아갈 때에는 그 한 걸음 한 걸음 그 자체가 진전인 것입니다.

 코어 트랜스포메이션 프로세스를 실행할 때 잊어서는 안 되는 것이 바버라처럼 자신의 진전을 기뻐하는 것입니다. 예를 들어, 자신이 원하고 있는 것이 곧바로 실현되지 않더라도 감사하십시오. 긴 안목으로 본다면 지금의 진전이 자신이 원하고 있는 변화에 필요한 토대를 만드는 것인지도 모릅니다. 병의 쾌유가 목표이거나 다른 목표인 경우에도 프로세스를 한 번 실행해 보고 바라는 결과를 얻지 못한 경우에는 프로세스를 반복해서 실행해 보기를 권합니다. 장기간 코어 트랜스포메이션 프로세스를 실행하면 그것이 어떤 효과를 내는지 알 수 있게 되리라 생각합니다. 심리적으로, 영적으로, 또 신체적으로, 당신에게 깊은 치유를 가져다줍니다. 다음은 이 프로세스를 반복해서 커다란 변화를 체험한 헤더의 예를 소개합니다.

⁝⁝ 헤더 : 현재를 사는 것과 성적 학대 상처의 치유

그녀는 인간관계에 문제가 있었습니다. 다른 사람이 있으면 마음은 딴 곳으로 '떠나 버리기' 때문입니다. 그녀는 이 버릇이 자기에게 아무런 도움이 안 된다는 것도, 심지어는 어째서 이렇게 되었는지도 알고 있었습니다. 그녀는 아주 어릴 적에 소아마비에 걸려서 꼼짝도 하지 못했고, 그 후에는 성적 학대를 당한 경험이 있습니다. '딴생각을 하는' 것은 그 공포에서 도망가는 자신만의 방법이었습니다. 그러나 무엇이 잘못되었고 또 그것이 어떻게 시작되었는지 아는 것은 헤더가 되고 싶은 모습으로 변하게 도와주지는 않았습니다. 코어 트랜스포메이션 프로세스를 실행한 후에 그녀는 자신이 모든 인간관계에서 좀 더 집중할 수 있게 된 것을 알게 되었습니다. 그녀는 프로세스를 세 번 반복해서 상당한 효과를 거두었습니다. 프로세스를 한 번 실행한 후에 예전의 행동이나 감정, 반응의 일부가 남아 있다고 느낀 경우에는 그 부분에 대해 프로세스를 실행해 보면 아주 큰 효과가 있습니다. 헤더는 자신의 체험을 다음과 같이 말합니다.

저는 남자들, 제 아이들, 그리고 모든 사람들과의 인간관계를 방해하는 어떤 버릇이 있었습니다. 이 버릇이 다른 사람과 친밀함을 느끼는 것을 막았습니다. 저는 이 버릇을 '초점 흩뜨리기'라고 불렀습니다. 그것은 다른 사람과 함께 있어도 자신은 거기서 심리적으로 멀어져 버리는 느낌이었습니다. 대화의 장에 존재하지 못하는 것이지요. 생각이 어딴가로 가 버려서 제가 다른 사람과 거기에 있다는 것을 잊어버립니다. 아이들은 곧잘 "엄마, 지금 멍하니 있어!"라고 말하곤 했으니까요. 저 자신은 아이들과 있을 때 멍하니 있는 것을 몰랐지만 아이들은 알고 있었습니다. 아이들이 말한 것을 반복해서 얘기할 수도 있었지만 그들은 제가 조금도 귀를 기울이지 않고 있는 것을 알고 있었습니다. 물론 아이들이 그렇게까지 얘기하게 만들어서 마음이 아팠지만, 그것보다 심각한 것은 이 버릇 때문에 남자와 친해지지 못하는 것이었습니다. 마음이 자꾸 딴 곳으로 가 버리니까 좋은 관계를 맺을 수 없었습니다. 그들과 친밀하게 될 수가 없었죠. 저는 한 번의 이혼을 포함해서 몇 차례 연애에 실패했습니다.

문제의 시작은 제가 어릴 적으로 거슬러 올라갑니다. 네 살 때 소아마비를 앓고, 일시적이나마 움직일 수가 없었습니다. 그때 저는 무력함을 체험했습니다. 제가 갖고 있는 최초의 기억은 소파에 앉아서 전혀 움직이지 못하고 있는 자신입니다. 게다가 다섯 살 때 성적으로 학대를 당했습니다. 당시에 몸은 소아마비에서 완전히 회복되었지만 소아마비를 통해 느낀 무력함은 이 학대의 경험을 더욱 강렬하게 만들었습니다. 그런 상태에서 스스로 할 수 있는 것은 아무것도 없다는 완벽한 무력함을 느꼈던 것입니다.

조금 커서 저보다 나이가 많은 남자아이에게서 이런저런 놀림과 괴롭힘을 당했습니다. 얼굴에 뱀이나 개구리를 들이대거나, 땅에 함정을 파서 빠뜨리거나, 계집애라고 놀리는 것이었습니다. 원래 저는 무력감을 느끼고 있었으므로 그런 놀림은 견디기 어려웠습니다. 저는 언젠가 그들로 인해 완전히 망가져 버릴지도 모른다는 두려움에 떨기도 했습니다. 실제로 그들이 신체적인 폭력을 가하지는 않았지만 항상 그렇게 될지도 모른다는 생각에 심리적으로 아주 고통스러웠습니다.

성적 학대를 당했을 때, 그 두려움에 대응하는 유일한 방법은 정신적으로 그곳을 떠나는 것이었습니다. 그 후에 무언가 무서운 것이 일어나면 정신적으로 그곳을 벗어나게 되었습니다. 그래서 이것이 버릇이 되었습니다. 다른 사람이 가까이 있으면 언제나 그곳을 정신적으로 벗어나 버렸습니다. 이 반응은 제 생활 전반에 걸쳐서 일어났기 때문에 저는 저 자신이 무엇을 하고 있는지조차 잊어버렸습니다. 다른 사람과 있을 때 현재에 집중하는 데 문제가 있다는 것은 알고는 있었습니다. 지금은 충격적인 체험에서 도망치려던 부분의 의도가 아주 긍정적이었다는 것을 알고 있습니다.

지난 9개월간 저는 코어 트랜스포메이션 프로세스를 세 번 실행했습니다. 한 번씩 체험할 때마다 전보다 깊은 곳에 도달했습니다. 마치 양파의 껍데기를 벗겨 가는 것 같았습니다. 성적인 학대는 상처가 깊었기 때문에 거기에 도달해서 치유하는 것은 시간이 좀 걸렸습니다. 프로세스를 진행할 때마다 '저 자신'에게 가깝게 되어 거기에서 얻는 코어 스테이트가 더욱 강렬한 것이 되었습니다. 세 번째로 할 때쯤에는 다른 학대 체험이 있었던 것을 깨닫게 되었고 덕분에 더 많이 치유되었습니다.

코어 트랜스포메이션 프로세스 덕분에 다른 어떤 사람과도 함께 있을 수 있게 되었습니다. 더 이상 도망갈 필요가 없습니다. 어딘가에 마음이 가 버리거나 그곳에서 벗어나는 일 없이 사람들과 친밀해질 수 있게 되었습니다. 저 자신의 존재를 침범당한다는 느낌 없이 다른 사람과 기분 좋게 안심하고 같이 있을 수 있게 되었습니다. 자신감을 회복했습니다. 이것은 저의 모든 친구 관계와 제 아이들과의 관계에 영향을 주었습니다. 아이들은 제가 멍하게 있는 것이 예전보다 많이 없어진 것을 눈치챘습니다. 프로세스 덕분에 마음이 온전히 아이들과 함께 있는 체험을 했기 때문에, 만약 그렇지 않은 경우에는 그 사실을 알아채고 다시 돌아올 수 있게 되었습니다.

직장에서는 영업 일로 되돌아갔습니다. 코어 트랜스포메이션 프로세스에 의해 전보다 판매 능력이 좋아졌습니다. 상대방과의 대화에 의식을 집중하기가 쉬워졌기 때문입니다.

　이혼한 남편과도 다시 만나게 되었습니다. 어떻게 될지는 모르지만 서로 문제를 잘 해결하기를 바라고 있습니다. 우리는 서로 아주 많이 사랑하고 있어요. 그와 함께 있는 것이 즐겁고, 가깝게 되는 것도 더 이상 두렵지 않습니다. 우리가 다시 한 번 함께 살게 될지는 모르지만 그와 함께 있는 것에 집중하고 친밀하게 될 수 있는 이 새로운 능력 때문에 우리는 지금의 관계를 더 즐길 수 있게 되었습니다.

⁝⁝ 말린 : 의존증의 치유

말린이 NLP(신경 언어 프로그래밍) 치료사와 치료를 시작했을 때는 알코올중독과 싸워 온 지 20년이나 되었을 때였습니다. 그는 NLP를 받기 전에는 매일 여섯 개들이 맥주 한 팩을 마셨습니다. NLP는 음주량을 줄이는 데는 도움이 되었지만 최종적으로 완전히 이 문제를 해결한 것은 코어 트랜스포메이션 프로세스를 통해서였습니다. 지금의 시점에서 알코올에 대한 의존은 거의 없어져서 우리는 이 상태가 유지되기를 바라고 있습니다. 그러나 우리는 말린을 포함해 같은 문제를 안고 있던 사람들과 했던 이 작업들이 초기 단계라고 생각하고 있습니다. 아직 장기간 추적한 적이 없기 때문입니다. 이제까지의 결과로는 시간을 두고 코어 트랜스포메이션 프로세스를 실행하면 알코올이나 약물중독, 인격 장애, 신체적·성적 학대 등의 심각한 문제에 아주 큰 효과가 있는 것으로 보입니다.

저는 이대로 계속 마시면 죽을 거라고 느끼는 지경에 이르렀습니다. 왜냐하면 벌써 20년간이나 술을 마셔 왔기 때문입니다. 더불어 저의 인생은 항상 그랬지만, 불만에 가득 차 있었습니다. 그러나 중요한 것은 알코올 문제에서 벗어나면 다른 문제도 해결되리라고 생각했던 것입니다.

이제까지 재활원에 들어가 3개월간 술을 끊은 적이 있었습니다. 2년 전입니다. 하지만 그때는 단순히 괴롭기만 하고 마시고 싶다는 마음에는 변함이 없었습니다. 저의 어떤 부분은 아직 술을 원했습니다. 제 마음은 온통 술 생각뿐이어서 너무 불행했습니다. 마시지 않는 동안에도 마시고 싶다는 생각뿐이었습니다. 당연히 오래가지 못했지요. 계속하지 못하리라는 것을 알고 있었고 그렇게 느꼈습니다.

다시 술을 마시기 시작하면서 하루 정도 술에 손을 대지 않을 때도 있었지만 이틀 연속 그러지는 못했습니다. 재활원에 가기 전 10년 동안 술을 안 마시고 사흘을 보낸 적이 한 번도 없었습니다. 병이든 아니든 개의치 않고 마셨습니다.

NLP 치료사와 세 번째 면담을 했을 때 그가 코어 트랜스포메이션 프로세스를 체험하게 도와주었습니다. 비로소 진정한 자신을 깨달은 것 같은 체험이었습니다. 제가 예전부터 줄곧 원했던 경험이었습니다. 술을 끊는 것이 중요한 문제였지만, 프로세스는 그것보다도 훨씬 많이 진행되어 제게 마음의 평화, 기쁨을 가져다주었습니다. 지금과 예전의 감정을 비교해 보면 기적이라는 말도 부족하다고 생각할 정도입니다.

지금도 예전처럼 마시지 않으면 안 될 것 같은 힘든 날도 있지만, 이제는 술을 안 마셔도 괜찮습니다. 절대로 이제부터도 마시지 않겠다고 말하지는 않겠습니다. 앞날을 어떻게 알겠습니까? 하지만 저는 이제 제 마음속에 평화가 있다는 것을 압니다. 그리고 술을 마시는 것은 이제 더 이상 문제가 아닙니다. 술을 마시는 것에 대해 고민하지 않는다고 할까요.

전에는 술이 인생 그 자체였습니다. 술을 마시고 싶다, 술을 끊고 싶다, 이런 고민으로 인생을 낭비했습니다. 하지만 지금은 술을 마셨던 적도 없는 것 같은 느낌입니다. 설명하기가 어렵네요. 이렇게 느끼는 것에 매일 익숙해지려 하고 있는 중이니까요. 이것은 마음 깊이 원했던 상태, 그리고 언젠가 일어나리라 믿었던 것입니다. 단지 어떻게 해야 좋을지 방법을 몰랐을 뿐입니다. 하루하루 점점 더 좋아지고 있습니다.

원래 술 그 자체가 문제라고 생각한 적은 없었습니다. 문제는 내면에 있었습니다. 술을 끊어도 제 문제는 해결되지 않았을 것입니다. 그러나 이 프로세스를 통해 내면에서 치유되고 자기 파괴적인 행동이 없어졌습니다. 술을 많이 마시는 것은 누구에게든 자연스러운 일이 아닙니다. 이 프로세스는 제가 원래의 모습을 되찾게 해 주었습니다. 원래의 저 자신에 가까이 감에 따라 자기 파괴적인 행동도 줄어들었습니다.

직장에서는 심지어 동료 두 사람이 "요즘 어떻게 된 거야? 콧노래를 흥얼거리지 않나, 실실 웃지를 않나"라고 하더군요. 저 스스로는 그런 변화를 몰랐지만 그들은 눈치를 챈 것입니다. 저는 원래 우울한 사람이었으니까요.

처음 얼마 동안은 매일 코어 트랜스포메이션 프로세스를 실행했습니다. 지금은 매일은 아니지만 자주 하고 있습니다. 문제가 하나 해결되면 다음 문제가 나타나니까 그것을 코어 트랜스포메이션 프로세스를 써서 해결하는 식입니다. 하면 할수록 상태가 좋아져서 아주 상쾌합니다. 하지만 좋은 기분을 느끼는 것에 익숙해지려는 것이 조금은 낯설어요.

이제까지 저는 긍정적이 되기 위한 갖가지 프로그램 테이프나 자기 최면 테이프같이 조금이라도 그럴싸한 약속이나 희망을 주는 것에 돈을 많이 들였습니다. 많은 사람들한테 속았지만 저는 희망을 놓지 못했습니다. 누군가 이 책을 읽으면 좋다, 이 테이프를 들으면 좋다고 하면 저는 당장 그것을 샀습니다. 절대로 교회나 신에 반대해서 하는 말은 아닙니다만, 아무튼 이런저런 부흥회에도 쫓아다녔고 수많은 목사님들이 제 머리에 손을 얹고 저를 고치려 했습니다. 심지어 네 시간 동안 두 명의 교회 장로가 '제 안의 악마들을 몰아내는' 기도를 하기도 했습니다. 재활원에도 갔습니다. 마음의 균형을 잡게 하고 기분을 좋게 해 주는 빛과 소리가 난다는 기계도 샀습니다. 그중에 몸을 띄워서 명상하는 부양 탱크도 샀습니다. 안 해 본 것이 없을 정도였지요.

10년 전에 정신과 의사에게서 중증의 우울증 상태로 자살의 위험이 있다고 해서 항우울제를 처방받았습니다. 저는 기분이 조금 나아졌고 예전처럼 우울하지도 않았습니다. 하지만 그것은 제가 아무것도 느낄 수 없게 되었기 때문이었습니다. 술도 끊지 못했습니다. 무언가가 마음속에서 이것은 잘못됐다, 이런 상태로 남은 인생을 좀비처럼 살고 싶지는 않다고 호소했습니다. 저희 가족 중에는 우울증 약에 의존하는 사람이 많은데, 남은 인생 동안 그렇게는 되고 싶지 않았습니다.

지금은 저의 무의식을 적이 아니라 친구라고 생각하고 있습니다. 영향력이 있는 친구죠. 전에도 말했지만 저는 항상 원래의 저 자신이 되는 것으로 치유할 수 있다고 느끼고 있었습니다. 하지만 방법을 몰랐습니다. 지금은 돼야 할 것이 되었다는 느낌이랄까, 아주 자연스럽습니다. 물론 처음에는 부자연스런 느낌이었습니다. 그런 경험은 처음이었기 때문이지요. 지금은 세상에서 제일 자연스러운 것처럼 느껴집니다. 가능성은 무궁무진해요. 저는 정말 신이 납니다. 이 기분은 예전과는 너무 달라요. 저는 지금 신이 나면서 행복하지만 차분합니다. 말이 되나 모르겠네요. 이런 느낌에 익숙해져야 했습니다. 왜냐하면 예전에도 그렇게 신이 난 적이 있었는데 그것은 진이 빠지게 신이 나는, 무언가 신경질적이게 신 나는 느낌이었습니다. 이것은 힘이 샘솟게 하는 흥분 상태로 아주 평화로운 느낌이 듭니다. 태어나서 처음으로 살아 있다는 감각을 찾은 느낌이 들어서 인생을 제대로 체험할 수 있게 되었습니다. 사물을 보는 시점이 이제까지와는 180도 달라졌습니다. 이제부터 무엇이 일어날지 모릅니다. 물론 문제도 생기겠지요. 하지만 그런 문제들은 때가 되면 알아서 해결될 것이라고 믿고 있습니다. 인생이 완벽하리라는 것이 아니라 어떤 식으로든 일이 풀릴 것이라는 겁니다. 어떤 식이 될는지, 무엇이 일어날지 모르지만, 이제는 두려워하지 않고 거기에 대처할 수 있습니다. 두려움이 사라졌어요.

또 다른 사람과의 사이에 지금까지 느낀 적이 없는 조화를 느낍니다. **그들이** 변한 것이 아닙니다. 직장에서는 지금도 심한 일을 당하는 때가 있습니다만 제가 받아들이는 방법이 변했습니다. 그들이 고의로 상처를 주려고 그러는 것은 아니라고 생각하게 되었습니다. 그냥 그 사람들은 그런 사람들인 겁니다. 그러니까 더 이상 신경이 쓰이지 않습니다. 전에는 그랬지만요. 사람들이 제 기분을 상하게 하면 저는 그들을 미워하거나 저 자신을 비하하곤 했습니다. 지금은 그저 무시할 뿐입니다.

상사는 아주 좋은 사람입니다. 우리는 친구처럼 지내지만, 무언가 안 좋은 일이 있으면 그는 아버지 같은 태도가 되어 제게 업신여기는 투로 말합니다. 예전에는 그것이 마음에 거슬렸습니다. 특히 저는 아버지와 잘 지내지 못하는 데다 아버지가 저를 그런 식으로 대했기 때문에 더 그랬지요. 그것이 마음속에 비수로 꽂혀서 저는 항상 스스로 심하게 자책하곤 했습니다. 코어 트랜스포메이션 프로세스를 실행한 후에도 그런 일이 한 번 있었지만 곧 떨쳐 버렸습니다. 원래 그런 것이라고, 아버지가 그런 행동에 어떤 의미를 담고 있는 것은 아니라고 말입니다. 그러면 그런 일들이 저를 비하시키지 않습니다.

지금 냉장고에는 맥주가 한 병 있지만, 그것을 봐도 조미료 병을 보는 것과 같은 느낌입니다. 왜 버리지 않는지 모르겠지만, 버릴 필요도 없습니다. 더 이상 상관없습니다. 이전에는 맥주가 있으면 금세 마셔 버렸지요. 이것도 제가 겪은 변화 가운데 또 하나의 멋진 점이에요. 재활원에서 제가 술을 끊으려 했을 때는 제 인생을 송두리째 바꿔야 한다는 얘기를 들었습니다. 술 마시는 사람 근처에는 얼씬도 하지 말고, 술 근처에도 가면 안 된다, 이것도 안 되고 저것도 안 된다는 식이었죠. 지금 같으면 제 의자 곁에 맥주를 한 상자를 두고 있어도 아무 문제가 안 될 겁니다.

저 자신에 대한 원망도 프로세스에서 다루었는데 반발해 분노가 솟아올랐습니다. 또 전 약혼녀인 도티에 대한 미움에 대해 두세 번 프로세스를 실행한 결과, **정말로** 그녀를 미워하지는 않는다는 사실을 알게 되었습니다. 그녀를 사랑했으니까 미워하는 것만이 그녀가 날 차 버린 것에 대한 대처법이었습니다. 저는 그 마음을 정리했습니다. 저는 또 그녀에 대해 집착하고 있다는 걸 깨달았습니다. 지금도 그녀를 사랑하고 있고 그리워합니다. 하지만 그것으로 인해 삶이 온통 엉망이 되었습니다. 그녀에 대한 생각으로 제 삶을 낭비했습니다. 이것은 좋지 않은 일이지요. 그래서 그녀에 대한 생각에 대해서도 프로세스를 실행한 결과 정말 많은 도움이 되었습니다.

아이들은 저의 변화를 눈치챘습니다. 아이들이야말로 술을 끊는다는 것이 제게 얼마나 대단한 것인지를 잘 압니다. 아이들은 태어나서 줄곧 제가 술을 끊으려고 발버둥치는 것을 봐 왔기 때문입니다. 술을 끊은 것은 아이들, 특히 딸에게 정말 큰 영향을 주었습니다. 얼마 전에 아이들이 들렀는데 다른 사람들이 차를 타러 밖으로 나갈 때 그 아이는 제 주변을 맴돌았어요. 그러더니 저를 껴안고 이렇게 말하더군요. "아빠가 술 안 마시니까 너무 좋아요." 이 말을 들었을 때 제가 얼마나 아이들을 힘들게 해 왔는지 알게 되었어요. 아빠가 천천히 스스로를 죽여 가는 것을 줄곧 봐 온 셈이니까요. 딸은 저를 많이 염려했어요. 생각만

해도 마음이 짠하지요.

말린이 자신의 내면에 만들어 낸 변화는 가족에게도 직장에도 물결처럼 퍼져 갔습니다. 그에게 재활원은 도움이 되지 않았지만 코어 트랜스포메이션 프로세스는 재활원이나 12단계 프로그램과 같이 많은 사람들을 의존증에서 벗어나게 해 온 이런저런 치유법에 간단하고 자연스럽게 적용할 수 있습니다. 또 코어 트랜스포메이션 프로세스는 12단계가 의도하는 것과 깊은 차원에서 잘 어우러집니다. 12단계 프로그램의 많은 리더 중에는 거기에 치유를 촉진하는 방법을 접목하고 싶어 하는 분들이 많습니다. 코어 트랜스포메이션 프로세스가 그 방면에서도 도움이 된다고 생각합니다.

마사: 다른 사람 돕기

마사는 몇 번이고 코어 트랜스포메이션 프로세스 세미나에 참석했습니다. 지금도 자신을 위해 이 프로세스를 이용하고 있고 다른 사람을 이 프로세스에 안내할 때도 있습니다. 최근에 그녀는 자기 어머니를 프로세스로 안내한 이야기를 전해 주었습니다.

다른 사람을 안내할 경우 상대가 다루고 싶은 문제를 상세하기 알 필요는 없습니다. 그저 지시문을 읽고, 필요한 때 달성 목표를 메모하는 것, 그것만으로 프로세스를 안내할 수 있습니다. 다른 사람을 안내할 때 가장 주의해야 할 것은 상대방이 프로세스에서 다루는 부분들, 그리고 그 부분들의 타이밍, 또한 그들이 무엇을 원하고 있는가에 관한 **부분들 자신**의 감각을 존중하는 것입니다.

코어 트랜스포메이션 프로세스에 깊이 감사하고 있어요. 얼마 전에 양로원에 입원해 계신 저희 어머니께 이 프로세스를 해 드렸습니다. 어머니는 긴 세월 동안 죽을 날을 기다리셨어요. "왜 내가 아직까지 살아 있니?"라고 언니와 저에게 묻곤 했으니까요. 죽지 못하는 것을 아주 분하게 생각했습니다. 언니도 저도 우리는 몰라도 아직 살아 있는 것에는 무언가 목적이 있다고 생각한다고 답할 수밖에 없었습니다. 하지만 그렇게 말하면 어머니는 크게 짜증을 냈습니다.

어느 날 밤 저는 이 프로세스를 어머니에게 권했습니다. 먼저, 죽고 싶다는 부분을 다루었습니다. 어머니는 잠시 아무 말도 없었는데, 제가 달성 목표를 계속해서 물었습니다. 그녀는 때때로 웃음을 짓고, 상냥하게 고개를 끄덕였습니다. 어머니는 달성 목표도 코어 스테이트도 알려주지 않았어요. 제가 알 필요는 없으니까요.

프로세스가 끝난 후에 어머니의 표정은 완전히 평화로워지고, 빛나고, 아름답게 변했습니다. 어머니는 줄곧 미소를 짓고 있었습니다. 그곳에는 언니와 동생도 함께 있었습니다. 저녁 인사를 하자 어머니는 "우리는 너희들을 사랑하고 있단다"라고 기쁜 듯이 말했습니다. 그 모습을 보니 마치 어머니가 저 세상에 있는 사랑하는 사람들과 이미 함께 있게 된 것 같았습니다. 우리 자매는 감동한 나머지 눈물을 흘리며 방을 나왔습니다.

그때 이후 어머니는 더 이상 죽고 싶다고 말하지 않게 되었습니다. 그뿐 아니라 이 세상에 있는 것을 담담히 받아들이는 것 같았습니다. 얼마 전에 돌아가시고 싶으시냐고 하니 큰소리로 웃으며 "언제 죽어도 불만은 없어. 신의 뜻이겠지. **그분**이 알려 주시겠지!"라고 말했습니다.

∴ 랜스 : 정신분열증의 치유

여기에 소개하는 것은 개인 병원에서 NLP를 전문으로 하고 있는 치료사에게 온 편지로, 코어 트랜스포메이션 프로세스를 통해 극적으로 정신분열증에서 벗어난 사례입니다. 환자는 젊은 남성이었습니다.

    랜스와 면접을 시작한 것은 그가 20대 중반이던 때였습니다. 그는 일고여덟 살 무렵부터 자신이 '정상'이 아니라고 느꼈다고 했습니다. 열세 살이 되자 자신이 다른 아이들과 전혀 다르다고 믿게 되었다고 했지요. 그는 대부분의 인간관계에서 정서적인 유대가 없었으므로 심각한 스트레스를 겪었습니다. 전기, 컴퓨터, 기계 관계의 분야에는 타고난 재능이 있어서 지적인 면에서는 아주 우수했습니다.
    고등학교 때에는 불안감이 커져서 피해망상증, 또는 운동감각성망상과 내면적인 청각성망상(자신 안에 있는 소수의 그룹이 그를 지배하고 말을 건다는)이 있었지만 어찌어찌 졸업을 했습니다. 하지만 대학에서는 불안이 너무 심해져서 여러 면에서 일상적인 생활이 어렵게 되었고 1년만에 그만둘 수밖에 없었습니다. 이때 며칠씩이나 먹는 것을 잊기도 했고, 심리 상태는 완전히 정신이 나간 상태와 극단적으로 발작적인 불안 사이를 오고 갔습니다. 또 1년이 넘게 그는 주변에 있는 것은 전부 로봇이며 자신만이 피와 살이 있는 인간이라고 믿었습니다. 불안할 때에는 (대개 그랬지만) 그의 발과 팔에 경련이 일었고 얼굴 근육은 조절할 수 없을 만큼 실룩거렸습니다. 결국에는 말도 안 되는 종교적인 망상에 빠져 자기 마음 깊은 곳에 악마가 살고 있다고 믿게 되었습니다. 그 때문에 반년간 입원을 하고 강력한 항정신제, 항우울제를 투여받았습니다.

정신병원에서 퇴원해서 부모님과 같이 살게 되었는데 가능한 한 다른 사람을 피하는 은둔자와 같은 존재가 되었습니다. 일도 계속하지 못하고 사는 동기도 없었습니다. 동기에 가장 가까운 것이라고 한다면 불안이었습니다.

그의 부모님이 랜스를 어떻게든 달라지게 해 보려고 제게 전화를 해 왔을 때 그는 다른 치료를 받고 있지 않았습니다. 그 전에는 6년간 정신과 의사에게 치료를 받았습니다. 정신과 의사는 그의 면접 시간 대부분에 몸을 잘 돌볼 것, 가족과 사이 좋게 지낼 것, 그리고 어떻게 하면 화를 안 느끼는가와 같은 것에 관해 조언을 하는 정도였습니다. 이 의사가 다른 주로 옮긴 후에 다른 의사의 치료를 받았는데, 단 두 번의 면접으로 못 고치는 병이라는 얘기를 들었을 뿐입니다. 그는 랜스에게 약을 계속 먹을 것, 좋아지는 것은 생각지도 말 것 등을 충고했다고 합니다. 이 의사는 면접을 계속해도 도와줄 수 없다고 생각해서였는지 랜스와 만나기를 꺼렸습니다.

그러나 랜스와 제가 몇 개월간 전통적인 NLP를 실행한 결과, 이런저런 증상이 개선되기 시작했습니다. 담당 의사는 항정신제를 하루에 15밀리리터에서 10밀리리터로 줄이면서 이것은 흔한 일이 아니라고 했습니다. 의사에 의하면 약을 늘리는 것이 보통이지 줄이는 일은 거의 없다고 했습니다. 랜스는 가까운 친구도 생기고, 데이트까지 즐기게 되었습니다. 불안을 느끼는 시간도 두드러지게 짧아졌습니다. 부모님과도 잘 지내게 되어 대학에도 다시 가게 되었습니다. 상황은 많이 개선되었지만 랜스는 여전히 '내 몸, 마음 깊은 곳에서 무언가 잘못됐다'라는 느낌이 있었습니다. 랜스는 이것을 검은 공같이 생긴 악마를 자기 안에서 느끼는 것으로 체험했습니다.

당시 저는 코어 트랜스포메이션 프로세스를 적용해 보기 시작한 때여서 랜스에게 시험 삼아 써 보려고 생각했습니다. '검은 공의 악마'는 결국 네 부분이 되었습니다. 그것은 고독을 원하는 부분, 그에게 지배하고 단언하는 것을 요구하는 부분, 내면의 갈등을 더욱 잘 처리해 달라는 부분, 그리고 다른 부분에게 말을 걸어 다른 부분을 상처 주고 싶다는 부분이었습니다. 이런 부분들의 코어 스테이트는 마음의 평화, 내면의 안심·충실·풍요로움, 마음의 평화(다시), 일체감을 통한 평화였습니다.

프로세스 뒤에 바로 랜스는 이렇게 말했습니다. "조금 어지러워요. 마치 새로운 눈으로 이 세계를 보고 있는 것 같아요. 내면의 부분이 전부 함께, 나와 그들을 돕기 위해 좋아지려고 노력하기로 했어요. 불안해하지 않고 자신들이 가고 싶은 곳으로 가기 위해서 새로운 방법을 찾자고 말이죠." 그는 이후에 '부모 타임라인 재학습'을 통해 부모님과의 인연의 끈을 더욱 강하게 느낄 수 있게 되었습니다.

프로세스를 실행하고 1주일 후, 그는 제게 "정상적으로 돌아온 기분입니다. 마지막으로 이 느낌을 가졌던 것은 여덟아홉 살 때였어요. 마음속이 고요해졌습니다. 이런저런 것이 즐거워서 항상 느꼈던 피로감이 없어졌어요. 1주일간 커다란 불안을 느끼지 않았습니다. 불안하게 되지 않을까 느낀 적은 있었지만 곧 없어져 버렸습니다. 2주일 전에 캠프 계획은 짐을 쌀 때 불안감이 심해져서 취소해 버렸지만, 이틀 전에는 짐을 싸도 괜찮았습니다. 기분이 아주 좋아요. 아버지와 함께 여행을 떠난다고 생각하면 기뻐서 어쩔 줄 모르겠어요. 너무 신난다고요! 어릴 때 이후 불안을 느끼지 않고 흥분했던 것은 이번이 처음이에요."

이 면담에서는 이제까지 면담에서 언제나 나타났던 랜스의 얼굴 경련과 팔다리의 경련이 거의 없어졌습니다. 그는 몇 번의 예외적인 순간을 빼면 줄곧 편안하고 평온했습니다. 생활이나 행동 면에서는 아직 많은 문제가 있지만, 그래도 이 한 번의 코어 트랜스포메이션 프로세스를 통해 그가 얻은 변화는 놀랄 정도로 컸습니다. 이제부터는 그의 삶의 여러 면을 코어 트랜스포메이션 프로세스로 다룰 예정입니다.

코어 트랜스포메이션 프로세스를 실행하고 1주일도 지나지 않아 랜스는 어렴풋이 알고 있던 아주 매력적인 여성과 마주칠 기회가 있었다고 알려 주었습니다. 평소 같으면 불안해져서 그곳에서 도망가 버렸겠지만 그때는 달랐습니다. 그녀는 마술을 하나 해 보이고는 랜스에게 따라 해 보라고 했지만 랜스는 실패하고 말았습니다. 하지만 그는 불안해하는 대신에 그녀와 옆에 있던 다른 여섯 명 앞에서 익살을 부렸습니다. 그는 불안해하지 않고 그들과 농담을 주고받았고 그 자신을 포함해 모두가 웃었습니다. 랜스는 그렇게 '익살을 부리는' 사람이 아니었어요. 그는 보통 아주 심각한 타입이었고 조금이라도 압박을 느끼면 불안해했었습니다. 그 자리를 떠나서야 랜스는 비로소 자신의 행동이 완전히 달라져 있다는 것을 깨달았습니다.

담당 의사에 의하면 약이 필요한 것은 신경화학적인 불균형을 일으키는 스트레스 반응을 억누르지 않으면 안 되기 때문이었습니다. 곧 스트레스 반응을 어떻게든 조절할 수 있다면 신경화학적으로 균형을 잡을 가능성이 있다는 뜻입니다. 랜스와 의사 그리고 저, 이렇게 세 사람은 가까운 장래에 약에 대한 의존을 없애는 것을 목표로 하고 있습니다.

저는 이제까지 많은 사람이 코어 트랜스포메이션 프로세스를 통해 좋은 방향으로 변하는 것을 봐 왔습니다만 그중에서도 랜스는 가장 극적으로 변화한 예입니다. 지금도 변화는 유지되고 있습니다. 이 결과에 따라 랜스의 사례에서 저 나름대로 몇 가지의 결론을 냈습니다. 저는 그의 상태가 정신과 의사에게서 들었던 것처럼 절망적인 것이 아닐 뿐 아니라, 상태가 더욱 좋아져 결국 랜스는 충실한 인생을 살게 될 것이라고 예상하고 있습니다. 반년 동안 그는 정신불안증 환자에서 불안감을 크게 느끼는 정도의 보통 사람이 되었습니다. 지금은 그 불안도 빨리 조절할 수 있게 될 것 같습니다.

이 장에서는 많은 사람들의 사례 가운데 몇 가지를 추려서 소개했습니다. 이런 예들을 통해서 여러분이 이 프로세스 결과의 범위와 전방위적인 성질, 그리고 일정 기간 동안 프로세스를 통해 어떤 방법으로 결과를 얻게 되었는지 이해할 수 있기를 바랍니다. 이것이 여러분이 코어 트랜스포메이션 프로세스를 활용하는 데 보탬이 되기를 바랍니다.

32 코어 트랜스포메이션과 영성

내면에서 신을 찾아내기

> 우리는 영적인 체험을 하는 인간이 아니다.
> 인간의 체험을 하는 영적인 존재이다.
> – 피에르 테야르 드 샤르댕

저의 세미나에서 코어 트랜스포메이션 프로세스를 배운 사람들 가운데 영적인 길을 탐구하고 있는 사람들은 세미나에서 간단히 체험하는 내용과 자신들이 영성의 길에서 추구해 온 것이 비슷한 것에 놀라움을 감추지 못합니다. 그들은 자신의 깊은 영성에 놀랄 정도로 간단히 접근하는 것에 대해서 깊이 감동합니다.

우리 대부분은 종교적 전통에 따라 길러졌습니다. 그리고 종교적인 것에 대해 우선 교의나 규칙을 학습했습니다. 자기 안에 있는 진실을 발견하도록 지도받는 대신에 무엇이 진실인가에 대해 설교를 들었습니다. 코어 트랜스포메이션 프로세스의 흥미로운 결과 중 하나는 '영적인 경험을 하세요'라고 사람들에게 지시하지 않고 영적인 상태에 직접 접근하게 해 준다는 것입니다. 이 프로세스는 외면적으로 규칙을 강요하는 것이 아니라 우리 고유의 내적인 정수를 더 충만하게 체험하도록 안내해 줍니다. 저(코니래)로서는 어떤 부분도 영성을 느끼는 코어 스테이트를 갖고 있다는 발견은 영적인 것이 존재하는 부정할 수 없는 증거였습니다. 우리 무의식의 부분들이 각각 특유의 형태로 코어 스테이트라는 내면의 지혜를 갖고 있다는 사실은 이론을 넘는 강렬한 충격이었습니다.

코어 트랜스포메이션 프로세스를 실행하면 강한 신념이나 규칙을 덜 필요로 하게 됩니다. 전 장에서 맥스는 결혼하고 싶다고 생각한 완벽한 이상형에 대한 기대나 믿음이 어떻게 훨씬 유연하게 되었는지 보여 주었습니다. 그는 이것을 의식적으로 골똘히 생각해서 새롭게 결정하지 않았습니다. 그저 코어 트랜스포메이션 프로세스를 실행한 자연스런 결과였습니다. 코어 스테이트에서 비롯된 삶을 살면 우리가 지닌 많은 수의 고지식한 믿음들이 더 이상 필요 없게 됩니다. 또 영성이나 종교에 대한 강한 신념도 코어 스테이트가 주는 보편성을 체험하는 것에 따라 좀 더 이해심 많고 유연한 것이 됩니다. 우리가 영적 영역에 관해 알고 있는 것은 정말 작은 일부에 지나지 않습니다. 정말 영적인 것이 무엇인가에 대한 강한 믿음 체계에 집착하는 것은 많은 잘못을 범할 수 있음을 우리는 잘 알고 있습니다. 종교적인 열의 때문에 얼마나 심각한 일들이 벌어져 왔는가를 우리는 역사책에서, 그리고 날마다 뉴스에서 알 수 있습니다.

영성에 관해 신념이 너무 강한 것이 영적인 상태를 체험하는 데

장애물이 될 수도 있습니다. 우리 내면의 부분들이 주는 영성은 일반적으로 우리가 영성은 이러이러해야 한다고 '이해하려고' 노력할 때 우리가 마음에 품었던 것과는 질적으로 조금 (때로는 많이) 차이가 있습니다. 저와 작업한 리처드라는 남성은 몇 년이나 영적인 수행을 해 왔던 사람입니다. 그는 자기 내면 부분들의 코어 스테이트가 모두 '(신의) 광채 안에 있기'라고 확신했습니다. 그것이 그가 명상에서 원했던 상태였기 때문입니다. 하지만 무의식의 부분에게 **그들이** 무엇을 원하는가를 묻자, 있는 그대로 괜찮다는 것, 고요하게 중심이 잡힌 상태와 같은 중요한 코어 스테이트가 발견되었습니다. 이런 것들은 비교적 덜 숭고하고 신비적으로 들릴 수 있지만 그에게는 훨씬 더 확고하고 현실적인 체험이었습니다. 이것들은 그가 온전함으로 나아가기 위해서 먼저 필요했던 상태였습니다.

다음에 소개하는 로렐은 오랜 시간 동안 영성의 스승에게 귀의해서 매일을 명상으로 보내고 있었습니다. 그녀는 영적 성장이 무언가에 방해받고 있다는 것을 느끼고 코어 트랜스포메이션 프로세스를 적용해 보았습니다. 아래에 로렐의 얘기를 소개합니다.

저는 영성의 스승에게 깊게 귀의해서 마치 사랑에 빠져 있는 것 같은 저의 부분과 작업을 했습니다. 스승과 말을 하면 저는 그 뒤에 며칠이나 거의 제정신이 아니게 되어 황홀하고 행복했어요. 하지만 현실감을 잃고 일상생활을 제대로 하지 못했고, 나중에는 언제나 그 흥분 상태에서 내려왔습니다. 저를 위해서는 이것이 도움이 되지 않는 지경에 이르렀습니다. 거기서 저는 영적 체험을 스승과 있을 때 갖게 되는 '(저의) 밖에 있는 예외적인' 것이 아니라 좀 더 안정되게 제 안에서 갖고 싶어졌습니다. 또 영성을 다른 세계뿐 아니라 현재의 세계에도 굳건히 뿌리 내리고 있는 무언가로 체험하고 싶었습니다.

저의 이런 열성적인 부분의 첫 번째 달성 목표는 '행복하기'였습니다. 그 뒤에 오는 달성 목표 사슬은 '완전한 고요', '신과 함께 있기', 다음의 목표는 '나 자신의 혼과 합체하기'였습니다. 저는 처음에 이것이 너무 대단했기 때문에 코어 스테이트라고 생각했습니다. 하지만 그 부분에게 더 중요한 무엇을 원하느냐고 묻자 그 응답으로 제가 '그저 있음'이라고 부르는 상태가 왔습니다. 이것은 정말 말로 표현하기가 거의 불가능해요. 왜냐하면 이것은 완벽한 정지 상태, '있음'의 상태였기 때문이지요.

저는 그때까지도 깊은 영적 체험을 한 적이 있습니다만 이 '그저 있음'이라는 코어 스테이트는 현상을 넘어 전혀 새로운 세계로 저를 옮겨 놓았습니다. 그냥 있었습니다. 그저 있음이라는 상태는 저의 많은 부분이 줄곧, 아마 몇 번의 삶을 거치면서 계속 원해 왔던 것처럼 느껴집니다. '나는 다른 것을 할 필요가 없어. 그저 있는 그곳으로 그저 가면 돼'라는 감각이라고 할까요? '자기 계발 입문 강좌'처럼 들릴 수도 있지만 저에게는 그것을 실제로 체험하고 거기에 언제라도 있을 수 있다는 것은 새로운 깨달음이었습니다. 이것은 붕 떠서 다시 꺼져 버리는 것과 같은 흥분 상태가 아니라 존재하는 것의 공간인 것입니다.

제 바깥에서 영성이나 신을 찾으려 하는 것 같은 느낌이 들면 저는 그 대신에 그저 있는 그곳으로 갑니다. 그곳은 내면도 외면도 아닌 그저 있는 곳입니다. 이 체험을 해서 얼마나 감사하고 있는지 모릅니다. 제게 이 프로세스는 제 영성의 스승과 하는 공부를 도와줍니다. 저는 여전히 영성을 찾는 길에 정진하고 있습니다. 하지만 이제는 좀 더 성숙한 차원, 더욱 고요하고 중립적인 장소에서부터 비롯되어 하고 있는 느낌입니다. 그저 있는 그 장소에서부터 영적인 것과 연결되는 것이 훨씬 쉽습니다. 왜냐하면 다른 곳에 갈 필요 없이 그것은 언제나 거기에 있으니까요.

∷ 엉뚱한 곳에서 신을 찾다

몇천 년도 전부터 영적 스승이나 종교적 전통은 "신은 어디에나 있다"라고 말해 왔습니다. 우리 인간의 눈에는 그런 현실을 받아들이는 것이 쉽지만은 않습니다. 세상에 있는 악마 속에도 신이 존재한다니, 그런 곳에 있어도 괜찮은 것일까요? 신이 존재한다는 것을 생각조차 할 수 없을 정도로 심한 상황도 있습니다. 확실히 신을 발견하기 위해서는 조금이라도 '나쁜' 기운에서 벗어나는 것이 좋은 방법이라고 생각하기 쉽습니다. 이 종교적이고 영적인 사람들은 이런 생각에서 이른바 악마, 죄, 또는 뉴 에이지(1960년대 미국의 캘리포니아를 중심으로 일어난 영적 각성 운동─옮긴이)의 언어로 말하면 '부정적인 것(negativity)'에서 떨어지는 방법을 취했습니다. 그러나 자신의 안에 있는 악이라 불리는 부분을 자기에게서 잘라 버리는 것은 내면적인 분리와 갈등을 일으킵니다. 우리는 균형 잡히고, 온전하며, 사랑에 찬 방법으로 행동하고 감정을 느끼려고 노력합니다. 우리의 어떤 부분들이 그렇게 원하지 않더라도 말이지요. 이런 접근은 내면에 갈등을 만들어 내고 우리의 부정적인 생각, 분노, 그리고 욕망을 통제하거나 무시하게 합니다. 하지만 우리 대부분은 이런 방법이 도움이 되지 않는다는 것을 알고 있습니다. 우리는 자신 안의 '선한 것'과 완전히 조화를 이루었다고 느끼지 못합니다.

글로리아는 마을에서 무척 존경받고 있습니다. 그녀는 신앙심이 깊었고 꼬박꼬박 교회에 나갑니다. 그녀를 알고 있는 사람이라면 누구나 그녀를 칭찬합니다. 그러나 그녀는 심각한 문제를 억누르고 있습니다. 발작적으로 분노에 휩싸이는 것입니다. 그럴 때면 아이들에게 크게 화를 내거나, 때로는 소리를 지를 때도 있습니다. 그녀는 자신이 아이들에게 상처를 주는 것이 아닐까, 다른 사람이 이 일을 알게 되지나 않을까 두려워하고 있었습니다. 영적으로 성장하기 위해서 노력하고 있었지만, 사랑하려고 노력한 나머지 자신의 화를 억누르고 있었습니다. 분노를 억누르려고 하다가 결국은 그것을 통제하지 못하고 분노에 '지게' 됩니다.

글로리아의 예는 우리가 흔히 겪는 것입니다. 우리 자신이 그렇게 되고 싶은 훌륭한 사람의 모습에 자기를 억지로 끼워 맞추려고 노력했는데 결과적으로 '좋지 않은' 면이 그대로 있거나 오히려 더 커진 것을 발견합니다. 하지만 실제로는 '좋은' 성질과 '나쁜' 성질, 그 어느 쪽도 균형을 잃은 것은 마찬가지인지도 모릅니다. 예를 들어 제가 사람에게 잘하려는 것에 집착해서 심지어 화를 느낄 때도 그렇게 행동하면 다른 사람들은 그것을 '좋은' 성질이라고 볼 것입니다. 그러나 사회적으로 용인되는 것이라고 해서 균형이 잘 잡혀 있는 것이라고 할 수는 없습니다. 자신의 감정의 균형이나 자신에게 진실한 것을 희생하면서 인간관계나 이미지를 유지하기 위해서 보기 좋게 행동하는 것이기 때문입니다. 다른 부분들을 질식시키면서도 특정 행동이나 감정을 자신에게 강요할 때는 반드시 균형을 잃게 되는 법입니다. 이런 행동이나 감정에는 올바른 사람 되기,

성공하기, 부자 되기, 지적으로 되기, 아름답게 되기, 용기를 갖기, 스타일을 좋게 하기, 친절하게 되기, 너그럽게 되기, 감정적으로 차분하기 등이 있습니다. 목표로서는 모두 훌륭할지 모르지만 거기에 집착하면 균형을 잃어버리고 맙니다.

우리는 영성의 길을 걸을 때 종종 분명한 장소에서 '신'을 찾습니다. 다시 말해 자신 안에서도 타인에게도 **이미** 사랑이나 자비, 평화 등을 느끼고 있는 부분에 주목하는 것입니다. 하지만 이것은 '좋은' 감정을 느끼려고 하기 때문에 거기에 맞지 않는 부분을 무시하는 것이 됩니다. 그리고 이것이 영적인 상태와 일상생활을 둘로 나눠 버립니다. 자신을 '좋은' 부분과 '좋지 않은' 부분으로 나누는 것이지요.

영적인 상태는 그것 자체로는 훌륭한 것이긴 하지만 현실감 있는 것이 아니며, '영적이지 않은' 일상생활의 부분들, 예를 들어 참을성 없음, 화, 짜증, 질투, 비난, 그리고 다른 부정적인 행동, 감정, 반응에서 분리되는 결과를 낳습니다. 이런 것들이 인간으로서 살아가는 한 피할 수 없는 부분인데도 말입니다. 받아들이기 어렵다거나 영적이지 않다고 우리가 재단한 부분은 억압당하게 됩니다. 그 결과, 그 부분의 문제는 해결되지 않고 영적 상태와의 연결고리도 갖지 못하게 됩니다. 한편 '영적'인 부분마저도 '영적이지 않은' 부분에서 거리를 두기 위해서 우리에게서 떨어져 나온 채 있게 됩니다. 이런 식으로 우리의 영적인 고갱이를 추구하는 것은 실제로는 우리를 약하게 만듭니다. 감정이나 욕망 또는 원하지 않는 다른 반응을 '이건 내가 아냐. 나는 이런 것들보다 훨씬 위대한 존재야!'라고 하며 '버릴 때' 우리는 조금씩 작아집니다. 활력도 본질적인 부분도 조금씩 잃어버리고 우주의 진실에서 멀어져 가게 됩니다. 자신의 '어두운 부분'을 억압하는 것에 의해 실제로는 영적 성장을 방해하는 셈이 되는 것입니다.

코어 트랜스포메이션 프로세스에서는 자신의 가장 나쁜 결점에서 **시작**합니다. 자신의 가장 싫은 부분, 가장 나쁜 곳에서 출발해서 그 나쁜 부분에서 도움을 받아 신(神)을 발견하게 됩니다. 곧 이것은 영적인 것과 실제의 일상적인 것과의 통합이라고 말할 수 있겠지요. 영성을 자신과는 다른 것으로 해서 체험하는 것이 아니라 자신의 약점, 나쁜 습관, 우리가 가지고 있지 않았으면 하고 바라는 부정적인 감정이나 행동의 근원에서 발견하는 것입니다. 코어 트랜스포메이션 프로세스는 영적인 상태를 하루에 몇 시간 또는 일주일에 며칠이라고 정하거나, 특정 활동이나 건물의 어떤 방들에 한정하지 않고 실제 삶의 상황들에서 이런 영적인 상태를 실현하는 것입니다.

이런 약점을 근본적으로 변화시키는 과정에서 본질적으로 자신을 긍정하는 마음이 점차로 나타납니다. 프로세스에서는 '내가 싫다고 생각하는 어떤 단점이나 감정도, 실제로는 그 안에 신〔선(善)〕을 담고 있다'는 메시지가 들어 있습니다. 곧, 이 프로세스는 우리의 무의식에게 모든 부분에 숨겨져 있는 영적인 핵심이 자동적으로 우리를 변화시키도록 가르칩니다. 신경에 거슬리는 모든 특성, 모든 '영적이지 않은' 행동, 사고, 감정도 실제로는 우리의 영적인 본질을 체험하는 길이 됩니다. 우리는 자신의 어두운 부분이 잠재적으로는 우리 존재의 근원으로 인도해 주는 멋지고 풍요로운 우리의 모습이라는 것을 체험합니다.

세 가지 영적 진실

대부분의 종교에는 영적 지도자에 따라 표현하는 방법이 다를지 몰라도 세 가지의 공통된 진실이 있습니다. 그중에 가장 중요한 것은 제4장 '다섯 가지 코어 스테이트'에서 논의한 모든 것이 하나(oneness)라는 메시지입니다. 융은 그가 체험한 '하나 됨'을 다음과 같은 말로 표현했습니다. "때로 나는 내가 풍경 위에, 그리고 사물의 내부에 퍼져 있는 듯한 느낌이 든다. 동시에 나무 하나하나 속에, 파도의 부서짐 속에, 구름 속에, 오고 가는 동물 속에, 계절의 변화 속에 살아 있다고 느낀다."

또 다른 영적 진실은, 많은 조직화된 종교에서는 이미 없어져 버린 것입니다만 관용(acceptance)과 자비(compassion)입니다. 이것은 자신이나 타인을 재단하는 것을 버리는 일로서 자신의 약점도 포함해서 자신도 타인도 깊은 수준에서 받아들이는 것입니다. 저는 저 자신이나 타인을 재단하면 금세 저 자신이 긴장해서 굳어지는 것을 느낍니다. 무언가에 대해 비판적으로 판단하는 것은 에너지를 소모하고 활력을 빼앗습니다. 받아들이면 모든 면에서, 즉 신체적으로도, 감정적으로도, 정신적으로도, 영적으로도 편안해집니다. 내면에서 하나 됨과 기쁨을 느끼고, 에너지를 더욱 유익한 곳에 쓰게 됩니다.

하지만 받아들이는 것, 판단하지 않는 것을 **무리하게 강요**하면 그것도 하나의 규칙이 되어 긴장과 경직을 불러일으킵니다. 자신이나 다른 사람을 재단한 것을 깨달았을 때마다 그것은 우리가 더욱 커다란 자비를 품을 잠재력이 있는 장소를 자기 안에서 발견했다는 뜻입니다.

사물을 더욱 받아들이게끔 되는 것은 지금의 자신이 아닌 것이 되려고 노력하는 것에서보다 지금의 상태를 인정하는 것에서 시작하는 것이 좋습니다. 완전히 받아들인다는 의미는 우리 안에서 일어나는 것과 세계에서 일어나고 있는 것을 모두 받아들이는 것입니다. 그것은 모든 것을 좋아하고 용납한다는 것이 아니고, 세상을 더 좋게 하려는 것에 대해서 수동적이 되는 것도 아닙니다. 그것은 모든 것, 심지어는 끔찍해 보이는 일들 안에도 있는 '신'과 주파수를 맞추는 것입니다. 우리는 그것이 우리를 사랑하고 감싸는 커다란 계획의 일부라는 것을 알기 시작했습니다. 어른이 자동차가 질주해 오는 길에 있는 어린이를 난폭하게 잡아 끌어내면 아이는 그 난폭함이나 자신이 가고 싶은 곳에 가는 것을 방해받은 것에 대해 상처받고 화가 나겠지요. 아이는 어른이 자기를 구해 주었다는 것을 깨닫지 못할지도 모릅니다. 같은 식으로 우리는 이 우주에서 삶이 어떻게 펼쳐지는지 잘 알지 못할 수 있습니다. 하지만 우리는 삶이란 우리 자신보다 크고 완벽하게 펼쳐지고 있다는 의식을 가질 수는 있습니다. 이것이 **있는 그대로**를 근본적으로 받아들이는 것입니다. 인생이 난폭하게 우리를 휘두를 때, 사실은 그것이 우리의 목숨을 구해 주었을지도 모른다는 것을 알게 됩니다. 우리가 모든 것을 받아들이는 것으로 삶을 살면 우리는 세상에 대해 친절함과 자비를 품고 반응할 수 있게 됩니다.

세 번째 영적 진실은 내려놓는(surrender) 것입니다. 자신의 행동에 대해 생각할 때, 그것이 나 자신의 의지, 선호, 그리고 욕구에서 비롯되었다고 생각할 수 있습니다. 아니면 내가 그 일부인 더욱 커다란 목적에 귀의하는 것으로 나 자신을 체험할 수도 있습니다. 자신의 의지를 버리는 복종에 비해서 이런 종류의 내려놓음은 나 자신과 나의 의지를 나보다 훨씬 큰 것에 맞추는 것입니다. 나의 행동, 움직임, 생각은 따로 떨어진 나 개인의 의지보다는 점차 더 큰 전체와의 연계 속에서 일어나게 됩니다. 하지만 이런 종류의 내려놓음은 '성령'이 나를 움직일 때까지 아무것도 하지 않고 기다리는 것과 같은 수동적인 것이 아닙니다. 오히려 하나 됨의 마음가짐에서 자연스럽게 움직이고 그것과 조화를 이루면서 움직이게 하는 것과 같이 아주 역동적인 것입니다.

하지만 '받아들이기'도 '내려놓기'도 첫 번째 진실인 '하나 됨'이 자연스레 확대된 것입니다. 재단하는 것은 재단하는 것과 재단당하는 것 사이에 분리가 있다는 것을 처음부터 가정하고 있습니다. 만일 깊은 영적인 진실로서 내가 정말 모든 것과 하나라면 재단하는 것은 말도 되지 않습니다. 나 자신이 모든 것과 하나라는 체험을 하면, 이것은 자신이 보통 생각하는 자기보다 훨씬 커다란 체험인데, 나는 이 더 큰 의식에서 행동하게 됩니다. 이것은 어떤 의미에서 나는 '나를 내려놓고' 내 안에 있는 것, 일체의 것, 더욱 진실된 나인 것을 받아들이는 것입니다.

그런데 만일 우리가 이미 체험한 영적 상태에서 시작해서 그것을 균형을 잃은 부분에 부과하면 그 영적 체험 자체는 긍정적인 것이었어도 아무래도 강제적인 성질을 띠게 됩니다. 그 부분이 정말로 원하고 있는 코어 스테이트는 성질과 원인 면에서 조금이라도 다른 것일지 모릅니다. 우리가 내면에서 발견한 코어 스테이트들의 이름이나 성질은 천차만별이지만, 그 체험에는 공통된 것이 있습니다. 그것은 '하나 됨', 다시 말해 '모든 것과의 연결'입니다. 우리의 결점과 우리의 불균형한 부분들을 통해서 코어 스테이트에 도달하는 것은 중요한 의미가 있습니다. 이것이야말로 우리 내면의 변화가 유기적이고 실제적이며 이미 내면에 있던 것을 드러낸다는 것을 확실히 보여 줍니다.

33 코어 트랜스포메이션을 우리 삶에 통합하기

코어 스테이트는 늘 우리와 함께한다

> 샐러드를 만들 때, 마음속으로 저의 코어 스테이트를 그 야채들과 연결시킵니다.
> 그러면 코어 스테이트를 먹고 있는 기분이 들어요!
> 저의 코어 스테이트는 샤워 물 안에서도, 제가 가꾸는 화단에도 있습니다.
> 이러니까 세상이 정말로 친밀한 곳으로 여겨집니다!
> – 사만다

코어 트랜스포메이션 프로세스에서 최고의 결과를 끌어내는 것은 이 프로세스를 줄곧 계속해서 쓰는 사람들입니다. 이 프로세스가 도움이 된다고 느끼는 한, 매일이라도, 한 주에 몇 번이라도 실행해 쓰시길 바랍니다. 이것은 여러분의 안에 있는 코어 스테이트들과 더 깊게 연결되는 즐거운 시간이 될 것입니다.

  최초의 변화는 코어 트랜스포메이션 프로세스를 처음부터 끝까지 한 번 실행한 후에 일어납니다. 대개는 자신이 원하고 있던 특정한 변화입니다만 생각해 보지도 않았던 좋은 변화가 일어나는 경우도 있습니다. 모든 사람이 첫 회에서 현저한 변화를 체험하는 것은 아니지만 이것을 계속하는 사람은 반드시라고 말해도 좋을 정도로 인생이 변합니다. 만약 이 프로세스를 긴 시간 동안 반복해서 시험해 보고, 생각한 것과 같은 변화가 일어나지 않는 경우에는 세미나에 참가해서 이 프로세스에 숙달된 사람의 도움을 받는 것이 좋습니다. 이것은 여러분 내면의 부분들과 코어 스테이트에 마음을 집중하여 어떤 부분과 작업을 할 것인지를 결정하는 데 도움을 줄 수 있습니다. 또 이 프로세스를 깊이 체험해서 효과가 있었던 사람의 사례에서 참고할 만한 것을 배울 수도 있습니다.

시간을 두고 코어 트랜스포메이션 프로세스를 몇 번이고 반복하면 심도 깊은 변화가 일어납니다. 여러분이 최고의 결과를 원한다면 한동안 매일 이 프로세스를 개인적인 훈련으로 실행하기를 권합니다. 저(코니래)도 한때는 7개월 동안 매일 적어도 한 번은 프로세스를 실행하기로 결심한 적이 있습니다. 일단 프로세스에 익숙해지자 한 번 하는 데에 보통 15분밖에 걸리지 않았습니다. 이것은 항상 마음을 쉬게 해 주고, 종종 심오한 내면의 상태로 저를 인도해 줍니다. 제가 이 결심을 성실히 지키면서 저는 제 안에 있는 미세한 겹겹의 층들을 포용하고 포함하는 저 자신을 발견했습니다. 제가 도달했던 코어 스테이트들은 점점 발전했습니다. 처음에 저는 많은 고객들이 발견하고 흥분해서 제게 말해 주었던 영적 상태에는 도달하지 못했습니다. 그래서 그들이 영적 신념이 있으니까 사물을 그런 식으로 해석하고 있겠지 하고 생각했습니다. 하지만 작업을 계속하며 저 자신의 많은 부분을 상대한 결과, 저도 얼마 후 영적이라고밖에는 말할 수 없는 상태에 도달했습니다. 이런 영적 상태는 모두 **하나 됨**이라는 성질을 갖고 있었습니다. 이것으로 저는 깊은 편안함을 맛보았고, 동시에 이때까지 영성의 스승들이 말하고 써 왔던 것을 이해할 수 있게 되었습니다. 그 뒤에도 프로세스를 계속함에 따라 코어 스테이트가 점점 더 깊어져, 더욱 높은 차원의 하나 됨이라고밖에 설명할 수 없는 곳까지 도달하게 되었습니다. 프로세스를 오래 계속하고 있는 다른 분들에게도 제가 경험하고 있는 것과 같은 발전이 있다는 것을 알 수 있었습니다.

그런데 여러분 안에 있는 부분이 어쩐지 일상적인 것으로 들리는 것을 원할 때, 미리 앞서 나가서 영적인 상태를 강요하지 않는 것이 중요합니다. 당신 앞에 나타나는 코어 스테이트의 하나하나를 받아들이는 것은 다음 차원을 확실히 체험하기 위한 기초가 됩니다. 당신은 또한 어떤 주기를 겪는 것도 예상할 수 있습니다. 때로는 아주 영적인 부분을 몇 개 찾아낸 후에 일상적이라고 생각되는 것을 원하는 부분을 만나게 되는 경우도 있습니다. 이런 경우에는 그 코어 스테이트로 다시 한 번 프로세스를 반복함으로써 더욱 새로운 차원을 체험할 수 있는 준비를 할 수 있습니다. 운 좋게도 우리 내면의 예지는 그때 가장 필요로 하는 코어 스테이트를 알고 있습니다. 우리의 부분이 원하는 것은 어떤 것이라도 예전에 우리가 우리 자신에서 잘라 낸 부분이므로 다시 받아들일 필요가 있습니다.

물론 코어 트랜스포메이션 프로세스가 당신을 완벽한 인간으로 만들어 주는 것은 아닙니다. 그러나 거의 확실한 것은 반복해서 프로세스를 실행하는 것으로 당신은 더 높은 수준의 내면의 예지에 도달할 수 있다는 것입니다.

∷ 매일 실행하기

코어 트랜스포메이션 프로세스를 매일 실행하는 경우, 매일 같은 시간에 해서 그것이 습관이 되게 하면 가장 효과적입니다. 특히 여러분이 한 번에 몇 달 정도를 하려는 경우는 더더욱 그렇습니다. 어떤 방법이 여러분에게 제일 좋은지 이래저래 실험해 보십시오. 아침에 일어나자마자 하는 것이 좋을지도 모르고 밤에 자기 전에 하는 것이 좋은 사람도 있겠지요. 또는 낮 시간에 잠시 휴식을 취하고 싶은 사람은 그때가 좋을지도 모릅니다. 명상 시간을 정해 두고 있는 사람은 매일 명상 시간에 이 프로세스를 함께 해도 좋을 수 있습니다. 워크숍에 참가한 사람 중에는 매일의 명상에 이것을 넣어서 함으로써 명상의 목표 달성에 도움이 되었다고 하는 사람도 있습니다. 그들 중 어떤 사람은 이미 깊은 명상 상태에 들어갈 수 있었지만 아직 어떤 부분들이 뒤에 남겨져 있다고 느꼈습니다. 코어 트랜스포메이션 프로세스를 매일 실행하면, 우리의 모든 부분들이 강력하게 변화를 일으키는 상태를 체험할 수 있습니다.

   저는 지금껏 때로 몇 개월간에 걸쳐 거의 매일 이 프로세스를 혼자서 실행해 왔습니다. 이것을 몇 번이고 반복한 후의 일입니다. 어느 날, 차를 몰고 있었습니다. 저는 그때 무엇 때문인지 마음이 흔들렸습니다. 그런데 그것에 대해 의식적으로 생각하기도 전에 단번에 일련의 상태를 거쳐서 아주 기분 좋은 상태에 도달했습니다. 그것은 마음이 흔들리게 했던 부분이 갖고 있던 코어 스테이트였습니다. 그다음에는 이 코어 스테이트가 달성 목표들을 씻어 주는 것을 느꼈습니다. 항상 이렇게 빨리 모든 것이 일어나지는 않습니다. 종종 저는 하나의 부분과 좀 더 확실히 작업하는 식으로 돌아갑니다. 하지만 프로세스를 몇 번이고 반복하면 우리가 인생을 체험하는 방법이 달라집니다. 어떤 일이 일어나도, 심지어 그때 균형을 잃고 있다고 느껴도, 무의식 차원에서 깊은 곳에 있는 달성 목표와 코어 스테이트를 느끼기 시작합니다. 우리는 그것들이 거기에 있다는 것을 압니다. 우리가 거기에 도달하기도 전에 말이지요.

∴ 린지의 사례

다음은 린지라는 여성이 이 프로세스를 매일의 생활에서 실행하고 있는 것에 대한 얘기입니다.

얼마나 코어 트랜스포메이션 프로세스에 감사하고 있는지, 도대체 말로는 표현할 수 없어요. 이 프로세스를 배운 덕분에 아주 어려운 시기를 넘길 수 있었어요. 저는 우리 회사와 다른 회사 사이에서 중대한 프로젝트를 두고 아주 민감한 협상의 책임을 맡고 있었습니다. 협상을 진행하기 위해서 우리 회사의 여러 주요 인물들의 합의가 필요했습니다. 그런데 계약 협상을 할 때 그중 몇 명이 제가 보기에는 쓸데없는 자존심을 세웠습니다. 그들은 몇몇 그럴싸한 걱정거리를 늘어놓았지만 기본적으로 특별히 자신들에게 이익이 되는 양보를 받아 내지 않으면 합의를 보는 것에 반대한다는 입장이었습니다.

하루 종일 이런 사람들과 회의를 하며 보낸 날 밤, 저는 울면서 잠들었습니다. 저는 너무 짜증이 났죠. 이 계약이 우리 회사의 목표를 달성

하는 데 정말로 도움이 되리라는 것을 알고 있었기 때문입니다. 회사의 비교적 적은 자원을 사용하면서 사원들에게 도움을 주고, 한편으로는 사회에도 도움이 되는 것이었습니다. 이런 훌륭한 프로젝트를 날려 버릴지도 모를 판이었습니다.

저는 제가 알고 있는 모든 부분에 대해 코어 트랜스포메이션 프로세스를 실행하기 시작했습니다. 짜증 나는 부분, 계약을 놓치게 될까 봐 화가 난 부분, 어떤 사람이 저를 대하는 방식에 대해 상처를 받은 부분 등이었습니다. 몇 분 안에 저의 상태는 완전히 변했습니다. 안심과 느긋함이 말 그대로 저를 씻어 내려 주었습니다. 저는 그것을 몸 전체에서 느꼈습니다. 코어 스테이트에 아직 도달하지도 않았는데 말입니다. 때로는 잘 진전이 되지 않을 때도 있었지만 그때는 제 무의식에게 저를 존중하는 방식으로 계속 나아가도록 부탁했습니다.

프로세스 전체를 다 하지 않아도 효과를 볼 수 있다는 것에 새삼 놀랐습니다. 프로세스의 일부를 한 것만으로도 무척 기분이 안정되어 잠들 수 있었습니다. 그리고 악몽이 아니라 좋은 꿈을 꾸었습니다. 그리고 이 체험을 통해서 이 프로젝트에서 정말 중요한 것이 무엇인지 더 깊이 이해하게 되었습니다. 마치 중요하지 않은 것은 전부 없어지고 중요한 것만 남은 것과 같았습니다. 지금 저는 내면에서 아주 명확해져서, 참가자가 모두 좋아할 합의를 찾든가 아니면 계약을 포기하든가 선택해야겠다고 생각합니다.

이 프로세스를 배우기 전에는 이렇게까지 명확히 사물을 보는 방법을 몰랐습니다. 저는 이 프로세스를 제 삶에서 아주 실용적으로 쓸 수 있다는 점이 정말 마음에 듭니다. 어려운 상황이 닥쳤을 때, 또는 '원치 않는' 반응이 일어날 때, 이 프로세스가 그것들을 무시하거나, 한쪽에 치워 두거나, 애당초 그런 문제를 안고 있는 자신이 나쁘다는 죄책감을 갖거나 하지 않고, 그런 문제들을 인정하고 긍정적으로 활용할 수 있는 길을 제시해 준다는 것을 아는 것만으로도 마음이 놓입니다.

∴ 모든 산에 오르기

코어 트랜스포메이션은 한 번 하고 마는 행사가 아니라 하나의 과정입니다. 그러므로 어떤 차원에 도달하면 다음 것이 기다리고 있습니다. 제 체험을 말씀드리자면, 마치 큰 산을 오르는 것과 닮았습니다. 저(코니래)는 아홉 살 때 처음으로 파이크 피크라는 산에 올라도 된다고 허락을 받았습니다. 가장 작았던 저는 산에 오르기 시작할 때부터 가슴이 두근거렸습니다. 처음부터 정상이 보이지 않는다는 것을 알고 있었지만 그곳에서 보이는 가장 높은 정상을 향해 오르는 것이 기뻐서 견딜 수 없었습니다. 우리는 처음의 '언덕' 정상을 향해서 걷기 시작했습니다. 그 정상에 도달했을 때, 모두들 거기까지 올랐다는 것을 기뻐했습니다. 거기서 보자, 다음 언덕이 보였습니다. 그것은 산의 정상으로 가는 길에 있는 언덕이었습니다. 그렇게 해서 거기에 도달하니 더욱 높은 봉우리가 보였습니다. 이렇게 해서 결국 모두 여덟 개의 언덕을 '발견한' 뒤에야 이것들이 우리를 파이크 피크 정상으로 인도했습니다.

이처럼 당신의 내면에 있는 '정상'이 나타날 때마다, 거기에 도달한 자신을 충분히 인정해 주고 감사를 선사하세요. 그리고 당신이 얼마나 먼 길을 왔는지 느끼십시오. 하나의 정상에 도달하면 다음 것이 확실히 눈에 보이게 됩니다. 우리 내면의 진전이 우리로 하여금 지금 감당할 수 있는 새로운 단계를 깨닫게 해 줍니다. 우리가 아는 한 내면의 여정에서는 '제일 높은' 봉우리라는 것은 없습니다.

무엇보다도 코어 트랜스포메이션 프로세스는 당신이 어둠이라고 생각했던 것 안에 있는 여러분 자신의 빛을 발견하도록 도와주기 위해서 만들어진 기쁘고 쉽고 신나는 과정이라는 것을 기억하세요.

지은이_

코니래 안드레아스 박사

코니래 안드레아스는 30년간 개인의 성장 분야의 리더로서 서적이나 교육 활동을 통해 이 분야에 공헌해 왔다. 이 책 외에도 《마음의 핵(Heart of the Mind)》(공저) 등 많은 훌륭한 책을 썼다. 남편인 스티브 안드레아스와 함께 세계 유수의 NLP 트레이닝 센터로 알려진 NLP Comprehensive를 창립했다. 그녀가 쓰거나 편집한 책은 14개 언어로 번역되었다. 코어 트랜스포메이션 트레이닝 팀을 지원하면서 아들 셋을 키웠고, 현재는 미국 콜로라도 주 볼더 근교에서 남편, 막내 아들과 살고 있다.

타마라 안드레아스

타마라 안드레아스는 뛰어난 세미나 리더로서 국제적으로 활약하고 있으며 자신의 회사를 운영하고 있다. 그녀는 언니 코니래 안드레아스가 처음 개발한 코어 트랜스포메이션 프로세스를 대중이 접근하기 쉬운 형태로 발전시켰다. 현재는 코어 트랜스포메이션 트레이닝 팀의 리더를 맡고 있으며 코어 트랜스포메이션 매뉴얼의 대부분을 담당했다. NLP 트레이너로서 입문 과정(Practitioner)과 전문가 과정(Master Practitioner)을 가르친다. 기업가의 컨설팅과 트레이닝에도 실적을 올리고 있다. 콜로라도 주 볼더에 살고 있다. 지금도 자신에 대한 코어 트랜스포메이션 프로세스를 계속해서 실행하고 있다.

코어 트랜스포메이션

1판 1쇄 인쇄 2014년 9월 19일
1판 1쇄 발행 2014년 9월 22일

지은이 코니래 안드레아스 · 타마라 안드레아스
옮긴이 존윤
발행인 윤형석
교정 및 본문 디자인 조율아트
커버 디자인 퍼셉션
인쇄 제본 케이엔씨
펴낸곳 코칭타운 Coaching Town
등록 제2013-000074호
주소 (우137-808) 서울 서초구 반포동 706 (신반포로 332), 우진빌딩 3F
전화 02-6261-8838   **팩스** 02-6271-8838
이메일 admin@bni-korea.com
홈페이지 www.coachingtown.com
출판신고번호 제 2014-000117호   신고일자 2010년 10월 12일
ISBN 979-11-953186-0-5   03190

가격은 뒤표지에 있습니다.